大清一統志

第二十八册

貴州

貴州

目録

貴州全圖

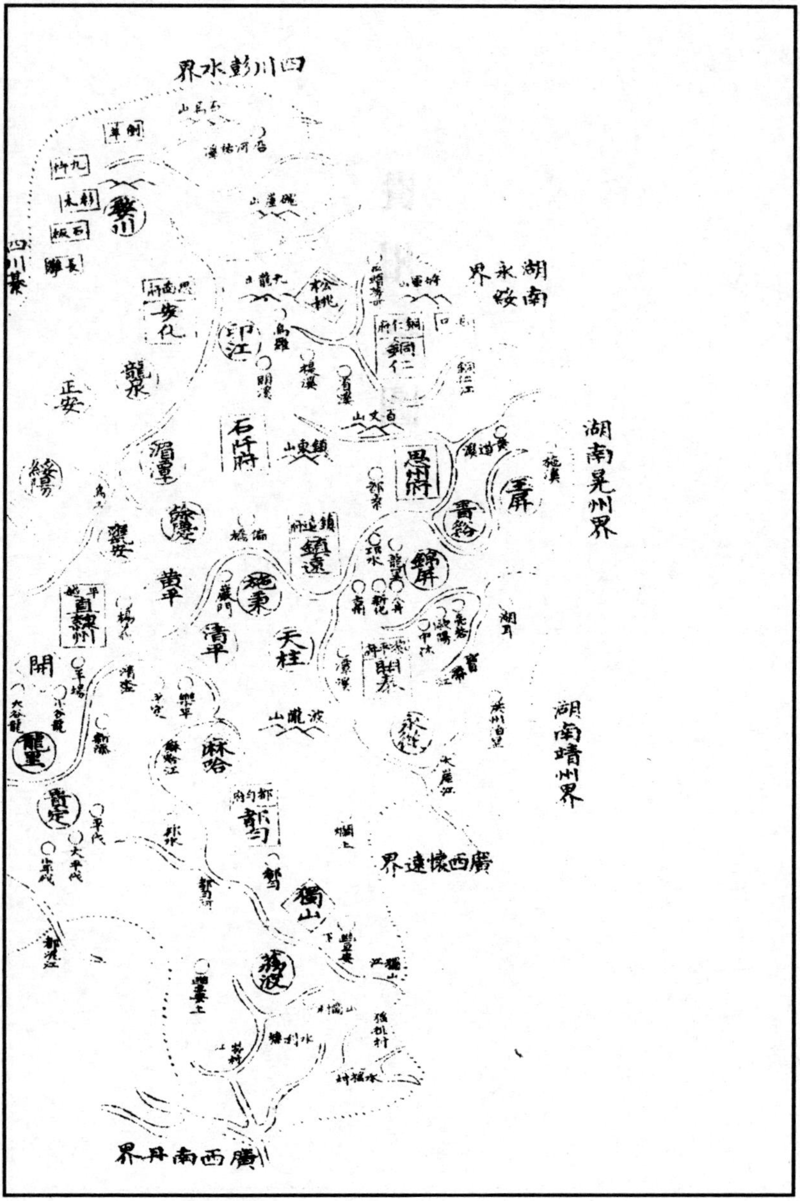
四川彭水界
湖南永綏界
湖南晃州界
湖南靖州界
廣西懷遠界
廣西南丹界
石阡府
思州府
銅仁
鎮遠
天柱
清平
黄平
正安

四川瀘州界
江界
雲南鎮雄界
雲南東川界
雲南霑益界
雲南平彝界
廣西西隆界
廣西淩雲界
仁懷
桐梓
遵義
大定府
黔西
畢節
威寧
平遠
修文
貴筑
清鎮
廣順
定番
普定
鎮寧
永寧
安南
普安
興義
興義府
北海子
烏門山
雪山
赤水
南海子
七星
老鴉
可渡河
白水河
頂營
木瓜
白納
大龍番
小龍番

貴州統部表

		貴陽府
兩漢	益州牂牁郡及荊州武陵郡地。	牂牁郡地。
三國	蜀漢牂牁、興古二郡及吳武陵郡地。	
晉	益州牂牁、荊州武陵、寧州興古三郡地。太安初，改牂牁郡，屬寧州。	
宋	牂牁、武陵、興古三郡地，分屬寧、郢二州。	
齊	改牂牁郡爲南牂牁郡。	南牂牁郡地。
梁	南牂牁、興古二郡，並沒於蠻。	
隋	牂牁、黔安、巴東、明陽諸郡地。	牂牁郡 開皇初置牂州，大業初改郡。
唐五代	唐武德初置義、牂、充、矩、務、夷諸州。天寶初改諸州爲郡。乾元初仍爲州。五代時没於蠻。	牂州 唐武德三年置，四年更名牁州，尋復故名。五代時爲八番地。
宋	初爲羈縻蠻地。熙寧後置溱、珍、承、播、思諸州。	開寶中置大萬谷落總管府。
元	置八番、順元等司，屬湖廣行省。普安、普定等路，屬雲南行省。烏撒、都雲定雲等司，屬四川行省。	順元路安撫司 至元中置，並置亦奚不薛總管府，皆統於八番順元宣慰司。
明	洪武初分屬湖廣、四川、雲南。永樂十一年置貴州布政司。	貴陽軍民府 洪武六年置貴州宣慰司，隸四川行省。永樂十一年屬貴州布政司。成化十二年置程番府。隆慶二年改

續表

	安順府	都勻府
	牂牁郡地。	牂牁郡地。
	蜀漢興古郡地。	
	興古郡地。	
	羅甸國地。	唐屬黔州。五代爲都雲蠻地。
	普里部。	合江、陳蒙二羈縻州地。
	普定路 至元中置普定府，尋改羅甸宣慰司。大德七年改爲路，屬曲靖宣慰司。	都雲軍民府 至元中置，隸思明路。
名貴陽府。萬曆二十九年爲貴陽軍民府。	安順軍民府 洪武十四年置普定府。十六年析置安順州。十八年府廢，州屬普定衛。萬曆中升軍民府，屬貴州布政司。	都勻府 洪武九年廢軍民府。十六年置都雲安撫司。弘治六年置府，屬貴州布政司。

續表

鎮遠府	思南府	石阡府
武陵郡無陽縣地。	武陵郡地。	牂牁郡地。
	吴黔陽縣地。	
改縣名，爲舞陽縣地。		夜郎郡永嘉初置，尋廢。
	巴東郡務川縣地。	
唐長安四年置舞州。開元中更名鶴州，尋改業州。大曆初又改奬州。	思州唐武德四年置務州。貞觀四年更名思州。五代廢。	夜郎縣唐武德初置，屬夷州。貞觀元年廢爲思、夷二州地。
羈縻奬州地。	思州政和八年復置，屬夔州路。宣和四年廢，紹興初復置。	承州地。
鎮遠府至元初置鎮遠沿邊溪洞招討司，尋改府，屬思州安撫司。	思州安撫司至元中置。泰定三年改宣慰司。	石阡長官司屬思州安撫司。
鎮遠府洪武五年改府爲州。永樂十一年仍置府，屬貴州布政司。正統三年省州入府。	思南府洪武五年析思州，置思南宣慰司，屬湖廣行省。永樂十一年改爲府，屬貴州布政司。	石阡府永樂十一年置，屬貴州布政司。

續表

思州府	銅仁府	黎平府
武陵郡地。	武陵郡辰陽縣地。	武陵郡地。
		龍標縣 天監中置，屬武陵郡。
巴東郡務川縣地。	清江、明陽二郡地。	龍標縣 屬沅陵郡。
唐丹陽、丹川二縣地。	唐初爲辰州地。垂拱中置錦州，尋廢。	龍標縣 唐武德七年改縣名。貞觀八年析置思微縣。先天元年又析置潭陽縣。尋俱廢爲巫、敘二州地。五代没於蠻。
安夷縣地。	思、珍二州地。	誠州地。
沿江安撫司 至元十二年置。	銅人大小江長官司 屬思州安撫司。	上黎平長官司 至元中置，屬新添葛蠻安撫司。
思州府 洪武五年置思州宣慰司，隸湖廣行省。永樂十一年改置府，屬貴州布政司。	銅仁府 洪武初改銅仁長官司。永樂十一年置府，屬貴州布政司。	黎平府 永樂中置，並置新化府，俱屬貴州布政司。宣德十年省新化入黎平。萬曆中改隸湖廣。三十一年還屬貴州。

續表

大定府	興義府	遵義府
牂牁郡地。	牂牁郡地。	牂牁郡地。
蜀漢羅甸國地。	蜀漢興古郡地。	
羅甸國地。	盤州地。	播州唐貞觀九年置郎州，尋廢。十三年復置，改名播州。天寶初改播川郡。乾元初復爲州，屬黔中道。
		播州樂原郡大觀二年置郡。宣和初廢。嘉熙三年置播州安撫司，屬夔州路。
順元路宣慰司地。	于矢部萬户所初置，至元中廢爲普安路地。	播州宣撫司至元二十八年改置，屬四川行省。
水西宣慰司地。崇禎九年置大方城，旋廢。	安籠守禦所洪武二十三年置，屬貴州都司。弘治中分阿能等十八砦，隸廣西。萬曆四十二年還屬貴州。	遵義軍民府洪武六年升宣慰司。萬曆二十六年置府，隸四川布政司。

續表

平越直隸州	松桃直隸廳
牂牁郡 元鼎六年置，屬益州。 故且蘭縣 郡治。	武陵郡地。
牂牁郡 屬蜀漢。 故且蘭縣 郡治。	
牂牁郡 徙治萬壽。 且蘭縣 改縣名，屬牂牁郡。	
且蘭縣	
南牂牁郡 復置，改郡名。 且蘭縣 復爲郡治。	
廢。 廢。	
牂州地。	
牂州地。	唐辰州地，五代没於蠻。
𡾰峨里等砦地。	
平月長官司 至元中置。	烏羅、平頭二土司地。
平越軍民府 洪武十五年置平越衛，隸四川，尋改屬貴州都司。萬曆二十八年置府，屬貴州布政司。	永樂十一年置烏羅府。正統初廢，爲烏羅、平頭二土司及紅苗地。

續表

普安直隸廳	仁懷直隸廳
牂牁郡地。	犍爲郡符縣地。
興古郡 蜀漢建興三年置，治宛温。 宛温縣 建興初置郡治。	
興古郡 宛暖縣 更縣名，仍爲郡治。	
興古郡 宛暖縣 郡治。	
興古郡 宛暖縣 郡治。	
廢。 廢。	
	瀘州地。
盤州 唐武德七年置西平州。貞觀八年改名，隸戎州都督府。五代廢。 盤水縣 武德中置，屬盤州，後廢。	瀘州地。
東爨烏蠻地。	仁懷縣 大觀三年置，屬播州。宣和初廢。
普安路 至元十三年置。十四年置招討司，尋改宣撫司。二十二年仍爲普安路總管府，隸雲南行省。	
普安州 洪武十六年置軍民府，隸雲南布政司。二十年廢府，置衛。永樂九年增置安撫司，屬普安衛。十三年改爲州，隸貴州布政司。萬曆中改屬安順府。	仁懷縣 萬曆二十七年復置，屬遵義府。

大清一統志卷四百九十九

貴州統部

在京師西南七千六百四十里。東西距一千九十里，南北距七百七十里。東至湖南晃州廳界五百四十里，西至雲南曲靖府霑益州界五百五十里，南至廣西慶遠府南丹州界二百二十里，北至四川重慶府綦江縣界五百五十里。東南至廣西柳州府懷遠縣界三百五十里，西南至雲南曲靖府平彝縣界五百二十里，東北至湖南永綏廳界五百二十里，西北至雲南東川府會澤縣界五百六十里。

分野

天文井、鬼、翼、軫分野，鶉首、鶉尾之次。漢書地理志：秦地，於天官東井、輿鬼之分野也。西南有牂牁，宜屬焉。楚地，翼、軫之分野也。今之武陵，楚分也。唐書地理志：劍南道，漢牂牁之地，總爲鶉首分。江南道夷、播、思、費、溱爲鶉尾分。清類天文分野之書：井、鬼分，鶉首之次。翼、軫分，鶉尾之次。

建置沿革

禹貢荊、梁二州徼外。商、周爲鬼方地。戰國屬楚，爲黔中地，兼爲夜郎、且蘭諸國。史記西南夷列傳注：正義曰：「今瀘州南大江南岸，本夜郎國。」水經注：豚水東逕且蘭縣，謂之牂牁水，水廣數里。縣臨江上，故且蘭國也。

秦屬黔中郡。漢初爲南夷地，元鼎六年，開置牂牁郡，史記西南夷傳：已平頭蘭，遂平南夷爲牂牁郡。正義曰：崔浩云：「牂牁，繫船杙也。」常氏華陽國志云：「莊蹻伐夜郎，軍至且蘭，椓船於岸而步戰。既滅夜郎，以且蘭有椓船牁處，乃改其名爲牂牁。」漢書地理志：牂牁郡，元鼎六年開，縣十七。水經注：且蘭縣，故且蘭侯國也，一名頭蘭，牂牁郡治也。牂牁，江中兩山名，左思吴都賦云「吐浪牂牁」者也。元和志：費州、播州，漢置牂牁郡。按：牂牁，史記正義崔、常兩説與水經注義各不同，未知孰是。史記、後漢書作「牂牁」，漢書、水經注作「牂柯」，元和志作「牂牱」。兼爲武陵郡地。元封五年，屬荆、益二州刺史。漢書地理志：武陵郡，屬荆州。牂牁郡，屬益州。後漢因之。三國分屬吴、蜀漢。晉分屬荆、益、寧三州，後屬荆、寧二州。晉書地理志：荆州武陵郡，益州牂牁郡，寧州興古郡。宋書州郡志：晉太安二年，寧州增牂牁郡。宋屬寧、郢二州，宋書州郡志：寧州刺史領郡，牂牁太守、興古太守。孝武孝建元年，分荆州之武陵立郢州，武陵太守領縣，酉陽長、黚陽長。齊、梁因之。陳屬武州，陳書文帝紀：天嘉元年，分荆州置武州，治武陵郡。兼屬蠻獠。元和志：夷州本徼外蠻夷地，自漢至陳，並屬牂牁郡。歷代恃險，多不賓附。按通典、隋書，寧州至梁末爲西爨蠻所據，則牂牁、興古二郡此時蓋已入蠻。周置費州。舊唐書地理志：費州，漢牂牁郡地，久不臣附。周宣政元年，信州總管龍門公裕招慰生獠王元殊、多質等歸國，乃置費州。

隋初屬庸州、牂州、費州，後改州爲郡，屬梁州刺史。舊唐書地理志：費州，隋黔安郡之涪川縣。播州，隋牂牁郡之牂牁縣。思州，隋巴東郡之務川縣。夷州，隋明陽郡之綏陽縣。大業末，入於蠻。通典：牂牁巨帥，姓謝氏，舊臣中國，代爲本土牧守。隋末大亂，遂絶。

唐武德初，復開置諸州。唐書地理志：武德二年，以隋明陽郡之信安縣置義州。三年，以牂牁蠻地置建安縣爲牂州，牂牁蠻別部置平蠻縣爲充州。四年，以蠻地置矩州，隋巴東郡之務川縣置務州。又以務州之安夷縣置夷州，改牂州爲牁州，後仍改牁州爲牂州。五年，改義州爲智州。貞觀元年，廢夷州。三年，以東謝蠻地置都尚縣爲應州，以南謝蠻地置石牛縣爲南壽州，以西趙蠻地置明州。四年，改務州爲思州，南壽州爲莊州，以思州之涪川縣開南蠻置費州，黔州之都上縣開南蠻置夷州。貞觀元年，屬江南道。四年，屬黔州都督府。元和志：貞觀四年，於黔州置都督府，總施、業、辰、智、牂、充、務、應、莊九州。按：舊唐書地理志武德四年，置黔州都督府。今考通典諸書，武德七年，改諸總管府爲都督府，則黔州都督之置，當依元和志爲是。施、業、辰三州俱在今湖北、湖南省境。十一年，置莊州都督府，以黔州都督府諸州來屬。舊唐書地理志：黔州都督府，貞觀十一年督思、辰、施、牢、費、夷、巫、應、播、充、莊、牂、琰〔一〕、池、矩十五州。其年，罷都督府，置莊州都督府。寰宇記：莊州，天授三年升爲都督府，統三十六州。按：唐書志貞觀九年，於隋牂牁郡之牂牁縣置恭水縣爲郎州。十一年，廢郎州及恭水縣，改智州爲牢州，徙治義泉縣，又徙夷州於綏陽縣。十三年，以牂牁地復置恭水縣爲播州。十六年，廢牢州，開山洞，置榮懿縣爲溱州，夜郎縣爲珍州。寰宇記：貞觀十七年，廓闢邊夷，置播川鎮，後以鎮爲珍州。長安四年，改舞州。開元十三年，又改鶴州。十四年，復爲珍州。今考新舊唐志、元和志，改舞州、鶴州者，獎州也，寰宇記疑誤。又按：莊州置都督之年及所統州數，寰宇記與舊唐志不合，今以舊唐志爲正。景龍四年，罷莊州都督府，置播州都督府。先天二年，罷播州都督府，復以諸州屬黔州都督府。舊唐書地理志：播州都督，先天二年廢，復以黔州爲都督。天寶元年，改黔州爲黔中郡，依舊都督施、夷、播、思、費、獎、珍、溱、商九州，又領充、明、勞、羲、福、建、邦、琰、清、莊、峩、蠻、牂、鼓、儒、琳、鸞、令、那、暉、郝、總、敦、侯、免、牁、契、稜、添、普寧、功、亮、茷龍、延、訓、鄉、雙、整、懸、撫水、矩、思源、逸、殷、南平、勳、姜、龍小等五十小州，皆羈縻，寄治山谷。按：唐書志「鼓」作「皷」，「建」作「犍」，「邦」作「邗」，「儒」作「濡」，「郝」作「都」，「侯」作「候」，「免」作「晃」，「契」作

「樊」、「茷龍」作「茂龍」、「鄉」作「卿」、「雙」作「雙城」、「撫次水」作「撫水」、「龍」作「襲」〔二〕，又有應、蔦、寶、鴻四州，無牁州。其諸州所治，多不知所在。開元二十一年，屬黔中道採訪使。天寶元年，改諸州爲郡。舊唐書地理志：夷州，天寶元年改爲義泉郡，播州改爲播川郡，思州改爲安夷郡，費州改爲涪川郡，溱州改爲溱溪郡，珍州改爲夜郎郡。乾元元年，仍改諸郡爲州。大順元年，屬武泰軍節度使。唐書方鎮表：大曆十二年，置黔州經略招討觀察使，領夷、思、費、播、溱、珍等州。大順元年，賜黔州觀察使，號武泰軍節度使。五代時，復爲蠻地。文獻通考：夜郎國，唐置費、珍、莊、琰、播、郎、牂、夷等州。唐末，王建據西川，由是不通中國。後唐天成二年，牂牁清州刺史宋朝化等一百五十人來朝。孟知祥據蜀，復不通朝貢。明統志：普安州，蒙氏時爲南詔東鄙。播州，唐末没於夷。溱州，五代時淪於蠻。黎平府，五代時思州田氏據其地。宋初爲羈縻地。宋史西南溪洞諸蠻傳：乾德三年，珍州刺史田景遷内附。開寶元年，景遷言本州連歲災沴，乞改爲高州，從之。太平興國三年，夷州蠻任朗政等來貢。淳化五年，費州來貢。熙寧後置州，屬夔州路轉運使。宋史地理志：夔州路南平軍溱溪砦，本羈縻溱州。熙寧七年，招納，置榮懿等砦，隸恭州，後隸南平軍。大觀二年，別置溱州及溱溪、夜郎兩縣。宣和二年，廢州及縣，以溱溪砦爲名，隸南平軍。珍州，唐末没於夷。大觀二年，大駱解上下族帥獻其地，復建爲珍州。綏陽，本羈縻夷州。大觀三年，酋長獻其地，建爲承州，領綏陽、都上、義泉、寧夷〔三〕、洋川五縣。宣和三年，廢州及都上等縣，以綏陽縣隸珍州。播州，大觀二年，南平夷人楊文貴等獻其地，建爲州，領播川、琅川、帶水三縣。宣和三年，廢其城，隸南平軍。端平三年，復以白錦堡爲播州，三縣仍廢。嘉熙三年，復設播州，充安撫使。咸淳末，以珍州來屬。又遵義砦，大觀二年，播州楊文貴獻其地，建遵義軍及遵義縣。宣和三年，廢州及縣〔四〕，以遵義砦爲名，隸珍州。開禧三年升軍，嘉定十一年復爲砦。思州，政和八年建，領務川、邛水、安夷三縣。宣和四年，廢州爲務川城，邛水、安夷二縣皆作堡，隸黔州。紹興元年，復爲思州，務川、安夷、邛水並復。

元置思州宣慰司、播州宣慰司、八番宣慰司、順元宣撫司，新添葛蠻安撫司、貴州宣慰司，並屬湖廣等處行中書省。元史地理志：湖廣等處行中書省，八番、順元蠻夷官，管番民總管，順元等路軍民安撫司，思州軍民安撫司，播州軍民安撫司，新添葛蠻安撫司。又世祖紀：至元十八年，敕鎮遠隸潭州行省。二十一年，改思、播二州隸順元路宣撫司。二十二年，以荊湖行省所隸八番羅甸隸四川行省。二十六年，以八番羅甸隸湖廣行省。二十八年，以湖廣行省八番羅甸司復隸四川行省，割八番洞蠻自四川隸湖廣行省。普安路、普定路，屬雲南等處行中書省。烏撒宣慰司、都雲定雲安撫司，屬四川等處行中書省。

明洪武初，仍分屬湖廣、四川、雲南。十五年，置貴州都指揮使司。永樂十一年，置貴州等處承宣布政使司。明實録：永樂十一年，以思州二十二長官司分設思州、新化、黎平、石阡四府，思南十七長官司分設思南、鎮遠、銅仁、烏羅四府，而於貴州設貴州等處承宣布政使司，以總八府，仍與貴州都司同管貴州宣慰司。十三年，改普安安撫司爲普安州，隸布政司。宣德九年，并新化府入黎平府。正統三年，革烏羅府隸銅仁、思南二府，又改貴州金筑安撫司，并鎮寧州、永寧州、安順州，俱隸貴州布政司。成化十二年，設程番府。弘治七年，設都勻府。隆慶三年，更名程番府爲貴陽府。萬曆二十九年，分播地爲二郡，以關爲界，關内屬川，曰遵義，關外屬黔，曰平越。其二府與貴陽府俱加「軍民」二字，以便兼攝。三十年，升安順州爲安順軍民府。

本朝因之，爲貴州省，領貴陽、安順、平越、都勻、鎮遠、思南、石阡、思州、銅仁、黎平十府。康熙四年，增置黔西府、以宣慰司之水西城置。平遠府、以水西宣慰司之比喇壩置。大定府，以水西宣慰司之大方城置。改烏撒軍民府爲威寧府來隸。舊隸四川布政司，至是改名來隸。二十三年，罷黔西、平遠二府。俱改爲州，隸大定府。二十六年，罷貴州都指揮使司，又罷大定府。改爲州，與平遠、黔西二州俱隸威寧府。雍正五年，增置南籠府。舊置南籠通判於安籠所，爲南籠廳，至是改爲府。以安順府所屬普安州及安南、普安二縣并新設永豐州隸焉。七年，以遵義府來隸，舊隸四川，至是來隸。仍置大定府，罷威寧府。爲州，隸大定府。乾隆四十一年，置仁懷直隸廳。罷遵義通判，即其所駐仁懷舊縣地爲仁懷直隸廳。嘉慶二年，改南籠府爲興義府，以所屬永豐州改爲貞豐州。三年，以普安州屬黄草壩地置興義縣。改銅仁府屬之松桃同知爲松桃直隸廳。三年，改平越府爲平越直隸州。罷平越縣，以黄平州改隸鎮遠府。十四年，升興義府屬之普安州爲普安直隸州。十六年，改爲直隸廳。共領府十二、直隸州一、直隸廳三：

貴陽府、安順府、都匀府、鎮遠府、思南府、石阡府、思州府、銅仁府、黎平府、大定府、興義府、遵義府，平越直隸州，松桃直隸廳、普安直隸廳、仁懷直隸廳。

形勢

居天下之西南。東阻五溪，西控六詔，南連百粤，北距三巴。舊志。上則盤江旋繞，下則㵲溪順流。沈思充志。關雄虎踞，路繞羊腸。衛既齊志。窮地之險，極天之峻。一人荷戟，萬夫趦趄。周廷用記。坤位雄都，邊陲厄塞。滇、楚鎖鑰，蜀、粤藩屏。舊志。

文職官

雲貴總督。管轄雲南、貴州兩省，駐雲南省城。

巡撫。駐貴陽府。

提督學政。駐貴陽府。

布政使司布政使，經歷，舊有照磨，乾隆十四年裁。庫大使。豐濟。

按察使司按察使，照磨，司獄。

糧驛道。兼貴、平、石等處巡道事，駐貴陽府。

分巡貴西兵備道。駐威寧州。舊駐安順府，乾隆十七年改駐。

分巡貴東兵備道。駐古州。

貴陽府知府，同知，駐長寨。舊有通判，乾隆三十五年裁。府學教授，訓導，經歷。舊有司獄，嘉慶二年裁，以經歷兼管。知州三員，開、定番、廣順。州判二員，定番。一駐大塘，一駐羅斛。羅斛州判原屬興義府之貞豐州，乾隆十四年改隸。州學學正三員，訓導三員，吏目三員。知縣四員，貴筑、貴定、龍里、修文。貴筑舊有縣丞，嘉慶二年裁。縣學教諭四員，訓導四員，典史四員，巡檢。修文縣札佐司，乾隆十五年設。

安順府知府，同知，駐郎岱。通判，駐歸化營。府學教授，訓導，經歷。駐舊安順州。知州二員，永寧、鎮寧。州學學正二員，訓導二員，吏目二員。知縣三員，普定、清鎮、安平。縣學教諭三員，訓導三員，典史三員，巡檢二員。安順府羊場塘，乾隆二十年設。永寧州慕役司，嘉慶三年設。

都匀府知府，理苗同知，駐八寨。理苗通判二員，一駐丹江，一駐都江。府學教授，訓導，經歷。知州二員，麻哈、獨山。州同，獨山，駐三角䆳。州學學正二員，訓導二員，吏目二員。知縣三員，都匀、清平、荔波。

縣丞二員，清平，駐凱里；荔波，駐方村。縣學教諭二員，訓導三員，典史三員。

鎮遠府知府，理苗同知，駐台拱。理苗通判，駐清江。府學教授，訓導，經歷。知州，黄平，舊隸平越府，嘉慶三年改隸。州學學正，訓導，吏目。知縣三員，鎮遠、施秉、天柱。縣丞三員，鎮遠，駐邛水司；施秉，駐舊縣；天柱，駐柳霽。縣學教諭三員，訓導三員，主簿，鎮遠縣四十八溪，嘉慶二年設。典史三員，巡檢二員。天柱縣遠口司，黄平州舊州。

思南府知府，府學教授，訓導，經歷。知縣三員，安化、婺川、印江。縣學教諭三員，訓導三員，典史三員。舊有朗溪沿河長官司吏目二員，乾隆七年裁。

石阡府知府，府學教授，訓導，經歷。知縣，龍泉。縣學教諭，訓導，典史。

思州府知府，府學教授，訓導，經歷。知縣二員，玉屏、青谿。縣學教諭二員，訓導二員，典史二員。

銅仁府知府，府學教授，舊有訓導，嘉慶二年裁。經歷。知縣，銅仁。縣丞，駐正大營，嘉慶二年設。縣學教諭，訓導，典史，長官司吏目二員，省溪、平頭。巡檢。銅仁府磐石司，舊駐正大營，嘉慶二年移駐。

黎平府知府，同知，駐古州。通判，駐下江，乾隆三十五年設。府學教授，訓導，經歷，照磨。駐古州。知縣三員，開泰、錦屏、永從。縣丞二員，開泰，駐朗洞；永從，駐丙妹。縣學教諭三員，訓導三員，典史三員，長官司吏目。潭溪。舊有洪州吏目，乾隆三十五年裁。

大定府知府，通判，駐水城。府學教授，訓導，經歷，照磨。乾隆四十三年設。舊有司獄，乾隆二十六年裁。

知州三員，平遠、黔西、威寧。州學學正三員，訓導三員，吏目三員。知縣，畢節。縣學教諭，訓導，典史，巡檢。威寧州得勝坡。

興義府知府，舊爲南籠府，嘉慶二年改今名。府學教授，訓導，經歷。知州，貞豐，舊名永豐，嘉慶二年改今名。舊有普安知州，嘉慶十四年升爲直隸州。州同，駐册亨。舊設羅斛州判一員，乾隆十四年，改隸貴陽府之定番州。又舊有普安州黄草壩州判一員，嘉慶三年裁。州學學正，吏目。知縣三員，舊設普安、安南二員，嘉慶三年，增設興義一員。縣丞，普安，駐新城。縣學教諭二員，普安、安南。訓導三員，典史三員，巡檢。興義縣捧鮓，舊有普安縣新城巡檢一員，乾隆二十年裁。

遵義府知府，舊有通判，乾隆四十一年裁。府學教授，訓導，經歷。知州，正安。州學學正，訓導，吏目。知縣四員，遵義、桐梓、綏陽、仁懷。縣學教諭四員，訓導三員，仁懷縣舊有訓導，乾隆四十一年裁。典史四員。

平越直隸州知州，舊爲平越府，嘉慶三年改爲直隸州。州學學正，訓導，吏目。知縣三員，甕安、湄潭、餘慶。舊有黄平知州，嘉慶三年，改隸鎮遠府。舊有平越知縣，嘉慶三年裁。縣學教諭三員，訓導三員，典史三員。

松桃直隸廳同知，舊爲松桃同知，隸銅仁府，嘉慶二年改爲直隸廳。廳學訓導，嘉慶二年設。經歷。嘉慶二年設。

普安直隸廳同知，舊爲普安州，屬興義府，嘉慶十四年升爲直隸州，十六年改爲直隸廳。廳學學正，嘉慶十六年設。照磨，嘉慶十六年設。驛丞。亦資孔驛。

仁懷直隸廳同知，舊爲仁懷通判，隸遵義府，乾隆四十一年改爲直隸廳。廳學訓導，乾隆四十一年設。照磨。乾隆四十一年設。

武職官

撫標，左、右二營。參將，中軍兼左營。遊擊，右營。守備二員，千總四員，把總七員，舊設八員，嘉慶七年裁一員。經制外委十員，舊設十一員，嘉慶七年裁一員。額外外委十一員。舊設十二員，嘉慶七年裁一員。

提督，駐安順府。參將，中營兼左營〔五〕。遊擊二員，右營、前營。舊有後營遊擊，嘉慶三年裁。守備三員，舊設四員，嘉慶三年裁一員。千總六員，舊設八員，嘉慶三年裁二員。把總十二員，舊設十六員，嘉慶三年裁四員。經制外委十八員，舊設二十四員，嘉慶三年裁六員。額外外委十二員。舊設十五員，嘉慶三年裁三員。

安義鎮總兵官，駐興義府。舊名安籠鎮，嘉慶三年改今名。遊擊一員，中營駐府城，左營防興義縣汛。都司，右營。守備三員，一駐本營，二分防捧鮓、新城二汛。千總十員，三駐本營，七分防馬鞭田、興義縣、歪染、白雲屯、新城、龍場、巴林各汛。舊設六員，嘉慶三年增四員。把總十六員，五駐本營，十一分防苟場、卡子河、額老砦、革上、捧鮓、法巖、頂效、馬別河、魯布革、新城、青山各汛。舊設十二員，嘉慶三年增四員。經制外委十二員，六駐本營，二防興義縣，四分防哈馬總隘、江底、捧鮓、新城各汛。額外外委九員。六駐本營，三分防興義縣、江底、捧鮓各汛。

古州鎮總兵官，駐古州。遊擊二員，中營、左營。都司，右營。守備三員，二駐本營，一防滾縱汛。千總六員，五駐本營，一防滾縱汛。把總十二員，十駐本營，二分防王嶺、都江二汛。經制外委十八員，十六駐本營，二分防滾縱、八匡二汛。額外外委十二員。

鎮遠鎮總兵官，駐鎮遠府。遊擊二員，中營駐府城，左營防八弓汛。都司，右營。守備三員，一駐本營，二分防玉屏、勝秉二汛。千總五員，三駐本營，二分防思州、施秉二汛。舊設六員，嘉慶七年裁一員。把總十二員，六駐本營，六分防玉屏、青谿、八弓、梁上、勝秉、新城各汛。經制外委十四員，六駐本營，八分防玉屏、青谿、思州、八弓、瓦砦、梁上、勝秉、施秉各汛。舊設十五員，嘉慶七年裁一員。額外外委十一員。舊設十二員，嘉慶七年裁一員。

威寧鎮總兵官，駐威寧州。遊擊，中營。都司，右營。守備二員，千總四員，二駐本營，二分防得勝、瓦渣河二汛。把總八員，二駐本營，六分防艾家坪、水槽鋪、黑章、菩薩塘、天生橋、可渡橋各汛。經制外委十二員，六駐本營，六分防瓦渣河、艾家坪、四鋪、菩薩塘、長勝砦、稻田壩各汛。額外外委九員。

以上安義等四鎮均聽巡撫、提督節制。

定廣協副將，駐定番州。都司，中營。守備，右營，防大塘營汛。千總四員，二駐本營，二分防斷杉樹、羅斛二汛。把總八員，二駐本營，二防大塘營汛，四分防威遠、明通關、方番新司、龍里縣各汛。經制外委七員，三駐本營，二防大塘營汛，二分防龍里縣、羅斛二汛。額外外委四員。

大定協副將，駐大定府。都司，左營。守備，右營。千總三員，二駐本營，一防龍場汛。舊設四員，嘉慶三年裁一員。把總七員，舊設八員，嘉慶三年裁一員。經制外委七員，六駐本營，一防隴己倉汛。額外外委四員。

平遠協副將，駐平遠州。都司，左營。守備，右營。千總四員，三駐本營，一防安莊汛。把總八員，四駐本營，四分防定南、以箇、黑䏶、歸集各汛。經制外委六員，二駐本營，四分防安莊、熊家場、務卜額蜡箐、簸箕河各汛。額外外委四員。

遵義協副將，駐遵義府。都司，中營。守備，右營。千總三員，二駐本營，一防桐梓縣汛。舊設四員，嘉慶三年裁一員。把總七員，四駐本營，三分防正安州、松坎、綏陽縣各汛。舊設八員，嘉慶七年裁一員。經制外委七員，額外外委五員。

長寨營參將，駐長寨。守備二員，一駐本營，一防廣順州汛。舊設一員，嘉慶五年增一員。千總二員，分防廣順州、壩陽二汛。把總四員，一駐本營，三分防宗角、羊角、筒筍各汛。經制外委六員，二防廣順州汛，四分防焦山、舊州、苟場、山京各汛。舊設四員，嘉慶五年增二員。額外外委三員。分防打壤、羊城屯、者貢各汛。

貴陽營遊擊，駐貴陽府。守備，千總二員，把總四員，二駐本營，二分防清鎮縣、開州二汛。經制外委六員，五駐本營，一防修文縣汛。額外外委五員。四駐本營，一防清鎮縣汛。

黔西營遊擊，駐黔西州。舊爲黔西協，設副將、都司、守備各一員，千總四員，把總八員，經制外委七員，額外外委五員。嘉慶三年，改爲營，裁副將、都司及千總二員、把總四員、經制外委一員、額外外委三員，設遊擊。守備，千總二員，一駐本營，一防鎮西汛。把總四員，一駐本營，三分防沙土、沙溪、石革鬧各汛。經制外委六員，二駐本營，四分防黄沙渡、六廣、西溪、鴨池各汛。額外外委二員。

歸化營遊擊，駐歸化城。守備，防宗地汛。千總二員，分防擺頂、擺羅二汛。把總四員，二駐本營，二分防克坐、克孟二汛。經制外委四員，一駐本營，三分防宗地、鼠場河、牛場各汛。額外外委三員。

安順營都司，駐安順府。守備，防舊州汛。千總二員，一駐本營，一防安平縣汛。把總四員，二駐本營，二分防舊州、白老虎二汛。經制外委五員，三駐本營，二防舊州汛。額外外委二員。一駐本營，一防安平縣汛。

新添營都司，駐貴定縣。千總二員，一駐本營，一防平伐汛。把總二員，分防新安、舊縣二汛。經制外委二員，一駐本營，一防谷壤汛。額外外委二員。

仁懷營都司，駐仁懷廳。千總，把總二員，分防仁懷縣、猿猴二汛。經制外委一員，防猿猴汛。額外外委二員。

以上定廣等四協、長寨等七營均隸提督管轄。

永安協副將，駐郎岱廳。舊爲永安營，設都司、千總各一員，把總二員，經制外委二員，額外外委二員。嘉慶三年，改爲協，設副將一員，守備二員，增千總四員、把總七員、經制外委六員、額外外委四員。都司，左營。守備二員，右營。一駐本營，一分防永寧州汛。千總五員，一駐本營，四分防關嶺、慕役、盤江、阿都田各汛。把總九員，三駐本營，六分防永寧州、上卦、坡貢、六枝、落別、巖脚各汛。經制外委八員，六駐本營，二分防永寧州、關嶺二汛。額外外委六員。五駐本營，一防永寧州汛。

長壩營遊擊，駐貞豐州。守備，防定頭砦汛。千總，舊設二員，嘉慶三年裁一員。把總六員，二駐本營，二防定頭砦汛，二分防王母、高坎二汛。舊設四員，嘉慶三年增二員。經制外委三員，二駐本營，一防定頭砦汛。舊設四員，嘉慶三年裁一員。額外外委二員。

普安營遊擊，駐普安廳。舊設都司，乾隆五十年裁，設遊擊。守備，防亦資孔汛。乾隆五十年設。千總二員，一駐本營，一防亦資孔汛。把總四員，一駐本營，三分防劉官屯、上砦、白沙各汛。經制外委二員，額外外委二員。一駐本營，一防亦資孔汛。

安南營都司，駐安南縣。舊設遊擊、守備各一員，乾隆五十年裁，設都司。千總二員，一駐本營，一防排杉口汛。把總三員，二駐本營，一防普安汛。舊設四員，嘉慶三年裁一員。經制外委二員，一駐本營，一防廖箕箐汛。額外外委二員。一駐本營，一防廖箕箐汛。

册亨營都司，駐册亨。嘉慶三年設。千總，嘉慶三年設。把總四員，一駐本營，三分防三道溝、八渡、豈年砦各汛。嘉慶三年設。經制外委二員，嘉慶三年設。額外外委二員。嘉慶三年設。

以上永安一協、長壩等四營均隸安義鎮管轄。

都勻協副將，駐都勻府。遊擊，右營。防八寨汛。都司，左營。守備，防獨山州汛。舊設二員，嘉慶五年裁一員。千總四員，一駐本營，三分防八寨、九門、麻哈州各汛。把總七員，一駐本營，六分防八寨、得禄、獨山州、豐寧下司、牙舟、巴開各汛。舊設八員，嘉慶七年裁一員。經制外委九員，三駐本營，六分防八寨、三棒、雞場、麻哈州、凱口、卡烏各汛。舊設十二員，乾隆四十九年裁二員，嘉慶七年裁一員。額外外委七員。舊設八員，嘉慶七年裁一員。

上江協副將，駐都江。遊擊，右營。防定旦汛。都司，左營。守備，舊設二員，嘉慶三年裁一員。千總三員，二駐本營，一防定旦汛。把總八員，四駐本營，四分防打略、定旦、三脚屯、八開各汛。經制外委十一員，七駐本營，四分防打略、隴砦、三脚屯、定旦各汛。舊設十二員，嘉慶六年裁一員。額外外委七員。

朗洞營參將，駐朗洞。守備二員，千總三員，一駐本營，二分防柳拉、砦蒿二汛。把總六員，經制外委七員，五駐本營，二分防高表、嶺賈二汛。額外外委四員。

黎平營參將，駐黎平府。守備一員，一駐本營，一防永從縣汛。千總二員，一駐本營，一防錦屏縣汛。把總六員，四駐本營，二分防永從縣、王砦二汛。經制外委七員，三駐本營，四分防錦屏縣、永從縣、平茶、龍里各汛。額外外委四員。三駐本營，一防永從縣汛。

荔波營遊擊，駐荔波縣。守備，千總二員，一駐本營，一防三洞汛。把總四員，三駐本營，一防方村汛。經制外委六員，五駐本營，一防三洞汛。額外外委三員。

下江營遊擊，駐蘇洞。守備，千總二員，一駐本營，一防丙妹汛。把總三員，舊設四員，乾隆三十五年裁一員。經制外委四員，三駐本營，一防西山汛。額外外委三員。

以上都勻等二協、朗洞等四營均隸古州鎮管轄。

清江協副將，駐清江。遊擊，右營。防柳霽汛。都司，左營。守備，防白索汛。舊設二員，嘉慶十一年裁一員。千總四員，二駐本營，二分防柳霽、雞擺尾二汛。把總八員，六駐本營，二分防白索、柳霽二汛。經制外委十二員，五駐本營，二防白索汛，二防柳霽汛，三分防雞擺尾、東嶺、柳受各汛。額外外委七員。五駐本營，二分防白索、柳霽二汛。

松桃協副將，駐松桃廳。舊名銅仁協，嘉慶二年改今名。遊擊，右營。防磐石營汛。都司，中營兼左營。守備三員，分防木樹、石峴、芭茅坪各汛。舊設二員，嘉慶十一年增一員。千總六員，二駐本營，四分防大塘、石花堡、磐石營、岱東堡各汛。舊設四員，嘉慶六年增一員，七年增一員。把總十員，二駐本營，八分防木樹、涼亭坳、石峴、潮水溪、太平茶、芭茅坪、有泥堡、桿子坳各汛。舊設八員，嘉慶七年增二員。經制外委十五員，三駐本營，二防盤石營汛，十分防落塘、壩得、太平、振武、麥地、石峴、康金、長坪堡、隴統堡、牛心堡各汛。舊設十二員，嘉慶六年增一員，七年增二員。額外外委十八員。四駐本營，二防木樹汛，二防有泥堡，二防盤古達堡，八分防石峴、石花堡、八樓堡、潮水溪、晚森堡、磐石營、芭茅坪、岱東堡各汛。

銅仁協副將，駐銅仁府。嘉慶二年設。都司，中營。嘉慶二年設。守備二員，分防正大、滑石二汛。嘉慶二年設。千總四員，一駐本營，三分防石峴、施溪、大興各汛。嘉慶二年設。把總九員，一駐本營，二防正大，六分防沙子坳、夥哨營、四十八溪、滑石、川峒、江口各汛。嘉慶二年設八員，七年增一員。經制外委十三員，三駐本營，十分防猫兒巖、菴塘坡、構皮堡、四十八溪、石峴、滑石、施溪、川硐、江口、大興各汛。嘉慶二年設十二員，七年增一員。額外外委七員。五駐本營，二分防正大、滑石二汛。嘉慶二年設八員，七年裁一員。

台拱營參將，駐台拱。守備一員，千總四員，二駐本營，二分防稿貢、革東二汛。把總六員，五駐本營，一防番招汛。經制外委十一員，七駐本營，四分防稿貢、革東、番招、台雄各汛。額外外委五員。

丹江營參將，駐丹江。守備一員，一駐本營，一防雞講汛。千總四員，二駐本營，二分防雞講、黃茅嶺二汛。把總六員，四駐本營，二分防烏疊、雞講二汛。舊設八員，嘉慶三年裁二員。經制外委七員，三駐本營，二防雞講汛，二分防烏疊、松林臺二汛。額外外委四員。三駐本營，一防雞講汛。

平越營遊擊，駐平越州。守備，千總二員，一駐本營，一防西陽汛。把總四員，一駐本營，三分防楊老、餘慶縣、湄潭縣各汛。經制外委四員，二駐本營，二分防甕安縣、打鐵關二汛。額外外委三員。一駐本營，二分防西陽、楊老二汛。

思南營遊擊，駐思南府。守備，千總二員，分防印江縣、婺川縣二汛。把總三員，舊設四員，嘉慶三年裁一員。經制外委三員，一駐本營，二分防印江縣、婺川縣二汛。額外外委二員。

黃平營都司，駐黃平州。千總，把總二員，分防舊州、巖門司二汛。經制外委三員，一駐本營，二分防重安、江翁蕩二汛。額外外委二員。

石阡營都司，駐石阡府。千總，把總二員，一駐本營，一防龍泉縣汛。經制外委一員，防偏刀水汛。額外外委一員。

凱里營都司，駐凱里。千總，把總三員，一駐本營，二分防排養、清平縣二汛。經制外委三員，一駐本營，二分防爐山、清平縣二汛。額外外委二員。

天柱營都司，駐天柱縣。千總，防坌處汛。把總二員，一駐本營，一防革溪汛。經制外委三員，一駐本營，二分防遠口、漢砦二汛。額外外委二員。

以上清江等三協、台拱等八營均隸鎮遠鎮管轄。

畢赤營遊擊，駐畢節縣。守備，千總二員，分防赤水河、七星關二汛。把總四員，二駐本營，二分防石鼓坪、豬場堡二汛。經制外委三員，二駐本營，一防層臺汛。額外外委三員。

水城營遊擊，駐水城。守備，千總，舊設二員，嘉慶三年裁一員。把總四員，二駐本營，二分防阿扎屯、亥仲二汛。經制外委二員，一駐本營，一防普擦汛。額外外委二員。

以上畢赤等二營均隸威寧鎮管轄。

古州左衛千總，駐王嶺汛。隸黎平府古州同知管轄，乾隆二年設。右衛千總，駐砦蒿汛。隸古州同知管轄，乾隆二年設。

八寨衛千總，駐八寨。隸都匀府八寨同知管轄，乾隆二年設。丹江衛千總，駐丹江。隸都匀府丹江通判管轄，乾隆二年設。凱里衛千總。駐凱里。隸丹江通判管轄，乾隆三年設。

台拱衛千總，駐台拱。隸鎮遠府台拱同知管轄，乾隆二年設。黄施衛千總，駐固圉堡。隸台拱同知管轄，乾隆三年設。清江左衛千總，駐清江。隸鎮遠府清江通判管轄，乾隆二年設。右衛千總。駐柳霽堡。隸清江通判管轄，乾隆三年設。

石峴衛千總。駐石峴汛。隸松桃直隸同知管轄，嘉慶六年設。

都江廳標把總，隸都江通判管轄。下江廳標把總。隸下江通判管轄。舊有古州、台拱、清江、丹江各廳標把總，乾隆十一年裁。

户口

康熙五十二年原額人丁三萬七千五百三十六，乾隆三十七年停編丁，今滋生男婦大小共五百二十九萬二千九百九十八名口，計一百一十萬五千四百八十户。又古州等十衛屯民男婦共五萬八千五百五十三名口，計一萬三千四百四户。

田賦

田地、山塘共二百七十萬三千一百六十七畝五分有奇，額徵地丁正、雜銀九萬三千八百二十一兩四錢五分九釐，米一十五萬六千六百八十一石七斗四升四合七勺。又古州等十衛屯田共六萬三千八百六十五畝八分有奇，額徵米五千五百石二升七勺。

税課

關税無。貴陽、安順、思南、興義、大定五府准運四川官鹽，鎮遠、銅仁二府准運兩淮官鹽，共額徵落地税銀七千六百一十五兩四錢三分九釐有奇。其都勻、石阡、思州、黎平、遵義五府，平越直隸州，均聽行銷，不徵鹽税。

名宦

漢

唐蒙。建元六年，王恢擊東越，使蒙風指南越，南越食蒙蜀蒟醬。蒙歸至長安，問蜀賈人。賈人曰：「獨蜀出蒟醬，多持竊出市夜郎，夜郎臨牂牁江，江廣百餘步，足以行船。」蒙乃上書說上曰：「竊聞夜郎所有精兵，可得十餘萬，浮船牂牁江，出其不意，此制越一奇也。誠以漢之强、巴蜀之饒，通夜郎道，爲置吏，易甚。」上許之。乃拜蒙爲中郎將，將千人從巴蜀筰關入，見夜郎侯多同，喻以威德，約爲置吏，使其子爲令。夜郎旁小邑皆聽蒙約。還報，以爲犍爲郡。元鼎五年，發夜郎精兵，下牂牁江伐南越。南越破，遂平且蘭，以南夷爲牂牁郡。

陳立。臨邛人。爲金城司馬。成帝河平中，夜郎王興與句町王禹、漏卧侯俞更相攻擊。大將軍王鳳薦立爲牂牁太守，立到郡，諭告興，興不從命。立乃從吏數十人出行縣，至夜郎且同亭，召興斬之。句町王禹、漏卧侯俞震恐，入粟千斛及牛羊勞吏士。立還歸郡，興妻父翁指與興子邪務復反，立討斬之，西夷遂平。

劉寵。綿竹人。爲牂牁太守，初乘一馬之官，布衣疏食，以儉化民。居郡九年，仍乘一馬而還。民爲之立銘。

三國　漢

諸葛亮。南陽人。建興元年，牂牁太守朱褒據郡反，以應雍闓。三年，亮南征，牂牁帥濟火積糧通道以迎師。褒等既平，亮奏封濟火爲羅甸國王。

費詩。犍爲人。先主既定成都，以詩爲牂牁太守。自武帝置牂牁郡，至蜀漢末，郡守垂功名者，前有吴霸、陳立，後有漢中張亮則、廣漢劉寵、巴西馬忠及詩，皆著勳烈。

馬忠。閬中人。建興三年，丞相亮入南，拜忠牂牁太守。郡自朱褒反後，邑里蕭條，忠撫育卹理，甚有威惠。南夷豪帥劉冑反〔六〕，擾亂諸郡，詔以忠爲庲降都督，忠遂斬冑，平南土。卒後，南人爲之立祠。

張嶷。南充人。建興時，爲牙門將，從馬忠討劉冑，戰每冠軍。牂牁興古獠復反，忠令嶷討之，嶷招降二千餘人，悉傳詣漢中。後遷越巂太守，賜爵關内侯。

晉

王遜。魏興人。永嘉元年，爲南夷校尉、寧州刺史〔七〕。時荒亂後，官民虚竭，綱紀弛廢。遜惡衣菜食，招集夷民，勞來不怠。以五茶夷昔爲亂首，欲討之而未有隙。會夷發夜郎莊王墓，遜因討滅之。又討惡獠剛夷數千落，威震南方。官至平西、安南將軍，兼益州刺史，封褒中伯。

南北朝　周

宇文裕。安定人。封龍門公，爲信州總管。宣政元年，招慰生獠王元殊、多質等歸國，以置費州。

宋

唐恪。錢塘人。大觀中，牂牁内附，恪以屯田員外郎持節招納夷人。夷始恫疑，東甲以逆，恪盡去兵衛，從數十卒單行，夷望見，歡呼投兵聽命。

元

譚澄。德興懷來人。至元中，爲四川僉省。西南夷羅羅斯内附，帝以澄文武兼資，以爲副都元帥，同知宣慰司事。澄至其境，諭之曰：「皇元一視同仁，不間遠邇，特置大帥安集招懷，非有徵求於汝也。」蠻人大悦。

阿爾哈雅。輝和爾人。爲荆湖行省平章事，鎮潭州。至元十六年，降八番、羅甸蠻，以其總管文龍兒入見，置宣慰司。八番、羅甸、卧龍、羅番、大龍、遏蠻、盧番、小龍、石番、方番、洪番、程番，並置安撫以鎮之。凡所得州、峒夷山獠，不可勝計，大率以口舌降之，未嘗專事殺戮。又其取民，悉定從輕賦，民所在立祠祀之。「阿爾哈雅」舊作「阿里海牙」，「輝和爾」舊作「畏吾兒」，今俱改正。

劉繼昌。至元中，爲兩淮招討使經歷。十六年，潭州行省阿爾哈雅遣招下西南諸番，繼昌深入險阻，大播德威，八番、兩江溪洞皆降附焉。詔以龍方零等爲小龍番等處安撫使，仍以兵三千戍之，番境始安。「阿爾哈雅」，譯見前。

李德輝。潞縣人。至元十七年，爲安西行省左丞。時西南夷羅施鬼國復叛，詔雲南、湖廣、四川兵討之。兵且壓境，德輝適被命在播，乃馳驛止三道兵勿進，遣張季思諭鬼國趣降。其長阿察熟德輝名，曰：「是活合州李公耶？其言明信可恃。」即身至播州降。乃改鬼國爲順元路，以其酋爲宣撫使。其後有譖德輝受鬼國馬千數者，帝曰：「是人朕所素知，雖一羊不妄受，安有是耶！」其年德輝受降至黄平，以病卒，贈中書右丞，謚忠宣。

伊遜岱宗。沙卜珠台人。至元中，爲四川西道宣慰使，加都元帥。羅施鬼國亦奚不薛叛，詔以四川兵會雲南、江南兵討之。至會靈關，亦奚不薛遣先鋒阿麻阿豆等將數萬衆迎敵，伊遜岱宗馳入其軍，挾阿麻阿豆出，斬之。亦奚不薛懼，率所部五萬餘户降。以功拜西川等處行中書省右丞。「伊遜岱宗」舊作「也速答兒」，「沙卜珠台」舊作「珊竹帶」，今俱改正。

蘇赫。蒙古人。至元十九年，亦奚不薛叛，置順元等路軍民宣慰司，以蘇赫爲宣慰使，經理諸蠻。降八番、金竹等百餘砦，得户三萬四千，悉以其地爲郡縣，置順元路、金竹府、貴州以統之，東連九溪十八洞，南至交趾，西至雲南，咸受節制。「蘇赫」舊作「速哥」，今改正。

李呼朗圭。一名庭玉，隴西人。至元二十一年，以四川南道宣慰使，與參政奇爾濟蘇、僉省怕克巴、左丞汪惟正，分兵進取五溪洞蠻。伐山通道，連亘千里，諸蠻酋長皆率衆來降。尋以老病歸。「李呼朗圭」舊作「李忽蘭吉」，「奇爾濟蘇」舊作「曲里吉思」，「怕克巴」舊作「巴八」，今俱改正。

烏魯斯。喀爾氏人。至元二十六年，置八番羅甸宣慰司，以烏魯斯爲宣慰使。時諸蠻叛服不常，烏魯斯平之，乃立安撫等司以守焉。二十八年，平楊都要等。明年，爲八番、順元等處宣慰使、都元帥。大德六年，授通奉大夫、羅羅思宣慰使，兼管軍萬户。武宗立，召還。「烏魯斯」舊作「斡羅思」，「喀爾氏」舊作「思康里氏」，今俱改正。

莽哈岱。契丹人。世祖時，爲隨路新軍總管，統領山西兩路新軍。從行省伊遜岱宗征蜀及思、播有功，升萬户。從攻羅必甸，破之。成宗即位，授烏撒宣慰使，遷大理金齒等處宣慰使、都元帥。六年，烏撒、羅羅斯叛，討平之。九年，討普安羅雄州叛賊阿填，擒殺之，進驃騎衛上將軍，遥授雲南行中書省左丞，行大理金齒等處宣慰使、都元帥。卒於軍，贈平章政事，封濮國公。「莽哈岱」舊作「忙古帶」，今改正。「伊遜岱宗」，譯見前。

張弘綱。東安人。大德五年，從右丞劉深征八百媳婦，師次順元，土官宋隆濟糾合諸蠻爲亂，宏綱力戰歿，贈宣忠秉義功臣，追封齊郡公。

劉國傑。女直人，烏庫哩氏，改姓劉氏。元貞元年，爲湖廣行省平章政事。大德五年，羅鬼女子蛇節反，烏撒、烏蒙、東川、芒部諸蠻從之，陷貴州。詔國傑將兵討之。賊兵勁利，且多健馬，官軍戰失利。國傑令軍士人持一盾，布釘其上，俟陣合，即棄盾僞遁。賊逐之，馬奮不能止，遇盾皆仆。國傑鼓之，賊大敗。既而復合，衆請戰，國傑不應。數日，度其氣衰，一鼓破走之，追戰數十里，擒斬蛇節、宋隆濟、阿女等，西南夷悉平。「烏庫哩」舊作「烏古倫」，今改正。

曹伯啓。碭山人。延祐元年，遷刑部侍郎。八番帥擅殺，啓邊釁，朝廷用師伐之，命伯啓往詰其事。次沅州，道梗，伯啓恐兵往則彼驚，將致亂，乃遣令史楊鵬單騎往諭新帥，備得其情，止奏坐前帥擅殺罪，邊民以安。

明

吳良。定遠人。洪武五年，古州、八萬諸洞蠻爲亂，良以江陰侯充總兵官，佩征南副將軍印，率師討之。次零溪，進攻銅鼓、五開、潭溪，克之。既而擣地青，滅龍里，通洪州，所向皆捷。獨秦洞巖山苗，據險久不下。良以計襲破之，殲其衆。古州、八萬皆降，收撫洞苗二百餘所，籍其民，以其地隸思州宣慰司。

傅友德。碭山人。洪武三年，封潁川侯。九年，命友德巡行川蜀雅播之境，因兵威降金筑、普定諸山寨。十四年，充征南將軍，率左副將軍藍玉、右副將軍沐英，將步騎三十萬討雲南。至湖廣，分遣都督胡海洋等將兵五萬，由永寧趨烏撒，而自率大軍由辰、沅趨貴州，克普定、普安，降諸苗蠻。遂擊烏撒，循格孤山而南，以通永寧之兵。遣兩將軍趨雲南，友德城烏撒，羣蠻來争，奮擊破之，得七星關以通畢節。烏撒諸蠻復叛，討之，斬首三萬餘級，獲牛馬十餘萬，靄翠、宋欽皆降，蠻地悉平。進封潁國公。

費聚。五河人。洪武十四年，從傅友德征雲南，克普定。明年，置貴州都司，以聚與梅思祖同署司事。未幾，諸蠻復叛，副安陸侯吳復討之，攻關索嶺及阿咱等砦，悉下之，蠻地始定。

梅思祖。夏邑人。洪武十五年，與費聚同署貴州都指揮司事，宣布德威，民蠻安之。

吳復。合肥人。洪武十四年，從傅友德征雲南，克普定，城水西，充總兵官，勦捕諸蠻，遂由關索嶺開箐道取廣西。十六年，克墨定苗。至吉剌堡，築安莊新城。平七百房諸砦，斬獲萬計。轉餉盤江，金瘡發，遂卒。追封黔國公。

湯和。鳳陽人。洪武十八年，思州諸洞蠻作亂，命和爲將軍，從楚王討之。時蠻出没不常，聞師至，輒竄匿山谷間，退則復出剽掠。和抵其地，恐蠻人驚潰，乃於諸洞分屯立柵，與蠻雜耕，使不復疑。久之，以計擒其魁，餘黨悉潰。師還，留兵鎮之。

俞通淵。巢縣人。洪武二十四年，古州、銀賴蠻反。命通淵統諸軍討之，克銀賴諸洞，俘斬無算。明年，封越巂侯。

楊文。含山人。洪武二十九年，古州蠻林小斯以妖術倡亂。命楚王、湘王討之。文以左都督充總兵官，佩征蠻前將軍印，簡徒二十萬，由沅州伐山開路二百餘里，營天柱縣，率偏師直抵洪州泊里、永從諸洞砦，分道夾攻，大破之，擒馘二萬餘人。

韓觀。虹縣人。洪武二十九年，古州蠻叛，拜征虜副將軍，從楊文討平之。移兵擊五開，與顧成討定水西諸堡，還理左府都督事。

陳迪。宣城人。洪武中，官雲南右布政使。普定、曲靖、烏撒苗煽亂，迪率土兵擊破之，獻俘於朝，賜金幣。

顧成。江都人。洪武初，授成都後衛指揮僉事。八年，調守貴州。時羣蠻叛服不常，成連歲出兵平之。十四年，從傅友德征雲南，爲前鋒，首克普定，以功進指揮使。奏革普定府，析其地爲州三、長官司六。留治之，大布恩信，諸蠻帖伏。進貴州都指揮同知。平康佐、都勻諸蠻，俘斬萬計。二十九年，遷右軍都督僉事，佩征南將軍印，征水西、五開、天柱、天堂、西堡、平洲諸叛苗，皆誅其魁，撫綏餘衆。凡所破六洞一百三十七砦，黔由是平。封鎮遠侯，仍鎮貴州。永樂十一年，思州宣慰使田琛與辰州知府黄禧連兵擅攻思南宣慰使田宗鼎，命成以兵五萬壓境，琛、禧就縛。於是分思州、思南地，更置州縣，遂設貴州布政司。臺羅苗作亂，成充總兵官，率二都司三衛兵討之，斬酋普亮，盡戮叛黨，威震百蠻，蠻人爲立生祠。

蔣廷瓚。滑縣人。永樂初，以行人討平思州、思南叛苗。後爲貴州左布政使，撫輯遠人，具有規畫。卒於官，黔中人祀之。

楊廉。泰州人。永樂間，擢貴州右參議。在黔六年，以清節著。及卒，貧不能歸里，葬於城東三坡林，子孫因家焉。

蕭授。華容人。永樂十六年，以右軍都督僉事充總兵官，鎮守湖廣、貴州。宣德初，乖西、巴香諸洞砦作亂，而昆阻比諸砦亦恃險不輸賦〔八〕。授遣都指揮蘇保會宣慰宋斌，攻昆阻比砦，連破之，斬僞王卓把同等數百人，乖西諸蠻皆震懾歸命。其後西堡蠻阿骨等與砦底、清平、平越、普安、谷把諸蠻相聚爲寇〔九〕，而都勻蠻韋翁同復誘蔡郎等五十三砦作亂。授遣指揮李政、陳原、顧勇次第平之，進都督同知，佩征蠻副將軍印。正統元年，普定蠻阿遲阿哈等叛，授遣顧勇等搗其巢，擒阿哈等。已而討砂賊首苗金蟲、苗總牌糾洪江生苗作亂，僞立統千侯、統萬侯。授督兵抵計砂，分遣都指揮鄭通攻三羊洞〔一〇〕，馬曄攻黄柏山，破之，斬總牌、金蟲等，生苗盡降。授爲人沉毅，多計算，馭軍嚴整。在鎮二十餘年，威信大行，寇賊稀少，論功進左都督。召至京，以老致仕。卒贈臨武伯。

吴訥。常熟人。宣德三年，巡按貴州。綜覈精明，百度整飭，將代還，土人訴闕乞留，不許。或以百金佐裝，訥尋寄還，封識如故。

易節。萬載人。宣德間，爲貴州左布政使。寬猛得宜，民夷思之不忘。

應履平。奉化人。宣德初，爲貴州按察使。時山雲鎮廣西，歲調貴州軍萬人，春秋更代還，多逃亡，則取原衛軍以補。履平奏貴州四境皆苗蠻，今衛軍逃於廣西，而以在衛者補，不數年貴州軍伍空，邊釁且起。帝乃命雲嚴責廣西諸衛，追還逃軍。履平又以軍伍不足，請令衛所官旗犯雜死及徒流者俱送鎮將立功，期滿還伍；邊兵犯盜及土官民與官旗罪輕者，入粟缺儲所贖罪。並從之。

吴亮。來安人。正統初，副蕭授鎮湖廣、貴州，破普定蠻，進都督同知。平計砂苗，進右都督。

黄鎬。侯官人。正統十四年，以御史出按貴州。時羣苗盡叛，道路梗塞，靖遠伯王驥等自麓川還，軍無紀律，苗襲其後，官軍大敗。鎬孤軍赴平越，遇賊幾死，夜逃入城。賊圍之，議者欲棄城走，鎬曰：「平越，貴州咽喉。無平越，是無貴州也。」乃偕諸將固守，置密疏竹筒中，募土人間行，乞援於朝，且劾驥等覆師狀。朝命侍郎侯璡、保定伯梁珤等合川、湖軍救之，圍始解。城被困已九月，卒乃得全，鎬功爲多。

侯璡。澤州人。景泰初，貴州苗韋同烈叛，圍平越、清平、興隆諸衛。命璡總督貴州軍務討之。璡先遣兵攻敗都盧、水西諸賊，又調雲南兵，由烏撒會師，開畢節諸路，而自率師攻破紫塘、彌勒等十餘砦，遂解平越、清平圍，興隆抵鎮遠道皆通。晉兵部尚書。進克賞改，擒其僞王王阿同，水西苗阿忽等六族皆自訴乞歸化，詔璡隨方處置。

方瑛。全椒人。景泰初，貴州羣苗叛。以瑛爲右副總兵，與保定伯梁珤、侍郎侯璡率師討平之，進右都督，遂命瑛鎮守其地。尋以討平白石崖賊功，進左都督。未幾，四川草塘苗黃龍、韋保作亂，剽播州西坪、黃灘。瑛與巡撫蔣琳會川兵進勦，賊魁皆就縛。因分兵克中潮山及三百灘、乖西、谷種、乖立諸砦，執僞王谷蟻丁等，斬首七千餘。封南和伯。召還，督京營軍務。明年，湖廣苗叛，拜瑛平蠻將軍，率京軍討之。瑛連破鬼板等一百六十餘砦，與尚書石璞移兵天柱，率陳友等分擊天崖諸砦，復大破之，克砦二百七十，擒僞侯伯以下一百二人。時英宗已復位，召璞還，命瑛留鎮貴州、湖廣。瑛討蒙能餘黨，克銅鼓、藕洞諸砦一百九十五，覃洞、上隆諸苗咸斬賊渠納款。帝嘉其功，進爵爲侯。天順二年，東苗干把豬等僭僞號[二]，攻都勻諸衛。命瑛與巡撫白圭合川、雲、貴軍討之，克六百餘砦，邊方悉定。瑛前後克諸砦幾二千，俘斬四萬餘，平苗之功，前此無與比者。尋卒於鎮。

王來。慈谿人。景泰元年，貴州苗韋同烈作亂，以來爲右都御史，代侯璡總督軍務。同烈以衆數萬據興隆，復劫平越、清平諸衛。來遣都督毛勝、陳友及方瑛三道進，而來與保定伯梁珤大軍繼之，先後破三百餘砦。賊懼，縛同烈并賊將五十八人降，餘悉解散。遂移軍清平，且檄四川兵共勦，都勻、草塘諸賊皆降。賊平，來奏乞班師，詔留來、珤鎮撫。尋命來兼巡撫貴州。廣通王徽煠結苗酋楊文伯等爲亂，來連戰破之。尋召爲南京工部尚書。

劉玉。磁州人。天順初，以右參將分守貴州，從方瑛討東苗，殲干把豬。討西堡苗，縶其魁楚得，先後斬首千級，毀其巢而還。旋改右副總兵，鎮守貴州。

何淡。順德人。成化中，官貴州左參政。生熟苗相攻，郡縣騷然，撫按檄淡往招之。淡單騎深入，諭以威德，苗各釋甲散去。尋以親老乞歸。居官三十年，其歸也，貧不能舉火。知縣吴廷舉稱爲吴隱之之流，恒分俸給之。

彭倫。永定人。成化初，以指揮使守備貴州清浪諸處，討破茅坪、銅鼓叛苗。賊入乾溪肆掠，倫擊走之。以邛水諸砦不即邀遏，乃下令：「賊入境能生致，與重賞；縱者置諸法。」由是諸司各約所屬，凡生苗軼入，即擒之。倫大會所部，縛俘囚，訊得實，寘之高竿，令卒亂射殺之。罪輕者截耳鼻使去，曰：「以此識再犯不赦矣。」因令諸砦樹牌爲界，羣苗股栗不敢犯。其後邛水十四砦苗復糾洪江生苗爲逆，倫分五哨夾攻之，縶其魁，餘黨悉平。録功進都督僉事，歷官至貴州總兵，以老致仕。

孔鏞。長洲人。成化五年，以右副都御史巡撫貴州。清平部苗阿溪者，桀驁多智，其養子曰阿剌，有勇力，横行諸部中，守臣皆納其賂。鏞行部至清平，聞指揮王通曉大義，因詢之。通言：「溪所昵者，指揮王曾、總旗陳瑞。今欲致溪，必先得此二人，而後溪可圖也。」翌日，鏞大會將校，詰責二人。二人輸實，遂以計擒溪磔之，羣蠻震懾。雞背苗恃險爲亂，鏞亦討平焉。

何喬新。廣昌人。成化中，官刑部侍郎。播州宣慰楊輝寵庶子友，欲奪嫡子愛爵與之，乃立友爲凱里宣撫使，而誣愛交通唐王。朝廷命喬新勘之。友賄諸權貴，皆爲游説。喬新至，與巡撫劉璋白愛誣而奪友宣撫，安置别縣，播人遂安。喬新後官刑部尚書，致仕家居，愛遣使厚致贈，且獻良材可爲櫬者，喬新堅却之。

顧溥。成元孫，襲封鎮遠侯。弘治五年，貴州都勻蠻乜富架作亂，滇、蜀道梗。詔溥充行軍總兵官討之。分五路刻期並進，誘誅富架父子，斬首萬計，加太子太保。

鄧廷瓚。巴陵人。成化中，知程番府，治行卓著。弘治二年，以右副都御史巡撫貴州。都勻苗乜富架、長脚等作亂，敕廷瓚提督軍務，同湖廣總兵官顧溥、貴州總兵官王通等討之。副使吴倬，遣熟苗詐降富架，誘令入寇，伏兵擒其父子。官軍乘勝抵其巢，連破百餘砦，生縶長脚以歸，羣蠻震慴。廷瓚言：「都勻、清平，舊設二衛九長官司，其人皆世禄恣虐。請改爲府縣，設流官與土官兼治。」因上善後十一事，設都勻府一，獨山、麻哈州二，清平縣一。論功進右都御史。

張廉。歸安人。成化時，擢貴州按察使，奏誅印江豪酋，改置爲縣。弘治九年，以右副都御史巡撫其地，疏言屬府黎平僻遠，與湖廣五開衛相錯，宜聽湖廣兵備副使節制。又請削鎮遠土官，置縣如印江例。皆從之。

王軾。公安人。弘治十三年，貴州普安賊婦米魯，與其黨福佑等作亂。命軾兼左副都御史，往督軍務。軾至，以貴州兵力不足用，便宜調廣西、湖廣、雲南、四川官軍土兵八萬人，合貴州兵，分八道進攻之。米魯、福佑出戰，土官鳳英等格殺二人，餘黨遂平。録功加太子少保。

鄒文盛。公安人。正德十一年，以副都御史巡撫貴州，討清平苗阿旁、阿階、阿革及龍頭、都蘭、都蓬、密西、大支、馬羅諸砦黑苗，皆平之。

陳克宅。餘姚人。嘉靖初，爲御史巡按貴州。時隴政搆亂，朝議用兵，而歲辦物料爲公私擾。克宅奏止輸十二，詔從之。行旅患盤江瘴氣，克宅鑿山開道以避之。十三年，復以右副都御史巡撫其地。都勻囤賊阿向逆命，克宅募死士夜升絶壁，以繩梯度軍，大破之，諸洞悉平。

徐問。武進人。嘉靖十一年，拜右副都御史，巡撫貴州。獨山州賊蒙鉞爲亂，問督大兵分道入，誅之。撫黔三年，日進長吏，求疾苦，盡利便，甚得黔人心。召爲兵部右侍郎，疏言：「兩廣、雲、貴半土司，深山密箐，傜、獞、羅、僰所窟穴，邊將喜功召釁，好爲掃穴之舉，王師每入，巨憝潛蹤，所誅戮率無辜赤子。興大兵，費厚餉，以易無辜命，非陛下好生意。宜敕邊臣布威信，嚴阨塞，謹哨探，使各安邊境，以絶禍萌。」帝深納其言。

石簡。寧海人。嘉靖二十二年，爲貴州左布政使。五溪諸蠻四出劫掠，官軍勦之不克。撫按以簡威望，檄使招撫。簡單騎往諭，蠻皆投順。尋以病致仕。

張嶽。惠安人。嘉靖中，以右都御史總督湖廣、貴州、四川軍務，開府沅州。時苗酋龍許保及其黨吴黑苗爲亂，貴州巡撫李義主撫，嶽劾罷之，使總兵官沈希儀等分道進師，而躬入銅仁督之。許保、黑苗以次就擒，苗患以息。

沈希儀。貴縣人。嘉靖十九年，爲四川左參將，分守敘、瀘及貴州迤西諸處。二十六年，以都督同知充貴州總兵官，從總督張嶽平銅仁叛苗龍許保、吴黑苗。尋以病歸。

石邦憲。清平衛人。嘉靖中，署都指揮僉事，充銅仁參將。龍許保、吴黑苗叛，總督張嶽以邦憲有謀勇，令討之。破苗砦十有五，使使購老猫、老猏等，執許保送軍門。復以計購烏朗土官田興邦等斬黑苗。進署都督僉事，充總兵官。代沈希儀鎮貴州，臺黎砦苗闒保倡亂，四川容山、廣西洪江諸苗爲應。邦憲與湖廣兵分道討破之。播州苗盧阿項爲亂，邦憲以兵七千兼調水西兵，進逼其巢，擒賊首父子，斬獲四百七十餘人。進署都督同知。破地隆阡叛苗四砦，又破答千諸砦，擒其魁，於是諸苗悉降。播州容山副長官土舍韓甸與正長官土舍張問相攻，甸屢勝，遂糾生苗剽湖廣境，垂二十年。邦憲討破之，斬甸，容山平。進右都督，尋與巡撫吴維嶽招降平州叛酋楊珂。又勦平龍里衛賊阿利等。隆慶元年，勦平鎮遠苗，又破誅白泥土官楊贇及苗酋龍力水等。邦憲生長黔土，熟苗情，善用兵，大小數十百戰，無不摧破。所得俸賜，悉以饗士，家無贏資。爲總兵官十七年，威震蠻中，與四川何卿、廣西沈希儀，並稱一時名將。卒，贈左都督。

胡桂芳。金谿人。萬曆中，以右副都御史巡撫貴州。金筑安撫土舍金大章與其黨爲亂，桂芳遣兵擊破之，賊懼，求納地，乃改爲廣順州，設流官撫治，而以大章爲土官知州，不治民事，一方遂定。

邢玠。益都人。萬曆二十二年，播州宣慰使楊應龍叛，敗官軍於白石。詔以玠爲兵部左侍郎，總督川、貴軍務，討之。玠檄諭應龍，應龍面縛，諉罪於其黨黄元、阿羔，執以獻。詔應龍輸四萬金，贖爲民，斬元等重慶市，加玠右都御史。

江東之。歙縣人。萬曆進士，爲御史，有直聲。二十四年，巡撫貴州，置備賑、右文等田，恤隱、惠藥等局。黔人德之，稱賢撫者，必以東之爲最。

李化龍。長垣人。萬曆二十七年，播州楊應龍復叛。詔以化龍爲兵部右侍郎，總督湖廣、川、貴軍務討之。化龍先檄水西兵三萬守貴州，明年二月，大誓文武，分八道進兵。川師四路，總兵劉綎由綦江，馬孔英由南川，吴廣由合江，副將曹希彬受廣節制，由永寧；黔師三路，總兵童元鎮由烏江，宣慰使安疆臣由沙溪，總兵李應祥由興隆；楚師一路，分兩翼，總兵陳璘由白泥，副總兵陳良玭受璘節制，由龍泉。每路兵三萬，官兵三之，土司七之。五月，大會海龍囤下，築長圍困之。六月，劉綎先破土、月二城，應龍自焚死。出師凡百有十四日，而賊滅，以其地置遵義、平越二府。晉兵部尚書，加少保。

郭子章。泰和人。萬曆二十七年，爲右副都御史，巡撫貴州。與總督李化龍共滅楊應龍，改其地爲流官，敘功進右都御史兼兵部右侍郎。尋令總兵陳璘討皮林苗，又平貴州東西二路苗。朝議征紅苗，子章力言不可，乃止。撫黔九年，洞悉民隱，凡所設施，咸有利益。

劉綎。南昌人。萬曆中，以四川總兵官從李化龍征播州，搗楠木、山陽、簡臺三峒。與賊大戰李漢壩，生擒其魁，餘賊奔入峒，乘勢追之，遂盡克三峒。楊朝棟統鋭卒數萬，由松坎、魚渡、羅古池三道並進。綎伏百人於羅古，待松坎賊；伏萬人於營外，待魚渡賊。賊至伏起，綎率部下轉戰，斬首數百，追奔五十里，踰夜郎舊城，克滴淚、三坡、瓦窑坪、石虎諸隘，直抵婁山關，分奇兵爲左右，間道趨關後，而自督大軍仰攻，奪其關。追至永安莊，進克後水囤，營於冠子山。尋會諸將逼海龍囤下，與諸將共平賊。綎功爲多，進左都督，世廕指揮使。本朝乾隆四十一年，賜謚忠壯。

陳璘。翁源人。萬曆中征播，璘以湖廣總兵官由偏橋進攻，克大、小三渡關，乘勝抵海龍囤下。楊應龍死，偏沅巡撫江鐸命璘移師討皮林，賊黨悉平，遂以總兵官鎮貴州。時仲家苗盤踞貴龍、平新間，剽掠無虚日。璘督討平之，部内遂靖。先敘平播功，加左都督，再以平苗功，贈太子太保。

吴廣。廣東人。萬曆中征播，廣以總兵官出合江，賊將郭通緒扼穿崖囤，廣督土漢軍擊破之。分四哨，進攻崖門，連戰紅硐、水土崖、分水關，皆捷。會諸道軍逼海龍囤，旋與陳璘從囤後登，楊應龍死，獲其子朝棟及妻田氏，出應龍屍烈焰中。廣中毒矢，絶而復甦，遂以本官鎮四川。踰年卒，贈都督同知，世廕千户。

馬孔英。宣府人。萬曆中征播，孔英以總兵官出南川，道獨險遠，去楊應龍海龍囤六七百里。孔英用土官鄭葵、路麟爲鄉導，鼓行而前，連破桑木、九杵、黑水諸關，苦竹、羊崖、銅鼓諸砦，進營金子壩，奪養馬城，直抵海龍第二關下。時諸道兵未至，孔英軍獨深入。居數日，劉綎亦至，乃合兵克海崖、海門諸關。賊走保囤上，尋滅。録功進都督同知，世廕千户。久之，以總兵官鎮貴州。罷歸，卒。

李檼。鄞人。萬曆四十七年，擢右僉都御史，巡撫貴州。時安邦彦已有反謀，檼累疏請增兵益餉，中朝置不問。會檼被劾，六疏乞休，始得請，以王三善代。而奢崇明已反重慶，陷遵義，貴陽大震。檼遂留視事，與巡按御史史永安募兵儲米，治戰守具，遣總兵官張彦方等援四川〔一二〕。已而邦彦遂挾宣慰使安位反，統水西軍及羅鬼、苗仲數萬，直趨貴陽。檼聞變，亟議城守。會藩臬守令咸入覲，城中文武無幾人，乃分兵爲五，令提學劉錫元及參議邵應禎、都司劉嘉言、故副總兵劉岳分禦四門，檼自當北門之衝。永安居譙樓，團街市兵，以防内變。賊至，盡鋭攻北城，檼迎戰敗之。轉攻東門，爲錫元所却。持數日，賊多死，乃日夕分番馳突，以疲官兵。又沿山爲營栅，隔内外。後聞新撫王三善將進兵，乃日夜攻，架木高坡以瞰南城。檼、永安募死士燔之，火五日夜。賊盡攻擊之術，終不能拔。閲八月，三善抵城下，圍始解。方被圍時，城中食盡，知縣周思稷自殺以餉軍，升米白銀二十兩。檼盡焚書籍冠服，預戒家人急則自盡，皆授以刀繯〔一三〕。城中户十萬，後僅餘二百人。孤軍卒定，皆檼及永安、錫元功。

史永安。武定人。天啓初，以御史巡按貴州。安邦彦將至，或諷永安以巡行去，不聽。賊圍既久，城中食盡，永安召諸將士，爲作飲血歌以見志。後晉太常少卿。

劉錫元。長洲人。天啓初，爲貴州提學。安邦彦圍城，錫元督諸生日夜巡守。圍解，晉秩副使。崇禎中，任寧夏參政。

王三善。永城人。天啓元年，以左僉都御史代李檼巡撫貴州。明年二月，安邦彦反，圍貴陽，檼及巡按御史史永安連章告急，趣三善赴援。三善進駐平越。十二月朔，三善分兵爲三：副使何天麟等從清水江進〔一四〕，爲右部；僉事楊世賞等從都匀進，爲左部；自將二萬人，與參議向日昇，副總兵劉超等由中路，當賊鋒。舟次新安，遇賊酋阿成，超偕部卒張良俊直前斬其頭，賊衆披靡，遂奪龍里城。進兵畢節鋪，賊渠安邦俊中礮死，生獲邦彦弟阿倫，遂抵貴陽城下，賊解圍去。三善舉超爲總兵官，令渡陸廣，趨大方，搗安位巢；總兵官張彦方渡鴨池〔一五〕，搗邦彦巢；漢土兵各三萬，剋期並進。三年正月，超渡陸廣，賊薄之獨山，官軍大敗，賊遂攻破鴨池軍。諸苗見王師失利，復蠭起，遠近大震。三善急遣諸將攻之，擒其酋宋萬化，邦彦爲之奪氣。會奢崇明爲川師所窘，逃入貴州龍場，依邦彦。三善乃自將六萬人，渡烏江，與賊戰於漆山，身自督陣，曰：「戰不捷，此即吾致身處也。」將士殊死戰，賊衆大敗，邦彦狼狽走。三善遂抵大方，入居安位第。位偕母奢社輝走火灼堡，邦彦竄織金。三善屯大方久，食盡，四年正月，焚大方廬舍而東。賊躡之，中軍參將王建中、副總兵秦民屏戰歿。官軍行且戰，至内莊，後軍爲賊所斷，三善還救，降賊陳其愚衝三善墜馬。三善知有變，急解印綬付家人，拔刀自刎，不殊。羣賊擁之去，罵不屈，遂被害。同知梁思泰、主事田景猷等同死者四十餘人。崇禎初，贈兵部尚書，立祠祀之。九年冬，敘解圍功，贈太子太保。

秦民屏。忠州人，女土官秦良玉之弟。天啓初，爲都司僉書，以解成都圍進副總兵。三年冬，從王三善戰大方，屢捷。明年正月戰死，二子佐明、祚明皆重傷。良玉疏請卹，詔贈都督同知，立祠賜祭，而官其二子。

岳具仰。延安人。歷官户部郎中。貴州亂，朝議具仰知兵，用爲監軍副使。内莊之敗，賊執之以要撫，後具仰馳蠟書於外，爲邦彦所殺。贈光禄寺卿。

蔡復一。同安人。奢崇明、安邦彦反，貴州巡撫王三善敗歿，進復一兵部右侍郎代之。時兵食盡絀，復一勞來拊循，人心乃定。尋代楊述中總督貴州、雲南、湖廣軍務，兼巡撫貴州。復一集將吏，申嚴紀律，遣總理魯欽等救凱里，參將尹伸、副使楊世賞等救普定，俱却之。遂發兵通盤江路，斬逆酋沙國珍。又大破賊於汪家沖，長驅至織金，搜邦彦不得，乃班師。是役也，焚賊巢數十里，獲牛馬甲仗無算。五年正月，欽等旋師渡河，賊從後襲擊，諸營盡潰。復一自劾，遂解任俟代。與巡按御史傅宗龍計，勦破烏粟、螺螄、長田及兩江十五砦叛苗，又遣劉超等討平越苗阿秋等，破百七十砦。十月，卒於平越軍中，贈兵部尚書。

傅宗龍。昆明人。萬曆中，爲御史，以疾乞歸。天啓四年，貴州巡撫王三善敗歿，乃即家起宗龍巡按其地，兼監軍。宗龍盡知黔中要害，及土酋逆順、將士勇怯，巡撫蔡復一深信之，請敕宗龍專理軍務，設中軍旗鼓，裨將以下聽賞罰，可之。五年正月，總理魯欽敗績於陸廣河，諸苗復蠢動。復一與宗龍謀，討破烏粟、螺螄、長田諸叛苗，大破平越賊，毁其砦百七十，賊黨漸孤。會復一卒，代者王瑊，諸事悉倚辦。宗龍乃漸翦水外逆黨，復擊破安邦彦於趙官屯，斬老蟲添，威名大著。巡按踰二歲，詔加太僕少卿。其冬，以丁艱歸。

袁善。雲南人。故爲參將，以事罷。天啓中，貴州巡撫沈儆炌奏復其官，令討安邦彥。賊陷普安，圍安南，善攻破之，通上六衛道。王三善之没，六衛復梗。善護御史傅宗龍赴黔，道復通。七年，加都督同知。崇禎初，卒於官。

魯欽。長清人。歷都督僉事，充保定總兵官。安邦彥叛，命欽爲總理，總川、貴、湖廣漢土軍，從王三善防勦。擒苗酋宋萬化、何中尉，進營紅崖，五戰，斬首萬八千，直抵大方，欽功爲多。及三善敗於内莊，總督蔡復一遣欽及總兵官劉超救凱里，拔賊巖頭砦，遂移師克平茶。已而邦彥盡驅玀鬼，結四十營於斑鳩灣，分犯普定。復一令欽及總兵官黄鉞分道禦之。欽率部將張雲鵬等大敗賊於汪家沖，邦彥渡河西奔，欽督諸將窮追，深入織金。明年正月，渡河還，中伏，敗死者數千人，充爲事官，立功自贖。會長田苗酋阿賈、天保助邦彥爲亂，復一以兵屬欽討之，大戰米墩山，生擒天保、阿賈，先後斬賊魁五十四人，破焚一百七十四砦。詔免欽爲事官，總理如故。未幾，邦彥復大舉入寇，欽禦之河上，連戰數日夜，賊直逼欽壘，將士逃竄，遂自刎。欽勇敢善戰，爲西南大將之冠。崇禎初，贈少保、左都督，賜祭葬，建祠曰旌忠。

陸夢龍。會稽人。萬曆中，歷江西副使。天啓四年，貴州賊未靖，總督蔡復一薦夢龍知兵，改右參政，監軍討賊。安邦彥犯普定，夢龍偕總兵黄鉞以三千人禦之，曉行大霧中，直前薄賊，大敗之。三山苗叛，思州告急，夢龍夜遣中軍吴家相進擣賊巢，撾苗鼓，聲振山谷，苗大奔潰，焚其巢而還。

周鴻圖。即墨人。起家宿遷知縣。天啓初，安邦彥亂，圍貴陽。巡撫侯恂薦鴻圖監紀軍事，解其圍，遷貴陽同知。時龍里衛爲賊殘破，鴻圖繕城飭備，招集拊循，民恃爲固。升平越知府，會匀哈叛苗與邦彥相倚爲亂，巡撫王瑊及御史傅宗龍使監參將胡從儀及都司張雲鵬軍，分道搜山，所向摧破。以功擢副使，分巡新鎮道。時鴻圖駐平越，轄下六衛，參議段伯炌駐安莊，轄上六衛，千餘里間，奸宄屏息。崇禎初，以右參政分守銅仁諸府，苗畏其威，不敢竊發。

胡從儀。山西人。天啓三年，分鎮新添、偏橋諸衛。先是，下六衛積苦苗患，從儀徧歷苗洞，得其山川險易出没之路，畫地分守，柝聲相聞。四年，以遊擊援普定，功多。既而破賊長田，以參將討平匀哈，又與諸將平老蟲添，又平苗賊汪抱角，進都督僉事，召爲保定總兵官。卒於京邸，黔人爲立真將軍碑。

朱燮元。山陰人。天啓四年，安邦彦陷貴州，巡撫王三善軍没。明年，廷議命燮元以兵部尚書督貴州、雲南、廣西諸軍，移鎮貴陽。六年，燮元以父喪歸，代以尚書張鶴鳴。鶴鳴視師年餘，未嘗一戰。崇禎元年，復召燮元代之，兼巡撫貴州。時寇亂久，井里蕭條，貴陽民不及五百家。燮元招流移，廣開墾，募勇敢，檄雲南兵下烏撒，四川兵出永寧，下畢節，而親率大軍駐陸廣，逼大方。邦彦聞之，分守陸廣、鴨池、三岔諸要害，别以一軍趨遵義，與奢崇明合兵犯赤水。燮元授計總兵許成名，令誘賊抵永寧，而急遣總兵官林兆鼎從三岔入，副將王國禎從陸廣入，劉養鯤從遵義入，合傾其巢。邦彦恃勇，擬先破永寧軍，還拒諸將，急索戰。四川總兵官侯良柱、副使劉可訓遇賊十萬於五峯山、桃紅壩，大破之。賊奔據山巔，諸將乘霧力攻，賊復大敗，又追敗之紅土川。二年八月十有七日，邦彦、崇明皆授首。燮元乘兵威脅走安邊，復烏撒。檄招水西宣慰使安位，位不决，燮元攻之百餘日，斬級萬餘。養鯤復遣人入大方，燒其室廬。位大恐，三年春，遣使乞降。燮元受之，貴州遂靖。乃於沿河築城三十六，以新開地分給有功之將，令其世襲。其冬，討平定番、鎮寧叛苗，通威清等上六衛及平越、清平、偏橋、鎮遠四衛道路凡一千六百餘里。十一年春，卒於官。燮元鎮西南久，治事明果，行軍務持重，謀定後戰，禦蠻以忠信，不妄殺，苗民懷之。

劉可訓。未詳何籍人。天啓三年，爲四川僉事監軍。奢崇明走龍場壩，可訓督諸將進勦，功最多。崇禎元年，改敘瀘副使，仍監諸將軍。二年，與總兵侯良柱破賊十萬於五峯山，斬崇明及安邦彦。後擢右僉都御史。

盧安世。赤水衛人。萬曆中，爲富順教諭。天啓初，奢崇明反，帝用大學士孫承宗言，超擢僉事，監軍討賊，屢戰有功。五年四月，總督朱燮元上言：「自遵義五路進兵，永寧破巢之後，大小數百戰，擒獲幾四萬人，招撫羣賊及漢、土、苗仲二十九萬三千二百餘人，皆監司李仙品、劉可訓、鄭朝棟、盧安世等功，武將則林兆鼎、秦翼明、羅象乾〔一六〕，土官則陳治安、冉紹文、悦先民等。」進安世貴州右參議，遷四川副使、遵義監軍。又數有功，崇禎初，與世廕武職，進右參政。

林兆鼎。福建人。以總兵官鎮貴州。崇禎三年，定番、鎮寧苗爲亂，討平之。四年，湖廣苗黑酋剽劫偏橋諸處，兆鼎遣將進勦，攻拔二百餘寨，加左都督，召還南京右府。卒，贈太子少保。

朱家民。曲靖人。天啓二年，官貴陽知府。邦彦圍貴陽，家民奉王三善命，乞援兵於四川，又借河南兵共解其圍。乃撫傷殘，招流移，寬徭賦，遠邇悦服。丁父憂，奪情擢安普監軍副使，加右參政。崇禎時，就遷按察使、左布政，以平寇功，加俸一級。久之，致仕，卒於家。自邦彦亂，雲貴諸土酋盡反，攻陷安南等上六衛，雲南路斷。其後路雖通，羣苗猶出没爲患。家民率參將許成名等討平盤江外阿野、魯頗諸砦，於是相度盤江西坡、板橋、海子、馬場諸要害，築石城五，宿兵以衛居民。帝嘉其績，皆錫以名。家民又於其間築城六，廨舍廬井畢備，羣苗惕息，道路晏然。盤江居雲、貴交，兩岸壁立，水深無底，廣三十餘丈。家民倣瀾滄橋制，置鐵索鐵柱，横木爲板橋，建鼓樓，築月城以護之，遂爲永利。

張耀。三原人。崇禎末，歷官貴州按察使，就遷本省布政使。孫可望、李定國等率衆攻貴州，城陷，執見其帥，帥與耀皆秦人，説之降，執其妾媵怵之，終不屈，大駡被殺，并殺其家屬十三人。本朝乾隆四十一年，賜謚忠烈。

本朝

宗室洛託。鑲藍旗都統。順治十五年，以寧南靖寇大將軍督師取黔〔一七〕，甫至境，賊望風遁。四月入貴陽，軍令嚴肅，秋毫無擾。七月，賊遣兵襲黔，一夕奄至城下。洛託令士卒開門以待，賊知有備，引去，分兵寇青巖，又敗走之，自是不敢窺黔。既而王師進滇，遂定西南。

趙廷臣。漢軍鑲黄旗人。順治十五年夏四月，王師定黔。秋九月，廷臣奉命巡撫，下車日，延見父老，博採旁咨，盡得民疾苦狀。凡所條禁措置，悉中窾要。定賦額，請蠲賑，興學校，禁貪横，嚴騷擾，民困獲甦。晉雲貴總督，屢平叛亂。康熙元年，調閩浙總督。去之日，士民攀號擁道者萬人。

佟鳳彩。漢軍正藍旗人。康熙六年，任貴州巡撫。疏言天下所苦者驛站，而黔省爲尤甚，請增設腰站，酌加鋪兵銀米，庶應募弗缺，而百姓得免騷擾。又歷陳黔省田土從前開報之誤，請詳細經理，於賦役全書内逐一更正，以垂久遠。並得旨允行。在黔四年，凡所設施，皆恤民疾苦，民愛信之。後調河南巡撫，卒。賜祭葬，謚勤僖，入祀名宦祠。

甘文焜。漢軍正藍旗人。康熙八年，任雲貴總督。時吴三桂在滇，歲糜軍餉數百萬，役重民困。文焜悉與蠲免，奏增驛遞夫價以給歲運。會内艱，請假葬親還京，召對，面陳三桂不軌狀。十二年五月，回任。十二月，三桂反，提督李本深以安順應之。文焜以省城不可守，殺其妾，攜子國臣馳赴鎮遠，思招集楚兵扼險隘，使賊不北出。時副將姜義先已從賊，各營嚮應。文焜知事不可爲，赴吉祥寺，先縊其子，北面再拜，痛哭自刎。筆帖式何善、雅圖等皆死之。事聞，贈兵部尚書，謚忠果。

蔡毓榮。漢軍正白旗人。康熙十九年，授綏遠將軍，同諸軍恢復雲、貴。賊平，授雲貴總督。時逆氛初靖，毓榮招撫散亡，創定規制，給牛種，勸耕作，安反側，修武備，民甚賴之。

王之鼎。漢軍正紅旗人。康熙十九年，以定海將軍充四川提督，恢復全蜀。時逆賊吴世璠猶踞貴陽，復犯永寧。之鼎往援，賊悉衆圍之，三閱月，糧盡援絶，猶間率兵挑戰，士氣益勵。九月九日城陷，自刎未殊，被執至貴陽。賊百計脅降，大罵不屈死。部下總兵何成德、王永世、劉奎、傅汝友、傅富，副將楊三虎，遊擊劉應科、陳田、陳先鳳、地藏保，隨征立功之潘濟世、陳應科，共十二人，同時被害。事聞，賜謚忠毅，贈少保，立祠貴陽南關外，御書「忠節垂芳」扁額以旌之。

田雯。德州人。康熙進士。二十七年，巡撫貴州。端躬率屬，以去弊樹利爲己責。在任四年，積倉廩，嚴武備，撫戢苗蠻，威惠並行。尤加意學校，愛民養士，惟恐不及。時人比之郭子章云。所著有黔書，極精核。

蘇大有。襄陽人。雍正五年，以定廣協副將征討八寨、丹江、清江、古州等處，每身先士卒，以忠義鼓衆，所至奏功。清江之役，攻黄茅嶺，苗伏莽中，刺傷其左股，流血及屨，猶揮刃殺賊。左右驚問，謂苗血適濺吾衣耳。及大勝回營，方解衣示衆曰：

「頃實負創，言之恐亂軍心。大丈夫戮力戎行，死且不懼，此何恤焉！」軍士聞之愈奮。苗人畏之，目爲「蘇大刀」，每臨陣，見其旗幟輒奔潰。以功遷古州總兵。卒於官，入祀賢良祠。

陳詵。海寧人。康熙中巡撫貴州，愛民禮士。貴陽府城南有南明河，萬石嶙峋，水勢激怒，多壞舟楫。詵建橋十餘洞以分其勢，水患始平。三江苗蠻蠢動，遣將殲其魁，餘黨悉平。省城兵民雜居，詵創立前、後、左、右四營，使兵民不相擾；又捐俸五千金，建營中瓦屋三千楹，兵賴以安。黔地不識桑麻，亦無茶油樹，詵購其種，令民植之，遂爲永利。乾隆十年，入祀名宦祠。

馬會伯。寧夏人。一甲一名武進士。雍正三年，任貴州提督。黔省地瘠民貧，捐穀千石以濟兵，令於秋後還倉，爲永遠接濟之用。時廣順州屬長寨等處犵苗滋事，會伯偕總兵石禮哈勦擒首惡阿革、阿紀、李奇等誅之，餘皆詣軍前乞降，諸苗悉平。

陳惪榮。安州人。康熙進士。雍正初，爲大定知府。值烏蒙苗亂，惪榮守城有備，賊不敢逼。乾隆元年，授貴州按察使。時苗疆甫定，方駐師興屯，經略張廣泗欲以威重鎮服，用法嚴峻。二年，貴陽屢有火災，惪榮入見廣泗曰：「天意如此，當設誠修省。苗亦人耳，可盡殺乎？」廣泗感動，乃飭將吏如惪榮言。四年，署布政使。奏黔省山多水足，可以疏土成田，桑條肥沃，宜講蠶繅織紝之法，請就鄰省雇募種棉飼蠶紡績之人，教習倣照，三年必有成效。事下議行。尋又課民樹杉木六萬株。貴陽、平越間，報墾至三萬六千畝，比户機杼聲相聞。得旨嘉奬。黔民至今歌頌之。

福康安。滿洲鑲黄旗人，富察氏。乾隆五十九年，任雲貴總督。時貴州逆苗石柳鄧圍正大營、嗅腦營、松桃廳三城，湖南逆苗石三保等圍永綏，附首逆吴半生爲亂。福康安督兵赴勦，連解三圍，進援永綏，永綏圍亦解。追賊至高多砦，吴半生就擒。嘉慶元年五月，因染瘴患泄瀉，猶力疾進討餘黨，卒於軍。事聞，贈郡王爵銜，謚文襄，入祀昭忠祠、賢良祠。

花連布。蒙古鑲黄旗人，額爾德特氏。乾隆六十年，以安籠鎮總兵隨總督福康安征勦黔苗，所向有功。賞給「剛安巴圖魯」名號，擢貴州提督。嘉慶元年九月，青谿縣逆匪高承德以邪術聚衆，知縣王懋德被戕。花連布督兵攻克小竹山賊巢，鎗斃高承德及戕殺知縣之逆匪陳仰瞻。賊黨竄入大小鬼崖，踞險抗拒。花連布分兵三路，逼崖仰攻，自由中路乘勝直登，頭中賊石，跌巖陣亡。事聞，加太子少保銜，賜祭葬，謚壯節，入祀昭忠祠。

額勒登保。滿洲正黄旗人。瓜爾佳氏。乾隆六十年，以都統征勦黔苗，解永綏圍。嘉慶元年，逆首石三保就擒，率兵連克養牛塘、山梁，梟石柳鄧於貴魚坡，苗平，封威勇侯。

德楞泰。蒙古正黄旗人，伍彌特氏。乾隆六十年，以副都統隨總督福康安勦辦松桃苗匪，駐兵花園、隆團等處，屢有戰功。嘉慶元年，偕都統額勒登保進軍平隴，連克苗砦，逆首石柳鄧就殲，封二等子。

勒保。滿洲鑲紅旗人，費莫氏。雲貴總督。嘉慶二年，南籠狆苗滋事，圍南籠、永豐、册亨、黄草壩、捧鮓各城，册亨旋陷。勒保赴黔勦辦，以安順府之關嶺爲南籠要路，自統官軍攻克之。分兵並進，賊勢大沮，苗砦來就撫者一百五十有二。連解數城之圍，復册亨，擒獲逆首王囊仙、韋朝元、王抱羊等，置諸法，苗疆悉定。封威勤侯。

校勘記

〔一〕琰　原作「炎」，據乾隆志卷三九〇貴州統部建置沿革（下同卷簡稱乾隆志）及舊唐書卷四〇地理志改。按，本志避清仁宗諱改字也。下文同改。

〔二〕龍作襲　乾隆志同。按，細審文意，此當是指舊唐書地理志「龍小」二字，新唐書地理志作「襲」一字。此「龍」下脱「小」字。

〔三〕寧夷　「寧」，原作「安」，據乾隆志及宋史卷八九地理志改。按，本志避清宣宗諱改字。

〔四〕宣和三年廢州及縣　乾隆志同。按，據上文，此當言「廢軍及縣」，「州」乃「軍」字之誤。中華書局點校本宋史地理志據宋會要輯稿方域七之二〇改「州」爲「軍」，是。

〔五〕中營兼左營　「中」，原空闕，據乾隆志補。

〔六〕南夷豪帥劉青反　「劉青」，原作「劉胃」，乾隆志同，據三國志卷四三蜀書馬忠傳改。下文同改。

〔七〕永嘉元年爲南夷校尉寧州刺史　乾隆志同。按，晉書卷八一王遜傳載王遜任南夷校尉、寧州刺史時當永嘉四年。考華陽國志卷四南中志云：「朝廷以廣漢太守魏興王遜爲南夷校尉、寧州刺史，代毅。自永嘉元年受除，四年乃至。」蓋乾隆志與本志所本。

〔八〕而昆阻比諸砦亦恃險不輸賦　「比」原作「北」，「賦」原作「服」，乾隆志同，據明史卷一六六蕭授傳改。下文「昆阻比」原亦誤「比」爲「北」，同據改。

〔九〕其後西堡蠻阿骨等與砦底清平平越普安谷把諸蠻相聚爲寇　「砦底」，原倒作「底砦」，據乾隆志及明史卷一六六蕭授傳乙。

〔一〇〕分遣都指揮鄭通攻三羊洞　「羊」，原脱，乾隆志同，據明史卷一六六蕭授傳補。

〔一一〕東苗干把豬等僭僞號　「干」，原作「千」，乾隆志同，據明史卷一六六方瑛傳改。下文同改。

〔一二〕遣總兵官張彦方等援四川　「張彦方」，乾隆志同。按，明史卷三一六貴州土司列傳及明憙宗實録卷七等「方」作「芳」，當是。明史卷二四九李橒傳亦誤作「方」，此本志所由誤。考光緒益都縣志有張彦芳小傳，云字大雲，都御史焕之子。

〔一三〕皆授以刀鐶　「鐶」，原作「環」，乾隆志同，據明史卷二四九李橒傳改。

〔一四〕副使何天麟等從清水江進　「何」，原作「阿」，乾隆志同，據明史卷二四九王三善傳改。

〔一五〕總兵官張彦方渡鴨池　「張彦方」，乾隆志同，明史卷二四九王三善傳「方」作「芳」，是，參本卷校勘記〔一二〕條。

〔一六〕羅象乾　乾隆志同。按，明史卷三一二永寧宣撫司列傳及明憙宗實録卷一三天啓二年正月乙丑條作「羅乾象」，當是。明史卷二四九盧安世傳亦誤作「羅象乾」，此本志所由誤。

〔一七〕以寧南靖寇大將軍督師取黔　「寧」，原作「平」，據乾隆志及清世祖實録卷一〇九順治十四年四月二十日條改。按，本志避清宣宗諱改字也。

貴陽府圖

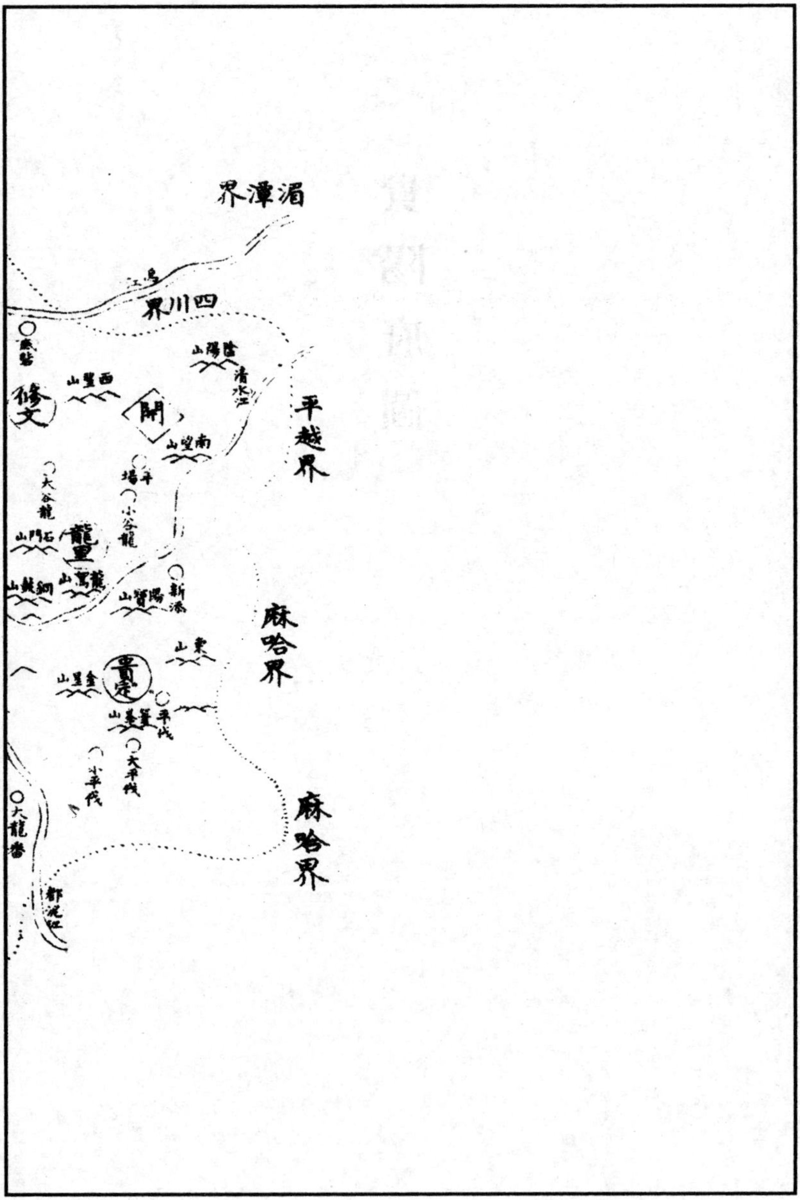
湄潭界
烏江
四川界
西望山
修文
開
清水江
平越界
南望山
大谷龍
小谷龍
石門山
龍里
新添
麻哈界
東山
貴定
平伐
大平伐
小平伐
大龍番
都泥江
麻哈界

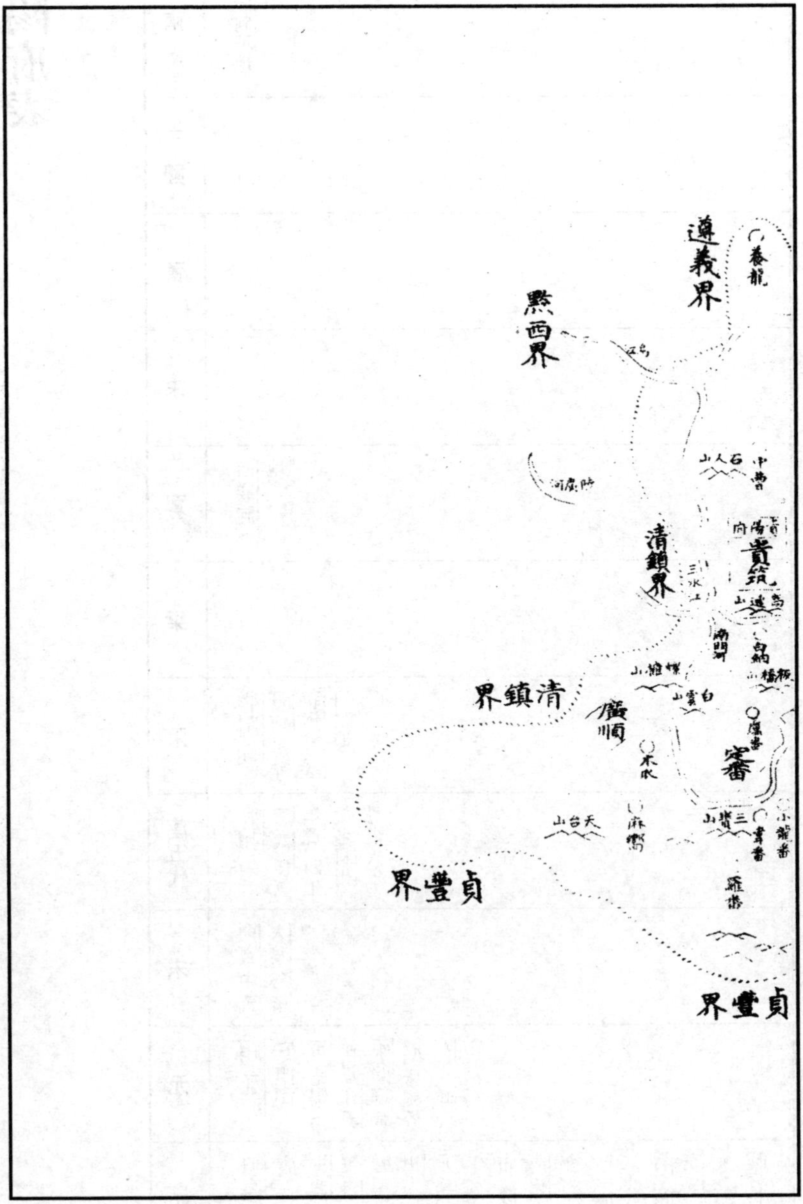
遵義界
黔西界
清鎮界
清鎮界
貴筑
貴陽府
貞豐界
貞豐界

貴陽府表

	貴陽府
兩漢	牂牁郡地。
三國	
晉	
宋	
齊	南牂牁郡地。
梁	
隋	牂牁郡 開皇初置牂州，大業初改郡。
唐五代	牂州 唐武德三年置，四年更名牁州，尋復故名。
宋	開寶中置大萬谷落總管府。
元	順元路安撫司 至元中置，並置亦奚不薛總管府，皆統於八番順元宣慰司。
明	貴陽軍民府 洪武六年置貴州宣慰司，隸四川行省。永樂十一年屬貴州布政司。成化十二年置程番府。隆慶二年改名貴陽府。萬曆二十九年爲貴陽軍民府。

續表

貴筑縣			
故且蘭縣地。			
牂牁縣 大業初置，爲郡治。	賓化縣 大業初置，屬牂牁郡。		
建安縣 唐武德初更名，爲州治，尋廢。	賓化縣 屬牂州，尋廢。		
置貴州長官司，爲順元路治。	章龍州	章龍縣 至元中置，屬順元路。	小羅州 小羅縣 至元中置，屬順元路。
新貴縣 初爲貴筑長官司。洪武四年增置貴州衛。二十八年又置貴州前衛。萬曆十四年廢長官司，置縣爲府治。	廢。		廢。

續表

	貴定縣	龍里縣
	故且蘭縣地。	
		羅甸蠻地。
洪邊州至元中置，屬順元路。甕蓬縣至元中置，屬順元路。	新添葛蠻安撫司至元中置，屬湖廣行省，後改屬雲南行省。	龍里州至元中置，屬順元路。大德初廢。
廢。廢。	新添衛洪武二十二年置新添所，二十三年改衛，屬貴州都司。貴定縣萬曆三十六年置，屬貴陽軍民府。	龍里衛洪武二十三年置，屬貴州都司。

續表

	修文縣	開州	定番州
	牂牁郡地。	牂牁郡地。	牂牁郡地。
			五代時爲八番地。
			置羈縻南寧州，治臥龍番。
	置落邦扎佐長官司，屬順元路。	乖西軍民府皇慶元年置，屬管番民總管。	程番武勝安撫司至元中置，屬八番順元宣慰司。
	敷勇衛洪武五年改置扎佐長官司，屬貴州宣慰司。崇禎三年置衛。	開州崇禎四年改置，屬貴陽軍民府。	定番州成化十年置程番府。隆慶初移府治於貴筑。萬曆十四年於舊府治置州，屬貴陽府。

續表

廣順州
牂牁郡地。
金竹府至元中置，屬管番民總管。 古坑縣至元中置，屬金竹府。
廣順州洪武四年廢府，改置金竹長官司，尋升安撫司，屬貴州衛。成化十一年屬程番府。隆慶二年屬貴陽府。萬曆三十九年置州，仍屬貴陽軍民府。 廢。

大清一統志卷五百

貴陽府

貴州省治。東西距一百五十里，南北距三百七十里。東至都勻府麻哈州界一百二十里，西至安順府清鎮縣界三十里，南至興義府貞豐州界二百二十里，北至遵義府遵義縣界一百五十里。東南至麻哈州界一百二十里，西南至貞豐州界一百二十里，東北至遵義縣界二百一十里，西北至清鎮縣界六十里。自府治至京師七千六百四十里。

分野

天文參、井分野，實沈之次。晉書天文志：自畢十二度至東井十五度爲實沈。

建置沿革

禹貢梁州荒裔。漢爲牂牁郡地，漢書地理志：牂牁郡，武帝元鼎六年開。晉及劉宋因之。宋書州郡志：寧州刺史，晉惠帝泰安二年，增領牂牁郡。成帝分牂牁等四郡爲安州。南齊爲南牂牁郡地。南齊書州郡志：南牂牁郡治且蘭。梁以後入於蠻。隋開皇初，置牂州。大業初，改爲牂牁郡。唐初，亦置牂州，隸黔州都督府，尋廢。唐書地理志：牂州，武德三年，以牂牁首領謝龍羽地置。四年，更名牁州，後復故名。通志：尋爲首領南謝氏所有。五代時爲八番。通志：楚王馬殷遣八姓帥率邕管、柳州兵討兩江溪洞，至此留軍戍之，遂各分據，號八番。宋置大萬谷落總管府。明統志：宋開寶間，置大萬谷落總管府。嘉定間，移府於今司治。元至元中，置順元路軍民安撫司，并置亦奚不薛總管府，皆統於八番、順元等處軍民宣慰司。元史地理志：順元等路軍民安撫司，至元二十年，討平九溪十八洞，大處爲州，小處爲縣，并立總管府，聽順元路宣慰司節制。明洪武四年，置貴州宣撫司。六年，升爲宣慰司，隸四川行省。永樂十一年，改隸貴州布政司。成化十二年，分置程番府。名勝志：洪武四年，酋長密定等舉土內附，置安撫司一、長官司十六，隸貴州衛。正統元年，以木瓜、麻嚮、大華山長官司割屬金筑安撫司及程番等十三長官司，俱直隸貴州布政司。成化十年，長官方勇等願開府治，設文官領之，遂設程番府於程番長官司，其安撫司及十六長官司俱隸焉。按：程番府，名勝志稱成化十年置，今從明史作十二年。隆慶二年，移府治於省城，改爲貴陽府。萬曆二十九年，改曰貴陽軍民府。本朝因之，爲貴州省治。康熙二十六年，復曰貴陽府。三十四年，省所屬之新貴縣。共領州三、縣四、土司十九。

貴筑縣。附郭。東西距七十里，南北距一百二十里。東至龍里縣界四十里，西至安順府清鎮縣界三十里，南至龍里縣界六十里，北至清鎮縣界六十里。東南至龍里縣界八十里，西南至定番州界五十里，東北至開州界八十里，西北至修文縣界七十里。漢故且蘭縣地。隋置牂牁縣，爲牂牁郡治。唐改建安縣，仍爲牂州治。元置貴州等處長官司，隸順元路安撫司。明初改爲貴筑長官司，隸貴州宣慰司。洪武四年，增置貴州衛。二十八年，又增置貴州前衛，俱隸貴州都司。萬曆十四年，廢貴筑長官司，改置新貴縣，屬貴陽府。本朝康熙二十六年，廢貴州、貴前二衛，改置貴筑縣，與新貴同爲附郭縣。三十四年，省新貴入貴筑縣。

貴定縣。在府城東一百十里。東西距四十八里，南北距一百七十里。東至平越州界十八里，西至龍里縣界三十里，南至定番州界一百二十里，北至平越州界五十里。東南至都勻府麻哈州界二十里，西南至龍里縣界五十里，東北至平越州界四十里，西北至開州界五十里。漢故且蘭縣地。宋爲麥新地，改曰新添。元至元中，置新添葛蠻安撫司，屬湖廣行省，後改屬雲南行省。明洪武四年，置新添長官司。二十二年，增置新添千户所，屬貴州衛，尋改所爲衛。二十九年，復升爲軍民指揮使司。永樂中，改屬貴州都司。萬曆三十六年，又置貴定縣，屬貴陽府。本朝康熙二十六年，省新添衛入貴定縣。

龍里縣。在府城東五十里。東西距五十五里，南北距七十里。東至貴定縣界三十里，西至貴筑縣界二十五里，南至定番州界五十里，北至貴筑縣界二十里。東南至都勻府都勻縣界一百九十里，西南至定番州界一百二十五里，東北至貴定縣界二十里，西北至貴筑縣界五十里。唐、宋時爲羅甸蠻地。元置龍里州。大德元年，改置平伐等處長官司，屬新添葛蠻安撫司。明洪武二十三年，置龍里衛，屬貴州都司。二十九年，升爲軍民指揮司。本朝康熙十一年，改龍里衛爲龍里縣，屬貴陽府。

修文縣。在府城北五十里。東西距一百一十里，南北距一百里。東至開州界六十里，西至大定府黔西州界五十里，南至貴筑縣界二十里，北至黔西州界八十里。東南至貴筑縣界六十里，西南至安順府清鎮縣界五十里，東北至遵義府遵義縣界一百二十里，西北至黔西州界五十五里。漢牂牁郡地。元置落邦札佐長官司，屬順元路安撫司。明洪武五年，改置劄佐長官司，屬貴州宣慰司。崇禎三年，置敷勇衛，兼置修文、濯靈、息烽、於襄四守禦所。本朝康熙二十六年，改置修文縣，以衛所附入，屬貴陽府。

開州。在府城東一百二十里。東西距一百十里，南北距九十里。東至平越州界八十里，西至修文縣界三十里，南至貴筑縣界四十里，北至遵義府遵義縣界五十里。東南至平越州界九十里，西南至貴筑縣界四十里，東北至平越州湄潭縣界七十五里，西北至修文縣界四十五里。漢牂牁郡地。元置乖西軍民府，屬管番民總管。明崇禎四年，置開州，屬貴陽府。本朝因之。

定番州。在府城南一百里。東西距二百一十里，南北距六十五里。東至龍里縣界八十里，西至安順府鎮寧州界一百三十里，南至興義府貞豐州界五十里，北至廣順州界十五里。東南至貴筑縣界九十里，西南至廣順州界一百二十里，東北至貴筑縣界五十里，西北至貞豐州界八十里。漢牂牁郡地。宋置羈縻南寧州。元置程番武勝軍民安撫司。明洪武五年，改置程番長官司，屬貴州衛。正統四年，改屬貴州宣慰司。成化十二年，置程番府。隆慶二年，移府治於省城。萬曆十四年，於舊府治置定番州，屬貴陽府。本朝因之。

廣順州。在府城西南一百一十里。東西距二百里，南北距七十里。東至貴定縣界一百八十里，西至安順府普定縣界二十里，南至定番州界五十里，北至安順府安平縣界二十里。東南至定番州界六十五里，西南至安順府鎮寧州界一百二十里，東北至貴筑縣界五十里，西北至鎮寧州界十二里。唐爲牂牁國羈縻州地。元置金竹府，隸管番民總管。明洪武四年，改置金筑長官司，尋升爲安撫司，隸貴州衛。正統四年，改隸貴州布政司。成化十一年，改屬程番府。隆慶二年，改屬貴陽府。萬曆三十九年，置廣順州，仍屬貴陽府。本朝因之。

白納長官司。在府城南七十里。元爲白納縣，尋改司屬府。本朝康熙十二年，改屬縣。正長官周姓，副長官趙姓。

中曹長官司。在府城北十五里。元置中曹白納長官司，屬管番民總管。明洪武五年，改置今司，屬宣慰司。本朝初屬府，康熙十二年，改屬縣。正長官謝姓。

養龍長官司。在府城北二百二十里。元爲養龍坑、宿徵等處長官司。明洪武五年，改置今司，屬宣慰司，後屬府。本朝康熙十二年，改屬縣。長官蔡姓。

新添長官司。在貴定縣東北。明洪武四年置，後屬新添衛。本朝康熙二十六年，改屬貴定縣。長官宋姓。

平伐長官司。在貴定縣南。元置，初屬新添葛蠻安撫司。大德元年，平伐酋領内附，乞隸於亦溪不薛，從之。明洪武十五年，改置今司，屬貴州衛。二十八年，改屬龍里衛。萬曆三十六年，改屬貴定縣。長官庭姓。

大平伐長官司。在貴定縣南三十里。元置平伐、月石等處長官司，屬播州安撫司。明洪武十九年，置今司，屬貴州衛。二十八年，屬龍里衛。萬曆三十六年，改屬貴定縣。長官宋姓。

小平伐長官司。在貴定縣西南五十里。元爲葛蠻、雍真等處長官司，屬順元路。大德初，改平伐等處兼雍真長官司。明洪武十五年，改今司，屬貴州衛。二十八年，屬龍里衛。二十九年，屬新添衛。後改屬貴定縣。長官宋姓。

大谷龍長官司。在龍里縣西北。元末置。長官宋姓。

小谷龍長官司。在龍里縣東北。元末置。長官宋姓。

羊場長官司。在龍里縣東北。明初置。長官郭姓。

底砦長官司。在修文縣北。元置底砦等處長官司，屬順元路。明洪武五年，改置今司，屬宣慰司。本朝初，屬息烽所。所廢，屬修文縣。正長官蔡姓，副長官梅姓。

程番長官司。附定番州。元置程番武勝軍安撫司。明洪武五年，改置今司。長官程姓。

大龍番長官司。在定番州東三十里。元置大龍番應天府安撫司。明洪武五年，改置今司。長官龍姓。

小龍番長官司。在定番州東南二十里。元置小龍番靜蠻軍安撫司。明洪武五年，改置今司。長官龍姓。

韋番長官司。在定番州南五里。元置，明因之。長官韋姓。

羅番長官司。在定番州南三十里。元置羅番遏蠻軍安撫司。明洪武五年，改置今司。長官龍姓。

木瓜長官司。在定番州西七十里。元爲羅賴州軍民長官司，尋改木瓜犵狫長官司。明洪武十年，改置今司。正長官石姓，副長官顧姓。

司。長官盧姓。

麻嚮長官司。在定番州西七十五里。明洪武十年置。長官得姓。

盧番長官司。在定番州北五里。元置盧番静海軍安撫司，又析静海軍西地，置盧番軍民長官司。明洪武五年，改置今司。長官盧姓。

形勢

山廣箐深，重岡疊砦。明統志。富水繞其前，貴山擁其後。複嶺四塞，爲西南之都會。府志。天府金城，滇、楚之鎖鑰，蜀、粤之藩屏。通志。

風俗

士秀而文，民知務本，謝東山志。崇儒術，重氣節，處者恥汙下之事，仕者多廉潔之稱。沈思充志。風氣和平，土壤磽瘠。冬不祁寒，夏無盛暑。通志。

城池

貴陽府城。周九里有奇，門五。明洪武十五年建。本朝康熙十一年修，雍正四年、十年、乾隆二十四年、三十二年重修。

貴筑縣附郭。

貴定縣城。周六里有奇，門四。明洪武二十二年建。本朝乾隆二十四年修。

龍里縣城。周三里，門四。明洪武二十三年建。本朝乾隆十八年修〔一〕。

修文縣城。周七里有奇，門四。明崇禎三年建。本朝乾隆二十八年修。

開州城。周二里有奇，門四。明崇禎二年建。本朝乾隆三十三年修〔二〕。

定番州城。周三里有奇，門四。明成化十三年建。本朝乾隆七年修，二十六年重修。

廣順州城。未建。舊於要隘處所設卡，嘉慶十七年修。

學校

貴陽府學。在府治北。明萬曆二十一年建。本朝康熙三十一年修，雍正七年重修。入學額數二十名。

貴筑縣學。在府治東北。本朝康熙三十八年建，雍正五年修。入學額數二十名。

貴定縣學。在縣治西北。舊爲新添衛學。明成化十八年建。本朝康熙二十六年改爲縣學。入學額數二十名。

龍里縣學。在縣治南。舊爲龍里衛學。明宣德八年建。本朝康熙十年重建，十三年改爲縣學。入學額數八名。

修文縣學。在縣治北。舊爲敷勇衛學。明崇禎二年建。本朝康熙二十六年改爲縣學，三十一年修。入學額數十二名。

開州學。在州治東。舊附敷勇衛學。本朝康熙三十八年遷建。入學額數八名。

定番州學。在州治北。舊爲程番府學。明嘉靖十五年改建於中峯書院故址，萬曆十四年改爲州學。本朝康熙三十一年修，雍正五年重修。入學額數八名。

廣順州學。在州治東北。舊附定番州學。本朝康熙三十八年遷建。入學額數八名。

陽明書院。在府城内巡撫署左。明隆慶五年建。本朝康熙十二年重建，三十一年修。雍正六年重修，十一年增建。

漁磯書院。在府城南。明嘉靖中建。

正本書院。在府城北。本朝嘉慶五年建。

正習書院。在府城東南。本朝嘉慶五年建。

龍岡書院。在修文縣。明正德中王守仁謫居龍場時建。

開州書院。在州城南。本朝嘉慶十五年建。

敏來義學。在府城南。本朝嘉慶九年建。

蒙養義學。在府城北。本朝嘉慶九年建。按：舊志有中峯書院，在定番州治北，明弘治中建，今廢。

户口

原額人丁八千二十四，今滋生男婦大小共七十四萬一千九名口，計十五萬一千二百五十一户。

田賦

田地、山塘共二十六萬七千六百二畝七分有奇，額徵地丁正、雜銀一萬六千三百六十五兩二錢八分七釐，米二萬五千六百六十石一斗四升八合八勺。

山川

翠屏山。在府城内布政司署後。山不甚高，而青翠如屏。

虎山。在府城外。四面周列，郡人謂之五虎山。

獅子山。有三：一在府城東，一在城南，一在城西。明統志：西獅山〔三〕，土山戴石，潁川侯傅友德南征〔四〕，嘗駐兵於其上。

銅鼓山。在府城東二里。高百餘仞。俗傳漢諸葛亮藏銅鼓於此，亦曰銅鼓巖。府志：每陰雨，聞山中有聲如銅鼓。

唐帽山。有二：一在府城東二里，以形似名。明統志：土人常避兵於此。一在廢小程番司北。

棲霞山。在府城東五里。一名東山。翠巘崔嵬，峭壁千仞。名山勝概記：山半有洞曰來仙。

石門山。在府城東六十里。名勝志：山石對峙如門，故名。

斗崖山。在府城南一里許，俗名倒崖山。舊時阿陽苗居其上，遺址猶存。又相近有筆架山，山之西曰文筆山，亦名文筆峯，孤峯如筆，卓立雲表。黔記：文筆峯，在城南十里。

高連山。在府城南二里。寰宇記：建安縣有高連山。名勝志：以其勢高而連絡天馬、貴人諸山，故名。通志：唐史謂牂牁境内有石門、高連二山，即此。

鳳凰山。有三：一在府城南五里，一在定番州西、木瓜司東一里，一在定番州北二十里。

交椅山。有二：一在府城南五里，一在定番州西五里。

化石山。在府城南八里。一石突起，望之如人，相傳爲老嫗所化，亦名漊老山。

卧牛山。在府城南二十五里。山半有石如卧牛。

簸箕山。有二：一在府城南五十里，旁有青崖，亦曰青巖。巖下有河，通定番州河。旁有羊、虎二場，軍民貿易於此。一在廣順州東六十里。

板橋山。在府城南六十里。高四十里，廣袤三十里。雖晴日亦生雲，貴陽諸山無高於此者。上有石秤，傳爲仙蹟。

風洞山。在府城南六十里白納司西。山腹有洞，風入其中，有聲如雷。

金猫捕鼠山。在府城西南五里。以形似名。

坎馬山。在府城西二里。俗名坎馬沖山。

黔靈山。在府城西三里。石徑巉仄，鳥道一綫，盤旋而上，山頂平衍，松篁茂密，梵宇琳宫。與棲霞山稱東西二勝。

木閣箐山。在府城西四十里。延袤百餘丈。黔記：山中有龍潭，深不可測，禱雨有應。遊名山記：山木蓊鬱，水西之境由此而入。

玉冠山。在府城西七十里，地名泥河。

貴山。在府城北二里。名勝志：蜀道所經，一名貴人峯。通志：郡之得名以此。

白崖山。在府城北二里。兔場官道經此，其下有雙水井。

驪珠山。在府城北五里。其相接曰鴉鬭山。

金鼇山。在府城北五里。通志：羣山如奔濤疊浪中湧一峯，宛然鼇首。

雲錦山。在府城北二十里。通志：舊爲宋宣慰別業。

石人山。在府城北三十里。水西大道所經。山頂羣石拱立如人，俗呼人山壩。相近有三脚山，三山峙立形如鼎足。

照壁山。在府城東北一里許。本名相寶山，又名平頂高峯。列嶂排雲，儼若屏障。

石洞山。在府城東北三里，其洞可通人行。一名崆巃山，亦名髑髏山。

東山。在貴定縣東十五里。名勝志：峭壁千仞。

筆峯山。在貴定縣南十里。亦名文筆山，與學宫對峙，其峯如筆，高插雲漢。又縣南十五里有松牌山。

天馬山。有二：一在貴定縣南十五里，山勢玲瓏秀拔。一在定番州西木瓜司西一里，旁有蓮花洞。

冗刀山。在貴定縣南平伐司西。峯巒高聳，狀如列戟。明統志：元時有蠻酋保郎者立砦此山，招集蠻類。黔記：司西南八里有古營，相傳即保郎聚兵處。

雲霧山。在貴定縣南大平伐司東北。危峯峭壁，惟一徑可通，爲大、小平伐二司之界。

谷阳山。在貴定縣西南小平伐司東五里。又司西十里有隴冒山。

隴黄山。在貴定縣廢丹平司南。又司東二十里有擺鋪山，司東北三十五里有洞得山。

藤茶山。在貴定縣廢丹平司西南。又司西十里有覘虎山，上多林木，亦名覘虎大箐。

金星山。在貴定縣西半里。山形圓秀，迥異諸峯。又縣西二里有銀盤山。

西山。在貴定縣西九里。

陽寶山。在貴定縣北十里。高可百餘丈，樹木森密，殿閣崔嵬，諸峯環向此山，稱黔東之勝。山上産茶，山後爲西華山。

擺重山。在貴定縣北廢把平司東十里。又司東二十里有擺龍山，司北十五里有翁黄山。

白馬山。在貴定縣東北五里。峻石巉巖，人跡罕至。上有大池，深不可測。

谷定山。在貴定縣東北十里。亦謂之蔡苗山。遊名山記：上有泉，懸崖飛下，宛如玉虹，名曰飛泉。

紫虚山。在龍里縣東門内。疊石崚嶒。又縣東有仙人山，亦謂之仙人石。

龍駕山。在龍里縣南一里。峯巒聳峙，爲縣之鎮。又縣西南一里有回龍山。

長衝山。在龍里縣西四十里。通志：山爲苗蠻出没之所，明成化間置哨堡以守之。

潮音山。在龍里縣西龍里站旁。通志：山勢參差角立，爲近郊之險。

雲臺山。在龍里縣北二十里。高五里許，頂有普賢寺。

龍阜山。在修文縣東南。

西望山。在修文縣東北廢息烽所西十里，盤亘百餘里，與開州南望山對峙。山巔有鳳凰池，闊可里許。前有三峯，曰翠屏、目遊、莫若，皆壁立萬仞，蒼松虬結。而目遊更奇峭，有石笥數株，高插天際。又有盤陀石，踞絶險處，上平下削，高二丈餘。去石數百武曰模羅峯，尤險峻，探奇者捫蘿而上，左有小澗，水落懸崖間，輒成飛練。澗之左有雙石如柱，拔地而起，高數十丈，曰天門。

乖西山。在開州東六十里。一名魯郎山，元逸士有魯姓者讀書其上，亦名書案山。旁有洗馬池，世傳爲漢諸葛亮遺蹟。

清水山。在開州東清水江旁。兩岸壁立，水深莫測。

南望山。在開州南三十里。連亘數十里，蒼翠接天，爲州之鎮。明統志：在宣慰司城北一百里。名山勝概記：南望山深林大箐，嵐氣晝昏，人跡罕到。

陰陽山。在開州東北廢乖西司旁。土人以雲氣占晴雨，故名。黔記：山四時青翠，晴明時有雲翳，雨晦則山頂清明。

琴山。在定番州東一里。又州東五里有麒麟山。

三台山。在定番州東廢金石司南一里。又司南五十里有伏龍山，司西二里有天堂山，其相近有小龍山。

執笏山。在定番州東大龍番司南。又司西十里有栗木山。

旗鼓山。在定番州東南小龍番司南二十里。其相近有馬鞍山。又司北有九龍山，九峯蜿蜒如龍。

松岐山。在定番州東南廢克度里南二里。又南四里有高囤山。

連雲山。在定番州東南廢通州里南五里。

筆架山。有二：一在定番州南五里，一在州南卧龍司南三里，旁有月坡，皆以形似名。又州南有掛榜山、文峯山。

三寶山。有二：一在定番州南七里，三峯鼎峙，俯視諸山，若蟻垤然。上有龍洞，每歲旱，州人禱雨輒應。一在州南韋番司南十里。

連珠山。在定番州南八里。通志：五峯連絡如珠。其相近者曰笠山，俗名斗篷。

印山。在定番州南韋番司西一里。山形如印。

錦屏山。在定番州南方番司北一里。其相近又有將臺山、旗峯山。

三疊山。在定番州南廢洪番司南。峯巒曲折三疊。又有伏皎山，亦作伏蛟山，在司北一里。

五門山。在定番州南廢盧山司東三里。山極高峻，旁有三石峽如門，盤旋而上。山頂平廣，有田有泉，可以種植。又司南二十里有茶山，產茶。

盧山。在定番州南廢盧山司南。

寶塔山。在定番州南廢盧山司西五里。峯巒尖削如塔。又司北有紗帽山，亦以形似名。

沿臺山。在定番州南廢木官里西三里。

旗山。在定番州西六里，以形似名。

獨鯉山。在定番州西木瓜司南一里。

百蓮山。在定番州西麻嚮司北二里。又司治後有盤龍山。

翠松山。在定番州西廢大華司治前。又司南十里有牛角山，司北二里有播答山。

屏風山。在定番州西北廢上馬橋司南一里。又司南一里曰卓筆山，司北二里曰高洞山，又北二里曰崖頭山。

五魁山。在定番州西北廢小程番司東四里。

蒙山。在定番州西北程番司南二里。又司西二十里有龍山。

驪龍玩珠山。在定番州北二里。山勢盤曲，故名。

桐木山。在定番州北盧番司東三里。又司南一里曰象山，又南曰獅山，又南曰太平山。

真武山。在廣順州治西。相近有靈龜山。又州治後有馬鞍山。

螺擁山。在廣順州東二十里。明統志：在安撫司南二十里。名勝志：山高五里，其形如螺。上有深淵，水碧如藍，四時不涸。每天欲曙，鳥獸集而飲之。

白雲山。在廣順州東三十里。萬山環列，每日有白雲從山頂起，因名。上有羅永菴。

天台山。在廣順州南五十里。俗傳有黑、白二鹿往來其上。按：明統志山在安撫司東南二十里。黔記云州西南二十里有天臺山，疑即一山也。

梯嶺。在府城南三里。石級如梯，中曹司路經其上。

繡嶺。在府城北八里。

牛眠嶺。在定番州東南小龍番司南十里。

翁松嶺。在定番州南廢盧山司南十五里。又州北盧番司北有松明嶺。

老人峯。在貴定縣東七里。

文秀峯。在定番州東南牛眠嶺旁。

獨峯。在定番州東南廢克度里東二里。

忠節岡。在府城南二里。黔記：高連山麓，有忠節岡，郡人徐資戰没，其妻守節，合葬於此。
龍岡。在修文縣龍場驛側。
桐木岡。在定番州東大龍番司南一里。
卧牛岡。在定番州南廢盧山司北一里。
藏甲巖。在府治。俗名鬼王洞。黔記：三國時，蜀漢王志英武過人而貌寢，軍民呼爲鬼頭。從諸葛武侯南征，擒雍闓過此，藏盔甲以鎮百蠻。
薛巖。在府城南門外。郡人薛紹魯故圃，巖壑有天然之致。今廢爲僧刹。
青巖。在府城南五十里。名勝志：巖下南明河遶之。
避雨巖。在府城北一里許。
點易巖。在府城北一里許。名勝志：郡人易貴校易於此。
香蓮巖。在貴定縣西南舊城南。石如白玉，嵌空玲瓏，上生香草。
銅鼓巖。在貴定縣西，地名猴場。有銅鼓二，常有紅鱗蛇蟠其上。將大雨時，輒聲聞數里。
三昧巖。在開州北三十里。懸巖聳峙雲表。
滴水巖。在定番州東南十里。通志：巖中滴水，四時不竭。巖前有平地，名曰三墓。地接苗境，舊時置哨兵守之。
長巖。在定番州北盧番司南十五里。
魁星石。在府城舊貢院内。有石屹立，類石鼓形。

船石。在府城東二里牛渡河邊。長數丈，儼然一舟。

石譜。在府城南白納司。通志：平地突起奇石，敧整横斜，千態萬狀，足供繪圖。

犀牛石。在府城西一里。昂首田中，如犀牛狀。

仙蹟石。在府城北四十里，地名牛矢屯。通志：石上有人足跡，踵趾宛然。旁有亭曰仙蹟，今廢。

望夫石。在府城北八十里，地名谷頂壩。俗傳昔有人出征，其婦朝夕望而化石，至今形如婦人，襁負孩童。

倒影石。在貴定縣南大平伐司東五里。山石壁立，明如懸鏡。相傳舊時照見樹木水石，皆如水中倒影。後爲土人剗削失光。

石龍。在貴定縣西南香蓮巖下。有石如龍，角爪鱗甲皆具。

鳳凰石。在貴定縣西二十里。文彩羽翼，宛肖鳳形。邑人以爲人文之徵。

鯉魚石。在龍里縣西五里道旁。有揚鬐鼓鬣、烟雨欲飛之勢。

東苗坡。在龍里縣西。産茶。

營盤坡。在定番州南二里。

紅土坡。在定番州西一里。土皆赤色。相近有楊梅坡，以所産名。

伏龍坡。在定番州西北廢小程番司南二里。西通上馬橋，東連盧番司。

雷打坡。在廣順州北二里。山石皆爲雷所擊，故名。

篭石坡。在廣順州北十里。通志：坡上有洞，相傳昔有人藏金器其中，人不敢取。

嘉木箐。在定番州西北廢小程番司南十五里。又司南五十里有江度箐。

三仙洞。在府城東四十里，地名翁若堡。名勝志：洞中有三石座，旁有石盆仰承巖溜，舊名玉女洗頭盆。又廢新貴縣谷池里有魯納洞，三洞並列，可容千人，昔人嘗於此避兵，或以爲即三仙洞也。

朝陽洞。在府城南二里。爽塏可供遊賞，下有龍泉。名勝志：洞中懸巖滴乳，千態萬狀，間有青緑綴於石上。

雲崖洞。在府城西北三里。舊名唐山洞。中甚幽邃。黔記作芝巖洞。

白龍洞。在府城西北十五里。名勝志：洞深數十丈，遊者秉燭導之，半里許有水泠泠，編竹橋以渡。再入，有石筍數莖，人如楹，扣之鏗然如鐘。

水濱洞。在府城北。又有水落洞，爲衆水所歸，上有石樓可棲。

瀉玉洞。在府城北四十里，地名羆窩。洞門林木幽秀，其中石乳、石牀、井竈俱備。洞口有泉外瀉，懸爲瀑布。

崆峒洞。在貴定縣東南十五里。自洞口曲折而下，甚寬廣，崖隙透光，有聲隱隱如潮。

龍山洞。在貴定縣西南一里許。高百餘尺，内有丹爐、石几及巨人足跡。

烏龍洞。在貴定縣西南舊城南十五里烏龍潭上。通志：其洞深窈難窮，中分爲二，沉潭内蓄，急湍外流，靈物之所宅也。

西華洞。在貴定縣西三里。崖石峭拔，下臨深澗。又縣西五里有海馬洞，世傳洞中有獸如馬，出與牝馬交，即産名駒。

憑虚洞。在貴定縣西十五里。舊名母豬洞，明丘禾實易以今名。洞中周如華蓋，石乳滴成巖竇，奇勝難名。前有小洞，水聲遠震，吼若轟雷，名曰雷鳴洞。

白衣洞。在貴定縣西四十里。通志：洞門高數十丈，一徑崎嶇，穿崖而入，凡三折，變幻莫可名狀。土人建庵其中。

三門洞。在貴定縣北十里。廣可容萬人，有東、西、南三門，儼如城郭。昔人每避兵於此。

留雲洞。在龍里縣南一里許。通志：洞中懸二石乳，扣之如鐘鼓。左有一石臺曰雕雲臺，奇石有天然之巧。

石天洞。在修文縣南五里。通志：石峯聳峙，峭壁削成。中通一竅，高敞可以遠眺。昔有王輔搜奇至此，建庵三楹，覆以木皮，謂之木皮庵。

陽明洞。在修文縣北三里。名勝志：舊名東洞，王守仁闢之，改爲陽明洞天。

天生洞。在定番州東廢金石司東六十里。又州南羅番司西五里有龍王洞。

仙人洞。在定番州南廢卧龍司東十里。又司東十里有白象洞，洞中有石如象。

勾漏洞。在定番州南羅斛城東六十里。洞在山巔，寬敞幽僻，人跡罕到。相傳勾漏令葛洪曾居此。

蜃洞。在廣順州東天生橋下。水漱石骨，如蟹筐蜂房，奇奥莫測。

白雲洞。在廣順州東白雲山上。名勝志：白雲洞，外窄中夷，有隙通天。洞前有白雲庵，左右杉木數章，大者數圍，小者合抱，相傳明建文帝手植。

懸羊洞。在廣順州南十里。内有石如羊倒懸，亦謂之弔羊洞。

三水江。在府城北三十里。通志：府西境之水，流至此合爲一川，又東流合爲清水江，即陸廣諸水之下流也。

烏江。在修文縣北五里。自黔西州流入，與遵義縣接界，又東入湄潭縣界。明統志：烏江河在宣慰司城北二百里。湍流汹悍，乃貴、播之界河，其南岸有烏江關。

清水江。在開州南，即南明河下流也。自府境流經貴定縣，北入州界，東北合於烏江。黔記：清水江在貴陽府東一百五十里。其水清洌，兩岸峯嵓壁立，崎嶇難行，乖西、巴香諸苗倚此爲險。景泰三年，南和侯方瑛平其兩岸爲坦途，苗獠奪氣。

回龍江。在定番州東廢金石司東南。又州東大龍番司東一里有奔龍江。

牂牁江。在定番州南。一名都泥江。源出州西北三十里亂山中，曰濛潭。經州南界，地名破鬣，又南入廣西泗城府界。漢書武帝紀：元鼎五年，發夜郎兵下牂牁江，咸會番禺。水經注：夜郎豚水，東經牂牁郡且蘭縣，謂之牂牁水。名勝志：牂牁江南流入廣西泗城界，爲右江。至潯州，與左江合，下番禺，入南海。州志：江有二流，一自金筑東北流遶州城，一自上馬橋東流入境，合爲一江而東南注。

九曲江。在定番州南二十里。下流入牂牁江。

遶翠江。在定番州南卧龍司南。自山澗中遶流而東，入牂牁江。

環帶江。在定番州南羅番司南。又州西北廢小程番司東有漣江，下流俱入牂牁江。

貫城河。在府城內。城北有擇溪，亦曰宅溪，源出崆巃山，流貫府城，南流入南明河。通志：貫城河發源崆巃山，貫城中，夏秋水泛，沿岸民居多傾圮漂溺。明時於上流鑿渠洩水，城市始安。

南明河。在府城南門外。源出定番州上馬橋河，東北流經此，又東北入貴定縣及開州境，爲清水江之上源，亦謂之南門河。水勢峻急，每一吼動，城中即遭回禄。康熙年間，巡撫陳詵建橋十餘洞，分水勢以弭火災。黔記：南明河通烏江以入蜀江，萬石嶙峋，舟楫阻礙。數議開濬，未果。

龍洞河。在府城南十里，流入南明河。明天啓初，安邦彦攻會城，巡撫王三善赴救，邦彦退屯於此。明統志：龍洞河在宣慰司城東十里。

四方河。在府城西南五里。通志：源出廣順州，流合濟番河，東流匯於南明河。

濟番河。在府城西南三十里。自廣順州流入，合於四方河而入南明河。黔記：俗名花犵狫河，爲八番要路。

鴨池河。在府城西一百五十里。下流入陸廣河。

八字河。在貴定縣東二里。水自遠澗發源，與城西之流合，中有大石觸激，分流如八字，下流入清水江。又縣東六十里有大甕河，亦北流入清水江。

加牙河。在貴定縣南平伐司北。源出谷者呰，下流入甕首河。

甕首河。在貴定縣南大平伐司東南二十里。下流合清水江。

甕真河。在貴定縣西南小平伐司西。下流入清水江。

三岔河。在貴定縣西南小平伐司境。三水匯流，故名。

藤茶河。在貴定縣西南廢丹平司南十里。通志：源出藤茶山，又有藤茶渡，流合甕首河。

甕城河。在貴定縣西三十里。源出平伐司界，東北流經此，下流入清水江。明統志：元有甕城、都桑等處長官司，以此名。

落白河。在貴定縣北十里。其深莫測，下流入甕城河。

翁黄河。在貴定縣北翁黄山下，流合甕城河。

簸箕河。在龍里縣北四里。東流入貴定縣境，合清水江。

陸廣河。在修文縣境。自安順府清鎮縣流入，又北合於烏江。明天啓初，巡撫王三善、朱燮元禦水西土目安邦彥，先後駐兵於此。明統志：河在宣慰司城西北一百五十里，當水西驛道，於此置巡檢司以詰行者。黔記：陸廣河有水口呰，又有陸廣城，爲水西要地。

大龍河。在定番州東大龍番司後。合奔龍江而入牂牁江。

龍井河。在定番州東南廢克度里南。又州西麻嚮司前有小河。

大韋河。在定番州南韋番司南三里。流入牂牁江。州志：大韋河上通程番，下接卧龍番。

小河。在定番州南方番司南。又南五里有底方河，俱流入牂牁江。

小水河。在定番州南羅番司東五里。又司北有羅番河，二水流合環帶江而入牂牁江。

腰帶河。在定番州南廢盧山司南。又司西三十里有擺遊河，下流入牂牁江。

冷水河。在定番州西北廢小程番司南五十里。流合漣江。

上馬橋河。在定番州西北廢上馬橋司東。其水東北流入府界，即南明河上源也。

玉帶河。在定番州北二里。流入牂牁江。

洗馬河。在定番州北盧番司東。下流南入牂牁江。

一宿河。在廣順州東從仁里。俗傳明建文帝入白雲山時宿於此，因名。

麻線河。在廣順州北十里。流延如線，下流入牂牁江。

富水。在府城南一里。通志：源出八里屯之龍井，東北流入南明河。

三潮水。在修文縣北十五里。通志：其水倏湧倏竭，湧則奔騰怒號，竭則聲響俱寂。

雙峽水。在定番州東南小龍番司南。有二流會於司東，又南流而西折入牂牁江。

雲溪水。在定番州南廢方番司北一里。山嵐返照相暎，常有雲氣浮騰於水面。

聖水。在廣順州西五里，地名麻大砦。人汲則湧，不汲則止。

墨特川。在府城西北。通志：元大德五年，順元酋長宋隆濟與水西土官妻蛇節作亂，元將劉國傑討之於此。

西溪。在府城西北一百八十里。流合陸廣河。又府城北二百里有沙溪，流合烏江。

甲港溪。在貴定縣西南廢丹平司東十五里。

乾溪。在貴定縣西十里。流合甕城河。又西有麥新溪，流合八字河。名勝志：苗人多於此跳月，吹蘆笙，男女相和，名跳月溪。

羅鴨溪。在貴定縣北廢把平司南。

原溪。在龍里縣西南五里。東北流入簸箕河。黔記：原溪一名水沖。

小溪。在定番州南廢洪番司南。溪流清澈，東入牂牁江。

九曲溪。在定番州西木瓜司南八里。

尤愛溪。在廣順州東從仁里。出山腹中，匯爲深溪，又東穴山腹，瀉爲瀑布，流注濟番河。又州南五里有乾溪，雨集成溪，雨止則涸。

芳杜洲。在府城南門外南明河中，廣可百步，春來芳草晴沙，足供遊詠。

涵碧潭。在府城南門外。通志：潭爲南明河之所匯，碧流瑩澈，深不可測。

洛白龍潭。在貴定縣北十里。黔記：潭深莫測，相傳每歲有霧氣上騰，在水則豐，在山則歉。

白馬潭。在修文縣北。溪流至此，渟滀澄泓，俗謂有神物居之。

夢草池。在府城内按察司署中。通志：舊爲邑人吴子騏別墅。一泓清淺，經冬不涸，岸植花木，與池蓮相掩映。

玉池。在府城内豐濟倉前。通志：明巡撫趙鉞濬爲堂於池之北，曰鳳嬉；爲亭於池中，曰浮光。

蓮花池。有二：一在貴定縣西南猴場，每盛夏時，荷香數里；一在定番州治前。

靈泉。在府城内大興寺内。泉極澄澈。

廉泉。在府城内按察司署内。又有文泉二：一在儒學前，一在至公堂右。

聖泉。在府城西八里。一名百盈泉，一名漏汋泉。自山麓湧出，晝夜百盈百竭，似有槖籥，莫測其端。下流溉田數百畝。明統志：聖泉在宣慰司城西北八里，泉穴寬可六尺許，又號爲靈泉。明鎮遠侯顧成甃石爲池，上覆以亭，池中立石以驗消長。

九十九泉。在府城西二十里，地名高寨。泉出山頂，有九十九穴。今堙。

珠泉。在府城西三十里。通志：泉列池中，分六七道而出，纍纍如貫珠不絶。

温泉。有二：一在府城北九十里，地名楊郎壩。其始出可以熟物，流漸遠乃可浴。一在開州北三十里。

神應泉。在府城北一百二十里，地名巴香。府志：泉初無水，旁有兩石，汲者擊石數聲，則涓涓流出，隨器大小，既足，復縮不流，繼汲者亦然。莫測其故。

濟行泉。在貴定縣新添關鋪。有二源出高連山穴，行者藉以濟渴，故名。又縣東北十里有飛泉。

呼應泉。在龍里縣南五十里。呼之水輒湧出，百呼百應，俗名叫應泉。

瀑布泉。在修文縣境。黔記：在府城北五十五里。

甘馬泉。在定番州南五里。

滚水泉。在定番州南韋番司西三里。

龍泉。在廣順州東十里。

福泉。在廣順州南。

漁磯灣。在府城南南明河左岸。漁人鼓枻往來之所。

鼇頭磯。在府城南。明巡撫江東之架石築隄，建甲秀樓於上。

養龍坑。在貴筑縣北養龍司旁。名山勝概記：兩山之間泓渟淵深，靈物藏其下。春初土人立柳坑畔，繫牝馬，已而雲霧晦冥，類有物蜿蜒與馬接，其産必龍駒。洪武四年，僞夏明昇降，獻良馬十，其一白者得之於此，賜名飛越峯，繪圖藏之，學士宋濂爲讚。

龍井。有二：一在府治城隍廟前，水出石隙，味甚清洌。明安邦彦圍城，井忽涸，探之一穴深窅，莫可窮極，蓋賊使人潛盜此水，以困城中。一在定番州北盧番司前。

南龍井。在府城南。黔記：城南之蓮花塘上有南龍井。

普惠井。在府城北。一名四方井。

沙井。在貴定縣治。一名沙井泉。味極清甘，遇旱不竭。

淞井。在定番州西木瓜司北一里。清流長湧，雖旱不竭。

跪井。在廣順州東白雲山羅永庵前。州志：俗傳明建文帝隱此。山高無水，神龍爲之湧泉，不溢不涸，時有雙鯉出没，以應晴雨。取水者必跪汲始得。

古蹟

牂州故城。在府城西。漢牂牁郡地。隋開皇初置牂州，大業初改牂牁郡。唐武德三年復曰牂州，四年改牁州，尋復故名。開元中爲羈縻州。唐書地理志：牂州，武德三年以牂牁首領謝龍羽地置。

貴定故城。在貴定縣西南四十里。通志：明萬曆時割龍里衛之大平伐司及新貴縣之平伐司地設縣，有小城。本朝康熙二十六年，移縣治新添衛城，此城廢。

程番故城。即今定番州治。元置八番順元蠻夷官。明成化中置程番府。元史地理志：八番順元蠻夷官，至元十六年，招降西南諸番，以爲安撫司，並懷遠大將軍虎符，仍以兵三千戍之。通志：明成化十年，設程番府於程番長官司。隆慶二年，移程番府治於省城，改名貴陽府。萬曆十四年，設定番州於舊府。

定遠故城。在定番州南一百里。元置定遠府，領州五、縣十一。明初俱廢。元史地理志：定遠府桑州、章龍州、必化州、小羅州、下思同州，朝宗縣、上橋縣、新安縣、麻峽縣、甕蓬縣、小羅縣、章龍縣、烏山縣、華山縣、都雲縣、羅博縣。

新廣順城。在廣順州東北北岡上。明崇禎中建。通志：萬曆中置州，無城。崇禎二年始建土城，尋復議廢土城，而改建新城於北岡上。今州治仍舊城，而以新城駐防兵。

大萬谷落廢府。在府城北一百二十里。宋置總管府，後廢。黔記：宋開寶間，蠻酋普貴内附，析羅甸國，置大萬谷落總管府。嘉定間，移府於今宣慰司治，遂廢。

乖西廢府。在開州東六十里。元皇慶初置軍民府，後廢。今爲乖西司地。元史地理志：乖西軍民府，皇慶元年立，以土官阿馬知府事，佩金符。黔記：在府城北一百里，地名大乖西。

小羅廢州。在府城南，俗名爾溪街。元置，尋廢。元史地理志：八番順元蠻夷官，小羅州。黔記：府南二十里，有大羅廢州，亦元置，俗名大羅街。按：元志無大羅州，或對縣而言，故曰大羅耳。

洪邊廢州。在府城北八里。元至元中建，隸八番羅甸宣慰司。

章龍廢州。在府城北二十里。元史地理志：八番順元蠻夷官，章龍州章龍縣。黔記：廢章龍州，俗訛爲隴上。

新貴廢縣。在府治東南隅。元置順元路於此，兼置貴州。明洪武初，改爲貴筑司。萬曆中，置新貴縣，以貴筑司爲貴筑鄉。本朝康熙二十六年，置貴筑縣於府治西北隅。三十四年，裁新貴縣。

白納廢縣。在府城南白納司西八里。元置，後廢。黔記：地名躬蛾砦，元置，尋改置中曹白納司，縣遂廢。

牂牁廢縣。在府城西。隋置縣，屬牂牁郡。唐改名建安，屬牂州，後廢。唐書地理志：牂州建安，本牂牁，武德二年更名。

賓化廢縣。在府城西。隋置縣，屬牂牁郡。唐屬牂州，後廢。

古坬廢縣。在廣順州南一百里。元置，屬金竹府。明初廢。元史地理志：金竹府古坬縣。黔記：在安撫司西南一百里，元置，隸金竹府。俗名古羊縣。按：黔記、通志俱作古筑，考元史金竹府下止註古坬縣，而無古筑。黔記、通志之稱「筑」，疑即「坬」字之譌也。又考坬本瓨字，瓨與缸同，缸、羊聲相近，故俗譌爲羊，其爲古坬益明矣。

貴州廢衛。在府治西隅。明洪武中置。又貴州前衛，在府治之西北隅。

新添廢衛。即今貴定縣治。元史地理志：順元路新添葛蠻安撫司。明統志：宋嘉泰初土官宋允高克服麥新等處，以其子宋勝守之，乃改麥新爲新添。舊志：本朝康熙二十六年，移縣來治，而以衛省入。

敷勇廢衛。即今修文縣治。明崇禎三年，設衛於此。本朝康熙二十六年，改爲縣。通志：宋元豐初名乾壩龍場，係水西安氏地。

於襄廢所。在府城東南五十里。明崇禎三年，以青山司地設於襄守禦所，有城。本朝康熙二十六年，省入修文縣。

濯靈廢所。在府城北一百三十里。明崇禎三年，以水西地建濯靈守禦所，有城。本朝康熙二十六年，省入修文縣。

息烽廢所。在府城東北一百十里。明崇禎三年，以貴州前衛故絶六屯，并割底砦司地，建息烽守禦所，有城。本朝康熙二十六年，省入修文縣。

修文廢所。在府城東北一百五十里。明崇禎三年，以水西地建修文守禦所，有城。本朝康熙二十六年，省入修文縣。

龍里廢所。在龍里縣西。元置，隸八番羅甸宣慰司，後廢入龍里司。又縣東南五十里有廢龍里縣，元置，隸龍里州，尋省入平伐司。

虎墜廢司。在府城東六十里。明洪武十二年置長官司。本朝雍正八年裁。

曾竹廢司。在府城西北八十里。元置長官司，後廢。元史地理志：順元等路軍民安撫司曾竹等處，大德七年，順元同知宣撫事阿重嘗爲曾竹蠻夷長官，以其叔父宋隆濟結諸蠻爲亂，生獲隆濟以獻。

八番順元廢司。即今貴筑縣治。元至元中，置宣慰司都元帥府。明洪武初廢。通志：元至元二十九年，置八番、順元等處宣慰司都元帥府。

甕城都桑廢司。在貴定縣西南二十里。元置長官司，明初廢。元史地理志：新添葛蠻安撫司甕城都桑等處。

丹平廢司。在貴定縣西南一百里。元置長官司，今廢。明統志：丹平長官司，元置，屬廣西南丹州，後廢。洪武中改置，屬新添衛，尋省。永樂元年復置。通志：本朝康熙二年，土官莫之廉以罪誅，司廢。

把平廢司。在貴定縣北四十里。元置長官司。本朝雍正八年，改土歸流。明統志：元置把平砦長官司，屬順元路。洪武十五年，屬貴州衛。黔記：洪武二十八年，屬龍里衛。二十九年，屬新添衛。後屬貴定縣。

噥聳古平廢司。在龍里縣東十里。元置長官司，明廢。元史地理志：新添葛蠻安撫司噥聳、古平等處。按：黔記作隴聳。

龍里廢司。在龍里縣西北。元爲龍里等砦長官。明洪武五年，土酋何有善歸附，置司授之。本朝屬龍里縣，今廢。元史地理志：管番民總管龍里等砦。明統志：在宣慰司城東五十里。

水東廢司。在龍里縣東北。元置水東長官司。明洪武五年，土酋向四歸附，置司授之，又以隨征官胡文英爲副。今俱廢。元史地理志：順元路安撫司水東。

六廣廢司。在修文縣北。元置長官司，明初廢。元史地理志：順元路軍民安撫司六廣等處。黔記：在府城北一百五十里。

劄佐廢司。在修文縣境。元置長官司，今廢。「劄佐」一作「扎佐」。元史地理志：順元路軍民安撫司落邦、扎佐等處。明統志：在宣慰司城北五十里。黔記：在貴陽府北八十里。

青山廢司。在修文縣境。元置青山、遠地等處長官司，屬順元路安撫司。明洪武中改曰青山長官司，屬貴州宣慰司，後廢。明統志：在宣慰司東北四十里。黔記：在貴陽府西北三十二里。

底窩紫江廢司。在開州東北。元置長官司，今廢。元史地理志：管番民總管底窩、紫江等處。黔記：在貴陽府東北一百五十里。

乖西廢司。在開州東北六十里。元置雍真、乖西、葛蠻等處長官司。明洪武初改司名，設正副長官。本朝乾隆年間裁。

金石番廢司。在定番州東二十五里。元置金石番太平軍安撫司。明洪武五年改置長官司。本朝乾隆年間裁。

方番廢司。在定番州南八里。元置方番河中府安撫司。明洪武五年改置長官司。本朝乾隆年間裁。

洪番廢司。在定番州南十里。元置洪番永盤軍安撫司。明洪武五年，改置長官司。本朝雍正七年裁。

卧龍番廢司。在定番州南十五里。元置卧龍番南寧州安撫司。明洪武五年改置長官司。本朝乾隆年間裁。

盧山廢司。在定番州南七十里。元置長官司。本朝康熙四十年裁。元史地理志：管番民總管盧山等處。明統志：初屬貴州衛，正統中，改屬貴州宣慰司，尋改屬金筑安撫司。

大華廢司。在定番州西八十里。明初置長官司。本朝康熙五十七年裁。明統志：在金筑安撫司南一百二十里。洪武中置。

小程番廢司。在定番州西北五里。元置長官司，屬番民總管府。明因之。本朝乾隆年間裁。

上馬橋廢司。在定番州西北二十里。元置上馬縣。明洪武五年，改置長官司。本朝乾隆年間裁。

金筑廢司。即今廣順州治。明初置安撫司，後廢。黔記：明洪武四年，酋長密定歸順，罷金筑府，置金筑長官司於斗笠砦。十年，升安撫司。十六年，密定遷司治於杏林峯。永樂十一年，密定子得珠又遷於馬嶺之南，曰壩砦，即今州治也。

克度里。在定番州東南一百里。元置雍郎、客都等處長官司。明洪武中廢司，分爲上、下克度二里，今廢。元史地理志：新添葛蠻安撫司雍郎、客都等處。

通州里。在定番州東南一百五十里。元置重州蠻夷長官司。明初，改爲通州里。今廢。元史地理志：管番民總管重州。

木官里。在定番州南一百四十里。元置木當蠻夷長官司。明初改爲木官里。今廢。元史地理志：新添葛蠻安撫司木當。

萬年閣。在府治鎮守署内。前有鎮邊廳，後有退食堂，明王鏊建。

扶搖閣。在府城南。通志：憑高覽勝，目盡溪山。今廢。

槐閣。在龍里縣治龍山寺内。明萬曆中，刑部侍郎胡價謫戍龍里衛，嘗吟眺於此。

雁塔。在府治儒學内。明按察司副使李睿建，考貴州歷科鄉貢次第及氏名歲月刻於其中。今燬。

獅峯將臺。在府城西一里許。通志：明初傅友德講武於此。

觀風臺。在府城東南一里許。明萬曆中建。

鼎耳臺。在府城西。明崇禎中總督李若星以西城外高阜易於受敵，因羅入城中，建臺其上。

讀書臺。在府城北二里白巖山之半。通志：明郡人王訓讀書之所，遺址尚存。

鐘鼓樓。在府治北門内。通志：今廢，基址尚存。

萬卷樓。在府治。通志：明郡人易貴構以貯書。

東樓。在府城東。明郡人顧璿建。

都是春風樓。在府城東之東山。通志：明萬曆中建，今燬。

無邊風月樓。在府城北八里。明郡人文士昱建。

來和堂。在府治。即貴州軍民堂，舊曰正己，後更爲安攘，又更爲來和。黔記：取「綏斯來，動斯和」之義。

紫薇堂。在府治布政司署内。明布政司張孟介建。
愛山堂。在府城南。又名迎恩亭。
甕安堂。在貴定縣西。
賓陽堂。在修文縣治龍場驛内。明王守仁爲記。
澄心亭。在府治察院内。又有菜根亭，明鄒魯並爲之記。
遠俗亭。在府治提學署内。明王守仁爲記。又有半山亭，亦在署内。
江亭。在府城南。
來喜亭。在府城南。
省耕亭。在貴定縣西門外。
占星亭。在貴定縣西四里。
問農亭。在貴定縣北門外。
望氣亭。在貴定縣北五里。
君子亭。在修文縣治龍岡書院内。明王守仁環植以竹，有記。
何陋軒。在修文縣治龍岡書院内。明王守仁建，有記。
竹石山房。在龍里縣治龍山寺内。
玩易窩。在修文縣北陽明洞。明王守仁穴山麓爲之，讀易於此。

循陔園。在貴定縣城隅。明邑人丘禾實建。

仙籬。在府城北八十里高巖上。通志：昔有黄冠結茅於此。

石田。在府城南二十五里。黔記：昔有隱士居此，忽有道士從假牛云耕石田，隱士妻往索牛，道士怒，舍之去。今石上猶存耕犂之跡。

關隘

新添關。在府城東南二里。今名圖安關〔五〕。通志：貴州站在其下。

響水關。在府城西北五里，亦謂之蔡家關。相近有闊水關。明洪武三十年，顧成征水西諸蠻，破闊水關，即此。

鴉關。在府城東北五里鴉關山下。關西爲楊柳鋪，四川驛道所經。

打杵關。在貴定縣東五里，其地亦名打鼠嶺。又縣東十五里有谷忙關，亦名谷滿關。

甕城關。在貴定縣西南二十五里。黔記：自馬桑沖而西十五里，即甕城哨。

馬桑關。在貴定縣西五里，亦名馬桑沖。舊爲苗賊出没之地，明萬曆中築堡守禦。

隴聳關。在龍里縣東二十里。隴聳，一作噥聳，又作巃嵸。黔記：自東門外東關哨二十五里，至巃嵸哨。又十里接新添衛界。

永通關。在龍里縣西五里。又有長衝關，在縣西長衝山。

黎兒關。在龍里縣西二十里。又西即界牌哨，接貴筑縣界。

木星關。在定番州東廢金石司西南八十里。又司西三十五里有墓口關，司西九十里有梅子關。

龍堰口關。在定番州東大龍番司西十二里。

通州關。在定番州東南一百七十里。

克度關。在定番州東南一百八十里。

雞窩關。在定番州南十里，相近有磨石關。又州南十五里有滴水巖關，又南五里有石門關。

烏羅關。在定番州南羅番司西北五十里。又司北十里有冗夏關、竹柯關。

苦練關。在定番州南廢盧山司西北七十里。又十里有翁松關。

蔓頭關。在定番州西木瓜司北十五里。又州西麻響司東二里有打仇關，州西廢大華司北六里有黑石關。

小山關。在定番州西北廢上馬橋司東五里。又司東南二十五里有洞口關，三十里有長田關。司南十五里有下馬關，四十里有青苗關。司西北六十里有鴨水關。

程番關。在定番州北十里。

白崖關。在廣順州東十五里。又東五里有翁桂關。

乾溪關。在廣順州西四十里。又西五里有文馬關。

燕溪關。在廣順州北十三里。

扎佐巡司。在修文縣東。本朝乾隆十五年設。

廣興鎮。在府城西南。

龍頭營。在龍里縣東。明天啓初，安邦彦犯會城，巡撫王三善赴救，自新添抵龍頭營，敗賊兵，奪龍里是也。

白杵營。在龍里縣東南。安邦彦犯會城，其黨宋萬化據龍里，官軍不能進。別將楊愈懋與戰於江門、白杵營，即此。

水洞山砦。在貴定縣東南十餘里，抵都匀府之間道也。又縣西南十里至翁啞山，縣東北十里至黃苗山，皆縣境小路，苗之巢穴。

高砦。在龍里縣西十里。明王三善討安邦彦，既克龍里，引兵復進，奪高砦及七里衝。

金明砦。在開州廢乖西司境。明洪武中，顧成征乖西、扒古、各勞、金明等砦，平之。

卜弄砦。在定番州境。又有立旺砦，皆戍守地。通志：州境有把馬等十八砦，俱屬通州里管轄。

羅榮砦。在廣順州東南。

青巖堡。在府城南四十里。明天啓初，安邦彦遣兵圍青巖，斷貴陽糧道。巡撫王三善使別將王建中救青巖，焚賊砦四十八莊，定番路始通。

孫官堡。在府城西北。又相近有趙官堡。明安邦彦渡江，燒刦麻姑、孫官堡。巡撫王瑊先遣兵攻府西沙壩，盡俘其羅鬼，苗蠻奪氣。又遣兵敗邦彦於趙官堡，水内水外之賊皆潰去。

洪邊堡。在府城北十里。舊爲土司宋氏所據。又有八姑蕩及平八莊諸砦，俱在府西北。明天啓初，洪邊土酋宋萬化與諸苗謀應安邦彦，巡撫王三善遣王建中勦八姑蕩，焚莊砦二百餘處，賊謀遂寢。

蓮花堡。在龍里縣西。明天啓三年，安邦彦黨據龍里，巡撫王三善遣別將祁繼祖破蓮花堡，連燒上、中、下三牌賊砦百餘處，龍里之路始通。

皇華驛。在府治。上通清鎮，下達龍里。

貴州驛。在府城北。今廢。明永樂間，貴州初設布政使，其時未有官廨，假城外驛館爲公署，即貴州驛也。至景泰間，始建署於城内。

且蘭驛。在貴定縣治。上通龍里，下達平越。

新添驛。在貴定縣南。上通龍里，下達黄絲驛，爲往來要道。

羅甸驛。在龍里縣治。上通貴筑，下達貴定。

龍里驛。在龍里縣西。上通省城，下達新添。明統志：洪武四年置，十九年改爲站。通志：今仍置龍里驛。

龍場驛。在修文縣治。明正德初，王守仁嘗謫龍場驛丞。今廢。

劄佐驛。一作扎佐驛。在修文縣東。本朝乾隆十五年裁。又有底砦驛、渭河驛、養龍坑驛、陸廣驛，俱在縣境。

龍洞鋪。在府城東十里。又有阿江鋪、中火鋪、畢鋪、哨鋪、毛栗鋪、班竹園鋪，舊各有鋪兵戍守，俱屬貴州衛。今裁。

乾溪鋪。在貴定縣西。又有甕城鋪、新安鋪、巖頭鋪，舊皆戍守處。

谷覺鋪。在龍里縣境。通志作谷角鋪。又有高砦鋪、麻子鋪、隴聳鋪，舊皆戍守處。

太平哨。在貴筑縣境。又有阿江頭哨、涼水井哨、平哨、灣子哨、長坡哨、鵓鴿箐頭哨、沙子坡哨，舊俱設兵防禦。

舊橋哨。在貴定縣境。又有望城哨、馬桑沖哨、乾溪哨、母豬洞哨、龍井哨、銀礦哨、谷忙舊哨、新哨、巖哨，舊俱設兵防禦。

津梁

遵德橋。在府治布政司西，跨貫城河。

振武橋。在府治都司署左。

忠烈橋。在府署東。以近南霽雲忠烈祠，故名。

月殿虹橋。在府治舊貢院前。俗名六洞橋。

玉帶橋。在府治龍井前。

霽虹橋。在府城南門外南明河上。明鎮遠侯顧成建。俗名襄陽橋，故南明河俗亦謂襄陽河。或云橋成而襄陽府濟餉適至，故名。

浮玉橋。在府城南隄。

南浦橋。在府城南富水上。

濟番橋。在府城西南三十里濟番河上。黔記：明成化初，宣慰使宋昂疊石爲橋，曰濟番橋。

大慈橋。在府城西南五里四方河上。

金鎖橋。在府城西門外，定番、廣順往來之路。

阿江橋。在府城西十里。

通濟橋。在府城西北三里。一爲頭橋，又一里爲二橋，又一里爲三橋，統名之曰通濟。

三江橋。在府城西北四十里，跨三江水。

洪濟橋。在府城北十五里。俗名土橋。

仙臨橋。在府城北二十里。上有仙人足跡，旁有松梵庵。

麥架橋。在府城北三十里麥架鋪。通水西大道。

珍珠橋。在貴定縣東十里。路通平越。

麥新橋。在貴定縣西。跨麥新溪上。

惠政橋。在貴定縣西二十里。跨甕城河上，即甕城橋。

甕佀橋。在貴定縣東北。

廣濟橋。在龍里縣西南。一名水橋。跨原溪上，爲往來必經之路。

永通橋。在龍里縣西三里。

簸箕大橋。在龍里縣北。跨簸箕河上。

程番橋。在定番州西二里。

墨緑橋。在廣順州東五里。

天生橋。在廣順州北三十里。遊名山記：石壁千仞，環遶如城，水逕其下，信天造也。通志：在州東從仁里，水穿山腹，因而成橋。

洛白渡。在貴定縣北十里。通志作洛北渡。

陸廣渡。在修文縣廢濯靈所西二十里。

烏江渡。在修文縣東北。通志：黔、蜀分界處。

茶山渡。在開州東三十里。

棉花渡。在開州東南五十里。

隄堰

蓮花塘。有二：一在府城南，一在府城北。瀦水溉田，爲利甚溥。

黄泥塘。在府城西武勝門外，相近有龔勝塘。又府城井闕外有柳塘。

蝦蟇塘。在貴定縣北二十里。

清水塘。亦名清水堰，在定番州南五里。水清不涸，溉田數百畝。

乾堰塘。在定番州程番司北一里。土人以塘水之盈涸，驗歲之豐歉。

龍塘。在定番州西廢大華司西一里許。相傳有龍潛其中。

遶村溝。在定番州東南廢克度里西。居民資以灌溉。

清水溝。在定番州西廢大華司西一里。

長豐堰。在府城南卧牛山南。溉田甚廣。

紙局壩。在龍里縣東。又窯壩，在縣北。

廖家壩。在定番州西北廢小程番司西二里。

陵墓

元

何宣慰墓。在府城東一里。逸其名，爲八番順元宣慰使，有善政。

十義友墓。在府城北。名不傳。府志：元至元末，有義士十人合力保境，卒葬府城北。

宋阿重墓。在府城北。

明

孔文墓。在府城普定街後。洪武初，文以知府謫戍貴州，卒葬於此，子孫守墓居焉。

楊廉墓。在府城東。宣德中，廉官參議，卒後無資歸里，遂卜葬於府東三坡林，因家焉。

徐節墓。在府城南。

祠廟

武侯祠。在府城南門外南明河岸，祀蜀漢丞相諸葛亮。

夏國公祠。在府治南，祀明夏國公顧成。

陽明祠。在府治東，祀明新建伯王守仁。

四先生祠。在府治北，祀明新建伯王守仁，巡撫郭子章、江東之，巡按應朝卿。

忠勳祠。在府治東，祀明監軍僉事楊寅秋及討播陣亡諸將士。

忠烈祠。在府治北，祀明殉難巡撫王三善，副使岳具仰，總兵魯欽，郡人湯師炎、田景猷、李紹忠，并文武大小等官百餘人從祀。

昭忠祠。在府城南。嘉慶八年建。

康太保祠。在貴定縣北十里，祀宋康保裔。

祝融廟。在府城内。

忠烈廟。在府治東，祀唐南霽雲。凡水旱、災祲、癘疫、兵革之事，有禱必應。俗謂之黑神廟。

寺觀

大興國寺。在府城内。
潮音寺。在府治西南隅。
東山寺。在府城東東山上。
迎恩寺。在府城南關。又南門外涵碧潭上有南庵。
黔靈山寺。在府城西三里。
永安寺。在府城北宅溪前。
通化寺。在府城北翠屏山上。
金山寺。在貴定縣西門外半里。
陽寶山寺。在貴定縣北陽寶山上。前後兩寺，爲一方之勝。
龍山寺。在龍里縣治。
龍泉山寺。在開州大乖西地。
西山寺。在定番州西。
萬壽寺。在廣順州東。通志：内有明建文帝遺像。

螺擁寺。在廣順州東螺擁山旁。舊志：一名羅永庵。世傳明建文帝遜國後至此，題詩於壁。

方廣寺。在廣順州天台山。

大道觀。在府治。舊名崇真觀。

崇聖觀。在府城北八里。

紫虚觀。在龍里縣東紫虚山上。

名宦

宋

宋景陽。真定人。開寶八年帥師征蠻，既定廣右，復進兵都匀等處，西南以平。詔建大萬谷落總管府，授景陽都總管以鎮之。景陽撫綏勞來，遠人歸附。卒，贈太尉，謚忠成。

元

張懷德。大德中爲貴州知州。值土官宋隆濟及蛇節反，攻貴州，時兵備廢弛，懷德募義勇，合官兵死戰，以衆寡不敵被執，罵賊死。郡人表其戰地曰崇節。

明

吴得。全椒人。洪武中，爲龍里守禦千户。洞蠻林寛作亂，與鎮撫井孚城守，待援不至，曰：「城破在頃刻，若不能守，父母被難，不忠不孝，何用生爲？」即帥麾下馳賊陣，格殺數十人，遂中毒弩死。事聞，贈指揮世襲，仍恤其家。

井孚。龍里衛鎮撫。與吴得守城盡節。事聞，贈千户世襲，恤其家。

王信。龍里衛指揮僉事。從鎮遠侯顧興祖勦廣西柳州馬平縣賊，陣亡。郡人祠祀之。

陳忠。新城人。永樂中，爲新添指揮同知。正統中，苗賊攻城，忠率衆死守，城賴以全。

汪藻。内江人。成化中，爲程番知府，民夷畏服。嘗拓郡城，遷府治，皆不煩民力。定都匀兵變，亦與有功。

王守仁。餘姚人。正德中以忤劉瑾謫貴州龍場驛丞。萬山叢薄，苗獠雜居，守仁因俗化導，夷人悦服，相率伐木爲屋以居之。

王尊賢。閬中人。嘉靖中，爲程番推官，廉潔有異政。

錢策。浙江人。萬曆中，知貴陽府，廉介明敏，剖斷如神，當事重之。

王應昌。浙江人。萬曆中，知定番州，多惠政。

李若楠。天啓初，以推官駐新添。安邦彦圍城，與指揮柳國柱率衆堅守，城賴以全。升畢節僉事。

劉三畏。天啓初，爲龍里訓導。適安邦彦圍城，死於難。又原任守備劉臯與賊格鬭，子景武赴救，皆死之。人稱龍里三劉。

白尚文。新添世襲千户。安邦彦圍省城，尚文率衆赴援，遇賊於甕城橋，力戰而死。事聞，加指揮同知。

梁思泰。天啓初，爲貴陽府同知。以督餉征水西遇害，贈按察司僉事，祀忠烈祠。

祁繼祖。安邦彦之亂，土酋何中尉進據龍里，巡撫王三善遣繼祖以遊擊攻之，燔上、中、下三牌及賊百五十砦，龍里路遂通。繼祖又夜搗吴楚漢八姑蕩，燔莊砦二百餘，賊溺死無算。

王建中。安邦彦攻貴陽，圍青巖，斷糧道。王三善使建中與劉志敏並以參將救青巖，焚賊四十八莊，定番路始通。

曾益。臨川人。崇禎末，官貴州安平道僉事。孫可望等入寇攻定番，將吏棄城走，益獨堅守，城陷，死之。本朝乾隆四十一年，賜謚忠烈。

鄭鼎。龍溪人。天啓初，知廣順州。安邦彦反，或勸走定番，鼎不聽。賊至，死之。贈光禄寺卿。

朱茂時。秀水人。崇禎中，知貴陽府，剛明果決，摘伏如神，獎拔士類，皆成令器。

黄光中。江陵人。崇禎中，知貴定縣。平易近物，捐俸修城，不勞民力，民歌頌之。

黄嘉儁。鄞縣人。崇禎中，知開州。土苗作亂陷城，嘉儁罵賊觸階而死。子近袞、近宸及吏目聶禁俱死之。

陳新第。長壽人。崇禎末，知定番州。孫可望入寇，新第誓衆堅守，城破死之。同時殉難者：學正尹大任，訓導徐鑣，吏目安紹祖，周齡六俱自縊死；威遠衛守備陶世顯及勇士簡成書力戰而死。本朝乾隆四十一年，陳新第、陶世顯賜謚節愍，尹大任、徐鑣、安紹祖、周齡六、簡成書俱入忠烈祠。

本朝

楊應鍔。康熙中，爲貴陽府同知。吴三桂叛，兵至黔，應鍔被執，不屈，械繫之，錮於蒙化。及大兵將入滇，僞留守郭莊圖欲執之回省，應鍔從容燕飲，先令其妻妾盡節，隨自殺。

人物

漢

謝暹。牂牁人。爲本郡功曹。時公孫述據蜀，暹與大姓龍、傅、尹、董氏保境爲漢，聞光武在河北，遣使從番禺奉貢，光武嘉之，號爲「義郎」。

三國　漢

濟火。牂牁人。聞諸葛亮南征，積糧通道以迎師，遂佐亮平西南夷，擒孟獲，封羅甸國王。已，乃攻普里諸種，拓其境土。即安氏遠祖也。

晉

謝恕。牂牁人。爲本郡太守。咸和八年，寧州刺史尹奉爲李雄弟壽所破，南中地盡爲雄有，惟恕保郡，獨爲晉官。壽遣李奕攻之，終不得拔。官至撫夷中郎將、寧州刺史。

侯馥。字世明，牂牁人。李雄據成都，寧州刺史王遜表馥爲江陽太守。未至，雄將李恭已據江陽，舉兵攻，馥被執。雄責之，馥曰：「事君之心，有死無二。」雄必欲降之，使人委曲開諭，馥怒駡不屈，雄義而釋之。

唐

趙國珍。牂牁人，酋長趙君道之裔。天寶中，南詔閣羅鳳叛，宰相楊國忠兼劍南節度使，以國珍有方略，授黔中都督，屢敗南詔，護五溪十餘年。天下方亂，其郡獨安。

宋

宋勝。新添人。嘉泰初，克服麥新等處，以勝守其地。嘉定中，授勝右武大夫、沿邊溪峒經略使，子孫世襲。

元

宋阿重。原籍真定人。其遠祖景陽於開寶初帥師平蠻，授大萬谷落都總管，後遂家焉。阿重嘗爲貴竹長官，以其叔宋隆濟結諸蠻爲亂，棄家朝京師，陳事宜。大德中，爲順元同知宣撫事，後加平章政事。討服叛逆，威著南裔。卒，贈貴國公，謚忠宣。

明

徐資。原籍壽昌人，以戍貴州衛，遂居貴陽。正統時，巡按御史黄鎬聞資有才略，辟置左右。隨鎬巡邊，至羊腸河，猝與賊遇。資奮梃直前，叱賊曰：「螻蟻餘孽，敢害朝廷憲臣耶！」遂遇害。鄉人名其墓爲忠節祠。

秦顒〔六〕。字士昂，宣慰司人。正統中進士。天順初，以禮部員外郎奉使滇、粵，諮民疾苦，歸疏於朝，帝多採納。歷雲南參政，擒劇賊，辨疑獄。嘗巡金齒渡，路江風濤大作〔七〕，顒正色賦詩，風平舟濟，人謂忠誠所格。後卒於官。

詹英。字秀實，貴陽人。正統中舉人，授會川衛訓導。時滇有麓川之役，英上疏言邊務十三事，悉行之。又上疏論王驥等貪功黷武，老師費財，帝大異之，詔即往參其軍。英詣闕辭，公卿争欲識其面。滿考，遷河西教諭，疏薦可撫蜀者侍郎張固，帝可之，蜀賴以安。

易貴。字天爵，宣慰司人。景泰中進士。性剛正。歷官辰州府知府，有古循吏風。致仕歸，閉户校書十餘年，卒。

徐節。字時中，資子。成化中進士，授内鄉知縣，治行稱最。擢御史，三上章數錦衣衛指揮牛循罪，屢劾閣臣萬安等，風裁凛然。歷官雲南參政，連破梁山、竹箐、米魯諸寇。遷山西省巡撫。以忤劉瑾，削秩歸。瑾誅復職，致仕卒。

史韜。貴定人。弘治中，爲新添衛指揮，征陳蒙、爛土有功，調征普安，遂没於陣。

湯冔。字伯元，貴陽人。年十四喪母，繼母韓氏性嚴苛，兩弟皆畏憚出亡，獨冔能致其慈愛。嘉靖中，成進士。歷官潮州知府，以風節自任，請託不行，有瀆者則糊刺堂壁以媿絶之。未幾，改鞏昌。解任歸，卒。

許奇。字文正，貴陽人。嘉靖中，由舉人歷仕順慶府同知。郡有鹽課無徵者，院議均攤於糧，奇争曰：「課生於井，糧生於田，齊民無井而使代鹽課，不可。」遂大忤直指意，尋免官歸。初奇未第時，聘易氏，未娶而女得廢疾，其家見奇第，不敢言。奇曰：「女已字我，我不娶，女安歸？」卒娶之，無纖芥嫌。生三子，俱登科第。

朱儼。貴定人。貢生，令伊陽。嘉靖初，治行爲當時第一。

姚世熙。貴定人。嘉靖庚戌進士，歷官太僕寺卿，屢任藩臬。爲政得大體，冰蘖之操，老而彌篤。祀浙江名宦祠。

謝體仁。開州人。萬曆三十三年，水銀山苗叛，總兵陳璘等率師討之，辟體仁爲參軍。誘執賊首，餘黨悉平。三十五年，賊黨仇殺體仁，屠其家，被難者五十三人。

李時華。貴陽人。萬曆中舉人。歷官御史，彈劾不避權貴。按四川、河南、廣東，多所興除。擢太僕寺卿，予告歸。

王尊德。貴陽人。萬曆中進士，初授行人，擢御史，按廣東，吏治肅清。天啓間，安邦彥圍貴陽，屢疏請援，圍得解。歷官廣西巡撫，總督兩粵，有綏靖功。卒於官，囊無餘貲。贈兵部尚書。

徐卿伯。字孟麟，貴陽人。萬曆中進士。官御史，剛直多所論建。安邦彥圍貴陽，十月不解，疏劾王三善逗遛，奉旨促之。三善乃奮擊破賊，圍始解。終四川參議。

馬士升。貴陽人，御史文卿子。喜讀書，屏居山寺，一榻蕭然，日以篇什自娛，時皆目爲迂誕。後寇亂被執，罵賊死。本朝乾隆四十一年，賜謚節愍。

丘禾嘉。貴定人。萬曆壬子舉人。崇禎中，由職方主事超擢遼東巡撫。擅經濟才，時倚爲長城。

吳子麒。字九逵，貴陽人。萬曆中舉人，授興寧知縣。以母老，棄官歸。崇禎十年，蠻賊烏謎叛，陷大方城。總督朱燮元遣子麒詣六廣説降諸目。後流賊入黔，麒與里人主事劉琯、同知楊元瀛等糾鄉兵拒之，被執，俱不屈死。本朝乾隆四十一年，賜謚烈愍。

易楚誠。貴陽人。父病，楚誠泣禱於天，已而果愈。又嘗病瘍，醫欲得兔髓和藥，楚誠求之野，有羣鷹爭攫一兔擲地，得持歸付醫。有司欲上其事，楚誠固辭而止。

馬端。貴陽人。事母至孝，母疾，思鯉爲膾，端遍求不得，忽一老翁持雙鯉來售，端入室取值酬之，比出，翁竟不見，人謂孝感所致云。

越其杰。字卓凡，貴陽人。萬曆中舉人。倜儻好奇，工詩文，兼善騎射。天啓二年，任夔州府同知。奢崇明圍成都，其杰帥兵往救，大破之，升僉事。中忌者歸，尋起官至河南巡撫。

周思稷。貴陽人。由舉人知新會縣。告歸，值安邦彦圍城，固守經年，以食盡自縊。同時殉難者爲李國棟、孫枝衍、楊之安、胡仰極云。

守棺孝子。貴定人，不知姓名。安邦彦將圍城，城外居民争入城以避，孝子獨守其母棺不去。賊至義之，不加害。後餓死柩側。

程春化。貴陽人。由貢士授仁壽知縣。值寇亂城陷，整衣冠向闕再拜而死。本朝乾隆四十一年，賜謚節愍。

劉英。貴陽人。由貢士授遂平縣知縣。值流賊破城被執，駡賊不屈死。本朝乾隆四十一年，賜謚烈愍。

劉瑄。貴陽人。崇禎中，爲户部主事，致政居家。流賊入黔，與吴子麒、楊元瀛、李公門、李世甲、王孫齊、胡修超、蔡紹周等同時被執，俱不屈死。本朝乾隆四十一年，劉瑄、楊元瀛、李公門、李世甲俱賜謚節愍，王孫齊、胡修超、蔡紹周俱入祀忠烈祠。

丘懋樸。貴定人。崇禎癸酉舉人。孝友，能文章。官至荆南僉事，遇難死。弟懋素，崇禎庚午舉人，歷官南陽知府。流寇入城，駡賊死。本朝乾隆四十一年，賜懋樸謚節愍，賜懋素謚烈愍。

顧人龍。定番州人。孫可望等攻城，人龍率士民固守，殺賊甚衆。城陷，與妻李氏對縊。子大元抱父母尸，哭不去，賊并殺之。同時殉難者：鄉官尹思民賦詩題壁，引繩而死。黎惟垣城上獨戰死。胡允中冠帶坐庭中，駡賊而死。貢士饒謨，諸生王道中、顧從龍、黄文芳、李一龍、李二龍、夏朝卿、毛一練、尹湯傅、尹湯卿、熊化、楊東明、唐連、賈翰、張新建、王仰、王基昌，土官龍在田、程民悦、韋帝臣，土舍龍起潛、龍飛、韋之福，把總許華宇，巷戰而死。舉人毛琛投井死。教授艾養中，諸生周卜年、尹湯賓、熊鍾隨，鄉約杜凡六，赴火死。諸生謝賜璠、黎應陽、江山秀、潘達、黎應辰，投泮池死。武舉蒙九錫爲賊將艾能奇所執，不屈而死。按察司司獄陳玉環自經而死。本朝乾隆四十一年，顧人龍等四十一人俱入祀忠烈祠。

金鎮貴。開州人。歷官至總兵。崇禎末，狆苗圍州城，鎮貴與知州黄嘉雋協力守城，城陷，二人俱遇害。

汪澤民。開州人。有志略。崇禎十六年，狆苗王阿辛等謀劫城，澤民聞變，密白知州黄嘉雋。賊知事泄，遣黨七人夜抵澤民寢所，刃其腹。將死，命其妻以紙筆納腹中，曰：「死當書賊狀訴於神。」死逾旬，衆賊各遇澤民追逐，墜峻坡，肌肉盡裂而死。

李科。開州人。歷官至副總兵。崇禎末，流寇侵境，科率兵次茶山渡，與賊戰没於陣。本朝乾隆四十一年，賜謚烈愍。

何兆柳。開州人。崇禎庚午舉人。水西賊化沙杓圍副將方國安於大方城，總督朱燮元委兆柳救援，兆柳捐貲助餉，救國安，斬化沙杓。流賊入黔，兆柳招集義勇捍其鄉，孫可望殺之，籍其家，子東鳳、鳴鳳並死之。本朝康熙年間，少子人鳳白其冤於經略洪承疇，事聞，給還家產。

本朝

諶文學。開州人。康熙元年貢生。吴逆叛，强之仕，逃匿得免。事平，補鄖陽令。請老家居，年八十餘卒。

汪啓德。貴定人。有至性。年十歲，父病篤，刲股以進。父竟殁，哀毁如成人，行道爲之感泣。

朱重義。貴定廩生。事庶母，撫幼弟，克盡孝友，純行著聞。

金昆。開州人。有孝行，鄉里無間言。乾隆中旌。又同州牆焯、黄維章，均事親盡孝，爲宗黨所推。

徐暹。貴定人。康熙辛卯舉人。任四川保寧府通判，廉明正直，民情愛頌。居鄉端謹，士林咸推重之。嘉慶十七年，入祀鄉賢祠。

陳嗣虞。龍里人。少孤，事叔父誠敬。叔父疾，憂形於色。以舉人任四川新繁縣知縣，有惠政。致仕歸，教誨後進，多所成就。嘉慶十年，入祀鄉賢祠。

朱射斗。貴筑人。乾隆中，以行伍隨征大、小金川，積軍功，歷升四川川北鎮總兵。嘉慶五年，率兵征勦川陝逆匪，追賊至蓬溪縣高院場，被傷陣亡。賜謚勇烈，恩賞二等輕車都尉世職，入祀昭忠祠。

王凱。貴筑人。乾隆中，以行伍隨征大、小金川，積軍功，歷升湖北宜昌鎮總兵。嘉慶二年，勦堵鄖縣、均州賊匪，爲南北兩路軍營策應。四年，敗賊於房縣，乘勝直追，連敗之於王家山、北峯寺等處。五年，賊奔遠安，踞馬鞍山，凱率兵攻左山梁，殲斃甚衆，身先士卒，冒險直上，林中伏賊突出圍繞，凱中矛傷，猶手弓連斃三賊，歿於陣。賜祭葬，謚壯勇，恩賞騎都尉兼一雲騎尉世職，入祀昭忠祠。

流寓

明

楊慎。新都人。正德中進士，授翰林院修撰。嘉靖五年，以議大禮謫戍永昌，嘗往來黔中。著有流寓雜吟。

列女

元

桑烏遜妻托克托章。桑烏遜爲達嚕噶齊，早卒。章不忍獨生，以死殉之。延祐二年旌表。「桑烏遜」舊作「相兀孫」,「托克托章」舊作「脱脱真」,「達嚕噶齊」舊作「達魯花赤」,今俱改正。

明

朱宣妻劉氏。名慧,貴州衛人。性至孝,母病,割股以進。後適宣。年二十一宣没,劉守節撫孤以終。

夏玘妻陳氏。郡人。玘卒,陳以死自誓,葬畢,閉門自縊。按:各省人物列女,均載本州縣籍貫,無書郡人之例。惟貴州一省,除遵義府外,其貴陽等十一府皆有親轄地方,其地户口人丁不隸州縣而徑屬於府,名爲郡籍,與他省不同。今悉確查文册,書爲郡人,冠於所轄州縣之首,以昭核實。謹標義例於首府,安順、都匀、鎮遠、思南、石阡、思州、銅仁、黎平、大定、興義十府均倣此。

周汝麟妻薛氏。郡人。安邦彦圍城,恐被辱,抱幼女投水死。又同時有潘思聰妾程氏,亦仰藥死。俱被旌。

李秉玉妻湯氏。郡人。安邦彦作亂,湯同兄避難,聞賊至,懼污,投水死。

戴氏女。龍里人。幼許聘陳世傑,未歸而傑卒,戴矢志不嫁,奉父母盡孝。御史題旌。

劉山松妻吴氏。郡人,吴子麒女。幼諳書史,以山松出遊久不歸,依母家十餘年。聞流寇將至,即懷利刃以待,至則自刎死。

吴中芸妻陳氏。郡人。年三十而寡。流寇至,抱幼子自沈於溪。

楊玉驄妻湯氏。郡人,湯景明女。流賊入黔,聞夫被執,投水死。

丘禾嘉妻姚氏。貴定人。禾嘉官遼東巡撫,卒於京邸,姚上疏扶櫬歸里。流賊陷城,懼污,投井死。

姚聖言妻陳氏。貴定人。流賊陷城，陳恐被辱，自投於井。親戚救之，引避山中。聞賊至，投崖死。

孫南光妻朱氏。郡人。南光早卒，朱守節。流賊破城，罵賊投井死。

張承祖妻吴氏。定番人。流賊破城，吴恐被污，赴蓮花池死。

本朝

冉壤妻越氏。郡人。年十六適壤，甫數月而壤卒，越志期殉節，待壤大殮畢，與其從婢蘭英均投繯而死。康熙四十三年旌。

梁國輔妻高氏。貴筑人。年十九夫卒，舅姑欲令改適，已有成議，高聞之悲泣終夕，平旦更衣拜奠夫柩畢，即入室自縊死。康熙四十三年旌。

謝二姑。開州人，謝克明姪女。幼孤，克明撫爲己女。年十四未字，克明夫婦病且死，一日之間，再割股以進，病皆愈，里人異之。康熙中旌。

楊質素妻簡氏。開州人。年二十夫故，守節四十餘年。康熙中旌。

楊郁妻何氏。修文人。郁客死普安，何聞之，解帶自縊死。

凌國士妻白氏。貴定人。事姑孝謹，姑病痿痺，每食則舉匕以飯之。察其寒暄，以時易寢褥。夜則坐姑之旁假寐，衣不解帶者數年。姑病亟，割股和藥以進，遂稍瘳。邑人共稱爲孝婦。

朱景運妻劉氏。郡人。夫亡，矢志撫孤，備極艱苦。有欲奪其志者，氏截髮毀容以却之。謀者猶未息，乃引利錐自刺左目，旁觀悚歎，事遂寢。雍正二年旌。

刁玫妻歸氏。修文人。夫亡，守節四十餘年，事祖翁姑俱盡孝道。雍正中旌。

張其翽聘妻李氏。貴定人。幼喜讀書，未嫁而張卒，女衰服往守節，矢志不二。其母勸令改適，女翦髮齧指，自經者再乃止。守節十年而歿。

李萃妻吴氏。郡人。夫歿守節。乾隆六年旌。同郡陳起聰妻秦氏、袁育物妻文氏、羅鼎元妻周氏、張玠妻楊氏、袁若琅妻朱氏、張聯芳妻王氏、劉士貞妻房氏、魯友仲妻鮑氏、趙宗源妻胡氏、盧肇鄰妻黄氏、張天禄妻彭氏、徐琮妻陳氏、鄒毓先妻王氏、吴從魯妻劉氏、楊增妻姜氏、徐章妻吴氏、李慧妻汪氏、徐盛伯妻周氏、何德秀妻尹氏、朱文達妻劉氏、謝廷芳妻熊氏、馬天申妻徐氏，烈婦李亶妻謝氏、王和林妻舒氏，貞女汪以鎔聘妻袁氏，均乾隆年間旌。按：舊志於乾隆年間旌表之列女，不著各州縣本籍，但彙載一條，註明同府云云，例實疏率，斷不可沿。今溯查文册有可徵者，分析改正。本係郡籍，書爲郡人，本係各州縣籍，書爲某州縣人，俾與前後文義畫一。此外舊志所載，尚有同府節婦李榮妻姚氏、李爾位妻劉氏、盧僖妻李氏、羅經世妻丁氏、朱重仁妻傅氏、陳坊妻金氏、王文宏妻施氏、丁應蕃妻季氏、馬天祥妻陳氏、李永爵妻陳氏、蕭日昌妻曾氏、龍吟妻劉氏、丁梅妻張氏、劉文魁妻程氏、郭汲妻張氏、吴勝時妻陳氏、龍毓鯤妻夏氏、馬世元妻鄧氏，烈婦阮選妻吴氏，均乾隆年間旌，俱未詳其州縣本籍，謹附記。

韓儀妻陳氏。貴筑人。夫歿守節，乾隆四年旌。同縣葛先達妻丁氏、熊騰鳳妻王氏、顧起鴻妻陳氏、陳珩妻王氏、萬世華妻張氏、鄒嶧妻印氏、余應祖妻鄧氏、劉仕仁妻余氏、廖文沛妻李氏、何濱妻陳氏、李瓊妻蒙氏、胡鼎嵩妻潘氏、李宗妻周氏、何洪憲妻王氏、何九敘妻黄氏，烈婦吴某妻劉氏，均乾隆年間旌。

陳源泰妻徐氏。修文人。夫卒泣血喪明，守節四十餘年。乾隆四年旌。同縣陳天秀妻黄氏、郭宗儀妻李氏、邵愃妻龍氏，均乾隆年間旌。

許仔聘妻何氏。開州人。幼許字仔，仔病瘓成廢，父母欲別議婚。氏聞，以死自誓，請往侍湯藥，不許，遂守志終身。乾隆五年旌。同州何子澄妾邱氏、何昱妻許氏、何子洪妻吴氏、楊思賢妻淩氏、盧維浩妻林氏，均乾隆年間旌。

許如龍妻李氏。廣順人。歸許三載而寡，甘貧守志，事孀姑以孝聞。乾隆中旌。同州向祖興妻李氏、吴佩妻羅氏、金瑞妻李氏、白文暐妻徐氏、雷子宣妻金氏、鄭煜妻魏氏、白珩妻徐氏、金湯平妻王氏、金湯治妻陳氏、金甸圖妻王氏、越于鼎妻謝氏，均乾隆年間旌。

劉復仁妾莫氏。郡人。夫殁守節，嘉慶二年旌。同郡李必昌妻王氏、劉元振妻饒氏、狄文彩妻李氏、萬泰階妻吴氏、柴中檠妻宋氏、馬履宗妻邵氏、劉東輝妻楊氏、金謨妻宋氏、魏龍山妻戴氏、劉永芳妻潘氏、李先秀妻徐氏、蔡德溥妻張氏，均嘉慶年間旌。

冷綱妻金氏。貴筑人。夫殁守節，嘉慶五年旌。同縣申文明妻丁氏、蕭文鉞妻吴氏、王步雲妻宋氏、胡福基妻李氏、袁朝文妻謝氏、袁瓏妻謝氏、徐桓妻黄氏、陳宣猷妻劉氏、楊美遠妻李氏、孔昭潔妻蔡氏，貞女秦八郎聘妻蔡氏，均嘉慶年間旌。

周鍾妻楊氏。貴定人。夫殁守節，嘉慶六年旌。同縣庭啓泰妻徐氏、楊廷彩妻張氏、周魯妻邱氏，烈婦龔紹緒妻宋氏，均嘉慶年間旌。

徐有仁妻葉氏。龍里人。夫殁守節，嘉慶六年旌。同縣周廷用妻徐氏、熊宗臣妻袁氏，均嘉慶年間旌。

狄祖榮妻李氏。修文人。夫殁守節，嘉慶八年旌。同縣張大義妻李氏，烈女袁宗名女袁氏，均嘉慶年間旌。

李維元妾周氏。廣順人。夫殁守節，嘉慶八年旌。同州沈克忠妻越氏、沈瑫妻何氏、雷大和妻金氏、周之岐妻湯氏，均嘉慶年間旌。

仙釋

宋

陶道人。黎州卒也。宋紹聖間，嘗入獅子山採薪。善畫，與王畫龍同時，所畫龍必有所闕，不然，則隨雷雨變化。後俱不知所終。

明

韓野雲。不詳其所自來。萬曆間，止大道觀。能知人隱。善飲，盡數斗不醉。恒攜一鐵笛，飲則吹之，響徹雲表。

東華道人。隱姓名。遊青巖諸處，蓬頭跣足，雖隆冬惟一單衣，晝夜危坐，不寐不飲不食。囊盛烏梅數枚，時取微齧之，歲餘去之峩眉山云。

白雲。大理人。戒行精嚴，萬曆間，至陽寶山，探幽採勝，直窮藪澤。山故多虎，主僧止之，弗聽，裹糧坐澤中，凡八日，時方大雪，僧所止有鹿卧其地，雪亦弗及，其虎亦絶。

土産

蘭。府城及各縣出。其色有黃、白、紫、碧數種。明統志：府境及各長官司出。

馬。舊出貴筑縣養龍坑。明統志：府境及各長官司出。

刺竹。貴定縣出。明統志：府境及各長官司出。

葛布。貴定縣出。明統志：丹平長官司出。

茶。龍里縣東苗坡出。明統志：府境及各長官司出。

硃砂。開州山中出，採之甚難。漢書地理志：牂牁郡談指出丹。

水銀。開州出。即以硃砂升煉而成。又有生於砂中，不待烹煉者，謂之自然汞，尤不易得。今開州有硃砂及水銀廠。

龍爪樹。在舊息烽所城南。樹極高，枝皆仰生，攫拏如龍爪。春間開花類山茶，土人以其花之多少驗歲豐歉。

脆蛇。生草澤間。長尺許，圍如錢，首尖尾秃，背黑腹白。捕以竹筒，急持之，稍緩則自碎。性能已風去癘。

苗蠻

土人。在貴筑、貴定、廣順等處，與軍民通婚姻。男子事貿易，婦人力耕作，歲時禮節，皆同中原。黎平府亦有之。

宋家苗。本中國之裔，春秋時，宋爲楚所蠶食，俘其人民而放之南徼，遂流爲夷，即宋宣慰之祖也。頗通漢語，識文字，勤於耕織。男子帽而長衿，婦人笄而短衿。將嫁，男家來迎，女家則率親戚箠楚之，謂之奪親。喪葬飯蔬飲水，今亦盡變爲華矣。

龍家苗。其種有四。在廣順州者，爲狗耳龍家，好依深林薦莽之間。春時立木於野，謂之鬼竿，男女旋躍而擇對，既犇，則女氏之黨以牛馬贖之，方通媒妁。衣尚白，喪服則易青。男子束髮不冠，善石工。婦人辮髮，螺結上指，若狗耳之狀。衣斑衣，以五色藥珠爲飾。人死以杵擊臼，和歌哭。以七月七日祭其先塋。鎮寧康佐司亦有之。

狏狫。一名狏獠。其種有五。蓬頭赤脚，趫而善犇，輕命死黨。用布一幅横圍腰間，花布者爲花狏狫，紅布者爲紅狏狫。死者有棺而不葬，置崖谷間，不施蔽蓋，樹木主於側，號曰家親殿。又有猪屎狏狫，喜不潔，與犬豕同牢。又有剪頭狏狫，在貴定縣，男女蓄髦寸許，死則焚之。其在平伐、平遠者，爲打牙狏狫，剽悍尤甚。父母死，子婦各折其二齒，納諸棺中，以爲永訣。

木老。在貴定縣。性狡悍，善製刀。初娶分寢，既生子，然後同處。祀鬼用五色旗，遇節則鼓歌以迎姻婭。有長幼之節。都匀、黔西亦有之。

蠻人。在廢新添衛丹平二司。性獷戾，以丑戌日爲場，十月朔日爲節，祭鬼爲樂。

八番。在定番州。其俗勞女逸男，婦人直頂作髻，業耕織，獲稻和稭儲之，刳木作臼，曰椎塘。以寅午日爲市，燕會擊長腰鼓爲樂。以十月望日爲歲首。葬不擇日，夜静出之，蓋不忍使其親之知也。

白苗。在龍里縣。亦名東苗、西苗。服飾皆尚白。性戇而狡，轉徙不恒，多爲人雇役墾佃，往往負租而逃。男子科頭赤足，婦人盤髻長簪。

仲家苗。好樓居，有姓氏，衣尚青。男子以帕束首躧履，婦人多纖好而勤於織，以青布蒙髻，長裾褶績。孟春跳月，用綵巾編爲花毬，視所歡者擲之。在室奔而不禁，嫁乃絶之。以姿色定聘，即同堂兄妹皆爲婚。喪則屠牛，召親友，以大甕貯酒，執牛角偏飲，主人不食肉，止食魚蝦。葬用棺，以繖覆墓上，期年而火之。以十一月爲歲首，以牛馬雞牲骨用米糝和之，以作醋至酸臭爲佳。多蓄蠱毒，每以殺人。斂百物之毒以染箭鏃，中人血濡縷立死。性險譎嗜殺，最爲强悍。

楊保。姓奸狡。婚姻祭葬，悉同漢人。龍里居多。

花苗。在貴筑、廣順等處。男女拆敗布緝條以織。衣無衿，竅而納諸首，以青布裹頭。婦人斂馬鬉尾，雜人髮爲髲，大如斗，籠以梳。裳服先用蠟，繪花於布而染之，既染，去蠟則花見。飾袖以錦，故曰花苗。昔三苗之裔，其人有名無姓，有屬無長，不知正朔，以十二辰屬爲期。無文字，刻木爲信。架木如鳥巢，寢處炊爨，與牲畜俱。夜無卧具，掘地爇柴以反側。食麥稗，雜野蔬，間有稻，則儲以待正供。每歲孟春，合男女於野，跳月擇偶。以季夏爲歲首。喪則環哭盡哀。葬不用棺，病不服藥，惟禱於巫鬼。動作必卜，或折茅，或熟雞，驗其脛骨與腦。諸苗之俗，大都類此。

東苗、西苗。在貴筑之谷池里。男髽髻，著短衣，色尚淺藍，首以織花布條束髮。婦著花裳無袖，惟遮覆前後。俗與花苗同。

克孟牯羊苗。在廣順州金筑司。擇懸崖鑿竅而居，不設牀第，構竹梯上下，高者百仞。耕不輓犂，以錢鎛發土，耰而不耘。男女躧笙而偶，免乳而歸其聘財。親死不哭，笑舞浩唱，謂之鬧尸；明年聞杜鵑聲，則閉户號泣，曰鳥猶歲至，親不復矣。

谷藺苗。在定番州。性兇頑，善擊刺，出入必持槍弩，蠻黨皆畏之。

校勘記

〔一〕本朝乾隆十八年修　「十八年」，乾隆志卷三九一貴陽府城池（下同卷簡稱乾隆志）作「二十八年」，未知孰是。

〔二〕本朝乾隆三十三年修　「三十三年」，乾隆志作「三十五年」，未知孰是。

〔三〕西獅山　「西」，乾隆志同，誤衍，當删。按，明一統志卷八八貴州布政司山川獅子山條云「在宣慰司城西，土山戴石」云云，亦作「獅子山」，不作「西獅山」，此蓋鈔誤。

〔四〕潁川侯傅友德南征　「潁」，原作「穎」，乾隆志同，據明一統志卷八八貴州布政司山川改。

〔五〕今名圖安關　「安」，乾隆志作「寧」，此避清宣宗諱改也。

〔六〕秦顒　「顒」，原作「容」，據乾隆志及乾隆貴州通志卷二八人物改。按，本志避清仁宗諱改字。下同改。

〔七〕路江風濤大作　「路江」，乾隆志同，乾隆貴州通志卷二八人物秦顒作「潞江」。

安順府圖

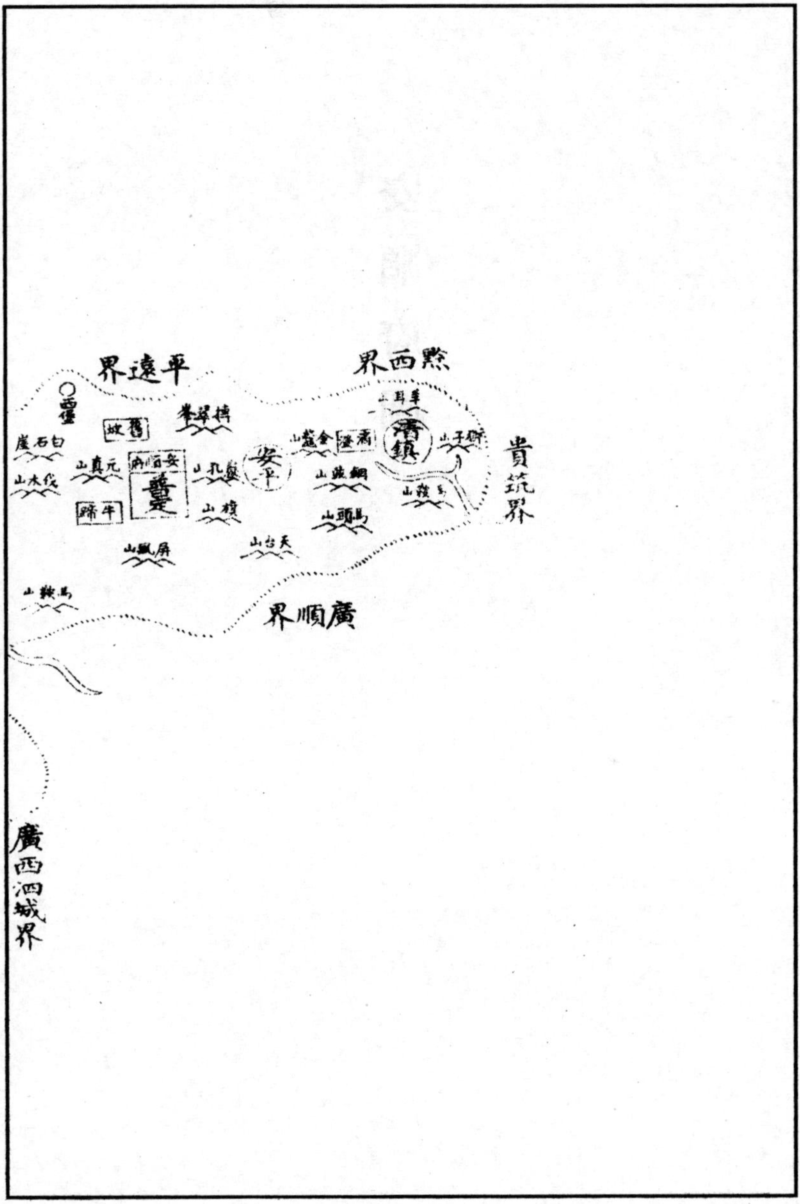
平遠界
黔西界
廣順界
貴筑界
廣西泗城界
西堡
舊城
白石崖
伐木山
元真山
牛蹄
安順府
普定
安平
金龍山
清鎮
羊耳山
銅鼓山
馬頭山
天台山
屏風山
馬鞍山

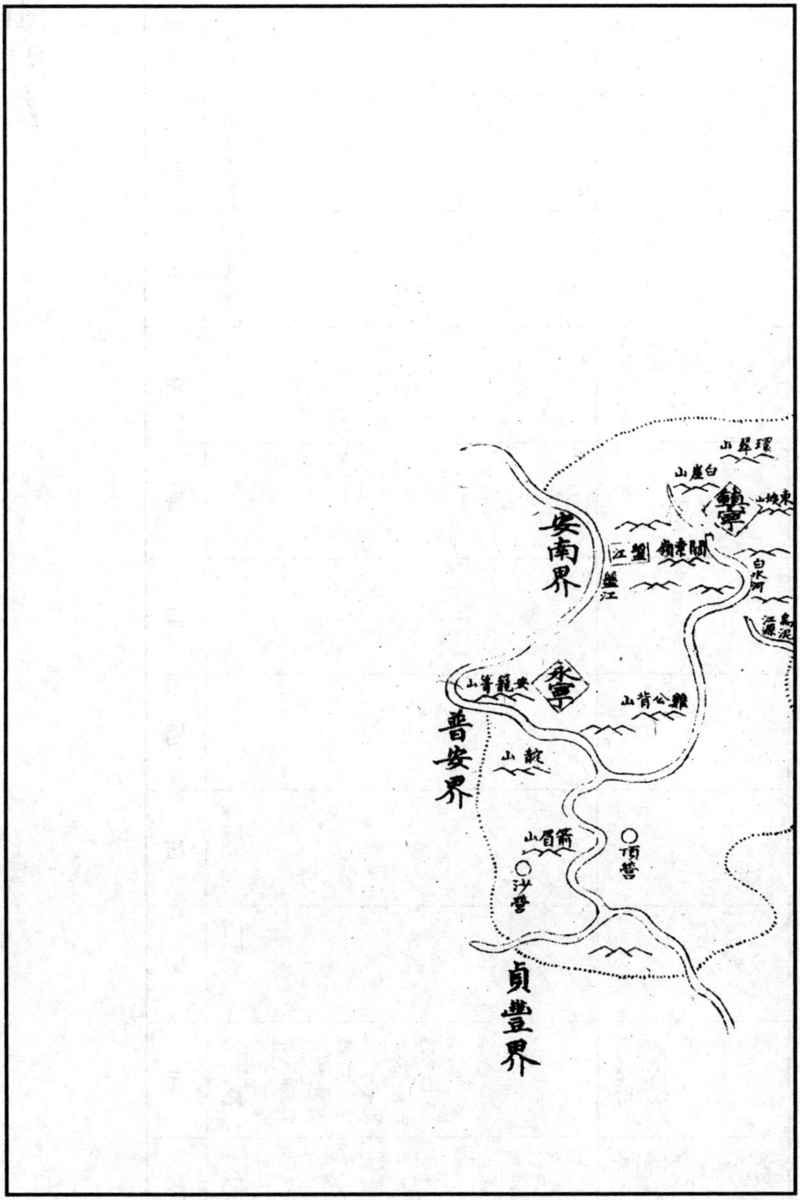
環翠山
白崖山
鎮寧
盤江
關索嶺
盤江
白水河
烏泥江源
安南界
永寧
安籠箐山
雞公背山
普安界
頂營
沙營
貞豐界

安順府表

	安順府	普定縣
兩漢	牂牁郡地。	牂牁郡地。
三國	蜀漢興古郡地。	
晉	興古郡地。	
宋		
齊		
梁		
隋		
唐	羅甸國地。	
宋	普里部。	
元	普定路 至元初置普定府，尋改羅甸宣慰司。大德七年改爲路，屬曲靖宣慰司。	普定縣 屬普定路。
明	安順軍民府 洪武十四年置普定府，十六年析置安順州，十八年府廢，州屬普定衛。萬曆中升軍民府，屬貴州布政司。	普定衛 洪武初置，屬四川布政司。正統三年改屬貴州都司。

續表

	永寧州	清鎮縣
	牂牁郡地。	牂牁郡地。
習安州至元中置，屬普定府。	至元中置永寧州，屬普定府，尋廢。	
廢。	永寧州洪武十六年復置，屬普定府。十八年屬普定衛。正統三年隸貴州布政司。萬曆三十年改屬安順軍民府。	威清衛洪武二十三年置，屬貴州都司。鎮西衛崇禎三年置，又置赫聲、威武二守禦所，均屬貴州都司。

安平縣	鎮寧州
牂牁郡地。	牂牁郡地。
羅甸國地。	羅甸國地。
金竹府地。	鎮寧州至元中置，屬普定府，後改屬普定路。
平壩衛洪武二十三年置，屬貴州都司。崇禎三年又置柔遠守禦所。	鎮寧州洪武十四年復屬普定府，尋仍屬普定衛。正統三年隸貴州布政司。萬曆中改屬安順軍民府。安莊衛洪武二十二年置，屬貴州都司。

大清一統志卷五百一

安順府

在貴州省治西一百八十里。東西距三百一十里，南北距一百六十里。東至貴陽府貴筑縣界一百四十里，西至興義府安南縣界一百七十里，南至興義府貞豐州界一百里，北至大定府平遠州界六十里。東南至貴陽府廣順州界四百里，西南至安南縣界四百五十里，東北至大定府黔西州界四百里，西北至平遠州界一百里。自府治至京師七千八百二十里。

分野

天文井、鬼分野，鶉首之次。晉書天文志：自東井十二度至柳八度爲鶉首。

建置沿革

禹貢梁州荒裔。漢牂牁郡地。晉爲興古郡地。梁以後入於蠻。唐爲羅甸國地。宋爲普里部。名勝志：羅鬼、犵狫、可劚苗所居，號普里部。元初内附，置普定府，隸雲南省。至元中改爲羅甸宣慰司。

元史地理志：普里部歸附後，改普定府。烏魯斯請創羅甸宣慰司，隸湖南省。至元二十七年罷之，仍以其地隸雲南。「烏魯斯」舊作「斡羅思」，今改正。大德七年，改普定路，屬曲靖宣慰司。十六年，又析置安順州屬焉。明統志：元置習安州，洪武十六年，改曰安順州，屬普定府。明洪武十四年，仍置普定府。十八年府廢，以州屬普定衛，隸四川。通志：明洪武十四年，復置普定府，領州三、長官司六，屬四川布政司。尋增置普定衛。十八年府廢，以州司附於衛，仍屬四川。正統三年，改隸貴州。萬曆中，升州爲安順軍民府。通志：萬曆三十年，改安順州爲安順軍民府。

本朝爲安順府。雍正五年，以舊屬之普安州及普安、安南二縣改隸南籠府。即今興義府。共領州二、縣三、土司三。

普定縣。附郭。東西距一百二十里，南北距九十里。東至安平縣界六十里，西至鎮寧州界六十里，南至貴陽府廣順州界五十里，北至大定府平遠州界四十里。東南至安平縣界五十里，西南至鎮寧州界四十里，東北至清鎮縣界五十里，西北至平遠州界八十里。漢牂牁郡地。元置普定縣，隸普定路，尋改爲府。明洪武初，於普定府增置普定衛。二十五年，升爲軍民指揮使司，屬四川布政司。正統三年，改屬貴州都司。本朝康熙十一年，改爲普定縣，爲府治。

永寧州。在府城西一百四十里。東西距一百里，南北距一百五十里。東至鎮寧州界七十里，西至興義府安南縣界三十里，南至興義府貞豐州界一百一十五里，北至本府郎岱廳界三十五里。東南至貴陽府定番州界二百二十里，西南至興義府安南縣界八十里，東北至大定府平遠州界九十里，西北至興義府普安縣界八十里。漢、唐爲牂牁郡地。元置永寧州，屬普定府，後廢。明洪武十六年，仍置永寧州，屬普定府。十八年府廢，屬普定衛，隸貴州都司。正統三年，改隸貴州布政司。萬曆三十年，改屬安順府。本朝因之。

清鎮縣。在府城東一百二十里。東西距九十里，南北距七十里。東至貴陽府貴筑縣界二十里，西至大定府平遠州界七十里，南至鎮寧州界二十里，北至貴陽府修文縣界五十里。東南至貴筑縣界十里，西南至安平縣界二十里，東北至貴筑縣界三十里，西北至大定府黔西州界九十里。漢牂牁郡地。唐、宋時爲羈縻蠻地。元爲貴州宣慰司地。明洪武二十一年，置威清站，隸貴州衛。二十三年，改置威清衛，隸貴州都司。崇禎三年，又置鎮西衛及赫聲、威武二守禦所。本朝康熙二十六年，改置清鎮縣，而以衛所附入之，屬安順府。

安平縣。在府城東六十里。東西距五十里，南北距六十里。東至清鎮縣界二十里，西至普定縣界三十里，南至貴陽府廣順州界四十里，北至清鎮縣界二十里。東南至廣順州界三十里，西南至普定縣界三十里，東北至鎮寧州界三十里〔二〕，西北至大定府平遠州界四十里。漢牂牁郡地。唐、宋爲羅甸國地。元爲金竹府地。明洪武二十三年，置平壩衛，屬貴州都司。崇禎三年，又置柔遠守禦所。本朝康熙二十六年，改平壩衛爲安平縣，而以柔遠所附入之，屬安順府。

鎮寧州。在府城西五十五里。東西距一百五十里，南北距一百九十五里。東至貴陽府廣順州界一百二十里，西至永寧州界三十里，南至永寧州界二十里，北至安平縣界一百七十五里。東南至普定縣界三十五里，西南至興義府界一百五十里，東北至貴陽府貴筑縣界二百二十里，西北至大定府黔西州界一百二十里。漢牂牁郡地。唐、宋爲羅甸國地。元置鎮寧州。明洪武十四年，屬普定府，尋改屬四川普定衛。正統三年，改隸貴州布政司。嘉靖十二年，遷州治於安莊衛城。萬曆三十年，改屬安順府。本朝因之。康熙十一年，省衛入州。

西堡副長官司。在府城西北九十里。元爲砦。明洪武十九年置司，領四砦，屬安順州。後屬安順府。本朝康熙十一年，改屬普定縣。二十一年，仍屬府。長官温姓。

頂營長官司。在永寧州南一百五十里。元爲砦。明洪武十九年置司，領三砦。本朝因之。長官羅姓。

沙營長官司。在永寧州南。明洪武十四年置司。本朝因之。長官沙姓。

形勢

崇山峻嶺爲郛郭，驚濤急流爲溝池。明皇輿考。西南衝劇，夷漢襟喉。通志。

風俗

士俗尚存桴鼓，流寓漸有華風。明通志。尚文重信，甲第雲仍。通志。詩書禮樂，不減中華。科舉題名記。

城池

安順府城。周九里有奇，門四。明洪武五年建。本朝康熙九年修，乾隆十四年、三十六年重修。普定縣附郭。

永寧州城。周半里，門二。明洪武中建。本朝康熙十二年修，嘉慶十六年重修。

清鎮縣城。即威清衛舊城。周三里有奇，門四。明洪武二十六年建，本朝康熙十一年修，乾隆二十七年重修〔二〕。

安平縣城。即平壩衛舊城。周四里有奇，門四，水關一。明洪武二十三年建，本朝乾隆二十二年修〔三〕。

鎮寧州城。即安莊衛舊城。周五里有奇，門四。明洪武二十五年建，本朝乾隆三十一年修。

學校

安順府學。在府治東。明洪武中建。本朝康熙七年修，五十五年重修。入學額數二十名。

普定縣學。在府治東。舊附府學，本朝康熙三十八年遷建。入學額數十二名。

永寧州學。在州城外。舊附安南縣學，本朝康熙三十八年遷建。入學額數八名。

清鎮縣學。在縣治西。舊爲威清衛學，明洪武中建。本朝康熙二十六年改爲縣學，雍正三年修。入學額數十二名。

安平縣學。在縣城東北。舊爲平壩衛學，明萬曆中建。本朝康熙二十六年改爲縣學，雍正四年修。入學額數十二名。

鎮寧州學。在州治東。舊爲安莊衛學，明正統八年建，嘉靖十二年改爲州學。本朝康熙六年修，雍正十一年重修。入學額數十二名。

習安書院。在府城南。本朝嘉慶十五年建。

户口

原額人丁一千八百三十五，今滋生男婦大小共七十六萬九千七百七十五名口，計一十三萬八千二百一十户。

田賦

田地、山塘共二十五萬二千七百三十八畝四分有奇，額徵地丁正、雜銀八千六百一十六兩八錢七分三釐，米三萬二千一百八十五石九斗九升七合八勺。

山川

東勝山。在府治東。高數仞，長倍之。俗名青龍山。

塔山。在府治南。通志：元泰定二年建塔其上，常有白光自塔頂出。山多樹木，四時青蔥，郡中勝槩。

西秀山。在府治西。黔記：一名石蓮峯。通志：與東勝龍虎對峙。

飛虹山。在府城東五里。懸崖崒嵂，怪樹紆盤。

巖孔山。在府城東四十五里。府志：山勢奇峻，盤亘十餘里，土人恃以爲險，旁有砦。

旗山。在府城東南。遊名山記：形勢峻拔如幟。

馬首山。在府城東南四十里。

屏風山。在府城南。崖壁蒼翠，展列如屏。

馬鞍山。有三：一在府城西南廢安谷司西十一里，狀若天馬。一在清鎮縣東南，山腰有白石如雪。一在鎮寧州。

印山。在府城西一里。黔記：其相近有龍泉山，山下有龍泉，故名。

大林山。在府城西三里。又有小林山。

唐帽山。在府城西三里。

元真山。在府城西十五里。一逕透迤達巔，建閣於上，扁曰「元真境」。

舊坡山。在府城西北。兩峯相對，中有石關。又五里爲新坡山，其巔長廣五里。

浪伏山。在府城西北西堡司後。名勝志：元置習安州於山下。

伐木山。在府城西北西堡司南六十里。山高箐深，中多材木。

雞公背山。在永寧州東，與關索嶺對峙。通志：亦名雞公背坡。形如雞背，下臨溪澗，山路艱險，往來者視爲畏途。

箭眉山。在永寧州南頂營司西一百里，地名陸堡。通志：勢極高大，周四十餘里，河流縈紆其下。巔有兩峯，峯畔一谷，寬平可藝。土氣多燠，蔬菜四時不乏。然多瘴不可居，惟土著仲家居焉。

安籠箐山。在永寧州西廢慕役司北五十里。山巒相接，林木蓊密。周四十里。官道經其中，險阻難行。秋冬多霧，昏曉不辨。

靛山。在永寧州西廢慕役司。通志：水迴山轉，其中深箐可種藍。藍有木藍、蓼藍，耕久而益有收。土尚煖，寒則不生。歲必異地以植。

紅崖山。在永寧州西北八十里。名勝志：山畔有洞，深廣數十丈，居民間聞洞中有銅鼓聲，世傳諸葛武侯駐兵之所。夷人每祭祀，用烏牛白馬則歲稔。

筆山。在清鎮縣東。峯巒尖聳如筆。

獅子山。在清鎮縣東。奇峭不羣，上有佛閣。滇行記：居人言近有何福者，威清人，偶遊陰崖，逢二老圍棋，一老者分半桃食福，福歸家，絕烟火，處分家事，隨上山養真三十年，忽尸解去，遂名此山爲何福山。

銅鼓山。在清鎮縣西四十五里。相傳漢諸葛亮南征，獲銅鼓於此。山半有洞，每陰雨，聞洞中有聲。

蜜蜂山。在清鎮縣西北五里。黔記：頂有洞，每晨嵐霧如烟。

羊耳山。在清鎮縣北。明天啓初，張彦方敗水西賊於此。

團山。在安平縣治南。山不甚高大而形圓。

觀音山。在安平縣治西南。絕頂有洞，夏月亦凉。

金鼇山。在安平縣東三里。諸峯奔赴，如浪湧波翻，惟此山高插雲表，儼若金鼇特踦。

高峯山。在安平縣東二十里。通志：僧自然有道行，卓錫茲山，愛其峯高雲秀、樹密泉香，棲息於此，手植柏樹數千。

馬頭山。在安平縣東南二十五里。羣山連絡，高聳凌雲。又縣西一里有天馬山。

圓帽山。在安平縣南一里。又南一里有筆山，八里有蹲獅山。

龍鳳山。在安平縣南五里。通志：迴峯四合，秀水雙灣，白雲丹嶠，崢嶸日表。昔僧自然遊此，拂一袈裟於地爲禪定所，至今遊士憩息。

鹿角山。在安平縣南一十五里。明統志：石峯聳立，形如鹿角。
天台山。在安平縣南二十里。石壁陡峻，一線石磴盤旋而上，山頂有殿。
東坡山。在鎮寧州東三里。高三十里，亘十餘里，州之鎮山。與山連麓者有筆架山。
青龍山。在鎮寧州南。下有嘉樂池，對峙曰白虎山。
玉京山。在鎮寧州南。黔記：在州東。
𪚥山。在鎮寧州西南五里。以形似名。
白崖山。在鎮寧州西三里。山勢起伏，自水西至普定歡喜嶺、老虎關諸處，連亘百里，至此而止。
慈母山。在鎮寧州西三里。名勝志：俗名背兒崖，形如母負子狀。
螺山。在鎮寧州西五里。通志：下有大河，每風雨交作，則毒蛇猛獸並出，山上建閣鎮之。
環翠山。在鎮寧州北。明統志：在安莊衛北。林木四時蒼翠。
猫兒山。在鎮寧州北廢十二營司西北三里。明統志：以形似名。
歡喜嶺。在府城北二里。名勝志：洪武中，蠻賊攻城，指揮顧成追殺，大勝於此，故名。
象鼻嶺。在永寧州西廢慕役司西北四十里。路出滇、黔，必經其上，險峻難登。
寒坡嶺。在清鎮縣東七里。
香鑪嶺。在清鎮縣西。山峯陡峻，形如古鼎，因名。又名玉冠山。
關索嶺。在鎮寧州西三十里。本朝康熙中，於嶺上建御書樓，恭勒聖祖仁皇帝御書「黔南鎖鑰」四大字。明統志：在頂營司東。勢極高峻，周迴百餘里，上有關索廟，滇、黔通道也。洪武十五年，吴復等克關索嶺，又取其旁土砦數十。滇程記：雞公背山與關索嶺相對，兩山之趾，界以溪澗。嶺凡四十三盤至巔，有香樹坡、小箐口坡、白口東坡、安籠箐坡、胡椒凹、象鼻嶺，左右皆崖箐萬仞，中僅有道如梁，行者慄且汗矣。餘詳本卷關索廟注。

石笏峯。在府城東。郡中諸山，惟此最高。

摶翠峯。在府城東北五里。

聳翠峯。在清鎮縣北。通志：相傳明建文帝行遯時，曾寄宿於此。

袈裟巖。在安平縣南五里。峭壁千仞，如展袈裟。其相接者又有包玉巖。

白石崖。在府城西北西堡司西南五十里。名勝志：巖高頂夷，有泉四時不竭。一逕攀援而上。名山勝概記：層巖削壁，幽藤飛瀑，夏月過此，清寒逼人，真物外佳境也。

藏甲崖。在安平縣東五里。通志：一名金銀山。崇山峻嶺，石壁嶙峋，一户雙扃，限閾儼然。相傳昔人藏甲於此，下有基壘。

紅土坡。在府城西南三里。名勝志：土色如珠。又十里有黑土坡，土色如墨。

黄土坡。在永寧州西北一百六十里。州志：在州西南十里。滇程記：自頂站西南行十里，爲黄土鋪，乃上黄土坡，嶺道險巇。

打罕坡。在永寧州北十里。舊名達安坡。行道必經，凡十里，崎嶇險峻。

火烘坡。在鎮寧州北。黔記：舊名和宏坡。山石高峻，其氣燥煖，雖隆冬登之，亦汗出浹背。通志：鎮寧所轄之火烘落架，素苦瘴，用火驚之即解散。旅途志：火烘去永寧州之打罕坡一百里，舊鎮寧州治此，今泗城、鎮寧分屬焉。自火烘歷高補籠砦，有砦夷爲盜，行者必以火烘兵衛導。

九十九隴。在鎮寧州北百餘里。通志：周圍百餘里，兩水界其左右。外開重闢七八所，内藏九十九隴，大小不等，彎環如帶，分門别户，道通一線。中平衍可耕，四面奇峯插漢，最高者曰高峯山，俗傳羅鬼弄兵於此，至今營壘遺址尚存。

飛來石。在府城東二十里。通志：石形如佛者九，其一在城東十里。

硯臺石。在府學右。通志：平坦方正，周二十餘丈。

穿空石。在安平縣東三里。通志：山若畫屏〔四〕，中有一孔，直穿山背，晶光四射。

驚蟄魚石。在安平縣南十里。通志：普濟橋百步，石齒齒環列，每年驚蟄前後數日，有魚排隊蓁聚石邊，因名。

清涼洞。在府城東二十里。一名糧倉洞。天開一竅，前後通明，上下坎窞。相傳蜀漢時孟獲曾屯糧於此。

水雲洞。在府城南十里。遊名山記：洞高十餘丈，中平曠，可容千餘人，旁有潭水下注。西有一大竅，日光穿射，備紅、黄、白、黑諸色。西南隅一石直立，若觀音。東北有石蓮花，形色種種。西北特出一石柱，龍鱗櫛比，人稱爲石龍，蓋石髓淋漓，積久所致。

楚由洞。在府城西北西堡司東南五十里。名勝志：山高數仞，洞在山畔，深廣百里。又十里有播老鴉洞，洞深不可測，而山勢益險峻。

龍潭洞。在府城東北五里，搏翠峯之麓。危峯雄峙，洞廣潭深，禱雨輒應。去洞十餘丈有天生橋。

聚仙洞。在永寧州南五里。洞門逼窄，傴僂以入。右渡一小橋，漸高敞，頂有竅，光明下注，中有石牀、石鐘。

留節洞。在永寧州西北十餘里。通志：石乳凝結，狀若盤龍，上有字如蝌蚪。中有石塔，左右曲房天然，不假椎鑿。昔有節婦避難其中，遇賊不屈死，因名。

曹本洞。在清鎮縣南一里。明敞如堂，以石擊之，鏘然有聲。

雲龍洞。在清鎮縣西南十里。舊名涼繖洞，又名華蓋洞。名勝志：洞口扁窄，内漸寬廣。通志：其中寬衍，可容數十人。其上則氤氳之氣，望之如雲，變幻萬狀。其相對者曰扁洞。

天柱洞。在清鎮縣廢鎮西衛北三十里。通志：懸崖千仞，一逕盤旋。洞極宏敞，中有一大石柱，孤撑洞頂。後有河水，聲吼如雷。土人嘗避兵於此。

洛陽洞。在安平縣東十五里洛陽河側。名勝志：四時有魚躍出，漁者張網其上，因而有税。其後税免，亦不得魚。

南仙洞。在安平縣東南十五里。黔記：舊名南蛇洞，後改今名。名勝志：石壁高數十丈。入洞二十餘武，地勢寬平。折而西，深潭隱隱，若神氣逼人，不可正視。歴磴而上，石竇開明，垂照如室。

黑洞。在鎮寧州東一里。洞深黑，中有石乳。

擺山洞。在鎮寧州東廢康佐司東七里。廣七丈，深不可測。旁有擺山砦，因名。又東南五里有仙人洞。

白馬洞。在鎮寧州南三里。洞内有白石如馬。

雙明洞。在鎮寧州西五里。又名紫雲洞，俗名觀音洞。軒敞高朗，東西相通如城闕。中有流水，有橋可渡。明時，車馬大道經其中，後因苗賊伏劫，乃改路於洞後里許，非探奇者莫至。明徐樾記：「兩山夾道，下有寒泉，注爲澄潭。白石壁立，潭流穿石，折而西迴，磷磷有聲。崖間石筍數尺，狀類佛座，其旁如侍童環立者數人。」

巢雲洞。在鎮寧州北二十里。通志：石臺寬廣，可布數席。水遶其下，寒氣襲人。

盤江。在永寧州東四十里。明統志：源自西堡諸溪，流經皮古、毛口諸屯，合規模小溪水，至下馬坡，轉南入巖穴，或見或隱，下通烏泥江。名勝志：盤江源出烏撒，經曲靖西，由七星關下入安南境北，轉而東南，至慕役司烏泥江，通廣西，入南海。三國志諸葛亮南征至盤江，即此。夏秋暴雨，水氣紅緑色爲瘴。過渡處，兩山陡夾，水勢洶湧，行人憚之。黔記：有盤江渡，在頂營司西。旅途志：盤江下流至打罕，舟船始通，然迄無行者。通志：盤江舊以舟渡，多覆溺。明崇禎初，參政朱家民擬建橋，水深不可架石，乃鍊鐵爲絙，懸兩崖間，覆以板。復於橋東西建堞樓以司啓閉。岸旁琳宫梵宇，金碧交輝。明末燬。今重建木橋。滇程記：自黄土坡陟頂下坡，凡二十里而至盤江。江廣三十餘丈，水深無底。

烏泥江。在鎮寧州南一百里。通志：源出山箐中，匯諸溪澗之水，其流始盛。東南流經廣順州金筑安撫司界，又東北入定番州界。流急水渾，故曰烏泥，即都泥江也。又東南流入廣西慶遠府南丹州界，爲右江。

碧波橋河。在府城東二里。又府西十里有安谷橋河。

九溪河。在府城東南四十里。明統志：溪流九曲，故名。名山勝概記：九曲河，緑陰夾岸，每歲上巳，士人浴於此。河旁有九溪洞，亦曰九溪壩。其水流入清鎮縣境，爲滴澄河上源。

郎公河。在永寧州西廢慕役司東南三十里。湍流急疾，不能爲橋，設舟以濟。

者馬河。在永寧州西北六十里，即者卜河之訛也。自安南縣流入境，下流注於盤江。

谷隴河。在府城西北西堡司治前。西北流五十里，下流合於烏江。

滴澄河。在清鎮縣西八里。一作的澄，即修文縣陸廣河之上源也。名勝志：源出普定九溪壩，流經衛城入洞，伏流十里，至青山復出。黔記：城西又有小的澄河。

鴨池河。在清鎮縣西北一百里。府志：與水西爲界。明天啓初，王三善解會城之圍，乘勝而前，一軍屯陸廣，向大方，一軍屯鴨池，向安邦彦巢穴。賊糾其黨攻陷陸廣，乘勝赴鴨池，王師退屯威清。既而官軍復振，賊塹鴨池以自守，即此。

三岔河。在清鎮縣西北。黔記：習安三岔河以下，地勢劃然而開，萬仞壁立，一水怒流，昔人所詠「谷暗天如線，崖高月不明」也。山絶巔，往往掘地得拳石如卵。水漸行而爲陸廣，爲烏江，縈紆逶折入蜀，合岷水而爲長江，則亦江之源也。

洛陽河。在安平縣東十五里。其水東北流入鴨池河。通志：溪流中有兩穴，方圓十數丈，欄楯若井甃然。魚從楯躍出，土人設梁楯外，伺取爲利。

車頭河。在安平縣南十里。水勢百折，漁舟往來其中。其下流爲洛陽河。

麻延河。在安平縣南二十里。其水東北流入鴨池河。

庚鄧河。在安平縣西南二十五里。黔記：此水一流三名，右名思蜡河，左名舊哨河。河西屬水西，河東屬鎮寧。

白水河。在鎮寧州南三十里。流入永寧州西廢慕役司西北三十里驛道側，入盤江。名山記：懸崖飛瀑，直下數十仞爲河，湍激若雷，平旦雲霧塞其下。通志：飛瀑轟雷，下注緑潭，相傳水犀潛其中。瀑内有水簾洞，甚深杳，土人多入此避兵。滇程記：對飛泉高岫上，舊有望水亭，今燬。鎮寧、永寧二州界壤相錯處。

楊吉河。在鎮寧州西南十五里，下流注於白水河。

公具河。在鎮寧州北廢十二營司東北四十里。旁有公具砦，因名。灌溉田畝，軍民利之。

阿破河。在鎮寧州北廢十二營司東北五十里。旁有阿破砦，因名。

山京海。在府城北五十里。通志：諸水所匯，周圍二十里許。中一山，其上殿閣頗勝。

乾海子。在府城西南廢安谷司東南四十里。水泛成湖，波面甚闊。名勝志：水泛時，與雲南旱海相反，或其地脈迭爲盈縮云。

大壩洪。在清鎮縣西北一百五十里，入水西境内。明天啓初，別將張彦方敗賊，深入大壩洪岡島，即此。

文筆水。在安平縣東學宮前。通志：水迤邐數里，自巽轉兑，逆折迴旋，一澄如鑑。術者云此邑文盛，係玆水之靈。

東溪。在安平縣東。明統志：源出東北石洞中，有灌溉之利。通志：東溪平疇十里，縈繞學宮之前，即車頭河之上源。

賀家溪。在鎮寧州東。府志：源出石岡，流貫城中。每歲冬涸，春三月，忽如潮驟至，俄頃即退者三，以卜歲豐。

石溪。在鎮寧州南四十里，流入廢慕役司界，注於白水河。

龍潭。在鎮寧州北廢十二營司北。水色深黑，禱雨多應。

荻蘆池。在鎮寧州北六十里。周圍八里，中有小島，建華表於上。又州北有宴樂池。

龍泉。在府城東五里。大旱不竭。其右有啞泉，左有禁碑。又關索嶺亦有啞泉。

聖泉。在府城南五里。自山麓流出，消長不一，置石塔水中以驗之。

永濟泉。在府城西北二里。黔記：水湧成溪，洪深清冽，周環城中。有砥二十，曰永濟砥。兵備王憲創起東西水關，以次而南，每砥命之以字，曰：「雲雨龍行處，文章風動時。混涵九里潤，靈秀萬年期。」

雙眼泉。在府城東北。左紅右白，甘鹹亦異。

龍洞泉。在安平縣南十五里龍洞堡側。黔記：其水消長如潮汐，灌田四十餘里。

百刻泉。在安平縣西五里。一名靈泉，亦名聖泉。名勝志：自西郭沿溪流，躡石磴，可五里許。疊嶂中，一泉自石罅迸出，匯爲方池。每日潮汐無停，置石鼓其內，潮溢咫餘，下至鼓半而止，晝夜凡百次，因名。

珍珠泉。在安平縣西南十里沙作鋪前。名勝志：鼓吹喧鬧則水珠噴湧，因名之曰喜客泉。通志：又名噴珠泉。下流入車頭河。

馬跑泉。在鎮寧州南。俗傳馬跑泉出，因名。

石泉。在鎮寧州西三里，源出石竇中。又豐泉在白崖山下，俱溉田。

清泉。在鎮寧州西白崖山左。其下流爲浦泉，合於城西五里之碧溪，入白水河。中産異蝌，或赤或紫，色極鮮妍。

既濟泉。在鎮寧州東北。名勝志：其地極熱，此水獨涼。

馬場井。在府城東二里。灌田甚多。

槍鑿井。在府城西十里。相傳諸葛亮駐兵於此，以槍鑿之，其泉湧出，因名。

侯家井。在府城西北隅。石隙泉出，味清甘，遇旱不竭。一名侯家泉。

臙脂井。在府城北。自石隙出，汲水炊飯，色如臙脂。

湧泉井。在清鎮縣南門外。

龍井。有二：一在安平縣東南十里。水極清甘，上常有烟霧。歲旱，屠狗厭之，風雨隨至。一在鎮寧州北十里。石壁上有古鐫字。

常兆井。在鎮寧州學前。

起龍井。在鎮寧州西萬安橋下。相傳雷雨交作，龍躍成井。

黄井。在鎮寧州北。郡人取水以造紙，甚潔白。

古蹟

安順故城。在府城東南。明洪武十五年建州治，地名八十一呰。正統中，土通判阿窩復於普定衛城西南建屋，與流官居。黔記：安順舊州，在今府東南。正統三年改流官。名勝志：明初設安順州，萬曆三十年改今府治普定衛城。

永寧故城。在永寧州北十里，元建。黔記：永寧州，本烏蠻儂人犵狫所居，元置州。初爲達安，夷名打罕。至正間，爲廣西泗城州所并。明洪武十四年，普定府土酋同知安瓚不恭，命傅友德討之，呰長葉桂新款附，仍置於此。通志：明宣德間，改建於關索嶺所，俗仍謂之打罕州。成化三年，打罕州土同知韋阿禮作亂，討平之。萬曆四年，又改建於安南衛。天啓中，移今治。

普定故城。在鎮寧州廢十二營司東南二十里。明洪武中建，尋遷今治。黔記：普定故城在鎮寧州東南，故址尚存。洪武十四年，大軍克平普定，暫立以爲守禦。尋置普定府，築城於今城東四十里。十五年，將軍傅友德遷今治〔五〕。

鎮寧故城。在鎮寧州北。地名羅黎呰，即火烘。明洪武十六年建。黔記：元於羅黎呰置和宏州，尋改鎮寧州〔六〕。洪武中，仍置州於此。後遷治於衛城，故城廢。

查城。即今永寧州治。州志：明洪武中，置查城站及查城驛，在安莊衛南八十里許。黔記：在安莊衛東南六十里。舊志：州舊與安南衛同城，明天啓時，移駐頂站，名查城，即今治。

習安廢州。在普定縣西。元置州於此，隸普定府。明初廢。

普定廢衛。即今普定縣治。名勝志：洪武十四年，復置普定府，屬四川，尋增置普定衛，徙今城。十八年，府廢衛存。本朝康熙十一年，改普定衛爲普定縣。

威清廢衛。即今清鎮縣治。明統志：本貴州宣慰司地。洪武二十一年，置威清站，屬貴州衛，後置衛於此。本朝置縣，以威清衛爲縣治。

平壩廢衛。即今安平縣治。名勝志：洪武二十三年，始置平壩衛，屬貴州都司，在省城西九十里。本朝康熙二十六年，改平壩衛爲安平縣。

安莊廢衛。即今鎮寧州治。黔記：本永寧、鎮寧二州地。洪武十四年，置納吉堡。二十二年，改爲衛。嘉靖十二年，遷置鎮寧州，與衛同城。本朝康熙十一年，併入州治。

鎮西廢衛。在清鎮縣西北。通志：在安順府東北一百里。明初爲水西地。崇禎三年，總督朱燮元題請建衛。有城，周四里有奇。本朝康熙二十六年，併入清鎮縣。

定南廢所。在府城北四十里。舊名鐵王旗，地當水西要衝。明崇禎三年，設守禦所，建城，周七里有奇。本朝康熙二十六年，省入普定縣。

柔遠廢所。在府城北一百里。通志：明初爲水西地。崇禎三年，設守禦所，建城，周三里有奇。本朝康熙二十六年，省入安平縣。

赫聲廢所。在府城東北一百十里。通志：亦水西地。明崇禎三年設所，有城，周三里有奇。本朝康熙二十六年，省入清鎮縣。

威武廢所。在府城東北一百二十里。通志：明初爲水西地。崇禎三年，設守禦所，有城，周四里有奇。本朝康熙二十六年，省入清鎮縣。

寧谷廢司〔七〕。在府城西南三十里。通志：洪武十九年，置長官司，領二十九砦。本朝康熙五十四年裁。

慕役廢司。在永寧州西一百七十里。元爲砦。明洪武十九年，置長官司，領四砦。本朝乾隆年間裁。

康佐廢司。在鎮寧州東四十里。元爲砦。明洪武十九年，置副長官司，隸普定府，尋隸普定衛。正統二年，改屬鎮寧州。本朝乾隆年間裁。

十二營廢司。在鎮寧州北三十里。明統志：元爲十二營砦。洪武十九年，置長官司，領三十九砦。本朝康熙二十三年裁。

關索嶺廢所。在鎮寧州南五十里。明統志：在安莊衛城南五十里。洪武二十一年，置關索、雞背二堡，尋併雞背入關索堡。二十五年，置爲所。通志：在安順府西一百里，居萬山之頂，北至平遠州界十五里。本朝康熙二十二年廢。

諸葛營。有三：一在府城西十里，一在永寧州紅崖山，一在盤江，皆蜀漢諸葛亮駐兵處。

征西營。在府城北五里。明大將軍傅友德征西，立營於此。

觀星臺。在府城北。坡形如臺，相傳諸葛亮於此觀星象。

飛雲閣。在鎮寧州西螺山上。

朝陽樓。在鎮寧州東。

瞻雲樓。在鎮寧州南。明洪武二十二年建。又城南有紫霄樓。

永清樓。在鎮寧州西。

玩略堂。在清鎮縣治。名勝志：指揮劉世爵祖宅有玩略堂。

柳色亭。在府城西關。

觀風亭。在府城西。

清漣亭。在永寧州分司前。

望水亭。在永寧州東六十八里，即永寧、鎮遠交界處。

川上亭。在永寧州西白水河上。

水心亭。在清鎮縣西二里。河中有積石，建亭於上。

仰止亭。在鎮寧州西馬跑泉上〔八〕。

列峯亭。在鎮寧州北列峯寺内。

關隘

羅仙關。在府城東十里。又東三十里有楊家關。

半天關。在府城南五里。

牛蹄關。在府城西五里。又西十五里有大屯關。又西三十里有老虎關，與鎮寧州接界。

舊坡石關。在府城西北舊坡山上，爲境内險隘處。

滴澄關。在清鎮縣西八里，臨滴澄河，因名。路出滇南，明永樂中設巡檢司，後廢。

滴水關。在安平縣南三十里。

羊場塘巡司。在府城西北八十五里。本朝乾隆二十年設。

慕役巡司。在永寧州西一百七十里。本朝嘉慶三年設。

壩陽營。在府城南七十五里。黔記：舊有駐防。通志：本朝以守備移駐平壩，猶稱壩陽守備，而以督標兵分防山京、壩陽諸處。

普定砦。在府城西。明洪武十年，安陸侯吳復以楊文擊破普定阿買砦。二十四年，傅友德以藍玉、沐英由辰、沅趨貴州，攻普定，擒土酋安瓚，羅鬼、苗蠻、犵狫聞風皆降。

三岔砦。在府城西北，與水西接境。黔記：府境北門，自歡喜嶺岔路八里至青岡林，十里有翦營砦，二十里至五岔口，係水西境，岔路多，故名。崇禎初，總督朱燮元討水西，分兵一出三岔。通志：今定南所北有三岔渡。

阿驢砦。在府城西北西堡司境，蠻砦也。明洪武十五年，吳復擊破西堡賊，拔阿驢等砦。二十六年，顧成平西堡賊，拔阿得等砦，砦蓋與阿驢相近。

谷筝砦。在安平縣西十五里。

阿咱砦。在鎮寧州南。明洪武十五年，吳復等攻關索嶺，別將顧成克阿咱等山砦。既而蠻攻安莊，成復擊破之，進擊阿咱砦及團鹿角、當硬諸砦，追破慕役諸蠻賊是也。

抄紙堡。在清鎮縣西北十五里，路通水西。

高堡。在安平縣東五里。其處小路錯雜，係水西、金筑及廢安順土州同之地。

白水堡。在鎮寧州南二十五里。堡東爲安莊站。又北口堡，在州北五十五里。南口堡，在州南八十里，堡東爲查城站。

水橋屯。在府城東三十五里，接安平縣界。

普利驛。在府城南。上通鎮寧，下達平壩。又府城南舊有盤江、江西坡二驛，本朝雍正六年裁。

郎岱驛。在郎岱廳城内。本朝雍正九年設，上通安南，下達坡貢。

坡貢驛。在永寧州北四十里。上通郎岱廳，下達安莊。州北舊有查城驛，雍正六年裁，改置於此。

威清驛。在清鎮縣南。上通安平，下達省城，爲往來要道。

平壩驛。在安平縣東南。本朝康熙二十六年置，上通普定，下達清鎮。

安莊驛。在鎮寧州城東門内。明洪武間，置驛於城南二十五里白水堡，後移置於此。上通永寧，下達普定。又州南舊有關嶺驛，明萬曆中置，本朝雍正六年裁。

普定鋪。在府治。又有羅德鋪、阿若鋪、楊家橋鋪、馬場鋪、龍井鋪，舊皆戍守處。

新鋪。在永寧州境。又有黄土鋪、頂站鋪、安籠鋪、北口鋪，舊皆戍守處。

倒樹鋪。在清鎮縣境。又有六砦鋪、滴澄鋪、阿冬鋪、鎮夷鋪，舊皆戍守處。

界首鋪。在安平縣境。又有沙作鋪、龍窩鋪、飯隴鋪，舊皆戍守處。

納吉鋪。在鎮寧州境。又有阿橋鋪、白水鋪、雞背鋪、關嶺鋪，舊皆戍守處。

楊家橋哨。在府境。又有石關口哨、集翠崖哨、楊花關哨、山京哨、白石巖哨、大小哨、濛沮哨，舊皆設兵防禦。

梅子哨。在永寧州境。又有白口哨、小箐哨、查城後哨、慕役哨、馬跑哨、黄土坡哨，舊皆設兵防禦。

長定哨。在清鎮縣境。又有黑泥哨、平橋哨、乾塘哨、碗口哨、六砦哨，舊皆設兵防禦。

鍾彝哨。在安平縣境。又有龍灣哨、哱囉哨、高坡哨，舊皆設兵防禦。

後山哨。在鎮寧州境。又有阿里坡哨、萬安橋哨、大山哨、白馬哨、象鼻哨，舊皆設兵防禦。

津梁

通靈橋。在府城東。

清水橋。在府城東二十里。又城東二十五里有穿心堡橋。

南津橋。在府城南十五里。

安谷橋。在府城西南廢安谷司東。黔記：在舊安順州西十里。

西津橋。在府城西。

索橋。在府城西北西堡司谷隴河上。通志：河廣水急，土人繫藤爲橋。

通津橋。在府城北。又有小河橋，亦在城北。

天生橋。在府城東北龍潭洞前。府志：石壁千仞，環繞如城，水經其下，驚濤急流，乃天設之險也。名山記：一石跨潭，溪廣二丈許，長二十餘丈。

雙溪橋。在府城東北。

局門橋。在府城東北。明宣德中建。

南雲橋。在永寧州南頂營司西三十里。
白虹橋。在永寧州西廢慕役司西北白水河上。明洪武中建。
盤江橋。在永寧州西三十里。通志：舊爲滇、黔孔道，波濤洶湧，不能舟渡。明崇禎間建橋。詳前盤江注。
者馬橋。在永寧州西北，跨者馬河。
平橋。在清鎮縣東一里。平橋遠望爲勝景之一。
雞場橋。在清鎮縣西南八里。又西南十里有新橋。
滴澄橋。在清鎮縣西，跨滴澄河上。
北門橋。在清鎮縣北。
青雲橋。在安平縣東門外，原名東溪，新遷學宫對之，易今名。
三元橋。在安平縣東學宫前。頂有圓石，因名。又紗帽橋在學隄水口，以形似名。
通南橋。在安平縣南三里。
大水橋。在安平縣北一里，校武場左。
館驛橋。在安平縣沙作站關下。
凌雲橋。在鎮寧州學前。
萬安橋。在鎮寧州南。又南八里有周殷橋。
通雲橋。在鎮寧州南二十五里，關索嶺下。又有仰橋，亦在嶺下。

錫慶橋。在鎮寧州西。

索渡橋。在鎮寧州北廢十二營司阿破河。名勝志：以索爲橋而渡，故名。

鴨池河渡。在清鎮縣東北，通黔西要道也。

隄堰

汲波塘。在清鎮縣西南。塘壅澗泉，日凡三溢則濁，踰時乃清，溉田甚廣。

上壩。在安平縣東南。以瀦東溪之水。

下壩。在安平縣西南。

陵墓

明

顧成墓。在府城東四十里九溪壩左。

趙侃墓。在府城南岐山之左。

婁九德墓。在府城西。

楊遵墓。在清鎮縣威清站後。

祠廟

焦公祠。在府城南。明嘉靖三十六年，爲兵備道焦希程建。

阮道祠。在府城南門内。明萬曆二十四年，爲御史薛繼茂、兵備道余一龍、易以巽建。

朱公祠。在鎮寧州南，祀明總督朱燮元。

關索廟。在鎮寧州關索嶺上。明胡寶廟記：將軍，漢前將軍某之子。建興初，隸丞相亮南征，恩信孚兹土，世祀之。洪武初建祠。按：漢關忠義有二子，曰平，曰興。平及臨沮之難，興爲漢侍中，有父風，丞相亮愛之，征討必從，傳志可考。無名索者。豈帥音與方伯連率之率通，當時呼「關帥」訛爲「索」耶？或曰：蠻人呼索爲父。或曰：是嶺以關鎖黔、滇故名。存以備考。

寺觀

石佛寺。在府城東。又有法海寺，亦在城東。

圓通寺。在府城南。

永豐寺。在府城南。

大安寺。在府城西。

壽佛寺。在永寧州城東。

崇林寺。在清鎮縣治。通志作叢林寺。

永福寺。在安平縣南觀音山下。

觀音寺。在鎮寧州南白水堡。

列峯寺。在鎮寧州北。

金鳴寺。在鎮寧州北廢十二營司境。

崇真觀。在府治。

水星觀。在府城北。明萬曆元年建，以禦火災。

元真觀。在清鎮縣治。又安平縣西亦有元真觀。

三清觀。在安平縣西。

高真觀。在鎮寧州東。

紫霄觀。在鎮寧州南。

觀音閣。在永寧州城南。

三清閣。在清鎮縣東。

潮遠菴。在永寧州東六十八里望水亭側。

紫雲菴。在鎮寧州西雙明洞側。

曉峯菴。在鎮寧州北二十五里。

名宦

元

趙將士。普定總管府通判。立學安邊，政平訟理，夷人畏威懷德，立碑頌之。

金容刀。沙漠人。以將軍守普定。明傅友德克城，容刀死之。

明

顧勇。江都人，鎮遠侯成之子。饒智勇。永樂中，任都指揮僉事，守普定，兵民畏服。尋征麓川，戰死。

耿福緣。洪熙中，爲安平縣丞，以冗員當汰者再，皆爲民所留。最後又當汰，民相率言福緣守法奉公，視民如子，賦役均，盜賊息。適縣令有疾求去，乞即用福緣以活百姓。朝命嘉歎，即擢爲安平知縣。

李騰芳。湘潭人。宣德中，知安順州。愛人下士，政治修舉。蠻民素桀驁不供賦，騰芳化之，乃就約束如編氓。

劉肇。萊陽人。景泰中，知安順州。惠愛端謹，秩滿，部民攀送盈道。

何卿。成都人。嘉靖初，以參將鎮守永寧。芒部蠻叛，卿征之，屢戰皆捷。在鎮禮賢敬老，以寬惠見稱。

丘述堯。天啓初，爲威清衛指揮。安邦彦圍城，述堯與平壩衛指揮金紹勳召兵拒賊，爲賊所襲，父子皆死。

徐朝綱。晉寧人。天啓初，除安順推官。安邦彦陷城，脅降不屈，駡賊死。一門死者十六人。贈光禄卿，立祠祀之。

王明重。天啓初，爲普定衛指揮。聞安順陷，慟哭自縊死。

段伯炌。普寧人。天啓中，爲鎮寧知州。以力拒安邦彦功，超擢僉事，分巡鎮寧。邦彦寇普定，偕胡從儀擊破之。尋勦把蠟、茥苗賊，破其巢。外攘寇盗，内撫軍民，大著聲績。遷秩將去，軍民奔走乞留，命加右參議，視事如故。

孫森。揭陽人。崇禎中，知安順府。修城建學，分田定賦，俱有經畫。廉介不阿，爲時所稱。

人物

元

容苴。大德中，普定土知府。時蛇節、宋隆濟等作亂，容苴率衆禦之，與其妻適姑宣力戎行，遂改府爲路。

明

阿窩。安順人。洪武初，率衆歸附，授土通判。安集人民，一時稱能。

温伯壽。普定人。洪武初，以才幹授西堡副長官。招撫苗蠻，諭以威德，皆納款。

劉翀。威清衛百户，勇略超羣。正統中，從征麓川，冒矢石，出入敵陣，斬獲渠魁。累官指揮僉事。

王銘。普定指揮同知。從征麓川，與同郡指揮陳忠俱以戰死。

趙侃。字至剛，普定衛人。天順中進士。爲吏科給事中，屢上疏言事，皆切時弊，帝嘉納之，升通政司右通政。卒於官。

陶英。普定百户。從征廣西麓川、東苗、草塘四十餘處，累加指揮使。成化中，調征山都掌，出哨，遇伏，力戰死，贈都指揮。

汪大章。普定人。弘治中進士。累官參議，有政聲。以事忤劉瑾，告歸。

潘瑞。普定人。正德中，由雲陽令擢工部主政。以忤權貴繫獄，尋釋，遷郎中。歷官雲南參議。嘗推産於諸昆季，人尤多其克讓云。

梅月。普定人。歷官川南道副使。民間有「梅月雙清」之謡。

潘大武。普定人。嘉靖中舉人。知江油縣，片言折獄，多善政。歷曲靖府同知。告歸，以篤行稱。

楊東明。安平人。萬曆中，爲平壩千户。仲賊劫掠沙作站，東明挺身禦敵，賊伏壕外，東明乘勝擊之，戰死。

車輔。安平人。爲新興站百户，勤於職。米魯之亂，輔率兵拒戰，以衆寡不敵，手刃七賊，被箭而死。

婁九德。字虞廷，郡人。萬曆中進士。以工部郎出爲萊州知府，值歲大饑，多方賑救，全活甚衆。遷廣西副使，歷雲南布政，俱以清操聞。

張大猷。普定人。天啓中，安邦彦叛，大猷與同邑牟嘉粢死之。

黄運寧〔九〕。安平人。天啓中貢生。安邦彦圍省城，撫按以蠟書召援，運寧募衆往援，至太子橋，衝突賊營，戰死。贈光禄寺丞。

黄運遠。安平人。天啓中，領兵隨王三善進勦大方，戰死。祀忠烈祠。

譚先哲。安平人。萬曆中舉人。歷官户部郎，解組歸。流寇犯黔，舉家殉難。本朝乾隆四十一年，賜謚烈愍。

蔣勸善。字小范，清鎮人。萬曆中舉人。知孟津縣，清苦自持，民逋賦萬餘金，勸善力請蠲之。遷河間府同知，以忤當道告歸。明末，流寇入黔，被執不屈，遂遇害。本朝乾隆四十一年，賜謚節愍。

石聲和。安平人。天啓中舉人。歷官寧前道參政。平生以忠義自許，流寇入黔，舉家死之。本朝乾隆四十一年，賜謚節愍。

倪勳。普定人。與弟然、烈、羔、熊五人同爨，竭力事母，孝友著聞。

本朝

梅建。普定舉人。康熙間，知山西高平縣。精於吏治，創宗程書院，又立義學，延師教貧人子弟。解組後，高平人建祠祀之。

流寓

明

汪恕。字如心，徽州黟縣人。以兄勝祖征南，留守普定，殁於戍，檄恕補役。年十七，一姊已適人，延至家，以田畝授之，使耕以養母。應役數年告歸，值母喪，結草爲廬，苫塊三年，鹽酪不入口。服衰徒跣，言及親，輒泣如初喪。人呼汪孝子。

列女

明

吴復妻楊氏。鎮寧人。洪武中，復以安陸侯留鎮，聞楊賢，娶之。未幾復卒，楊自縊死。事聞，贈「貞烈淑人」。

陳玘妻葉氏。普定衛人。玘爲百户，以疾卒。葉哀毁盡禮，自刎而死。

薛鳳章妻張氏。郡人。鳳章卒，張年二十，絶食七日，爲其姑故復食。仍翦髮垢面，守節終身。

張耀璧妻洪氏。郡人。天啓中，安邦彦破城，洪與璧訣曰：「君當自爲計，毋以妾與子累君。」遂焚其屋，攜兩子同赴火死。

霍鍾英妻鮑氏。郡人。年十八，爲安邦彦所執，不辱觸石死。

譚先哲妻劉氏。安平人。崇禎末，流寇入城，以刃脅之，駡不絶口，遂遇害。

張御妻易氏。鎮寧人。年十九御死，有欲奪其志者，易持刃誓死得免。撫子經襲祖職。事聞旌表。

張應宸妻吴氏。郡人。年十八夫卒，不食死。

牟某妻李氏。郡人。崇禎末遇難，自刎未殊，從人急救之，以手斷喉而死。士林多哀輓之。

龔居敬聘妻吴氏。郡人。年十四，未嫁而居敬殁，女誓不改適，守節終身。

夏國臣妻王氏。郡人。夫亡守節，國臣弟國猷早卒，其妻吴氏亦誓不改適。妯娌孀居，貞操並厲，鄉黨稱爲雙節，建有冰清玉潔坊。同郡汪大寬妻蕭氏、詹淇妻康氏、馬龍妻程氏、葉立妻蔣氏、詹斗妻張氏、宋名臣妻丁氏、牟嘉禾妻邵氏、梅紀妻熊氏、朱訓妻殷氏、何寶妻雷氏、孫某妻楊氏，俱夫死守志，以節孝稱。

倪鸞妻黄氏。普定衛人。鸞爲本衛指揮卒，氏守志撫孤，年七十餘。與同衛馬彪妻景氏、時仁妻顧氏，並以節旌。

本朝

羅廷勝妻馬氏。郡人。年二十六夫卒，其父與翁屢勸改適，不從。越數年，父遂私爲許聘，已有成議，氏聞之，至夫墓所哭竟日，歸家自縊。

全洪圖聘妻袁氏。郡人。名淑秀，幼工書史。未嫁而洪圖卒，女時年十六，聞之，書絶命詞一首，閉户自縊。

牟應綬妻韓氏。郡人。應綬卒於粤東，氏扶櫬歸里，毁容斷髮，守志終身。

梅運昌妻李氏。郡人。運昌令江津，遇寇被難。氏年二十五，之夫任，中途聞變，抱孤匿山中，淬利刃以防不測。事定，抵家守節，訓子登賢書，年六十餘卒。康熙三十一年旌。同郡劉始和妻徐氏、羅偉妻杜氏，均康熙年間旌。

孫成禄妻程氏。普定人。夫殁守節。康熙五十七年旌。同縣崔國正妻潘氏，雍正四年旌。

潘奎妻吴氏。清鎮人。夫卒，撫孤以守，未幾殤。氏曰：「吾所以不即死者，以有此孤耳。今復何望？」遂自縊。

趙君彩妻召氏。郡人。夫殁守節，乾隆四年旌。同郡郭承昱妻程氏、張應奎妻馬氏、梅毓庚妻陳氏、孫洪基妻顧氏、徐士傑妻舒氏、楊芳妻胡氏，均乾隆年間旌。　按：舊志同府節婦楊國柱妻朱氏、方世良妻劉氏、李茂春妻聶氏、李飛龍妻伍氏、閻士洪妻陳氏、朱朝倫妻黄氏、張起鳳妻吴氏、石文俊妻汪氏、嚴恂妻潘氏、陳祚隆妻王氏、楊玉林妻周氏、曹爾珠妻古氏、張濬妻程氏、杜士宏妻劉氏、王官妻周氏、楊守義妻李氏、孔思道妻傅氏、邱南光妻陳氏、宋廷瓌妻張氏、李復妻胡氏、胡琮妻徐氏，烈婦薛紀妻陳氏、曹邦杰妻張氏、苗人妻阿久，均乾隆年間旌。俱未詳其州縣本籍，謹附記。

陳純妻張氏。普定人。夫殁守節。乾隆十一年旌。同縣王統妻孟氏、李浚妻胡氏、李國臣妻吴氏、鄧忠妻管氏、梅庭桂妻齊氏、張璠妻蕭氏、程興安妻宋氏、婁焕文妻楊氏，貞女周文儁聘妻吴氏，烈女邵真聘妻陳氏，均乾隆年間旌。

張恪妻章氏。清鎮人。夫殁守節，乾隆四年旌。同縣周永盛妻饒氏、顔文選妻王氏、李毓敏妻楊氏、熊元璧妻龍氏、焦毓棡妻任氏、譚法妻冷氏，均乾隆年間旌。

譚鏞妻張氏。安平人。夫殁守節。其子嵩基尋殁，媳張氏復矢志撫孤。一門雙節，乾隆五十一年同旌。同縣王經邦妻梅氏、王枚妻譚氏，亦姑媳守節，五十六年同旌。又黄世相妻王氏、李大道妻何氏、陳昭升妻鄒氏，均乾隆年間旌。

羅大標妻方氏。郡人。夫殁守節，嘉慶二年旌。同郡曾思賢妻郭氏、張玠妻雷氏、方柱妻佘氏、朱淮泗妻劉氏，烈女陳引娣，郎岱廳節婦張紹宗妻舒氏、王永珮妻陳氏、鄧貴賢妻王氏，均嘉慶年間旌。

蕭興漢妻劉氏。普定人。夫殁守節，嘉慶二年旌。

劉鰲妻皮氏。清鎮人。夫殁守節，嘉慶五年旌。同縣蔡士儀妻徐氏，十一年旌。

楊志聰妻孫氏。安平人。夫殁守節，嘉慶十年旌。同縣馬登龍妻蕭氏，二十四年旌。

宋流芳妻黄氏。鎮寧人。夫殁守節，撫子調梅成立，嘉慶元年旌。調梅卒，妻張氏復矢志撫孤，姑媳雙節，時論美之。八年旌。同州楊志仁妻曹氏、梅毓潤妻黄氏、吕再尚妻汪氏，均嘉慶年間旌。

仙釋

明

曾志堅。湖廣人。天順中，戍平壩衛。能刻期禱雨，除木石妖幻，無不驗者。

塔僧。隱其名。永樂中，住白水堡觀音寺，用甎壘塔於寺後，坐其中，與千户丁昱等約曰：「吾入塔，以甎灰固塔門。明年今日，聞塔内有聲，始啓之。」至期啓門，僧危坐自如，容貌愉懌，衆咸異之。後不知所往。

土產

葛。府境所在皆有。根可漉粉，花可解酲，有甘苦二味。

皮𦶜。通志：最柔韌耐久。

菖蒲。産府境水澤中。

威靈仙。通志：出永寧州。

沙參。通志：府屬俱有。其苗可食，三月採。

紫石英。大小不一，皆六方兩角。

苗蠻

馬鐙龍家。在府城西西堡、廢安谷二司之間，多張、劉、趙三姓。衣尚白，喪服則易之以青。婦人緇布作冠，若馬鐙，加髻以簪束之。一曰大頭龍家。男子以牛馬髮尾雜髮而盤之若蓋，以尖笠覆之。

白羅羅。在永寧州廢慕役司。亦曰白蠻，與黑羅羅同，而爲下姓。飲食無盤盂，以三足釜灼毛齧血，無論鼠雀蚳蝝蠕動之物，攫而燔之，攢食若彘。不通文字，結繩刻木爲信。死以牛馬革裹而焚之。居普定者爲阿和，俗同白羅羅，以販茶爲業。

青苗。在鎮寧州。服飾皆尚青，頂竹笠，躡草履，佩刀。婦人以青布一幅，製如九華巾著之。性强悍，好争鬭，頗同於羅羅，然不敢爲盜。

狗耳龍家。在鎮寧州康佐司。好依深林薦莽之間。男子衣尚白，束髮而不冠，善石工。婦人辮髮，螺結上指，若狗耳之狀。衣斑衣，以五色藥珠爲飾，貧則以薏苡代之。春時立木於野，謂之鬼竿。男女旋躍而擇對，既奔，則女氏之黨以牛馬贖之，方通媒妁。死以杵擊臼，和歌哭，舁之幽巖。以七月七日祭其先塋。

僰人。詳見興義府。

校勘記

〔一〕東北至鎮寧州界三十里　乾隆志卷三九二安順府建置沿革(下同卷簡稱乾隆志)同。按，安平縣在府城東，鎮寧州在府城西，此言安平縣東北至鎮寧州界三十里，則鎮寧州在安平縣東北，理無可能。考之本卷輿圖亦不合。疑「鎮寧州」當作「清鎮縣」。

〔二〕乾隆二十七年重修　「二十七年」，乾隆志作「二十四年」。

〔三〕本朝乾隆二十二年修　「二十二年」，乾隆志作「十四年」。

〔四〕山若畫屏　「畫」，原作「晝」，據乾隆志改。

〔五〕將軍傅友德遷今治　「傅友德」，原作「傅古德」，據乾隆志及讀史方輿紀要卷一二一貴州改。

〔六〕尋改鎮寧州　「改」，原空闕，據乾隆志補。

〔七〕寧谷廢司　「寧」，原作「安」，據乾隆志及明史卷四六地理志改。按，本志避清宣宗諱改字也。

〔八〕在鎮寧州西馬跑泉上　乾隆志同。按，前文山川謂馬跑泉在鎮寧州南，此與之不合。考讀史方輿紀要卷一二三貴州載馬跑泉在關索嶺所北十里，而關索嶺在鎮寧州南五十里，以此計之則馬跑泉在州南四十里處。此「西」字當改作「南」。

〔九〕黄運寧　「寧」，原作「安」，據乾隆志及乾隆貴州通志卷二九人物改。按，本志避清宣宗諱改字也。

都匀府圖

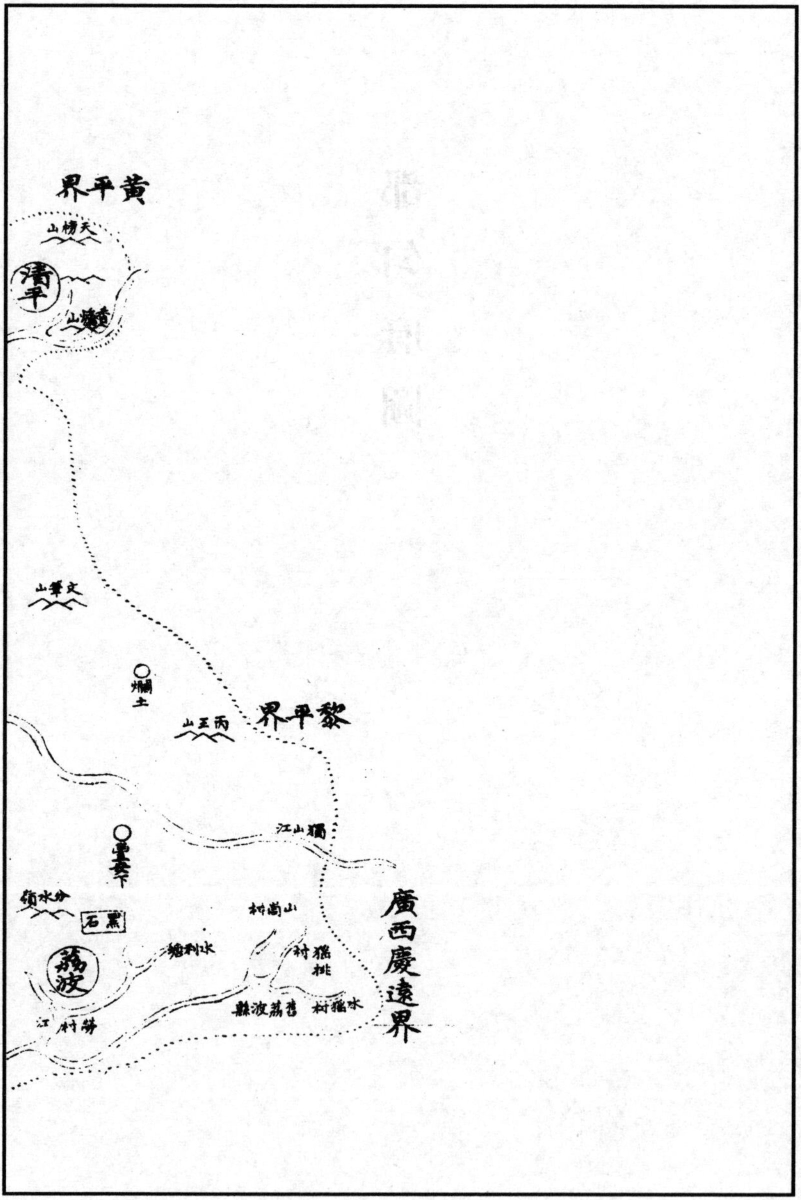
黃平界
清平
文筆山
黎平界
丙王山
獨山江
分水嶺
黑石
荔波
舊荔波縣
水猫村
廣西慶遠界

都匀府圖

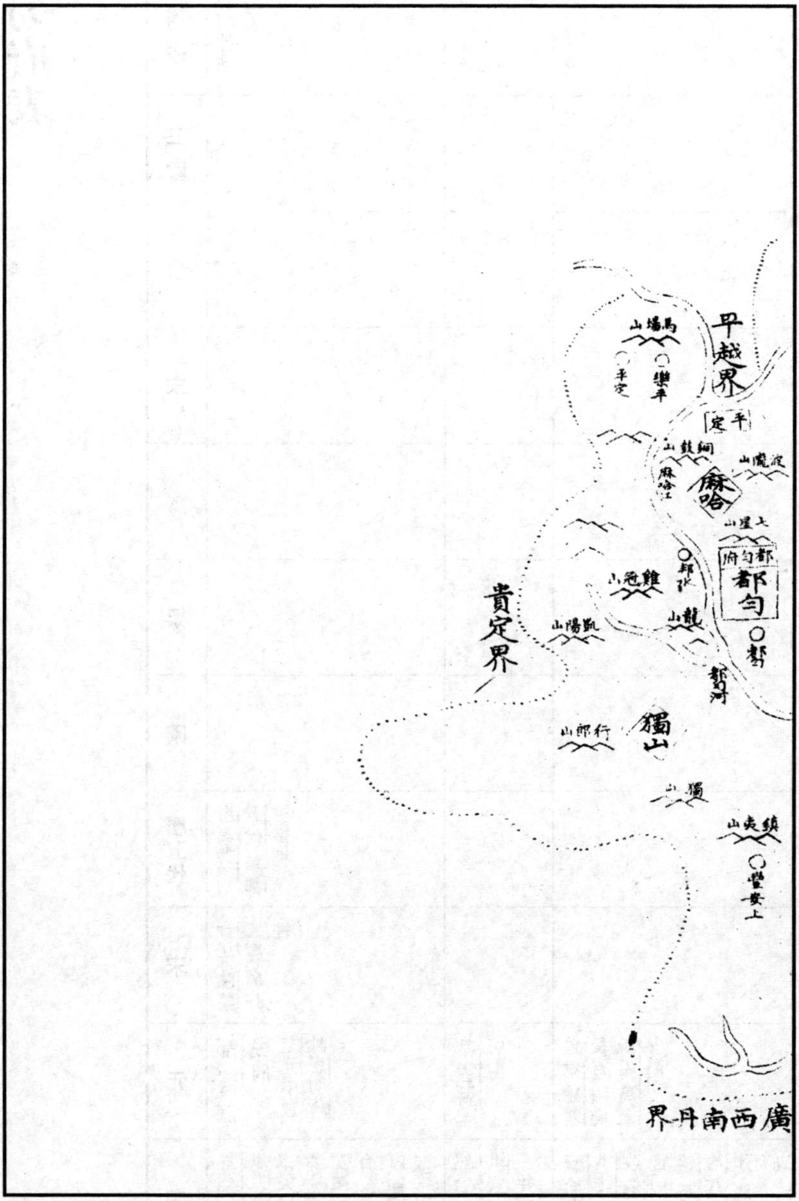

都匀府表

	都匀府	都匀縣	麻哈州
兩漢	牂牁郡地。	牂牁郡地。	牂牁郡地。
三國			
晉			
宋			
齊			
梁			
隋			
唐五代	唐屬黔州。五代爲都雲蠻地。		
宋	合江、陳蒙二羈縻州地。		
元	都雲軍民府至元中置,隸思明路。	都雲縣府治。	置犵狫寨長官司,屬新添葛蠻安撫司。
明	都匀府洪武九年廢軍民府。十六年置都雲安撫司。弘治六年置府,屬貴州布政司。	都匀衛洪武二十三年改置。	麻哈州洪武五年改麻哈長官司,屬平越衛。弘治八年置州,屬都匀府。

續表

	獨山州	清平縣
	牂牁郡地。	故且蘭縣地。
麻峽縣至元中置，屬下思同州。	置獨山州長官司，屬新添葛蠻安撫司。	麻峽縣地。
廢。	獨山州洪武十六年改九名九姓獨山州長官司，屬都匀衛。弘治八年置州，屬都匀府。	清平縣弘治八年置，屬都匀府。清平衛洪武十四年置清平堡，二十三年置衛，屬貴州都司。

荔波縣

牂牁郡地。

羈縻荔波州 開寶中置。

羈縻荔波州 屬南丹安撫司。

荔波縣 洪武初廢州，併入思恩縣。十七年析置縣，隸廣西慶遠府。正統中屬南丹州。弘治十七年改屬河池州。

大清一統志卷五百二

都勻府

在貴州省治東南三百里。東西距三百二十里，南北距四百五十里。東至黎平府古州界二百里，西至貴陽府貴定縣界一百二十里，南至廣西慶遠府南丹州界三百五十里，北至平越州界一百里。東南至古州界二百五十里，西南至貴陽府定番州界一百八十里，東北至鎮遠府黄平州界三十里，西北至平越州界六十里。自府治至京師七千五百六十里。

分野

天文參、井分野，實沈之次。

建置沿革

禹貢荆、梁二州南境。漢定西南夷，以爲牂牁郡地。漢書武帝紀：元鼎六年，定西南夷，以爲武都、牂牁、越嶲、沈黎、文山郡〔一〕。晉以後因之。

隋屬牂州，尋復改屬郡。唐屬黔州地。唐書地理志：牂州隸黔州都督府。五代時爲都雲蠻地。五代史楚世家：晉天福中，都雲酋長尹懷昌率其昆明等十二部，附於馬希範。宋爲羈縻州。通志：宋爲羈縻合江、陳蒙二州。元置都雲軍民府。元史地理志：管番民總管都雲軍民府。通志：元置都雲軍民府，領都雲縣；定雲府，領合江、陳蒙二州。俱隸思明路。尋合置都雲、定雲等處安撫司，隸雲南行省。明洪武十六年，置都雲安撫司，隸四川布政司。二十三年，改置都勻衛軍民指揮司。府志：自是改「雲」爲「勻」。永樂十七年，改屬貴州都司。明統志：都勻衛領七長官司，屬四川布政司。永樂間，始以七長官改屬貴州布政司，而本衛屬貴州都司。弘治六年，置都勻府，仍隸貴州布政司。本朝因之，屬貴州省。領州二、縣三、土司七。

都勻縣。附郭。東西距五十里，南北距一百里。東至本府屬八寨廳界三十五里，西至本府屬邦水司界十五里，南至獨山州界七十里，北至麻哈州界三十里。東南至黎平府古州界一百里，西南至獨山州界九十里，東北至麻哈州界三十里，西北至貴陽府龍里縣界六十五里。漢牂牁郡地。元置都雲縣，隸都雲軍民府。明改置都勻衛。本朝康熙十一年，省都勻衛，置都勻縣，爲都勻府治。

麻哈州。在府城北五十里。東西距一百七十里，南北距八十五里。東至本府屬太平營界一百里，西至貴陽府貴定縣界七十里，南至都勻縣界五十五里，北至平越州界三十里。東南至本府屬八寨廳界四十里，西南至都勻縣界四十里，東北至清平縣界五十里，西北至平越州界六十里。漢牂牁郡地。元置犵狫砦長官司，屬新添葛蠻安撫司。明洪武五年，改置麻哈長官司，隸平越衛。弘治八年，升爲麻哈州，屬都勻府。本朝因之。

獨山州。在府城西南一百二十里。東西距一百里，南北距一百三十里。東至都勻縣界六十里，西至本府屬平州司界四十里，南至荔波縣界八十里，北至都勻縣界五十里。東南至本府屬八寨廳界二百里，西南至廣西慶遠府南丹州界一百六十里，東北至都匀縣界五十里，西北至本府屬平州司界五十里。漢牂牁郡地。元置獨山州長官司，屬新添葛蠻安撫司。明洪武十六年，改爲九名九姓獨山州長官司，隸都匀衛。弘治八年，升爲獨山州，屬都匀府。本朝因之。

清平縣。在府城東北一百一十里。東西距一百三十五里，南北距四十五里。東至本府屬丹江廳界一百二十里，西至平越州屬楊義司界十五里，南至平越州界二十里，北至鎮遠府黄平州界二十五里。東南至麻哈州界三十里，西南至楊義司界十五里，東北至黄平州界三十里，西北至楊義司界三十里。漢故且蘭縣地。元爲麻峽縣地。明洪武十四年，置清平堡。二十三年，置清平衛，隸貴州都司。弘治八年，於衛城增置清平縣，屬都匀府。本朝康熙七年，省縣入麻哈州。十一年，復置清平縣，以衛省入，仍屬都匀府。

荔波縣。在府城東南二百里。東西距二百六十里，南北距二百二十里。東至廣西慶遠府思恩縣界一百九十里，西至獨山州界七十里，南至廣西慶遠府南丹州界一百四十里，北至獨山州界八十里。東南至黎平府古州界一百四十里，西南至南丹州界八十里，東北至本府都江廳界一百二十里，西北至獨山州界七十里。漢牂牁郡地。宋置羈縻荔波州。元屬南丹安撫司。明洪武元年，併入思恩縣。十七年，析置荔波縣，隸廣西慶遠府。正統十二年，改屬南丹州。弘治十七年，改屬河池州。本朝雍正十年，改隸都匀府。

都匀長官司。在府城南七里。元爲上都雲等處軍民長官司。明洪武十六年，改置今司，屬都匀衛。永樂十七年，隸貴州布政司，尋還屬衛。弘治七年，屬府。本朝改屬都匀縣。正長官吴姓，副長官王姓。

邦水長官司。在府城西二十里。元置中都雲、邦水等處長官司，屬管番民總管。明洪武十六年，改置今司，屬都匀衛。永樂十七年，屬貴州布政司，尋還屬衛。弘治七年，屬府。本朝改屬都匀縣。長官吴姓。

樂平長官司。在麻哈州北四十里。元爲犵狫砦。明洪武中，改置今司，屬平越衛。弘治八年，改屬麻哈州。本朝因之。長官宋姓。

平定長官司。在麻哈州北一百里。明洪武二十二年置，屬平越衛。三十年，改屬清平衛。弘治八年，改屬麻哈州。本朝因之。長官吴姓。

豐寧上長官司。在獨山州南一百二十里。元爲都雲安撫司地。明洪武二十三年，改置豐寧長官司，隸都勻衛。永樂十七年，屬布政司，尋還屬衛。弘治八年，改屬獨山州。本朝爲豐寧上長官司。長官楊姓。

豐寧下長官司。在獨山州東南一百四十里。元爲都雲安撫司地。明初改置，本朝因之。長官楊姓。

爛土長官司。在獨山州東一百十里。元置峽江州及陳蒙二長官司，俱屬管番民總管。明洪武十六年，改置合江州陳蒙爛土長官司〔二〕，隸都勻衛。永樂十七年，屬布政司，尋還屬衛。弘治八年，改屬獨山州。本朝爲爛土長官司，仍屬獨山州。長官張姓。

形勢

北通平越，南抵南丹。明皇輿考。控扼要荒，壤僻而險。明統志。據桂、象之喉，引川、播之掖。横岡虎伏，小澗龍迴。粤以西之脣齒，黔以南之藩籬。黔記。

風俗

人重廉耻，勇於戰鬭。黔記。士知讀書，民皆興行。土瘠民貧，饒有古風。通志。

城池

都勻府城。即都勻衛舊城。周五里有奇，門四。明洪武二十七年建。本朝順治十八年重建，康熙六年修，乾隆十年重修。都勻縣附郭。

麻哈州城。周二里有奇，門四。明嘉靖三十一年建。本朝乾隆二十七年修。

獨山州城。周四里有奇，門四。明萬曆五年於南北二街修築土牆，本朝乾隆十年增建。

清平縣城。即清平衛舊城。周四里，門四。明洪武二十三年建，萬曆間修。本朝乾隆三年重修。

荔波縣城。周三里有奇，門四。明嘉靖四十年建。本朝順治十六年重建，康熙二十年修，乾隆五年重修。

學校

都勻府學。在府治東。舊爲都勻衛學，明宣德八年建，弘治六年改爲府學。本朝康熙六年修，雍正七年重修。入學額數十八名。

都勻縣學。在府城東。舊附府學，本朝康熙三十八年遷建。入學額數八名。

麻哈州學。在州城北門外。本朝康熙五十八年建。入學額數八名。

數八名。

獨山州學。在州城北。本朝康熙三十八年建。入學額數八名。

清平縣學。在縣城北。舊爲清平衛學，明正統八年建。本朝康熙十一年改爲縣學，二十六年重建，雍正九年修。入學額數八名。

荔波縣學。在縣城南。本朝康熙二十一年建，雍正二年修。入學額數四名。

南皐書院。在府學右。明萬曆中，鄒元標講學處，中有天地正氣堂。

鶴樓書院。在府城東。明嘉靖中，張翀謫戍時寓於此，中有問月樓、讀書堂。

紫泉書院。在獨山州城内。本朝乾隆四十七年建。

户口

原額人丁四百一十五，今滋生男婦大小共二十二萬二千二百三十二名口，計四萬七千八百三十七户。又八寨衛男婦共八千六百九十名口，計一千二百五十四户。丹江衛男婦共五千二百三十二名口，計一千二百三十户。凱里衛男婦共六千八百五十七名口，計一千四百七十三户。

田賦

田地、山塘共八萬二千三十三畝九分有奇，額徵地丁正、雜銀四千一兩七錢六分四釐，米一萬一千四百五十石四升八合六勺。又八寨衛屯田五千三百一十二畝九分有奇，額徵米四百八十九石三斗二升五合二勺。丹江衛屯田五千二百七十四畝六分有奇，額徵米五百一石四斗一升三合三勺。凱里衛屯田六千五百六十六畝一分有奇，額徵米六百二十四石七斗九升九合六勺。

山川

東山。在府治東。建鼓樓於上。其相接者曰譙山。又府東南五里有文筆山。

鳳凰山。有二：一在府城南都匀司南；一在麻哈州北，先時州城在此。

小孤山。在府城西二里。一名旗山。

龍山。在府城西五里。黔記：本名蟒山，明張翀易以今名，建龍山道院於上。明張翀記：郡城隔河有龍山，雄峙崔嵬，雙峯插天。躋其巔，逶迤若數十里〔三〕。卜築之日，有靈龜大尺餘，蹲伏其前者三日。於是建樓閣，闢殿宇，自麓至巔，鑿爲磴道數千尺。殿後石坡高廣平坦，其文青赤二色相間，有泉，左右皆古木。

觀音坐山。在府城西。通志：與龍山洞門相望，號鴛鴦洞。又西里許曰笄山，即龍山之麓。盤曲崎嶇三四里而及巔，郡山環列，城堞市井，歷歷在目。

箐口山。在府城西邦水司西南二十五里。高險多箐，絶頂有一椀泉。

雞冠山。在府城西廢平浪司東，以形似名。

凱陽山。在府城西廢平浪司西南六十里。明統志：山甚險峻，有砦在其上。名勝志：即凱口囤也。周圍十餘里，高四十丈。四壁陡絶，一徑僅尺許，盤旋而登。上有天池，雖旱不竭。府志：明嘉靖十五年，部苗據此爲亂。撫臣陳光宅檄水西安萬銓討平之。後其黨復據囤叛，官軍購旁砦順民攻復之，改凱口囤爲滅苗鎮。

筆架山。有二：一在府城西北一里，一在清平縣東二十里，俱以形似名。

養牛山。在府城西北十里，上有砦。又西北五十里，有二龍戲珠山，二山環繞，中有圓山，其狀若珠。

夢遇山。在府城北三里。通志：下臨劍河，衆水匯流，波光浩淼。上有碑識曰「仙人張三丰觀瀾處」。

七星山。在府城北七里。峯巒拱立如七星。通志：山内有洞頗清迥，梯石而下，如聞風雨聲。初甚紆暗，行數武，始平曠。中有深潭，風疾濤沸，寒氣逼人。

波隴山。在麻哈州東十里，一作皮隴。又東有二臺山。

貴人山。在麻哈州南，高聳獨立。又南有天馬山。

銅鼓山。在麻哈州西十里。名勝志：山有樹，狀如圓鼓，因名。山麓有水，晝夜三溢，不愆其候。

玉屏山。在麻哈州北一里。峯巒環列如屏，故名。

龍頭山。在麻哈州北。上有古寺清泉，頗堪眺望。

六洞山。在麻哈州北樂平司西南七十里。明統志：山險峻，上有大六洞砦。

馬場山。在麻哈州北樂平司東北五十六里。明統志：與牧馬場相連。又平定司北二十里有揚古山，南三十里有平孔山。

丙王山。在獨山州爛土司東，高數百丈。

獨山。在獨山州南二十里。通志：一峯獨峙，州以此名。

鎮夷山。在獨山州南。名勝志：山高而頂平，有土酋結砦以鎮苗人，故名。

行郎山。在獨山州西。名勝志：山麓陡絶，山頂平坦，上有蠻民二百餘家居之，造梯以登。半崖流泉湧出，四時不涸。州志：境内仲家苗，依山以居。

棊盤山。在清平縣東三里，一名東山。三峯高鋭，頂有平石，狀如棊盤，可坐數十人。

小華山。在清平縣東二十里。又縣東二十五里有望城山。

香爐山。在清平縣東南四十里。通志：四面陡絶，三叠而上，有田有井有潭。明正統末，苗蠻據此，總督王驥平之。天順中復叛，巡撫鄒文盛平之。因城香爐爲官戍，建貯糧倉於上，今廢。

萬朝山。在清平縣西四里。旁有龍王坡、龍王廟，禱雨輒應。

石仙山。在清平縣西三里。上有三石，屹立如人。

盔山。在清平縣西三里。通志：形如覆釜，一名鍋底山。

葛貢山。在清平縣西五里。下有池曰葛貢蓮塘。

侍講山。在清平縣北二里。又縣北六里有雙乳山，二十里有羅仲山。

甕壩山。在清平縣東北。山徑險巇，竹石叢密。明時苗蠻據此，遺有營壘。

天榜山。在清平縣東北二十五里。

永長山。在荔波縣東七十里。府志又有者近山，在縣東，古南丹州城在其上。

白崖山。在荔波縣東南舊縣東。

水巖山。在荔波縣西五十里。巖穴幽勝，有水出其中，因名。府志又有董蓋山、韋家山，皆在縣西。

方林山。在荔波縣北三十里。

分水嶺。在荔波縣北，與獨山州接界。明萬曆三十年，獨山蠻還所侵甲站等村地，以此爲限。

雨花巖。在府治。府志：巉巖曲磴，萬木叢陰。上多桃李，每春暮時，落英繽紛，宛如雨花，故名。

蘭花巖。在獨山州城北二十里。生幽蘭，芳襲人衣。又母魚河巖上亦產芳蘭。

黄土坡。在府城南都匀司境，苗砦也。府志：明弘治三年，黄土坡苗蠻作亂，官軍討平之。

羊溪坡。在麻哈州東北三十里。黔記：其地田土寬饒，爲平定司境。

木級坡。在清平縣南五里。衆木兩兩交生如階級，叢密幽暗，苗人出没之所。

觀音坡。在清平縣北二十里。又縣東一里有王家坡。

仙人洞。有二：一在府城南二里，一在府城北三里。

都匀洞。在府城南都匀司東十里。名山勝概記：洞門北向，高廣皆一丈五尺。洞中石如象鼻，雜草叢生。

九龍洞。在府城西廢平浪司西三十里。名勝志：洞内石龍，張露鱗鬣，蜿蜒如生。郡志：亦名凱口洞。

觀音洞。在府城西。懸崖峭壁，下臨深潭，上建飛閣。

雄黄洞。在府城西廢平浪司西北二十里。

馬蹄洞。在麻哈州東二十里。通志：又名天焦洞，悍苗恃爲窟穴。

龍洞。在麻哈州東之漫坡。通志：有内外二洞，中界碧潭，遊者過潭探内洞，則風起炬滅，無能進者，世傳龍蟄於内。

梅花洞。在獨山州南。通志：巖水噴瀉，白石鑿鑿，狀如梅花。明宣德九年，叛苗據此，都指揮顧永平之。按：州東境多短裙苗，依山洞爲窟穴。相近有石黄洞。

天然洞。在清平縣北，一名小空洞。宏敞幽深，石乳倒垂如蓮花。明嘉靖十五年開。

太極洞。在清平縣東三里。

雲谿洞。在清平縣北十五里，一名太空洞。高可十丈，坐可千人。行數十武，巖徑險仄，又有洞曰中洞，微暗。尋崖以登，又有一洞曰上洞，中搆小亭，名木果亭，頗稱幽勝。溪水從旁流出，資以溉田。名勝志：相近有賓陽洞。

魚王石。在府城北。居水中，每春秋水漲，魚皆泝流朝之。

將軍石。有二：一在清平縣南三里，一在清平縣南三十里龍場路旁。皆平地突起，高十餘丈。

麻哈江。在麻哈州南五里。通志：其上流爲兩岔江，爲算水；下流即邦水河，自平越流入州境，又南流入都匀縣界。

獨山江。在獨山州南。州志：即都匀河之下流。又南入廣西天河縣界。黔記：有母魚河在州南二十里，流入獨山江。

舟溪江。在清平縣東八十里。縣志：其上源即興隆衛之重安江，並流而南，逕平定長官司界，合爲一川。又南合爲麻哈江。

勞村江。在荔波縣東南一百二十里。有三源：一出自縣西水巖山；一出自縣北爛土司，至縣東南合流；一出自縣東北黑猺洞，亦流入焉。又東南逕思恩入河池州界，爲金城江。

便河。有二：一在府城東，起自北門，歷西南一帶環城圍繞，阻絶諸苗入城之路，今淤。一在清平縣治東，引溪水入城，以資民汲。

三道河。在府城東一里。通志：下流合邦水河。

都勻河。在府城南。明統志：在都勻司治南。通志：從西北流，東南出湖南之黔陽池。

馬尾河。在府城南都勻司南，有馬尾渡，去府東四十里，獨山、平州等司大路所經。

麥沖河。在府城西南。下流入於都勻河。明通志：在平浪司東南十里，旁有砦。府志：明正德三年，都勻、清平間叛苗作亂，官軍討之，一由楊安、答干、麥沖進，一由清平、索驢、撒毛進，即此麥沖河也。

平洲河。在府城西南廢平州司南。明統志：水中有洲，土人開肆貿易其上。

邦水河。在府城西，一名劍河。通志：自邦水司流入，南流逕都勻司南，爲都勻河。

長河。在府城北。通志：有二源，俱出山澗中，至城東北三里合流爲一。其下流達湖南黔陽縣，可通舟楫。

擺遞河。在麻哈州南。

深河。在獨山州北。通志：東南流入獨山江。

鳳飲河。在獨山州城西二里。發源飛鳳井，故名。

山江河。在清平縣東五十里。明統志：在平定司東五十里。通志：源出香爐山。

田港溪。在府城北廢丹行司東十五里。下流入甕城河。

樂平溪。在麻哈州北樂平司南。下流合於麻哈江。州志：司境有紫薑苗，夾溪而居。

平定溪。在麻哈州北平定司南。

東門溪。在清平縣東。又西門溪在縣西五里。縣志：縣南九里有勇勝溪，縣北五里有凱旋溪，下流皆合於山江河。

龍潭。在府城南。明統志：深不可測，禱雨有應。黔記：在府南一里，衆水所匯。

濟生池。在清平縣治西。明統志：相傳昔苗賊來侵，城中無井，賴此水濟急，故名。

雙井。在府城東。又城東南隅有大井，東北隅有北井。

皮井。在清平縣治。水清味甘，居民資以汲飲，兼可造紙。

通靈井。在清平縣東，近便河。又縣東南有杉木井。

古蹟

定雲廢府。在府東一百五十里。通志：元置都雲、定雲二府，隸思明路，尋合置都雲定雲安撫司，隸雲南。

陳蒙廢州。在府城東南一百里。宋置羈縻蠻州，元改長官司，明初廢。

合江廢州。在府城東南二百五十里。宋置羈縻蠻州，元改長官司，明初廢。按：元史地理志管番民總管峽江州。明統志則云元置合江州長官司，疑其後訛「峽」爲「合」也。

都雲廢縣。在府城西南。元置縣，屬都雲軍民府，明初廢。黔記：元都雲縣治，在今都匀司西十里。府志：都雲廢縣在府西南十七里。

麻峽廢縣。在麻哈州南。元置縣，屬下思同州，明廢。元史地理志：定遠府下思同州麻峽縣。黔記：今麻哈州，本元麻峽縣地，其廢縣在今州南。州志：洪武中置司，授土酋宋氏。弘治八年，改爲土同知。

清平廢衛。即今清平縣治。明洪武中置衛，弘治八年又置清平縣。本朝省衛入縣。明統志：洪武十四年，始開其地，置清平堡。二十二年，改置清平衛指揮使司，隸貴州都司。通志：明弘治八年，增置清平縣，與衛同城。本朝康熙七年，省縣入麻哈州。十一年，改清平衛爲清平縣，隸都匀府。

荔波故城。在荔波縣東南。明統志：宋置荔波州以羈縻蠻人。元屬南丹安撫司。明洪武初，廢入思恩縣。十七年，復置荔波縣，屬慶遠府。正統十二年，改屬南丹州，後改屬河池州。縣志：明初雖置縣，其地仍爲粵、黔二省雷、皮、蒙三土司所割據。正統中，改屬南丹，割方村、蒙石、窮來三巡司屬之。弘治中，諸苗騷動，命將討平之，始改土爲流，然官未嘗履其地。萬曆三十五年，知縣劉邦徵始請兵入縣，清定各土司所占地，建城於窮來埲喇䡘村山麓，編其地爲十六埲，起徵賦會，然亦止納雞鴨米布而已。嗣後縣官仍寄治府城，苗民仍分屬附近諸土司。本朝順治十六年，知縣王家楨始遷縣於西北方村埲崀嶺，即今治也。

爐山廢所。在清平縣東南香爐山上。明正德中，置守禦所，尋廢。黔記：正德十二年，城香爐山，置戍兵。嘉靖十年，增撥清平衛中左所兵防守，仍屬清平衛。今廢。

都雲洞廢司。在府城南都匀司東。元置長官司。明弘治六年廢。

平州廢司。在府城西南一百五十里。元爲六洞、柔遠等處長官司。明洪武中，置平州六洞長官司。本朝改爲平州長官司，康熙五十五年裁。

都雲桑林獨立廢司。在府城西。元置長官司，明初廢。元史地理志：管番民總管都雲、桑林、獨立等處。黔記：在今府治西二百里。

丹行廢司。在府城西。元置長官司，後廢。明洪武末，復置，屬新添衛，後屬貴定縣。今廢。明統志：元置丹行長官司，屬廣西南寧州，後廢。洪武二十年，復置，屬新添衛，尋省。永樂元年，復置。貴陽府志：司屬貴定縣。本朝康熙五十九年，裁併都匀府。

都鎮馬乃廢司。在府城北七十里。元置長官司，明初廢。元史地理志：新添葛蠻安撫司，都鎮、馬乃等處。

天壩廢司。在府城東。明置長官司，本朝康熙五十年裁。

平浪廢司。在府城西五十里，元都雲安撫司地。明洪武十年置司，屬都匀衛。本朝改屬都匀縣，雍正五年裁。

獨山廢司。即今獨山州治。元置長官司，明改爲土同知。黔記：洪武十六年，改置九名九姓獨山州長官司，以司境有九姓苗爲名，授土酋蒙氏。弘治八年，改長官爲土同知。明統志：九名九姓司，在都匀衛南一百五十里。

恭溪望城崖嶺廢司。在清平縣東南。元置長官司，明初廢。元史地理志：新添葛蠻安撫司，恭溪、望城、崖嶺等處。通志：在縣東南三十五里。今爲望城堡。

清平廢司。在清平縣南。明置，尋廢。明統志：清平長官司，在清平衛城南一里。通志：明初置司，屬清平衛。弘治八年省入清平縣。

凱里廢司。在清平縣東四十五里。本屬播州土酋楊端世，明嘉靖七年，兵部尚書伍文定以四川宣慰司子楊友、楊愛互争其地，久訟未決，奏以愛所轄地方分置凱里安撫司，改屬貴州。本朝康熙四十二年裁，四十五年併入清平縣。

廣化營。在府城東四十里。又府北六十里有老軍營，皆明置，今廢。

宣威營。在麻哈州東北五十里。明置，今廢。

雄黄廠。在府城西南六十里(四)。明置，今廢。

三丰觀瀾處。在府城北關外，張三丰題。石壁聳峭，下臨劍水，至今石上筆跡如新。

石壁墨刻。在府城北，明張翀題鐫，曰：「仁智之情，動静之理。棲此盤谷，飲此泉水。」

宸翰樓。在府城内，明都御史李佑建。

關隘

石屏關。在府城西十里。郡志：路通平伐。

威鎮關。在府城西四十里。明洪武二十四年置，今改爲粟谷堡。

平定關。在府城北二十五里。又府北二十里有靖盗關，亦名靖盗哨。

雞公關。在獨山州南四十里。其相近者爲鐔子窯關。

黑石關。在獨山州南上豐寧司南，舊爲戍守要地。

阿坑關。在獨山州北三十里。

雞場關。在清平縣南十里。又羅沖關，在縣北羅沖山上，俱明洪武二十五年建。又縣東北二十八里有老君關。

答干砦。在府城東三十八里，東至廣化營三里。明正德三年，官軍討都匀、清平叛苗，由楊安、答干、麥沖進，即此。

擺沙砦。在府城西北三十里。明天啓初，府境長田諸苗爲亂，平越官軍討之，克其擺沙大砦。砦居諸砦之中，去平越百里，官軍由間道襲破之，進攻甕岳等砦。復攻府城西南仲家苗，克江時、户西、高平、養古數十砦，掃蕩二百餘里。

甕惹蠟姑砦。在麻哈州東。黔記：州東門自火攘至甕惹蠟姑砦，凡三十五里。

新牌砦。在清平縣東。黔記：縣南門官道十六里，至楊義、新牌等砦，其左有養古、六洞等砦。

龍角砦。在清平縣北五十里，苗砦也。

黎樹砦。在清平縣東北，苗砦也。明景泰二年，湖廣督臣王來攻香爐山賊，分軍進，諸將破黎樹、翁溝三百餘砦，招撫袞水等二百餘砦，遂會兵香爐山下，賊黨縛其魁以降。

羨塘砦。在府城西南廢平州司境。明洪武三十一年，顧成討司境叛苗，破苗坡、羨塘、光金、蒙臺諸蠻酋是也。

谷勞砦。在獨山州南上豐寧司西南。又有藩臺、摇安二砦，皆近司境。

落乍堡。在府城東二十里，逼近東苗。又府東五十七里有楊安堡。又東四十里至甲些苗砦，抵爛土司境。

渡船堡。在府城南一里，南至都勻司六里。

麥沖堡。在府城西南七里。

補林堡。在府城西南一百二十里。

邦水大堡。在府城西十里，西四里至邦水司。

館驛堡。在府城北。又北八里有秦莫堡。

羅蔑堡。在清平縣東。

索驢堡。在清平縣南。又南有撒毛堡。明正德三年，官軍討叛苗，由索驢、撒毛進。又南五十里有護城堡。

猺箕堡。在荔波縣東南八十里，與思恩縣苗巢接界。又金竹隘堡，在縣東南七十里，與黑苗巢接界。甲站堡，在縣西北二十里。皆明時與縣同置，本朝皆廢，惟於舊縣撥兵防守。

董界堡。在荔波縣南一百六十里，與廣西南丹州接界。明萬曆八年，南丹酋莫之厚謀侵縣地，燬董界官堡，據喇立、喇歌、董界、翁隆、吉利、喇離上下七村，督臣劉堯誨諭卻之。

羊角屯。在獨山州西北。

蒙石堡。在荔波縣南五十里。又窮來堡，在縣東。舊皆置土巡司。

來遠驛。在府城北一里。又府北七十里有都鎮驛，爲都勻、平越之交。

清平驛。在清平縣南一里。明洪武十六年，建爲翁霾驛，隸四川黄平安撫司。十九年，改清平驛。

五家鋪。在府境。又有大河鋪、黄梁鋪、五里鋪、橋頭鋪、文德鋪、蛇傷鋪、高梘鋪、禪林鋪、麥沖鋪，舊皆戍守處。

洛邦鋪。在清平縣境。又有蠟梅鋪、洛登鋪、縣前鋪、喇皆鋪、水巖鋪、水浪鋪、巴炭鋪、蘆山鋪、老董河鋪、木屐卡鋪、掛丁鋪、開懷鋪、牌落河鋪，舊皆戍守處。

甕袍哨。在府境。明萬曆十二年，因通者牙要路，兵備副使洪邦光置。又有平定哨、爛塘哨、南哨、北哨、歸化哨、虎場哨、一碗水哨、觀音堂哨、土地堂哨，舊皆設兵防禦。

爐草哨。在清平縣境。又有五里哨、滴水哨、龍場哨、大塘哨、永安哨、箐口哨，舊皆設兵防禦。

津梁

永定橋。在府城南門外。

謫仙橋。在府城西龍山麓。又城北一里有迎恩橋。

平定橋。在府城北。明末圮，本朝康熙三年重建。又有來遠橋，亦在城北。

惠民橋。在麻哈州南。又州北有必撥橋。

深河橋。在獨山州北，跨深河上。

勇勝橋。在清平縣南。明知縣王倣建。又南有報捷橋。

凱旋橋。在清平縣北五里凱旋溪上。

宗伯橋。在清平縣北。明尚書孫應鼇建，因名。

水龍橋。在荔波縣東邱賤里。

茅灘橋。水慶橋。俱在荔波縣東南狄猝里。

地鵞橋。在荔波縣西南巴乃里。

水圍橋。在荔波縣東北韋農里。

馬尾渡。在府城東四十里。

楊安渡。在府城東五十里，即長河渡處。

雲津渡。在府城西一里，邦水河渡處也。

藤茶渡。在府城西廢丹行司南十里。水源出藤茶山，東北流。

縣前渡。在荔波縣南門外。山溪險惡，本朝康熙二十一年始設立官渡。

巴灰渡。在荔波縣南六十里。

隄堰

板水塘。在府城西邦水司前。

胡公堰。在府城北。明衛指揮胡綱築，引水灌城西諸田。

陵墓

明

孫應鼇墓。在清平縣西一里。

石邦憲墓。在清平縣北三里。

祠廟

張鄒二公祠。在府治南，祀明張翀、鄒元標。

孫文恭公祠。在清平縣治，祀明孫應鼇。碑記：祠即公書舍故址。

蔡公祠。在清平縣治，祀明分守道蔡潮。

清源廟。在府治東山麓。明洪武中建，後移舊堡。

寺觀

觀音寺。在府城中。明洪武中建，中有藏經樓。

聖壽寺。在清平縣西。明萬曆中建。

高真觀。在府治東山之北。中有千年古杉，大可數抱。

三清觀。在府治南。

水府觀。在府城北夢遇山。

龍興觀。在獨山州城中。

廣福觀。在清平縣南。舊名迴龍觀。

紫霞宫。在清平縣北。明指揮石宣建。

清泉菴。在清平縣西。明弘治中建。

龍山院。在府城西龍山上。旁有丹臺，明張翀有記。

名宦

明

石宣。壽光人。洪武中爲清平衛指揮。建學興賢，讀書好禮，公廉有威，兵民咸服。

陳原。定遠人。永樂初爲都勾衛指揮。有材略，善謀能斷。正統末，苗寇圍城，原罄産給軍，城賴以全。

丁實。成化中爲都勾衛指揮使，遷都指揮同知。以征仲苗死於陣，事聞，以其孫暉爲都指揮僉事。

杜禮。豐城人。弘治中知府。興學化民，平寇有功。

從龍。安陸人。弘治中知麻哈州。時民未知學，龍聘名儒訓之，俗爲一變，民立祠以祀。

劉邦徵。萬曆三十五年，爲荔波知縣。荔介黔、粤極邊，内蠻外苗，交互爲患，凡之官者皆駐府城，不身歷其地，例以爲常。邦徵至邑，檄諸蠻於前，推誠撫諭，蠻爲慴服，凡所規畫，無不聽命。白上官，請置縣治於喇軫村。歷任數年，蠻終不敢蓄異志。

李時茂。乾州人。天啓中知府。重學校，恤軍民，值仲苗圍城，與民固守，多所斬獲，城賴以安。

人物

五代 晉

尹懷昌。都雲人。以雄傑爲都雲酋長。天福中，率其所屬十二部附於楚。

明

屠巒。都匀人。正德中知江夏縣，廉介不阿，以忤劉瑾調蘆山，多善政。高繼恩亂，巒有城守功，民祠祀之。

王木。字子升，清平衛人。正德中舉人，由學正召爲御史，彈劾不避權貴。嘗薦楊一清、王守仁可大用，時稱知人。尋出爲雲南兵備僉事，以鯁直罷歸。

李佑。字吉甫，清平衛人。嘉靖中進士，授南大理寺評事，累升按察司副使，備兵南贛。時岑岡盜猖獗，佑單車入巢，譬曉諸賊聽命。未幾，廣東賊亂，擢佑爲僉都御史，往撫其地。佑綜理精密，海賊林道乾、山賊張詔南等次第就擒。後以病歸。

孫應鼇。字山甫，清平衛人。嘉靖中進士，改庶吉士，授户科給事中。出補江西僉事，禦流寇有方略。累遷僉都御史，巡撫鄖陽。奏免光化諸縣秋糧，陳勤學勵政、親賢遠奸諸事，兼劾太和宫大璫吕祥貪暴狀，上皆納之。尋病歸。萬曆初，召起原任，請録建文死事諸臣，並復革除年號。奏雖留中，識者韙之。歷禮部侍郎，掌國子監事，請停納粟入太學之令。進南工部尚書。卒謚文恭。

石邦憲。字希尹，清平衛人。嘉靖中，署都指揮僉事，充銅仁參將。累破苗寇，進署都督僉事，充貴州總兵官。平定諸叛苗，官至右都督。邦憲熟苗情，善用兵，大小數十百戰，無不摧破。所得俸賜，悉以饗士，家無贏資。爲總兵官十七年，威震蠻中，與四川何卿、廣西沈希儀並稱一時名將。卒，贈左都督。

陳尚象。字心易，都勻人。萬曆中進士，由中書舍人擢户科給事中。值河南饑，尚象請蠲逋糧七十餘萬石，詔可之。轉刑科左給事中，疏陳建儲事，廷杖削籍。旋復原官，以母老不拜。卒，贈光禄寺卿。

陸從龍。都勻人。萬曆中舉人，知湖廣新化縣。告歸，值安邦彦叛，圍省城，從龍罄資募兵，督征陣亡，贈光禄寺少卿。

吴錫。都勻人。萬曆中舉人，任四川墊江縣。值流賊寇川，力禦陣亡，贈尚寶司丞。

楊鳴高。都勻人。知浙江湯溪縣，告歸。適安邦彦叛，鳴高倡義捐金，募兵援省城，至谷龍司，敗績死之。子廷烈年十八，聞父陣亡，誓復父讐，屢立奇功，加參將。轉戰至鴨池河，亦死之。

本朝

邱應宸。都勻人。康熙甲子舉人。任柏鄉知縣，居官廉静，弭盗安民，興學校，置義田，士民德之。康熙五十六年，入祀鄉賢祠。

曾攀桂。都勻人。乾隆六十年，官湖北鄖陽協副將，署宜昌鎮總兵。值宜都、枝江奸民聶人傑、劉盛鳴等聚衆滋事，宜都城内僅有兵五十名，益以鶴峯州兵，不滿二百人。攀桂率往勦捕，克白田賊卡，屢有斬獲。嘉慶元年二月，賊撲佛山營，攀桂迎擊敗之，追至山坳，遇伏，奮勇力戰，陣中數鎗，殁於陣。事聞，加等議卹，賞給騎都尉世職。

流寓

明

張翀。字子儀，柳州人。由進士授刑部主事，疏嚴嵩專權之罪，被廷杖，謫戍都匀。讀書不輟，士多從之遊，稱鶴樓先生。

鄒元標。字爾瞻，吉水人。萬曆中進士。觀政刑部，疏論輔臣張居正，被廷杖，謫戍都匀。日與士講學，陶然自得。居六年，召還，門人爲之創南臯書院。

列女

明

老功妻乜氏。都匀衛夷人。萬曆中，道遇賊，逼污不從，以刀脅之，延頸受害。

楊七妻蒙氏。郡人。天啓中，安邦彦之亂，被掠，罵賊而死。

劉進妻包氏。郡人。進溺水中，包時年二十二，往求其屍，得之負歸，尋自縊而死。同郡龔應賓妻王氏，其夫中苗藥箭而殁，王亦自縊。

郭秀妻趙氏。郡人。秀以渡江溺死，趙悲號逾月，遂自縊。

陳昱妻馬氏。郡人。昱爲都匀衛指揮，以病卒。馬時年二十一，哭曰：「吾夫既死，吾生何爲！」閉門自縊。

楊廷烈妻吴氏。郡人。廷烈死安邦彦之難，家財盡散，無以爲生。時氏年十八，苦節撫孤，卒賴成立。同郡桂世卿妻劉氏、朱國臣妻吴氏、李茂春妻鮮氏、楊應乾妻司氏、吴正春妻陸氏、張今盛妻江氏、屠珏妻王氏，俱以節孝稱。

本朝

吴道暹妻江氏。都匀人。年二十七夫亡，撫子，子故撫孫，甘貧茹苦，壽至八十餘卒。康熙五十二年旌。同縣邱之秀妻劉氏、凃述銑妻李氏，均康熙年間旌。

周文盛妻姚氏。都匀人。年二十六夫亡，立志守節，以奉姑鞠子爲己任，歷三十二年如一日。雍正五年旌。同縣鄭良侯妻周氏，七年旌。

解芳銓妻胡氏。郡人。夫殁守節，乾隆五十一年旌。同郡李向榮妻姜氏、周賜樂妻何氏、金光庭妻伍氏、魏懷仁妻楊氏、何佩玉妻黄氏，均乾隆年間旌。按：舊志同府節婦，徐啓文妻黄氏、徐應爵妻胡氏、張祖德妻陳氏、張大成妻王氏，均乾隆年間旌，俱未詳其州縣本籍，謹附記。

黄相乾妻邱氏。都匀人。夫殁守節，乾隆十七年旌。同縣吴守正妻楊氏、蕭運啓妻王氏、王道春妻馬氏、何鍾琇妻徐氏、羅恒世妻蕭氏、馬汝鳳妻周氏、王道廣妻葉氏，均乾隆年間旌。

胡鎮國妻范氏。清平人。夫殁守節，乾隆二十九年旌。同縣孫有謨妻劉氏、張素妻任氏、丁爲彦妻劉氏、王純修妻盧氏、劉瑄妻王氏、唐德泰妻余氏，均乾隆年間旌。

楊和鑾妻馬氏。郡人。夫歿守節，嘉慶二年旌。

劉璠妻金氏。都勻人。夫歿守節，嘉慶三年旌。同縣蕭毓靈妻古氏，二十五年旌。

顧池妻周氏。麻哈人。夫歿守節，嘉慶二十五年旌。同州烈女王滿妹，十三年旌。

張炅妻孫氏。清平人。夫歿守節，嘉慶十六年旌。同縣顧汝妻陳氏、余培妻顧氏、雷熙妻余氏、王嘉梅妻孫氏、王世塤妻李氏、羅闓妻雷氏、吴自湘妻夏氏、李鍾璠妻段氏，烈婦羅定科妻方氏，均嘉慶年間旌。

土產

斜文布。出獨山州爛土司。

鉛。出府城東，久禁未開。又清平縣香爐山亦出鉛，能療蠱毒。

茶。出獨山州九名九姓苗地，其俗以茶爲業。

雄黄。出府城西北。

益母草。出府境山谷中。

銀杏。出麻哈州。

柑。出麻哈州。

桂實。出清平縣。

方竹。府境出，可作杖。

鰣魚。出府境。春夏之交，開網獲之，不多得。

苗蠻

紫薑苗。在府境。與獨山州之九名九姓苗同類，狠詐而饕詖。以十一月朔爲節，元日忌門不出，二七而解，犯者以爲不祥。嗜殺尤甚。

犵狫苗。詳見貴陽府。其在清平者頗通漢語，聽約束。

夭苗。在府境陳蒙、爛土壩等處。一名黑苗。緝木葉以爲上服，衣短裙，女子年十五六，構竹樓野外處之。死不葬，以藤蔓束之樹間。

木老苗。詳見貴陽府。

仲家苗。詳見貴陽府。

犵獚苗。詳見石阡府。

蠻人。詳見貴陽府。

校勘記

〔一〕文山郡　「文」，原作「汶」，據乾隆志卷三九四都匀府建置沿革（下同卷簡稱乾隆志）及漢書卷六武帝紀改。

〔二〕改置合江州陳蒙爛土長官司　「州」，乾隆志同，明史卷四六地理志作「洲」。

〔三〕透迤若數十里　「十」，原作「千」，乾隆志同，據乾隆貴州通志卷四〇藝文載張翀龍山道院記改。

〔四〕在府城西南六十里　「六十里」，原作「六千里」，據乾隆志改。

鎮遠府圖

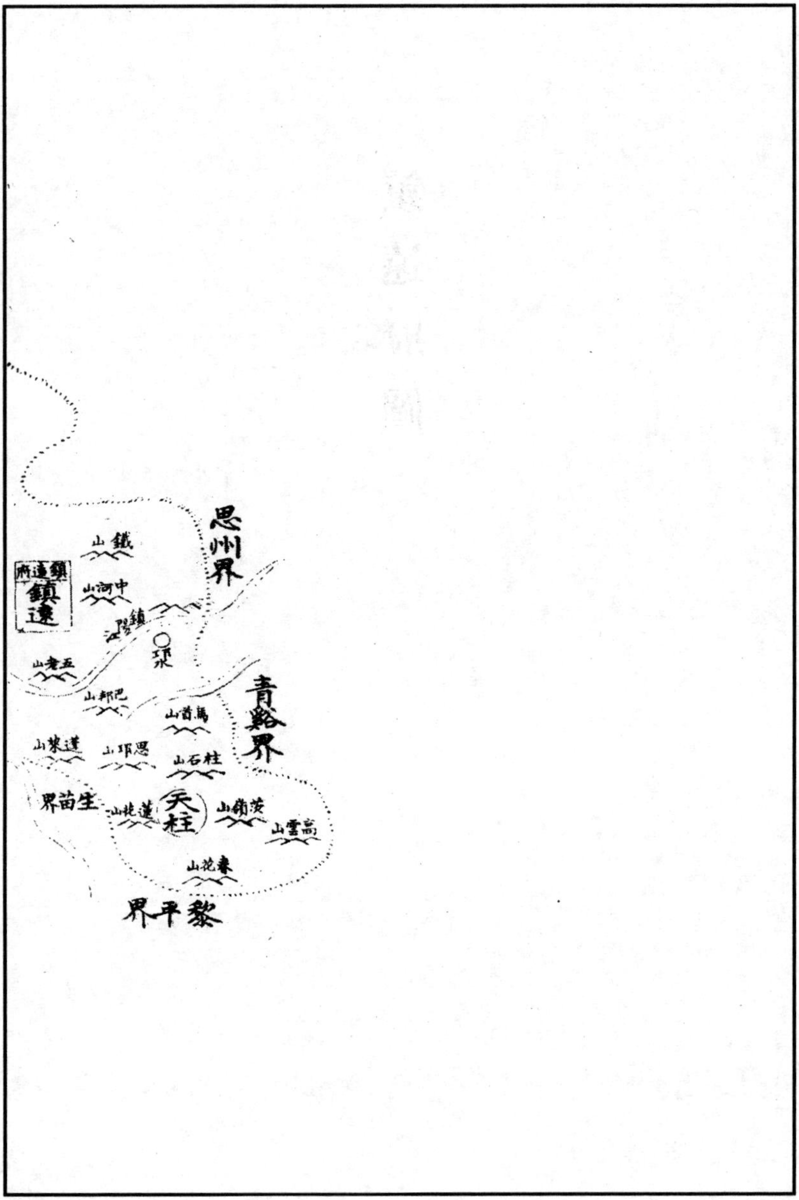
思州界
鐵山
鎮遠府
鎮遠
中河山
鎮陽江
邛水
五老山
巴郎山
馬首山
青谿界
思邛山
柱石山
生苗界
蓮花山
天柱
茨嶺山
高雲山
春花山
黎平界

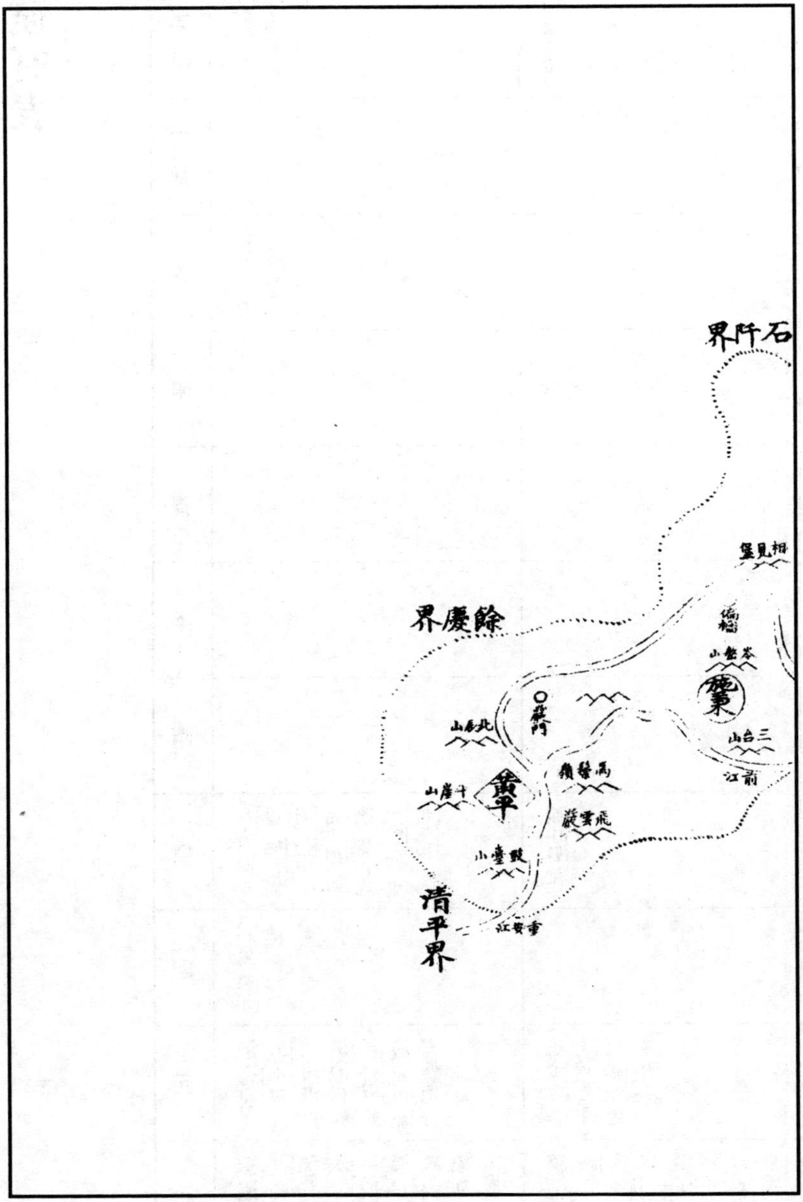
石阡界
餘慶界
相見堡
偏橋
施秉
三台山
前江
黃平
馬鬃嶺
飛雲巖
重安江
清平界

鎮遠府表

	鎮遠府	鎮遠縣
兩漢	武陵郡無陽縣地。	無陽縣地。
三國		
晉	改縣名，爲舞陽縣地。	
宋		
齊		
梁		
隋		
唐	長安四年置舞州。開元中更名鶴州，尋改業州。大曆初更名獎州。	峨山縣地。
宋	羈縻獎州地。	
元	鎮遠府 至元初置鎮遠沿邊溪洞招討司，尋改府，屬思州安撫司。	置金容金達長官司，屬思州安撫司。
明	鎮遠府 洪武五年改府爲州。永樂十一年仍置府，屬貴州布政司。正統初省州入府。	鎮遠縣 洪武五年改鎮遠長官司，屬鎮遠州。弘治十一年改置縣，爲府治。

續表

	施秉縣	天柱縣
	無陽縣地。	鐔成縣地。
		舞陽縣地。
		龍標縣地。
		朗溪縣南獠地。
邛水縣政和八年置，屬思州。宣和四年廢，紹興元年復置。	邛水縣地。	會同縣地。
邛水縣至元初更名定安，尋復故名。	置施秉前江長官司，屬思州安撫司。	
洪武五年廢縣，置邛水十五洞長官司，屬鎮遠州。	施秉縣洪武五年改施秉蠻夷長官司。正統九年置縣，屬鎮遠府。	天柱縣洪武初置天柱千户所。萬曆二十五年改置縣，屬湖廣靖州。

黃平州
牂牁蠻地。
羈縻黃平府，狼洞地。
黃平府屬播州安撫司。
黃平州洪武八年改黃平安撫司，屬播州宣慰司。萬曆二十八年改置州，屬平越府。 興隆衛洪武二十二年析黃平安撫司地置，屬貴州都司。

續表

大清一統志卷五百三

鎮遠府

在貴州省治東三百八十里。東西距一百八十五里，南北距二百五里。東至思州府青谿縣界三十里，西至平越州餘慶縣界一百五十五里，南至黎平府界一百二十五里，北至石阡府界八十里。東南至湖南靖州界二百六十里，西南至都匀府清平縣界一百四十里，東北至思州府界四十里，西北至石阡府界八十里。自府治至京師七千二百六十里。

分野

天文翼、軫分野，鶉尾之次。晉書天文志：自張十七度至軫十一度爲鶉尾。

建置沿革

禹貢荆州南裔。漢爲武陵郡無陽縣地。晉改無陽爲舞陽。唐長安四年，以夜郎、渭溪二縣地置舞州。開元十三年，更名鶴州。二十年，又改業州。大曆初，更名奬州。唐末没於蠻。宋開寶九年，獎州刺史田處達來貢，爲羈縻州。元置鎮遠府，屬思州軍民安撫司。名勝志：德祐元年，田氏降，置鎮遠沿邊溪洞招討使司，尋改軍民總管府，以田氏爲總管，治鎮遠中河山。明洪武五年，改爲鎮遠州，屬湖廣。通志：時改置思南宣慰司，治鎮遠州。二十二年，始徙治水德江。永樂中，仍置府，改隸貴州布政司。明地理考：永樂十一年，仍改府，屬貴州，領長官司二，曰偏橋、曰邛水，領縣二，曰鎮遠、曰施秉。正統三年，省州入府。明實録：正統三年，革貴州鎮遠府附郭鎮遠州，以本州所屬鎮遠、施秉二長官司屬府。本朝因之，屬貴州省。嘉慶三年，以黃平州來隸。舊屬平越府，至是降平越府爲直隸州，始改隸。今領州一、縣三、土司三。

鎮遠縣。附郭。東西距六十里，南北距一百五十里。東至思州府青谿縣界三十里，西至施秉縣界三十里，南至本府屬邛水司界七十里，北至石阡府界八十里。東南至邛水司界三十里，西南至施秉縣界三十里，東北至思州府界六十里，西北至思南府界一百五十里。漢無陽縣地。唐峨山縣地。元置金容、金達等處蠻夷軍民長官司，屬思州軍民安撫司。明洪武五年，改爲鎮遠金容金達蠻夷長官司，屬鎮遠州〔一〕。正統三年，改屬鎮遠府。弘治十一年，始改置鎮遠縣爲府治〔二〕。本朝因之。

施秉縣。在府城西南六十里。東西距九十三里，南北距八十里。東至鎮遠縣邛水司界九十里，西至本府屬偏橋司界三里，南至黃平州界三十五里，北至鎮遠縣界四十五里。東南至黃平州界五十里，西南至黃平州界四十里，東北至鎮遠縣界四十里，西北至偏橋司界三里。漢無陽縣地。宋邛水縣地。元置施秉、前江等處蠻夷軍民長官司，屬思州軍民安撫司。明洪武五年，改爲施秉蠻夷長官司，屬思南宣慰司。正統九年，改置施秉縣，屬鎮遠府。本朝因之。

天柱縣。在府城東南一百八十里。東西距一百四十里，南北距一百八十里。東至湖南靖州會同縣界八十里，西至黎平府屬湳洞司界六十里，南至湳洞司界八十里，北至湖南沅州府芷江縣界一百里。東南至靖州界一百里，西南至湳洞司界一百里，東北至會同縣界九十里，西北至鎮遠縣界八十里。漢鐔成縣地。南北朝宋爲舞陽縣地。隋爲龍標縣地。唐爲朗溪縣南獠地。宋爲會同縣地。明洪武二十五年，置天柱千户所。萬曆二十五年，升爲縣，屬湖廣靖州。本朝因之。雍正五年，改隸黎平府。十一年，改屬鎮遠府。

黄平州。在府城西南一百二十里。東西距八十五里，南北距八十里。東至施秉縣界二十五里，西至平越州甕安縣界六十里，南至都勻府清平縣界四十里，北至平越州餘慶縣界四十里。東南至施秉縣界六十里，西南至清平縣界七十里，東北至餘慶縣界五十里，西北至平越州湄潭縣界八十里。漢、唐爲牂牁蠻地。宋爲羈縻黄平府地，號狼洞。元因之。明洪武八年，改黄平府爲黄平安撫司，隸播州，而於司治添設黄平守禦所。十五年，改隸貴州都司。二十二年，分置興隆衛。萬曆二十八年，改黄平安撫司爲黄平州，隸平越府。本朝康熙二十六年，裁興隆衛，以其地併入州，而徙州治於衛治，仍隸平越府。嘉慶三年，改隸鎮遠府。

邛水長官司。在府城東南八十里。元置定安縣，後改邛水縣。明洪武五年，改置邛水十五洞蠻夷長官司。今爲邛水長官司，屬鎮遠縣。正長官楊姓，副長官袁姓。

偏橋長官司。在府城西六十里。元置偏橋中砦長官司，屬思州軍民安撫司。明洪武五年，改置偏橋長官司，屬鎮遠州。正統三年，屬府。今屬鎮遠縣。正長官安姓，左、右副長官皆楊姓。

巖門長官司。在黄平州東北。明爲巖門苗砦。本朝順治十五年，改今司。長官何姓。

形勢

溪河旋遶，山巖森列。明統志。東通沅水，西接貴州。明皇輿考。白崖東枕，碧峯西峙。辰、沅上游，雲、貴門户。黔記。

風俗

習俗質野，服用儉約。明皇輿考。風氣漸開，人文丕振。男務耕桑，女勤織紝。通志。

城池

鎮遠府城。周二里有奇，門二。明正德間建。本朝康熙十年修，乾隆二年重修。鎮遠縣附郭。

施秉縣城。周二里有奇，門四。明嘉靖四十四年建。本朝康熙十一年修，乾隆二年重修。

天柱縣城。周一里有奇，門四。明洪武初建。本朝順治九年修。

黄平州城。即興隆衛舊城。周二里有奇，門四。明洪武二十六年建。本朝乾隆三年修。

學校

鎮遠府學。在府治東。明嘉靖二十三年建。本朝康熙三十一年修〔三〕。入學額數十六名。

鎮遠縣學。在縣治南。舊附府學，本朝康熙三十八年遷建。入學額數八名。

施秉縣學。在縣城西北。舊爲偏橋衛學，本朝康熙二十六年，改爲縣學。入學額數十二名。
天柱縣學。在縣城北。本朝康熙二十三年建。入學額數十二名。
黄平州學。在州治西。舊爲興隆衛學，本朝康熙二十六年，改爲州學，四十六年修。入學額數十五名。
㵼陽書院。在府城内。本朝乾隆六年建。
鳳山書院。在施秉縣城内。本朝嘉慶十年建。
鳳城書院。在天柱縣城内。本朝乾隆二十七年建，嘉慶十年修。
龍淵書院。在黄平州城内。本朝乾隆五十四年建。
星山書院。在黄平州城内。本朝乾隆四十八年建。按：舊志有紫陽書院，在府城東北，明嘉靖中建。開化書院，在天柱縣城東，明萬曆中建。今俱廢。

户口

原額人丁五千五百有四，今滋生男婦大小共五十五萬三百三十四名口，計一十一萬四千九百九户。又台拱衛男婦共五千九百名口，計一千四百六十户。黄施衛男婦共四千七百二十八名口，計一千一百四十一户。清江左衛男婦共六千二百六十八名口，計一千四百有八户。清江右衛男婦共六千七十名口，計一千五百一十七户。

田賦

田地、山塘共一十七萬八千三百二十一畝一分有奇，額徵地丁正、雜銀三千九百九十六兩八錢一分六釐，米一萬六百七十九石七斗六升六合九勺。又台拱衛屯田七千四百二十六畝有奇，額徵米六百四十七石二斗四升一勺。黄施衛屯田五千二十九畝三分有奇，額徵米四百五十二石五斗五升七合八勺。清江左衛屯田七千六百九十七畝九分有奇，額徵米六百九石九斗四升二合七勺。清江右衛屯田七千六百七十三畝九分有奇，額徵米六百七石五斗四升二合。

山川

中河山。在府城東半里。元置鎮遠軍民總管府以授田氏，即此地。名勝志：兩水夾流，山南麓爲元妙觀，北崖産白石，光潤可琢硯。兩崖巨石，獨立水中，上豐下儉，名香爐崖。

觀音山。在府城東十里，崖石錯立。明統志：在府治東，上有觀音崖。

太平山。在府城東二十五里。明統志：上有小池，雖旱不竭。有太平觀故址。

筆岫山。在府城東南五里。通志：以峯巒尖秀而名。

都來山。在府城東南十里。明統志：在廢思邛縣東二十里，接錦州常豐縣。
巴邦山。在府城東南四十五里。黔記：在邛水司西二十里。山勢壁立，昔人避寇於此。土人呼「石」爲「巴」。
思邛山。在府城東南八十里，舊思王縣治北。府志：山連思邛水，在故思邛縣東。
都波山。在府城東南九十里。明統志：在舊思邛縣東，接錦州洛浦縣。
筆架山。在府城東南邛水司東南二里。山凡五峯，中峯獨高，餘峯以次而低，左右排列。又司東南八里有岑樓山。
馬首山。在府城東南邛水司南一里。府志：其山東昂西伏，狀如馬首，昔長官鄧章嘗保聚於此。又司西十五里有金朝山。
五老山。在府城南。通志：有五峯傴僂相連，故名。山麓即鎮遠廢衛治。
仙飛山。在府城西南廢偏橋衛東南一里。
鳳凰山。在府城西南廢偏橋衛北一里。林木蒼翠可愛。
雲臺山。在府城西南廢偏橋衛北二十里。黔記：山前五里有望元關，對山相望。下五百餘丈，至河内，有石鼓石鐘，扣之有聲，名鐘鼓洞。
吉祥山。在府城西半里。名勝志：臨江狀如燕窩，上有吉祥寺。寺前水深，磯石崚嶒。
天樞山。在府城西。下有北極宫。
雙峯山。在府城西三里，一名平冒山。名勝志：自白羊坡頓伏而來，至此止。雙峯圓聳，江水環其前。四山迴合，中有平原。府志：明成化中嘗議遷郡治於此。

獅子山。在府城西四里。名勝志：自東南望之如獅，自北望之如展旗。又六里有白石柱，臨江駢立，一大一小，皆高數十丈。

西峽山。在府城西十里。路通偏橋，巖石奇勝。名勝志：西峽諸山爲崖者如樓臺鼓角，爲巘者如銀牆鐵壁。有飛瀑數處，掛崖石，高百餘丈。稀者如輕綃薄霧，厚者噴沫如撒珠，春夏盛時，飛過南岸。

馬鞍山。在府城西偏橋司東二十里，一名天馬山。黔記：兩峯相並，其北有鹽井。

石屏山。在府城北，府之鎮山。遊名山記：山巔有石高百丈許，端直蒼潤如屏。通志：山半有石竇，久雨竇中水出，其明如虹，則江必溢。居民避水以此爲候。山右有路上通，屈曲旋繞，今塞。

石崖山。有大小二山，俗呼崖門。大崖山在府城北，小崖山在廢鎮遠衛北。名勝志：大石崖山，苗自金堡狗洞來由此。又有小石崖山，苗自施秉鼓樓坡來由此。通志：昔人於大崖山壘石築崖門以守之。小崖山，昔於鼓樓坡建營。皆要隘也。

鐵山。在府城東北。黔記：在衛東北三里。高峻突兀，石色如鐵。下爲鐵溪，溪之第一灣有巨石，下瞰如屋，名曰石厂。其第二灣有長潭，潭之北岸爲鐵山絶頂，南岸石委積成洞。有蹊隧通鎮陽江，江邊羣石錯立，急湍奔瀉，名浮石灘。其東有石側立，上多樹木，名古牛崖。

三台山。在施秉縣南。岡巒連峙，遥望如畫。

岑麓山。在施秉縣北。四面陡立，岡巒重複。名勝志：初縣治在從化鎮，明正統十四年苗叛，縣燬。景泰間，招撫復業，依此以居。

岑嶅山。在施秉縣北一里。爾雅：小山多石曰嶅。黔記：土人呼高山爲岑。故稱岑嶅。相傳元末鄉人苦苗，四川陳帥屯兵於此，營壘尚存。

巴施山。在施秉縣北一十五里。圓聳插天，狀如卓筆。又有癩頭坡。

涼繖山。在天柱縣東十里，以形似名。

林排山。在天柱縣東三十里巖門砦。山勢排列如林，下有泉流。

茨嶺山。在天柱縣東四十里。長數里，兩峯對立，中闊丈餘，樹木蓊鬱，爲縣要地。舊設大平堡於此，今廢。或作茨貢山。

新舟山。在天柱縣東五十里。縣志：山形如舟，有水環流其下。

高雲山。在天柱縣東六十里。山最高，雲生其下，故名。相近有元正山。

大靈山。在天柱縣東七十里。一名大林山。

烟墩山。在天柱縣南三里。

春花山。在天柱縣南三十里。山下有砦，砦畔有池，廣半畝許，清光夜發，四時明晦皆然，土人謂之「春花夜月」。

黄少山。在天柱縣南七十里。一名黄哨山。對山有五龍嶺。

鐵山。在天柱縣西二十里。石色如鐵。

幞頭山。在天柱縣西三十里。縣志：霧濛山頂則大雨。

蓮花山。在天柱縣西六十里。

蓬萊山。在天柱縣西北八十里。三山列峙，俗以其似三島，故名。

疊山。在天柱縣北五里。峯巒層折，迤邐而南。相近有尖山，如浮圖插天。

筆架山。在天柱縣北十里，形如掌指。

柱石山。在天柱縣北十五里。上有石如柱，縣以此名。

急溜山。在天柱縣北三十里。前後有溪，山當急溜，故名。

金鳳山。在天柱縣東北十五里。亘數十里，高數百丈。

岑朗山。在天柱縣東北四十里。形如垂翅，有溪水暗流其下。又十里有簸箕山。

白雲山。在天柱縣東北六十里。四圍村砦環繞，晨暮炊烟，如雲生其麓。

寶林山。在天柱縣東北七十里。

銅釘山。在黄平州南四里。黔記：聳秀如朝冠，亦名七星山，以山有七峯也。

宜孃山。在黄平州南五里。黔記：相傳宋有宜孃者，營兵於此。

朝陽山。在黄平州南十五里。黔記：山左列琴板山，右列石旺山，爲州城屏障。

鼓臺山。在黄平州南五里。絶頂孤峯，危懸天半。中有一徑至山巔，屈曲陡峻，梯石爲磴，挽鐵索而上。

香爐山。在黄平州西南十五里。峭拔高竦，明時叛苗常屯據於此。黔記：在州東四十里。

金星山。在黄平州西三里。端直圓秀。

斗崖山。在黄平州西五里。名勝志：有洞高五丈，闊減其半。崖中無路。左有虚崖長二丈，常有泉下滲，每旱時，崖輒有狂風。洞後山頂有穴，一道人墜入穴中，見洞口兩邊疊疊有金鱗似龍。出與老樵語其事，引往視之，崖間隱隱有字，剥落不堪讀。

都凹山。在黄平州西北三十里。名勝志：有寺在萬山巔，曩一老人數日始陟其處。寺右小石池，池側一小井，上有索，擲之於井，綆直不可汲。入寺若有烟火氣，而不見人。少頃陰風怒號，難以復留。老人歸語所知，有詣遊者，但遥見一茅茨在雲中耳。

北辰山。在黄平州北，頗高聳。相近又有五星山，峯巒錯峙，如五星環列，朝拱北斗，故名。

架梁山。在黄平州北。孤峯摩天，一望千里。

龍巖山。在黄平州北一里。一名龍洞山。名勝志：又名狼洞。石勢嶄巖，水色清碧，相傳有龍居其中。黔記：亦名龍崖，又謂之龍淵。

揭榜山。在黄平州北二里。崖壁端直而峻峭，故名。

琴坡山。在黄平州北五里。黔記：起自白泥界，南行爲大章嶺，至黄平江邊，横列如琴。

大榜山。在黄平州北二十里。雄峙出諸峯之上。

大翁山。在黄平州北二十里。通志：形勢雄偉，其對峙者曰馬鞍山，巖石甚勝。

石林山。在黄平州北八十里。樹林蔭翳，頗稱幽勝。又北十里有九龍山。

分水嶺。在府城東五里。

馬鬉嶺。在黄平州東四十里。黔記：左枕上塘小江，右襟地松大江。名勝志：嶺之陽有馬蹄井，大不盈尺，深入石竅丈餘。相傳唐末一將追苗賊至此，軍渴，馬蹄忽陷，清泉湧出，馬墜鬉於此。

二仙峯。在府城西五里油榨關。兩峯對立，形如二仙，故名。

岑東峯。在黄平州西。爲州治賓山。

九曲岡。在府城北石屏山右。名勝志：有路上通，旋繞屈曲。

彈子巖。在府城西十五里。通志：兩山對峙，相去數百步。左山頂有一石，圓如彈丸。右山中虛有一竅，明透如牖。

漏日巖。在府城西偏橋司東半里。通志：高數十丈，有竅中空，隨日早暮，東西漏景。又偏橋司西五里有張果老崖，亦幽邃。

江東巖。在天柱縣東六十里。極高敞。又縣北一里有紫雲巖。

却峒巖。在天柱縣北五十里。峭壁臨水，鑿石通路如廊廡，下有溪橋繞其麓。

觀音巖。在天柱縣北。隔江數十里。累級而登，傍壁有洞，門極高敞。

飛雲巖。在黄平州東二十里，一名東坡山，又名月潭。明王守仁記：興隆飛雲巖，壁立千仞，簷垂數百尺。其上澒洞玲瓏，浮者若雲霞，亘者若虹霓，豁若樓殿門闕，懸若鐘鼓編磬，不可具狀。其下澄潭邃谷、不測之洞，環密迴伏。吴維嶽記：興隆東行三十里，有月潭寺。寺左爲巖，距地百餘尺。中虛而下嵌，乳液融結，竪者柱矗，懸者絡綴，揚者鳥厲，突者獸蹲。邃洞谽谺而窅際，清渠激注而前繞。

羊子崖。在府城西南廢偏橋衛東五里。黔記：山皆黑色，中一石獨白如羊。又衛南十五里木葉沖有石柱高數十丈，苗界止此。

七里谷。在黄平州東二十里，俗名七里衝。名勝志：兩山壁立，中通一路，楊酋叛時屯兵二十七營於此，窺黄平。此谷爲貴筑咽喉。

鎮夷石。在府城東八里。形如方櫃，横卧道左。以當苗路之衝，因名。亦曰落星巖。

鳳凰石。在府城西西峽山下。臨江下懸，宛如鳳形。

馬場坡。在府城東十五里。名勝志：兩傍皆深谷，中通一路，苗自邛水來者由此。府志：舊爲戍守要地，昔人建大勝堡於此，後徙於宛溪。

鼓樓坡。在府城南十里。通志：重岡峭阜，望之若鼓角譙樓。上有雙峯駢立，每晴朝挂雲輒雨。苗自施秉來者由此。

分水坳。在天柱縣北七十里，接湖南沅州府界。山墺一水入縣，一水入沅。

太和洞。在府城東中河山南。其旁又有南洞。名勝志：洞廣一丈二尺，袤一丈八尺。旁有支洞，深黑不可入。

大洞。在府城東五里分水嶺北。明嘉靖間，改名淩玄洞。名勝志：洞中寬廣如七間屋，故俗即名洞爲七間屋。

觀音巖洞。在府城東十里。名勝志：山高數十丈，屹立江上。其址劈分爲洞，廣一丈，袤三丈，高如之。内涵清漪，可比船而進。洞半有竅如牕，上有石如佛像。洞頂色碧，有紋隱起如龍蛇。

岑藥洞。在府城東南邛水司西八里。崆峒深邃，莫測其際。

甕蓬洞。在府城西偏橋司東十五里。一名諸葛洞。鎮陽江水所逕，行亂石窟中，盤渦傾仄，挽舟而上。相傳漢諸葛亮漕長沙以西粟至牂牁，嘗議鑿之，以隘塞而止。黔記：江水逕此洞而出。有阸口五處：第一洞長七十丈，水口高四丈；第二洞長十五丈，水口高一丈五尺；第三洞長六尺，水口高一丈；鷺絲灘長三十丈，水口高一丈三尺；芙蓉洞長十丈，水口高六尺。甕蓬者，言舟楫過此，如入甕中，如居蓬底也。水自芙蓉洞西至甕蓬，長不滿百丈，高約九十丈，加以兩崖多積石，所以旋鑿旋塞，終不能成坦流也。

華嚴洞。在府城西北三十里。通志：洞臨官道，繚繞百折，中間石乳結成大士像，色相莊嚴畢具，旁有石羅漢二。内黑暗，秉炬而入，路漸狹。更入丈餘，復得空曠。至此爲水所限，不能窮極。

東巖洞。在府城東北。一名北洞，較南洞更深廣。

鐘鼓洞。在天柱縣西三里。中可容數百人，有石懸若鐘鼓，擊之有聲。有清流從中出，冬温夏涼。

梅子洞。在黄平州東。名勝志：以多産梅樹而名。

截洞。在黄平州南。通志：明景泰初，苗賊韋同烈糾衆數萬，屯聚截洞，官軍擊敗之，遂退據香爐山洞。蓋與香爐山接。

燕子洞。在黄平州西十五里。名勝志：燕千百藏此。洞口二丈，其土疏而黏，黑而肥，土人用之糞田。入洞二里，持炬至大洞内，泉聲如鳴金擊楫。

靖黎洞。在黄平州西北。明巡撫郭子章帥師戡定黎平，凱旋至此，洞適開，因名。

葛浪洞。在黄平州北。一山連亘，中多洞穴。

古磉洞。在黄平州北。黔記：黄平城北十里，有翁坡龍灘，其山自白泥逆上，起伏三十餘里，至此直立，爲州捍門。其灘下三十里，即古磉洞，州與偏橋分界處。

徑亨洞。在黄平州北二十里。名勝志：洞内有房室器用，間聞杵聲，或時見米糠浮水出。

九里箐。在黄平州北一百里，連亘如畫屏。黔記：其地控接播地，州境北闗也。明萬曆二十八年，王師渡此，土人於石崖鑿「太平渡」三字。

鎮陽江。在府城南。一名鎮南江，即古之無水也。自黄平州流入，又東北入思州界。漢書地理志：無陽縣無水，首受故且蘭，南入沅，八百九十里。水經注：無水出故且蘭，南流至無陽故縣。對無水，因以氏縣。無水又東南入沅，謂之無口。名勝志：鎮陽江即潕水，又名潕溪，蓋五溪之一也。在府治前，受黄平、興隆諸水。過府城，東流三百里入沅水。黔記：偏橋司西有黄平河，首受黄平諸水。其水東流逕司南，又東出爲大江。又有杉木河，首受播州水，繞鳳凰山後，東出合大江。又東合偏橋衛南小江，又東逕府南，曰鎮陽江。又東逕金盆大哨，九曲至清浪衛南，亦名清浪江。折而東北入思州界，即潕水也。通志：水經諸葛三洞，巨石嵯峨，横亘江心。明萬曆中，巡撫郭子章鑿，作開新河記。本朝順治十六年重加疏鑿，後漸淤塞。

烏江。在府城西南廢偏橋衛西北五十里，蓋小烏江也。黔記：地名崖門哨，江闊一里許，深莫測。

大江。在府城西偏橋司東南，受黄平、杉木二河水，東流入鎮陽江。又司西南有小江，流合大江而入鎮陽江。

前江。在施秉縣南，即重安江之下流。又南流數十里爲洪江。

沅江。在天柱縣東。自黎平府境流入，又東北入湖南會同縣界。漢書地理志：沅水東南至益陽入江，過郡二，行二千五百三十里。水經注：沅水出且蘭，爲旁溝水。東至鐔成縣，爲沅水。又東至無陽。方輿勝覽：靖州有沅水，出西南番界。明統志：在會同縣西一百五十里。源出西南番界，産九肋鼈。舊志：源出黎平府西北苗地，東北流合八舟溪，又東北逕銅鼓衛，西北合赤溪，又東北逕縣東而至會同。

北門江。在天柱縣北。源出縣西新溪，流百餘里至縣北，繞城而下三十餘里，逕小江入沅江。又有西江，源出縣西北鬼拈砦，順流五十餘里，至縣城北合北江。

重安江。在黄平州南三十里。通志：源出苗境，兩山夾岸，水深莫測。又南入清平縣界。州志：發源麻哈，逕湖南靖州界，爲黔、楚要津。每歲黄平、清平分造舟以渡。本朝康熙十二年創立石橋。

兩岔江。在黄平州西南十五里。江有二源，一出上塘，一出大原，流轉三坡，合而爲一，即麻哈江之上源。

杉木河。在府城西偏橋司北。出黄平州及平越州湄潭縣界，流入境，又東南入鎮陽江。又黄平河在司西，其上源即黄平州之西門河也，下流亦入鎮陽江。

冷水河。在黄平州東。名勝志：水白而寒。通志：下流入兩岔江，俱會施秉縣城下。

西門河。在黄平州西，即㵒溪源。府志：流逕城南，折而東北，逕偏橋諸葛洞，會鎮陽江，下流入湖南沅州界，爲㵒溪之上源。本朝順治十六年，疏灘鑿口，以通楚運。

處洞河。在黄平州西十里。通志：源出苗境，東流逕處洞，至衛城西，有興龍大河及興龍小河合流，又東入鎮陽江。

北門河。在黄平州北。東南流合西門河。

邛水。在府城東南邛水司南。黔記：首受縣南松明、藁把諸水，東入於洪江，首尾三百餘里。

宛溪。在府城東十五里。溪源出龍羊洞石竇中，東行三十餘里，委曲入鎮陽江。

焦溪。在府城東四十里。其流常涸，故名。

梅溪。在府城東五十里，舊爲清浪水馬驛。

秋溪。在府城東一百三十里，鎮遠地界止此。

江凱溪。在府城東南邛水司東十里。黔記：在偏橋司東十里。首受馬鞍山水，西北行入大江。

松溪。在府城西南三里。多美田。迤東有小田溪，在府城西十里。山足有洞曰龍孔，水深四五尺，洞口望之漏日光，故名。

牙溪。在府城西五里。名勝志：牙溪又名雪溪。溪中有物，舟過此者寂不敢譁。

湧溪。在府城西十里。犵狫所居，旁多隘口。

白水溪。在府城西三十里。水自盤石奔注入江，潔白如雪。

鐵溪。在府城東北三里，南流入鎮陽江。首受鐵山諸巖罊水，故名。名勝志：鐵山下爲鐵溪，其水清淺，産羸螄及小魚，味極佳。府志：其水剛利可淬鐵，衆水交流。

別溪。在施秉縣南，居民資以溉田。下流入洪江。

秉溪。在施秉縣北。黔記：首受縣東藁勝洞水，西南入前江，農人資以灌溉。通志：溪在縣南。又縣西南有鳳溪，縣南三里有鶴溪，皆流入前江。

高溪。在黄平州東十五里，旁有高溪屯。又州溪，在州東三十五里東坡堡，下流皆入重安江。

龍池。在府城北一里。明統志：俗傳有龍出其中，取水禱雨即應。府志：地名翁種，四面高山，中有一池，雲氣蓊鬱，白日晦冥，蓋神物所居云。

荷花池。在天柱縣南。

青龍澗。在天柱縣南坡下。四時不涸，郭外之田賴以灌溉者五六百畝。初名白水沖，明萬曆中，知縣朱梓改名。

伏泉。在府城東半里中河山南。

湧珠泉。在府城西南廢偏橋衛城内西隅。泉自地湧出如珠，味極甘涼。

青油泉。在府城西油榨關。石有五竅，泉自中迸出，一名雲根五竅泉。

雲露泉。在府城東北一里。湧於山半石竇中，循崖西下達於鐵溪。

響泉。在施秉縣北，地名巴團。通志：泉聲觸石如雷，冬亦不減。

百丈飛泉。在施秉縣北一里。泉自崖上飛下，如白練數百丈，流注跨虹橋下。

龍泉。在天柱縣東北隅。舊在城外，明知縣朱梓展城，圍入城内。冬温夏涼，灌田百餘畝。

大瀑布。在府城西六里。黔記：在西峽山西，地名骨董沖。有瀑布數條，自巖巔飛下，高百餘丈。又中河山南有小瀑布，高二丈許，清淙激石，潔白如練。伏泉流地中，穿崖石而出，與小瀑布相連。

龍羊井。在府城東宛溪之源。昔人見雙羊在井旁，就之躍入井。

香井。在府城東六十里，水味香如蘭蕙。

聖婆井。在府城東南邛水司治東南八里岑樓山上。府志：昔傳有老婦率五男行至岑樓，以手拄竹杖卓地，水隨杖出。又手植竹成林，揮涕竹上，今竹有液如涕。

味井。在府城西，一名味泉，水極甘。通志：水自竇中出，其味清冽。

四方井。在黄平州治，源出石隙。今名大井。

王井。在黄平州西南。黔記：明洪武間，岷王之國無水，命鑿於驛。

古蹟

思王故城。在府城東。唐武德三年置，屬思州，後廢。舊唐書地理志：思王屬思州，貞觀元年改屬務州，四年改屬思州。元和志：縣至思州水路三百里。思南府志：今鎮遠府東八十里有思王故城。

思邛故城。在府城東南。唐開元四年，開生獠置，屬思州，五代時廢。元和志：思邛縣西北至思州二百九十里。寰宇記：按縣道四夷述云，此邑最僻遠，東南至錦州常豐縣二百里，東北至溪州三亭縣四百里。府志：思邛廢縣在府東南九十里。

邛水故城。在府城東南。宋置，屬思州。元改爲定安縣，後復故名。明置邛水司於此。宋史地理志：思州，政和八年領邛水縣。宣和四年廢爲堡，隸黔州。紹興元年復。明統志：元置定安縣，後改邛水縣。洪武五年，改置邛水十五洞蠻夷長官司。

府志：邛水廢縣，在府城東南八十里。

元帥府故城。在府城東中河山。黔記：元置鎮遠沿邊溪洞招討司，以田氏爲總管，治中河山，今有元帥府城。

黄平故城。在黄平州西北四十里。本宋、元時黄平府土司地，明初爲黄平守禦所，萬曆中置黄平州。本朝康熙二十六年移今州治，此城遂廢。元史地理志：播州軍民安撫司黄平府。明統志：宋爲黄平府，立上、下三曲二長官司。洪武八年，併二司入安撫司。通志：明洪武八年，以地皆夷獠，於安撫司添設黄平守禦所。正統十四年，苗陷黄平所。萬曆二十九年，平楊應龍，改置黄平州，與所同城而治。州志：本朝康熙十一年裁黄平所入州。二十六年，州移治興隆衛。

平越行府故城。在黄平州舊城北里許。明萬曆三十一年，巡撫郭子章建，以便催征糧馬。今廢。

洛浦廢縣。在府城東。唐天授中置，屬錦州，後廢。唐書地理志：錦州洛浦，本隸溪州，天授二年，析辰州之大鄉置，長安四年來屬。文獻通考：宋無錦州，其地則入辰、沅二州。

鎮遠廢衛。在府城西南㵲水西岸五老山之麓。明初置，本朝省入鎮遠縣。明史：洪武二十二年，置湖廣鎮遠衛指揮使司。通志：本朝康熙二十二年，割屬貴州，尋併入鎮遠縣。

偏橋廢衛。在施秉縣西北偏橋司南，隔江。明初置，本朝省入施秉縣。明史：洪武二十三年，置清浪、偏橋二衛指揮使司於思南宣慰司之地。黔記：城周一千二百二十八丈，門四。西、南倶坡，特爲險峻，東、北逼近溪河。通志：本朝康熙二十六年，省衛入施秉縣。

興隆廢衛。即今黄平州治。宋時曰狼洞。明洪武中置興龍衛，後改曰興隆。本朝康熙二十六年，省入黄平州。明統志：興隆衛在重安長官司東三十里。名勝志：宋號狼洞，隸黄平府。洪武二十二年傅友德南征，以地當西南要害，始置衛，隸貴州。衛城北龍巖山下淵有龍居之〔四〕，時出雲雨，故名衛曰興龍，後改爲「隆」。通志：本朝康熙二十六年，移州來治，以衛省入。

卑帶洞大小田廢司。在府城東七十里。元置長官司，明初廢。元史地理志：思州軍民安撫司卑帶洞、大小田等處。

金容金達廢司。在府城東八十里。元置長官司，明初改爲鎮遠金容金達長官司，尋改爲鎮遠縣。元史地理志：思州軍民安撫司金容、金達等處。明統志：元置鎮安縣，尋改安夷縣，後改金容金達及楊溪公俄等處兩蠻夷軍民長官司。明地理考：鎮遠縣，即金容金達、楊溪公俄二長官司地。

曉愛瀘洞赤溪廢司。在府城東。元置長官司，後廢。元史地理志：思州軍民安撫司曉愛、瀘洞、赤溪等處。

德明洞廢司。在府城南。元置長官司，後廢。

楊溪公俄廢司。在府城西。元置長官司，明初并入鎮遠金容金達長官司。

施秉前江廢司。即今施秉縣治。元置長官司。明正統中，改爲縣，司廢。明統志：元置施秉、前江等處蠻夷軍民長官司。洪武五年，改施秉蠻夷長官司。正統九年改爲縣。明地理考：施秉縣即施秉長官司地。

溱洞涪洞廢司。在施秉縣西北鎮遠廢衛西七十里。元置長官司。明改爲溱涪六洞横波長官司〔五〕，屬鎮遠衛，後廢。又有容山司，在施秉縣前西南江外，亦明初置，後廢。

葛浪洞廢司。在黄平州西。元置長官司，明廢。元史地理志：播州軍民安撫司葛浪洞等處。通志：元置葛浪洞等處長官司，屬播州安撫司。明初廢入黄平安撫司。

上塘廢司。在黄平州西北一百十里。元置長官司，明廢。元史地理志：播州軍民安撫司上塘。黔記：黄平州西北七十里有上塘砦。

重安廢司。在黄平州西三十里。明初置長官司，萬曆中廢。明統志：宋黄平府地。洪武八年置司於此，屬播州宣撫司。通志：明初授土酋張佛保，又以馮鐸副之，世守其地。萬曆二十八年，以其地廢入黄平州，改正、副二長官俱爲土吏目。郡志：司近重安江，故名。

天柱廢所。即今天柱縣治。明洪武二十五年，楚王楨率兵征大坪、小坪等處苗，始撤靖州衛左千户，改置守禦千户所於此，屬湖廣靖州。萬曆二十五年，將天柱所原轄十八呰編爲三里，又割會同縣下同、遠口二鄉四里，共七里，置天柱縣，與所同治。苗轄於所，民附於縣。崇禎十年，移治龍塘，在今縣東十里，改名龍塘縣。後又移治雷呰，復爲諸苗攻燬，仍還故治，復故名。本朝康熙元年，併天柱所入焉。明統志：在靖州城西北二百里。

汶溪廢所。在天柱縣東北五十里。明洪武末，調靖州後千户所移治汶溪呰，因名。本朝順治十八年裁。明統志：屯鎮汶溪後千户所，在靖州西北二百五十里，洪武三十年建。

宜孃壘。在黄平州南。世傳楊再興之妹宜孃屯兵於此。

楚王宫。在天柱縣南十五里。明楚王楨駐兵於此。

懷周堂。在府治。明正德中，知府羅鳳懷前守周翠渠建。

籌邊堂。在府治。明嘉靖二十八年建。

翫易堂。在府署左。

六梧堂。在府治。明嘉靖中，知府程爀建。又有德禮堂。

朝元閣。在府城東中河山上。明萬曆間，巡撫畢三才建。

臨清閣。在府城東太和洞前。

澄江閣。在府城東元妙觀前。

聽松閣。在天柱縣西二十五里。又有迴龍閣，在縣東寶帶橋左。

濯香亭。在府城西天樞山。

獨嘯亭。在府城北石屏山上。

天一亭。在府城北九曲岡上。又元妙觀石巖下有歲寒亭，竹園内有有斐亭。又三永碑亭，在府城西。

枕流漱石亭。在天柱縣西三元宫之後。其前又有八角亭，今俱廢。又縣南有稻香亭。

聖果亭。在黄平州飛雲巖前小峯上。

德馨樓。在府治東。

江樓。在府城東北鐵溪上。

定西樓。在府城西木家灣。又有永固通津樓，在沙灣。

南樓。在黄平州治南。

君子居。在府治。又石崖書屋亦在府治。又治後有壺中丘壑。

龍鼇洞天。在府城東。

關隘

鎮東關。在府城東，舊名東關。又府城東三里有復古關，兩山對峙。

石門關。在府城東，舊名河關。

焦溪關。在府城東三十里。又城東六十里有梅溪關。

永安關。在府城南。

鎮西關。在府城西。

思南坡關。在府城西三里小田溪。

油榨關。在府城西五里。府志：在府西二仙峯，崖壁險固，控扼所資。

望雲關。在府城西二十里相見堡河東。河之西又有九曲關。

甕蓬關。在府城西甕蓬洞。又城西七十里有爛橋關。

溜沙關。在府城西北四十里。又城西北八十里有紫岡關。

北津關。在府城北。又城北九十里有凱料關，接銅仁府界。

鐵山關。在府城東北三里。又城東北九十里有老鷹關，接思州府都素司界。

馬鬉嶺關。在黄平州東馬鬉嶺上。

十里關。在黄平州東十里。

深溝關。在黄平州北。又州北有爛泥關。

大石關。在黄平州北。

遠口巡司。在天柱縣東五十里。本朝乾隆中置。

舊州巡司。在黄平州西北四十里。本朝乾隆中置。

從化鎮。在施秉縣北。縣嘗治此，後設哨守禦。

清江鎮。在天柱縣東鸕鷀渡。又新民鎮在鸕鷀渡對河，今廢。

新市鎮。在天柱縣北七十里甕洞，往來魚鹽木商泊舟於此。

茅坪砦。在府城南。苗砦。明成化二年，苗作亂，官軍討平之。

鎮遠砦。在天柱縣東四十里鸕鷀渡。明初置巡司，屬湖廣會同縣。萬曆中屬本縣，後移於上新市十里。又江東巡司在縣東五十里，亦明初置，屬會同，後屬本縣，久廢。

董丙砦。在黄平州西。黔記：自黄平城西經董丙等苗砦，出平越路五十里，皆苗夷地。

丹章砦。在黄平州西廢重安司西南，舊爲苗屯聚處。

高車砦。在黄平州北三十里。黔記：黄平城北路有三：左路三十里爲高車砦，中路十里爲新砦，十五里至上塘砦，十里至水洞阿亮砦。

大勝堡。在府城東十五里，通邛水司小路。

相見堡。在府城西。通志：初屬沅州，後屬鎮遠衛，明嘉靖中改屬府。又名相見坡。黔人謂嶺曰坡，有大相見坡、小相見坡。府志：在偏橋之東。三重迭起，高皆千仞。計途周三十里，起伏偃仰，石垂烟接，陟首坡則尾坡見，至尾坡迴矚則首坡見，立中坡則首尾俱見。

蕩洞堡。在府城東南邛水司東北。明成化八年建。又司東南有得民等堡。黔略：邛水、施秉與紅江一帶生苗相接，防禦最切。

岑麓堡。在施秉縣北。明嘉靖中建。

邀營堡。在天柱縣東三十里。明萬曆十九年建。又太平堡，在縣東三十五里，明萬曆二十三年撤朗江堡建，今廢。

遠口堡。在天柱縣東五十里。明洪武二十三年建。萬曆中，因朝陽坡苗人出没，遂撤建朝陽堡於縣東南百里，今廢。

幞頭堡。在天柱縣西四十里。舊建茅營堡在縣東十里，明萬曆二十五年撤建於此，今廢。

偏橋堡。在黄平州東三里。

東坡堡。在黄平州東二十里，舊置東坡站。

重安堡。在黄平州南三十里，舊置站於此。

朗城堡。在黄平州北十五里，舊爲朗城司。通志：黄平州有朗城司土吏目。

白果堡。在黄平州北二十里。黔記：自衛北小道十五里爲朗城堡，又五里爲白果堡，又十五里爲野洞苗砦，又十五里至月黑苗砦。

十萬屯。在府城西南六里，臨江。通志：田宣慰屯兵處。

㵲陽驛。在府城内。本朝康熙二十六年置。

鎮遠驛。在府城西。明洪武二十五年置。通志：又有鎮遠站，上走偏橋，下走清浪，爲往來孔道。

偏橋驛。在府城西偏橋司東。明洪武二十五年置，今屬施秉縣。

黄平驛。在黄平州治，亦名興隆驛。本朝順治十五年置。

重安江驛。在黃平州西南。本朝康熙十年置，爲清平要道。十二年置驛丞於此，今裁。

興隆站。在黃平州境。

宛溪鋪。在府城東。又有府前鋪、焦溪鋪、小溪鋪、梅溪鋪、白羊鋪，皆鎮遠縣管理。又有在城鋪、南市鋪、排哨鋪、排略鋪、稿貢鋪、番招鋪，皆台拱同知管理。又在城鋪、烏包鋪、者磨鋪、那磨鋪、梁上鋪、東聳鋪、烏溜鋪、賴受鋪、白索鋪、九丢鋪、反擁鋪、柳拉鋪、雞砦鋪，皆清江通判管理。

司前鋪。在府城西偏橋司前。又有乾溪鋪、草塘鋪、鉛沙鋪、谷寶鋪，皆施秉縣管理。

縣前鋪。在天柱縣。又邦洞鋪、執營鋪、款場鋪、魁梅鋪、六洞鋪、長安鋪、八弓鋪、歸烏鋪、盤山鋪，皆天柱縣管理。

在城鋪。在黃平州治。又州境有波洞、滃霾、鐵關、地送、小黎、龍洞、碗水、燈草、周洞、黃猴、對江、羅重、十里、東坡、長沖、大翁等鋪。

邛水哨。在府境。又有青銅哨、巴團哨、焦源哨、響水哨、大塘哨、塘頭哨、從化哨，舊皆設兵防禦。

鬼里哨。在天柱縣南十三里。又高坡哨，在縣南十五里。永安哨，在縣南四十里。西安哨，在縣西四十里。相近曰地損哨，尤爲要隘。又大穴哨，在縣西四十五里。平鑾哨、永安哨，皆縣西北四十里。諸哨皆明萬曆中建縣時置，久廢。本朝置漢砦哨，在縣西北；鴉地哨，在縣東南。

七里哨。在黃平州境。又有爛泥關哨及深溝、冷水、燈草、石頭、榔木、楊柳、長沖等哨，舊皆設兵防禦。

興文官莊。在天柱縣東十里。又永豐莊，在縣東十三里。銀鳳莊，在縣東十五里。金鳳莊，在縣東二十里。阜國莊，在縣南十里。玉屏莊，在縣南十二里。永寧莊〔六〕，在縣南二十里。育民莊，在縣西南十里。永興莊，在縣西南十五里。安樂莊，在縣西二十里。定遠莊，在縣西三十里。太平莊，在縣西四十里。永泰莊，在縣北五十里。皆明萬曆中知縣朱梓置以控禦險隘。

聚溪公館。在天柱縣北七十里。又黄田、朝陽、新市皆有公館。

津梁

永安橋。在府治前。

祝聖橋。在府城東門外。

利涉橋。在府城東三十五里。又府城東二十里有高橋。

偏橋。在府城西南廢偏橋衛西北。斵石架木，以通往來。

跨虹橋。在府城西南廢偏橋衛北。本名柳塘渡，明萬曆中建橋。

相見橋。在府城西二十里。

乾溪橋。在府城西北二十五里。

迎仙橋。在鎮遠縣東。

松溪橋。在鎮遠縣南三里。

知政橋。在施秉縣治前。

普慶橋。在施秉縣東十里。

濫橋。在施秉縣南二十八里。

保泰橋。在天柱縣東五里。明初建曰寶帶，後重修改名。
遠口橋。在天柱縣東五十里。
嗣壽橋。在天柱縣西北，跨西江。
紫雲橋。在天柱縣北門外。
永勝橋。在天柱縣北三里。
平龍橋。在黄平州治東。
靈泉橋。在黄平州東。又三十里有重安江橋，跨重安江上。江水湍急，當滇、黔孔道，昔以舟渡，往往有覆溺之患。本朝康熙十三年建石橋於上，往來稱利涉焉。
會通橋。在黄平州西，路通甕安縣。
永安橋。在黄平州西北舊城東十里，明洪武中建。又東十里有通濟橋。
滄浪橋。在黄平州北，路通餘慶縣。
焦溪渡。在府城東六十里。
下坪渡。在府城東九十里。
木家灣渡。在府城西關内。
永安渡。在府城西。
沙灣渡。在府城西。

平冒渡。在府城西三里。

鸕鷀渡。在天柱縣東四十里。

隄堰

平安陂。在府城西六十三里。明統志：土人引水溉田數千畝，其源不絶。

龍塘。在天柱縣東十里。灌田百餘頃。又縣東有巖頭壩，灌田一千二百畝。博皮砦壩，灌田九千九百畝。

朱公隄。在天柱縣南，明知縣朱梓築。

祠廟

武侯祠。在府治，祀蜀漢諸葛亮，明嘉靖中知府程𤐣建。

朱文公祠。在府城東關内。舊在東巖洞，明知府黄希英建，後知府程𤐣徙於此。

東山祠。在府城東關内，祀明知府顔澤、劉善、周瑛、劉武臣、程𤐣，郡丞何瑄，别駕楊瑄，參將彭倫。

張公祠。在府城東迎仙橋左，祀明知府張守讓。

忠烈祠。有二：一在府治西，祀郡人參將黄如龍；一在柴家坪，祀衛指揮周仕達。

朱公祠。在天柱縣東門内，祀明知縣朱梓。

石龍廟。在府城西門内。

赤巖廟。在府城東中河山龍鼇洞。

龍王廟。在天柱縣東北，宋紹興中建。

南公廟。在黄平州西門外。祀唐南霽雲，俗謂之黑神廟。黔書：土人以其長冠戟髯而貌黧，故曰黑神。

寺觀

鎮江寺。在府治。

龍會寺。在府城東，舊爲田氏屯糧之所。

吉祥寺。在府城南，明永樂初建。中有古柏二株，蒼翠盤曲。

西天寺。在府城西。

華嚴寺。在府城西北華嚴洞。

中峯寺。在府城北，地名立仞屯。

中山寺。在府城東北東巖洞。

雷震寺。在天柱縣東五十里。相近有羅漢堂。

報恩寺。在天柱縣南門外。明初建，名太平寺，後改名報恩，今又名興寶禪林。

寶相寺。在黄平州東。唐、宋古刹，元至正中重建。

月潭寺。在黄平州東二十里飛雲巖之右，明正統八年建。以寺前有池甚清澈，故名。

善化寺。在黄平州南門外，明洪武中建。

圓通寺。在黄平州西五里。

太平寺。在黄平州北，後移建七星巖上。

蓮花寺。在黄平州北門外，明萬曆中建。

元妙觀。在府城内。

玉虚觀。在府城内。

北極觀。在府城西門外。

三清觀。在天柱縣東門外。

雲臺觀。在天柱縣西三里。

元真觀。在黄平州治。

福智觀。在黄平州南。元時舊刹，明永樂中重修。

白雲菴。在府城東門外。

長松菴。在黄平州北石林山上。

九龍菴。在黄平州北九龍山上。

紫皇閣。在府治西北。石徑盤旋，藤蘿垂蔭，瀑布如練。登閣望之，西南諸山宛如圖畫。

玉皇閣。在天柱縣東門外，明初建。

迎仙宫。在府城西五里油榨關。

迎聖宫。在施秉縣北三十里。

三元宫。在天柱縣西三里鐘鼓洞右。

名宦

明

顏澤。江陰人。永樂中，初設鎮遠府，以澤知府事。勤政恤民，秩滿，民請留復任。建府治，立學校，政績甚著。

劉善。泰安人。正統初知府。政教兼施，公餘進諸生講論經史，竟日不倦，多所造就。

戴仁。大理人。成化末知府。舊有羡税，仁至盡爲裁革。或勸之上聞，曰：「張己形人，非吾心也。」考最，擢松茂兵備。

劉宇。鈞州人。成化中，以貴州巡按御史降施秉縣典史。有虎爲民患，宇牒城隍，明日兩虎相噬死。後起爲吏部侍郎。

周瑛。莆田人。弘治初知府。博學能文，勤於政事，建城置堡，至今賴之。

劉武臣。宜賓人。正德中知府。愛民課士，郡爲立祠。

程爋。建昌人。嘉靖末知府。去煩苛，寬市榷，公聽斷，抑暴横，清郵傳，節供億，毁淫祠，建社學，民至今稱之。

張守讓。南海人。萬曆中知府。時值兵燹後，民供億驛馬，十室九空。讓甫下車，爲設法調停，民困獲紓，郡人立祠祀之。

朱梓。淮安人。萬曆中知天柱縣。建學校，擴城垣，清田賦，編里甲，安哨堡，創市鎮，百務具舉，爲設邑以來賢令之冠。

鄭廷英。綏陽人。以州同署黄平州事。值歲大旱，廷英步行泣禱，雨立應。聽斷明決，民呼爲神君，肖像以祀。

黄虞龍。廣東人。崇禎末知黄平州。土賊藍二攻陷州城，虞龍死之。

本朝

杜廣。諸暨人。順治十五年知黄平州。仁恕不事敲朴，食脱粟，衣布，每有征徭，集衆共議，必悦從而後行，視民如子。以勞瘁卒於官，民爲罷市。

卜世儼。上元人。康熙初，任鎮遠衛守備。適吴三桂陷城，儼自經死。事聞，贈都司僉書。

羅鳴序。漢陽人。雍正十三年，以麻哈知州署理黄平州事。值逆苗叛，鳴序知孤城難保，豫解所佩兩州印，令家人潛齎赴省。及城陷，與幕客陳憲俱投繯死。事聞，贈布政司參議，廕一子入監；憲亦贈國子監學録。各賜祭葬，祀忠義祠。

人物

明

何瑄。鎮遠土同知。爲人沉毅剛果，有遠識。正統中苗叛，瑄率士兵破諸砦，擒劇賊，内撫外攘，政務修舉，士民賴之。

楊瑄。鎮遠土通判。成化初，茅坪賊亂，從叅將吴經進勦，至江口遇賊，力戰死之。贈奉議大夫。

朱應旌。黄平人。隆慶間，任雲南縣。討鐵嶺賊有功，署保山縣。多惠政，民立祠以祀。升湖廣巨津州，值水患，悉心賑恤，民免失所。調廣東潮陽府同知，築隄衛民。本朝乾隆十年，入祀鄉賢祠。

楊正位。施秉人。生七歲，父再翔出遊不返者十餘年。正位徧歷西南求數載，遇於泗城州，迎回侍養。父病，衣不解帶者三月。子通宇，萬曆中舉於鄉，知湘潭縣，累遷黄州知府，所在有聲。

蕭宷。天柱人。樂善好施，信義素著。萬曆中，苗酋傅良嘴負固梗化，時初議設縣，吏目朱梓多方撫諭之，良嘴必欲得宷爲質然後出。宷欣然往，謂家人曰：「若得縣成苗順，雖死何恤！」良嘴見宷至，始率衆就撫。諸苗聞風向化，建縣乃定。

黄如龍。鎮遠衛人。萬曆中，平播、靖諸苗，積功官至叅將。天啓三年，從征水西内莊戰殁，贈都督僉事。

周仕達。鎮遠衛人。爲衛指揮。天啓三年，從征水西陣亡，贈都督僉事。

劉以仁。溱洞司人。安酋叛，以守備督兵力戰，死之。

張應期。字惟屺，鎮遠縣人。以貢生爲清平衛教授，攝縣篆。愛民課士，政皆可紀。居鄉方正樂易，貧約自甘，人稱爲君子。

龔國瑄。天柱人。崇禎末，以歲貢爲茶陵州訓導。流賊破城，從容自經死。子宏盛亦被害。本朝乾隆四十一年，入祀忠烈祠。

何承光。鎮遠人。萬曆中舉人。崇禎末，任夔州府通判。張獻忠圍城，承光帥義勇拒守，城陷死之。其妻趙氏亦自刎以殉。本朝乾隆四十一年，賜謚節愍。

陳憲度。施秉人。崇禎壬午舉人，官石阡府教授。父宦粵東，卒於官。與仲兄扶柩歸里，廬墓盡哀。事繼母朱氏至孝，兄弟同爨無間言。麻陽渠寇莫崇文等肆行擄掠，憲度以大義責之，賊相戒勿犯，全活甚衆。著有麟經稿行於世。

徐登高。偏橋人。崇禎時鎮平越，孫可望自滇遣白文選陷平越，被執不屈，死之。

本朝

周鳳毛。字羽瑞，鎮遠人。事母以孝聞。卜築深山，守令欲識其面不可得。豪强或侵其産，不與較，曰：「無以土田故而拂鄉人心。」年八十餘卒。

李蕃。施秉人。一日三虎入市，其父逐之，虎撲父幾危，蕃奮勇格殺之，父乃得生。巡撫上其事，被旌。

湯之新。天柱人，廩生。事親以孝聞。父柩在堂，值戊子歲苗變破城，之新守父柩不去，賊殺之，鄉人皆爲流涕。又同縣李德芳，少孤，事母孝。明崇禎甲申後，流寇與苗賊相繼擾亂，德芳奉母避亂，辛苦間關，卒全其母，至老孺慕不衰。又同縣義士胡靖安，以義烈著於鄉。俱乾隆年間旌。

張兆舉。黄平州人。事親孝，父縉患痺疾，不能動履者六七年，兆舉躬自負之，朝夕不離。雍正十三年值苗亂，舉家八口同時被難。乾隆四年旌。

張于昌。黄平州人。六歲時，得果不食，以奉父母。雍正十三年，苗匪攻城，父緘適寢疾，于昌侍湯藥不忍離，緘責令攜家避之，至以頭觸地。于昌乃令諸弟負其母逃，以身守父。俄而城破，父子俱被害。乾隆四十年旌。

流寓

明

黄龍光。江西人。官少卿，以忤魏璫謫戍偏橋衛，崇禎初召回。

列女

明

何承宗妻錢氏。郡人。夫卒，時年二十四，或勸其再醮，曰：「吾有姑當事，有子當撫，此言何爲至於我哉？」守節終身。

雷葵陽妻成氏。郡人。葵陽卒，有女甫三歲，子甫七月。成奉舅姑，生死盡禮。撫子女成立，守節備極艱辛。

錢法妻史氏。鎮遠人。法歿，史年十八，甘貧厲節，壽至九十六歲。

歐時雍妻田氏。鎮遠人。年二十，夫歿守節，壽至八十五歲。

楊枝棟妻徐氏。天柱人。流寇入黔，氏攜幼女避木杉苗寨，賊至，度不能免，以所佩翦刀先刺其女，遂自殺。

宋繼宏女。施秉人，小字闕娘。年十七未字，流寇破城，女恐被辱，登樓自縊。

張國揚妻劉氏。黄平人。國揚卒，劉年二十三，矢志守節。舅姑欲改適之，遂自刎。

朱玉妻張氏。黄平人。玉卒，張年二十一，泣曰：「婦人從一而終，吾何生爲？」自縊以殉。

本朝

江某妻柯氏。閩人。嫁鎮遠江某，未幾夫死於水。柯泣曰：「吾聞婦人有三從之義，今吾夫死無子，吾何從焉？」乃自縊。

李之賓妻白氏。施秉人。年二十而寡，姑老子幼，家貧甚，日食豆粥，衣僅蔽體。有巨豪慕其色，百計求娶之，白自毁其容，乃得免。撫子成立，守節終身。與同縣李逢春妻王氏、蔣事魯妻汪氏、陳琦妻廖氏、廖定策妻劉氏、鄭天錫妻郭氏，均雍正元年旌。

孫上元妻顧氏。施秉人。爲上元繼室，僅三月，上元赴京會試，聞父訃，一痛而絶。顧無子，撫前妻子如己出。四壁蕭然，女紅餬口三十餘年，以苦節旌。

石聲啓妻師氏。黄平人。年二十二而寡，遺二子俱幼，有欲奪其志者，氏投繯死。

李之顗妻郭氏。黄平人。值苗亂，全家被害。氏激烈駡賊，觸石自盡。女二姑，時年十五，亦死之。乾隆三年旌。

詹昂妻王氏。郡人。夫殁守節，乾隆二年旌。同郡鄧鍾妻夏氏、伍茂昌妻楊氏、伍茂喬妻楊氏、王永芳妻黄氏、馬之斗妻羅氏、陳上策妻胡氏、楊再卿妻蕭氏、胡起麟妻唐氏、張昌贊妻安氏、劉芳妻汪氏、龔秀英妻楊氏、曾子龍妻白氏、徐世傑妻顧氏、楊經盛妻易氏、曹萬巻妻舒氏、余文炳妻彭氏、田仁民妻鄒氏、吴程銘妻羅氏、李廷芳妻張氏、李天林妻王氏、潘文濤妻劉氏、孫成洪妻楊氏、楊金言妻李氏、周郁文妻鄧氏、蕭遇漢妻許氏，均乾隆年間旌。

石崑山妻王氏。鎮遠人。夫殁守節，乾隆四年旌。同縣羅萬春妻劉氏、趙國瑾妻彭氏、聶淑昌妻鄭氏、鄢文敘妻張氏，均乾隆年間旌。

葉愈雄妻黄氏。施秉人。夫殁守節，乾隆元年旌。同縣孫紹登妻陳氏、汪兆鵬妻陳氏、宋致妻杜氏、李璀妻陳氏，均乾隆年間旌。

楊應震妻易氏。天柱人。夫殁守節，乾隆九年旌。同縣蔣某妻龔氏、羅崗妻吴氏、蘇朝俊妻張氏、龔又郯妻陳氏、王春魁妻劉氏、蔣朝琛妻龔氏、王永壽妻黄氏、王朝梓妻龔氏、蔣朝琮妻吴氏、王永譽妻歐氏、吴先殿妻羅氏、李某妻張氏、李清妻王氏、孫某妻楊氏、宋朝玉妻李氏，貞女羅青山聘妻魏氏，均乾隆年間旌。

蔣天祚妻何氏。黄平人。夫殁守節，乾隆四年旌。同州聶正龍妻廖氏、高恒裕妻權氏、陳一德妻佘氏、王錫紱妻時氏、周又望妻王氏、吴攀雲妻馮氏、吴士元妻鄭氏、沈馥妻張氏、金炯妻戴氏、林天寵妻何氏、林棫妻楊氏、王俊臣妻張氏、王焕堂妻馮氏、丁其昌妻林氏、陳其詩妻林氏、聞瑶妻郭氏、楊士蘭妻馮氏、李堂妻王氏、戴承烈妻谷氏、黄純妻王氏，均乾隆年間旌。

陳仲福妻羅氏。郡人。夫殁守節，嘉慶三年旌。同郡鄧錫禮妻劉氏、楊景霖妻王氏、彭東霑妻田氏、周占元妻莫氏，貞女艾廷杰聘妻王氏，均嘉慶年間旌。

龍朝瑞妻粟氏。鎮遠人。夫殁守節，與同縣鄢國楨妻楊氏並嘉慶二十五年旌。

郭光尚妻葉氏。施秉人。夫殁守節，嘉慶二十四年旌。

諶克遠妻張氏。天柱人。夫殁守節，嘉慶八年旌。

張金邦妻孟氏。黄平人。夫殁守節，嘉慶六年旌。同州鄭佩妻戴氏、戴溢仁妻商氏、楊新舉妻任氏、盧岱宗妻張氏，均嘉慶年間旌。

仙釋

明

譚守真。鎮遠衛人。習道精勤，時人多稱之。

祖復。號立禪。住西天寺，三載趺坐一龕，未嘗見其寢息。

張懷陽。綿竹人。雲游至黄平，視病即知死生，可療者藥之立愈。年八十三，將卒前三日，謂門弟子曰：「某日某時，吾當逝矣。」至期談笑而終。

廣能。興隆衛僧。正統中，卓錫月潭寺。戒行不玷，嘗晝誦經，有虎入寺，衆僧驚走，能不爲動，虎見能遂去。苗賊寇興隆，衆僧皆逃，能獨不去。賊至，能曰：「幸殺我於外，毋污此佛地。」賊義而釋之，寺賴以全。

土産

緜竹。出府境，可織器。

竻竹。通志：即簕竻嶺南竹也。又名澁勒。

柑。出府境，皮細者佳。

榆。府境俱出，其皮可作粉以禦飢。

萱草。出府境各谿邊。

竹雞。出府境。黄平州亦有之。

油魚。出府城東溪，味極鮮美。

南星。出黄平州。

黄精。出黄平州。亦名天精，製服之，輕身延年。

苗蠻

生苗。在施秉縣，與銅仁府紅苗均爲一類。有吴、龍、石、麻、田五姓。衣被俱用斑絲，女工以此爲務。畜牲不宰，多掊殺，以火去毛，帶血而食之。死用棺，將所遺衣服裝像，擊鼓歌舞，名曰調鼓。每歲五月寅日，夫婦各宿，不敢言，不出户，以避鬼恐虎傷。卜用梳，同類相殺，必以婦人勸方解。凡出刦，富者出牛酒以集衆，有獲則中分之。遇殺死，出銀以償之。被掠者必索金贖，少則加以非刑。

狎獖。在施秉縣。一曰楊荒。其種亦夥，都勻、石阡、黎平萬山之中皆有之。荆壁四立而不塗，門户不扃，出則以泥封之。男子計口而耕，婦人度身而織。暇則挾刀操笱，以漁獵爲業。婚喪以犬相遺。

九股黑苗。在黄平州凱里司，與偏橋之黑苗爲一類。色尚青，性尤兇惡。處深穴，被重鎧，挽强弩，名爲偏架，一人持之，二人蹷張，矢無不貫。

校勘記

〔一〕明洪武五年改爲鎮遠金容金達蠻夷長官司屬鎮遠州　「洪武五年」，乾隆志卷三九五鎮遠府建置沿革(下同卷簡稱乾隆志)作「洪武二年」。按，明史卷四六地理志謂「鎮遠溪洞金容金達蠻夷長官司，洪武二年置，屬思南宣慰司」，乾隆志蓋本此，但所屬不同。本志改從讀史方輿紀要，見卷一二二貴州三鎮遠府鎮遠縣條下。

〔二〕弘治十一年始改置鎮遠縣爲府治　「弘治十一年」，乾隆志作「弘治七年」。按，二志所本不同，乾隆志本之於明史地理志，本志則從讀史方輿紀要，參上條校勘記。

〔三〕本朝康熙三十一年修　「三十一年」，乾隆志作「三十八年」。

〔四〕衛城北龍巖山下淵有龍居之　「淵」，原作「洲」，據乾隆志卷三九三平越府古蹟興隆廢衛條改。

〔五〕明改爲溱涪六洞横波長官司　「溱涪六洞横波」，乾隆志同，明史卷四六地理志作「臻剖六洞横坡」。按，溱、臻，涪、剖，皆字形近似易訛。考元史地理志播州軍民安撫司下有溱洞、涪洞等處，字作「溱」、「涪」爲是。「横波」當作「横坡」，横坡即横嶺也，黔人謂嶺爲坡。

〔六〕永寧莊　「寧」，原作「安」，據乾隆志改。按，本志避清宣宗諱改字。

思南府圖

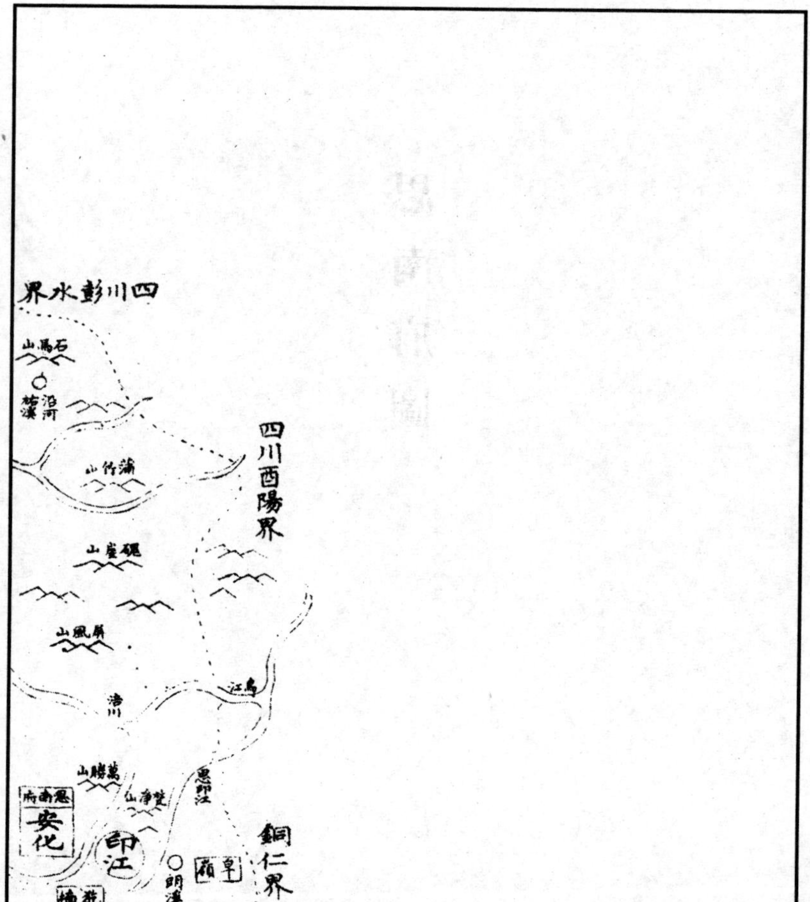
四川彭水界
石馬山
沿河
祐溪
蒲竹山
四川酉陽界
硯崖山
屏風山
烏江
涪川
萬勝山
思南府
安化
梵淨山
印江
思邛江
銅仁界
朗溪
石阡界

思南府圖

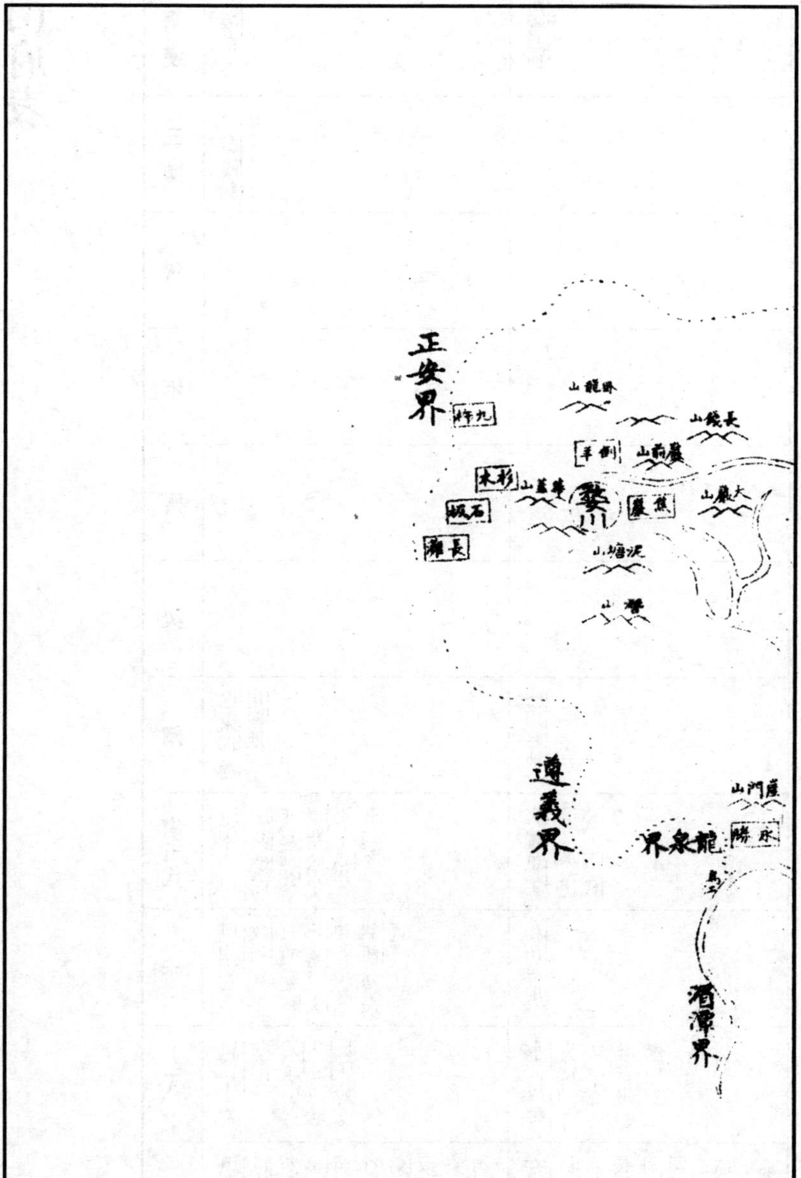

思南府表

	思南府	安化縣
兩漢	武陵郡地。	酉陽縣地。
三國	吳黔陽縣地。	
晉		
宋		
齊		
梁		
隋	巴東郡務川縣地。	務川縣地。
唐五代	思州 唐武德四年置務州。貞觀四年更名思州。五代廢。	唐置思王縣，屬思州。五代廢。
宋	思州 政和八年復置，屬夔州路。宣和四年廢，紹興初復置。	務川縣地。
元	思州安撫司 至元中置。泰定三年改宣慰司。	水特姜長官司 至元中置，屬思州安撫司。
明	思南府 洪武五年析思州置思南宣慰司，屬湖廣行省。永樂十一年改爲府，屬貴州布政司。	安化縣 洪武初更名水德江長官司，屬思南宣慰司。萬曆三十三年改置縣，爲府治。

續表

	婺川縣
	酉陽縣地。
涪川縣 開皇初置，屬黔安郡。	務川縣 開皇十九年置，屬庸州，後屬巴東郡。 高富縣 大業七年置，屬明陽郡。
費州 貞觀四年置。天寶中改涪川郡。乾元初復爲費州。五代廢。 涪川縣 初屬務州，貞觀中爲費州治。五代廢。	務川縣 屬思州，五代廢。 高富縣 武德初屬夷州。貞觀元年改屬務州，十一年還屬夷州。永徽後廢。
	務川縣 政和中復置，仍屬思州。
	婺川縣 改名，屬思州安撫司。
	婺川縣 屬思南府。

	印江縣
	酉陽縣地。
	務川縣地。
都濡縣貞觀二十年置，屬黔州。五代廢。	思邛縣地。
	邛水縣地。
	置思邛江長官司，屬思州安撫司，尋改邛江爲印江。
	印江縣弘治七年置，屬思南府。

大清一統志卷五百四

思南府

在貴州省治東北六百里。東西距四百里，南北距五百六十里。東至銅仁府界一百里，西至遵義府界三百里，南至石阡府界六十里，北至四川酉陽州彭水縣界五百里。東南至銅仁府界一百八十里，西南至石阡府龍泉縣界五十里，東北至四川酉陽州界三百七十里，西北至四川瀘州合江縣界二百一十五里。自府治至京師七千三百九十五里。

分野

天文翼、軫分野，鶉尾之次。

建置沿革

禹貢荆州荒裔。戰國時爲楚地。秦屬黔中郡。漢爲武陵郡酉陽縣地。三國吴以後爲黔陽縣地。元和志：思州自漢至吴並爲武陵郡酉陽縣地。吴分置黔陽縣，至梁、陳不改。隋爲巴東郡務川縣。唐初於縣置務州。貞觀初，改爲思州。舊唐書地理志：武德四年，置務州，領務川等三縣。貞觀元年，以廢夷州六縣、廢思州五縣來屬務州。四年，改務州爲思州。天寶初，改州爲寧夷郡，隸江南道。乾元元年，復爲思州。五代時入於蠻。

宋政和八年，復置思州，屬夔州路。宣和中廢，紹興初復置。宋史地理志：思州，政和八年建，領務川、邛水、安夷三縣。宣和四年，廢州爲城。紹興元年，復爲思州。元初置思州軍民安撫司。泰定中，改爲宣慰司。元史泰定帝紀：三年十一月，以思州土官田仁爲思州宣慰使。明洪武五年，析置思南宣慰司，屬湖廣。明地理考：思州，洪武初析爲二宣慰，屬湖廣。永樂中，置思南府，屬貴州布政司。明統志：永樂十一年，改宣慰司爲府。通志：時宣慰田氏以不法廢，因改爲思南府。本朝因之，屬貴州省，領縣三、土司二。

安化縣。附郭。東西距一百八十里，南北距二百五十里。東至印江縣界四十里，西至石阡府龍泉縣界一百四十里，南至銅仁府界一百四十里，北至婺川縣界一百一十里。東南至銅仁府界一百五十里，西南至石阡府界六十里，東北至四川酉陽州界一百三十里，西北至四川彭水縣界二百五十里。漢武陵郡酉陽縣地。隋務川縣地。唐爲思州治，又置思王縣，屬思州。五代時俱廢。宋仍爲務川縣地。元置思州安撫司，領水特姜長官司。明洪武初，改水德江長官司，隸思南宣慰司，治鎮遠州。二十二年，還治水德江。永樂中始爲思南府治。萬曆三十三年，置安化縣，仍爲府治。本朝因之。

婺川縣。在府城西四百里。東西距八十五里，南北距一百六十里。東至安化縣界五十五里，西至石阡府龍泉縣界三十里，南至安化縣界六十五里，北至遵義府正安州界九十五里。東南至安化縣界五十里，西南至龍泉縣界五十里，東北至四川彭水縣界一百二十五里，西北至正安州界七十里。漢武陵郡酉陽縣地。自晉至陳，爲黔陽縣地。隋置務川縣，屬庸州，後屬巴東郡。唐置高富縣，屬夷州，後廢。宋政和中，復置思州及務川縣於此。宣和中，廢爲堡，隸黔州。紹興初，復爲縣，仍屬思州。元曰婺川縣，屬思州安撫司。明初屬思南宣慰司。永樂中改屬思南府。本朝因之。

印江縣。在府城南四十里。東西距六十里，南北距三百四十里。東至本府屬朗溪司界十五里，西至安化縣界四十五里，南至銅仁府界一百二十里，北至本府屬沿河司界二百二十里。東南至銅仁府界四百里，西南至安化縣界六十里，東北至四川酉陽州界八十里，西北至安化縣界七十六里。漢武陵郡酉陽縣地。自晉至陳，爲黔陽縣地。隋爲務川縣地。唐開元四年，置思邛縣，屬思州。五代時廢。宋政和八年，置邛水縣，屬思州。宣和中，廢爲堡。紹興初，復爲縣，隸黔州。元置思邛江等處長官司，屬思州安撫司，後訛「邛」爲「印」。明洪武初，屬思南宣慰司。永樂中，屬思南府。弘治七年，改置印江縣，仍屬思南府。本朝因之。

朗溪長官司。在府城東八十里。元置朗溪洞官。明洪武十年，改置今司〔一〕，屬思南宣慰司。永樂中，改屬烏羅府。正統三年，仍屬思南府。正長官田姓，副長官任姓。

沿河祐溪長官司。在府城北二百一十里。元置沿河、祐溪二司，屬思州軍民安撫司。明合置今司。永樂中，屬思南府。正長官張姓，副長官冉姓。

形勢

山川險阻，牂牁要路。明皇輿考。二江襟帶於左右，重岡起伏於四隅。明統志。上接烏江，下通楚、蜀。商旅康莊，舟車孔道。黔記。

風俗

蠻獠雜居，言語各異。寰宇記。信巫屏醫，擊鼓迎客。明統志。漸被德化，務本力穡，唱歌耕種。明皇輿考。

城池

思南府城。周四里有奇，門五，水門一。明弘治十四年建。本朝順治十八年修，康熙十二年增修。安化縣附郭。

婺川縣城。周三里，門四。明嘉靖二年建。本朝康熙十年修。

印江縣城。周二里有奇，門四。明嘉靖二十八年建。本朝康熙十一年修。

學校

思南府學。在府治東北。明永樂十三年建。本朝康熙十年修，二十八年、雍正十二年重修。入學額數二十名。

安化縣學。在府治北。本朝康熙三十八年建，雍正五年修。入學額數十二名。

婺川縣學。在縣治東，舊在治南。明嘉靖間建，萬曆五年徙建。本朝康熙五十五年修。入學額數八名。
印江縣學。在縣治南。明萬曆中建，後圮。本朝順治十七年重建，康熙十年修，三十一年重修。入學額數八名。
大中書院。在府治中和山。萬曆中建。
爲仁書院。在府城内。明知府田稔與郡人李渭講學於此。本朝康熙三十年修。
鳳岡書院。在府城内。本朝嘉慶十一年建。
古務書院。在婺川縣城内。本朝乾隆四十一年建。
振德書院。在印江縣城北。
登文書院。在印江縣城内。本朝乾隆十五年建。按：舊志有斗坤書院，在府城東，明隆慶中建，今廢。

户口

原額人丁一千八百一十五，今滋生男婦大小共三十三萬五千八百八十二名口，計八萬二千八百四十二户。

田賦

田地、山塘共一十萬四千三百六十七畝三分有奇，額徵地丁正、雜銀八千三百八十六兩八錢八分四釐，米一千二百四十六石五斗。

山川

中和山。在府治内。通志：山勢紆折，上多古柏。俯瞰江流，爲郡大觀。

萬勝山。在府城東一里。一名萬聖山。名勝志：四面陡絶。元末紅巾之亂，郡人避兵於此。通志：上平坦可耕。明嘉靖中，郡人李渭築室讀書其中。府志：山高數十仞，下臨德江。知府趙恒鐫「仁」、「壽」二字於山腰石壁，故又名仁壽山。

東勝山。在府城東三里。一名東山。通志：孤峯竦峙如畫。

思唐山。在府城東四里。方輿勝覽作唐山。明統志：山南連河只水，北接内江水。

銅鑼山。在府城東十五里。亦曰銅鑼峽。府志：以水出山峽中，聲如鑼鳴也。

馬鞍山。在府城東三十里。明統志：山以形似名。

梵浄山。在府城東朗溪司東，即思邛山。寰宇記：思邛縣東南有思邛山。黔記：一名月鏡。北接烏羅司界。自銅仁西二百餘里，羣山環列，中聳一峯，如刀劈斧裂，思印江出此。

象山。在府城東朗溪司北。山麓如象鼻然。

三台山。在府城東南二里。府志：府東有三峯山，高聳奇秀，或以爲即三台山。

天馬山。在府城南，即席帽山，山形如馬，故名。又城南百里有無黨山，四面懸絶。

思王山。在府城西南。明統志：在府城西南三百七十里，舊名龍門山，與古費州扶陽縣分界。

崖門山。在府城西。名勝志：兩山對峙，崖壁險峻。官道出其中，左曰大崖門，右曰小崖門。永勝、武勝二關依崖而立，爲郡之門户。

嵇公山。在府城西二里。一峯高插雲際，世傳有嵇姓道人廬其上，仙去。又府西七里有白鹿山。

四閣山。在府城西十五里。通志作四角山。

石柱山。在府城西二十里。明統志：山巔有石屹立，又名石柱坡。

半月山。在府城北五里。相近又有觀音山、紗帽山。

屏風山。在府城北二百里。

蒲竹山。在府城北二百五十里。通志：山高數百丈，上產蒲竹。

石馬山。在府城北二百八十里。明統志：峯巒聳拔，上有巨石如馬。

騰山。在府城北石馬山東。府志：山高數百丈，四壁陡絶，僅容步以入。每壁有井，水皆清冽。

筆架山。有二：一在府城北石馬山南十里，上挺三峯，旁又一峯如筆；一在婺川縣南。

鬼崖山。在府城北沿河司東二十里。通志謂之魂崖山，在府北二百里。黔記：高可百丈，袤延二十里，爲江東諸山之望。

横山。在府城北沿河司東二十五里，與鬼崖山脈相連。

高山。在府城北沿河司北一百里。高二十里，崒嵂難登。又東有金竹山，高十里，脈自石馬山發。

琴德山。在安化縣西南三十五里。林木蒼翠，洞壑幽勝。

椅子山。在安化縣北五里雙峯之側。黔記：山形中灣，左右旋向如椅。又東北七里有大龍頭山。
大巖山。在婺川縣東八十里。名山勝概記：山有巖屋，可容百餘人。
泥塘山。在婺川縣南五里。産砞砂。又縣南有安峯山、多羅山。
潛山。在婺川縣南二十五里。舊志：山在列嶂之上，一峯北拱如朝。通志：即都濡五堡，舊産砞砂。
華蓋山。在婺川縣西十五里，一云即安化縣之無黨山。峯巒高大，林木深邃，土人嘗避兵其間。
卧龍山。在婺川縣北五十里，地名祥川。
巖前山。在婺川縣東北二十里。産砞砂。又縣東北五十里有長錢山，地名板場，山前有空洞，亦産砞砂。又縣東北一百十里有荆竹山。
銅鼓山。在印江縣境。通志：地名花崖，有山壁立，擊之其聲如鼓。
河縫山。在印江縣境。通志：即觀音崖。去縣七里，壁高數十丈，上有石龕，下有洞，深不可測。去岸里許，有石形垂如肺，人呼爲「金石肺肝」。
文筆山。在印江縣東二里。
峩嶺山。在印江縣東三里。府志：透迤一脈，連亘二十里。山勢高聳，自縣側望，則疊翠重嵐，宛如屏障。
大聖登山。在印江縣東五里。通志：端正聳拔，頂平闊可三里許。隆冬積雪，入夏始消。又呼大石墩，石可作杯物，名墨玉。上有鐵瓦寺，今廢。
十種山。在印江縣南六里。通志：羣峯疊翠，宛若圖畫。

石筍山。在印江縣北五里。巨石特立如筍。又北一里有交椅山。

仙峯。在府城西南五十里，地名牛渡。通志：峯高峻，上有古寺址。

九老峯。在府城北。羣峯環列者九。

雙峯。在府城北五里。通志：兩峯秀麗，下臨大江，與白鷺洲相對。

高歇峯。在府城北沿河司北十里，爲司治後脈。通志：形如壁立，高出雲表。久雨而雲出即晴，久晴而雲出即雨。

鳳凰峯。在婺川縣東五十里，以形似名。又縣南有官峯。

木悠峯。在婺川縣西五十里。府志：上有水月宫。

紅崖。在府城西五十里。又西七十里有日頭崖。

穿崖。在府城西一百二十里。府志：兩石相倚，人從其間穿出。

大桐崖。在府城北五里。有大桐樹數株，故名。

碑摸崖。在府城北沿河司東十五里。高可數十丈，上有仙書紅字。又有山崖數處，皆有古篆書，明嘉靖間鏟去。

手巾崖。在安化縣南七里。通志：崖上黑白相間，縷縷如帨，明知府宛嘉祥鐫「赤壁」二大字於上。

萬卷崖。在婺川縣西四里。石疊萬疊，儼如縹緗。又相近有馬鞍石崖。

山羊崖。在婺川縣西五里。通志：地名熊林。其崖形如青箱，文類蝌蚪。

金藏崖。在婺川縣北五十里。上有鹿井、鴨池。

白馬崖。在印江縣東。山巔形如白馬。

鳳凰岡。在婺川縣北四十里。相傳昔有鳳棲其上。又縣西四十里有馬鬣岡。

青壁。在婺川縣境。

沙子坡。在府城北沿河司東十五里，坡旁水極涼。又東三十里有大龍坡。

夢子坡。在婺川縣北七十里。府志：坡頂平廣，上有石爐，高大約丈餘。

白水坡。在印江縣南五里。通志：山路夾擁，有石壁立，高可二十丈。每春水四溢，則泉流咸匯於此，水自壁中懸流如瀑。土人每以瀑流之有無，占歲時豐歉。

鮎魚峽。在府城西南十里。通志：兩崖間古木陰森，碧波澄淨，最爲幽勝。府志：兩崖壁立，下有一孔若鮎魚口，長十餘里。烏江經此，湍流澎湃，險不可言。

雙峽。在印江縣西。通志：水勢奔激，東北流入思印江。

大墩石。在府城外東隅。府志：形狀瑰偉，下臨德江。昔人平其上作淨修閣，爲遊覽之所，上鐫「一帶清流」四字。

四方石。在府城北三百里。通志：高闊俱五丈，四壁嶄然。

懸羊洞。在府城東萬勝山上。通志：白石挺出，若懸羊然。

龍洞。在府城東萬勝山麓，可灌田千畝。中有龍物，禱雨輒應。其頂又有真源洞，清澈一泓，雖旱不涸。明郡人李渭鐫「真泉」二字，講易其上，撰龍洞易問。

朝陽洞。在府城東南。通志：洞在天馬山下山川壇側。

開先洞。在府城南四里。府志：明知府舒應鳳建亭其上，旁植松柏。

仙人洞。在府城南三十里。通志：郡守劉謙吉平其坰，層級而上，移寺於左。其右有亭，周圍設楹，爲郡勝覽。

鐘鼓洞。在府城西。名勝志：鐘鼓洞有二，寬廣相亞。上有二石乳懸空，擊之作鐘鼓聲。

石芝洞。在府城西四里。洞口北向，可布數席。明副使徐九臯刻「石芝洞天」四字。又府西十里有迎仙洞。

迎春洞。在府城西崖門山西數里。相近又有藏春洞。名勝志：迎春、藏春二洞，不甚深廣，而壁石奇峭，石色黝潤。

獅吼洞。在府城北三十里，俗訛爲獅洞。通志：兩石對峙如門，半壁如魚形，俗呼「鯉魚朝天」。黔記：自烏江分派，奔瀉十餘丈，聲如獅吼，舟莫能行。洞下有潮底泊，水流至此，平静不波。商人於此易舟，達川江。

燕子洞。在府城北石馬山右。深闊險峻。又有明月洞、跳魚洞、涼風洞，俱在沿河司境。

蟠龍洞。在婺川縣南大山下。通志：水源深廣，有龍潛於内。洞壁題「蟠龍化雨」四字。

雲巖洞。在婺川縣西一里。通志：中寬可容百人。外有石柱，柱上有紋如霞狀。稍前復有大石，方如玉几。

葉魚洞。在印江縣東大聖登山。下臨深澗，有龍潛焉。

滴水洞。在印江縣西五里。通志：積沙石而成，有細流從石竇中滴下，其聲清越如琴。

烏江。在府城南。自石阡府流入界，合德江，繞府治，又北流入四川彭水縣界。通志：源出六廣，經遵義界，流至郡城西鮎魚峽，繞府治入四川涪州，合於川江。

水德江。在府城東南一里，或作德江。源出烏江，又東北流四川酉陽州界，一名内江水，又名巴江水。元和志：内江水，一名涪陵水，在務川縣西五十步。寰宇記：思州巴江水，出西南牂牁界，經費州。通志：源出定番州，東流逕府治，入四川涪州，合於川江。

河由江。在府城北沿河司北十里，源出松桃廳烏羅司。又司西一百三十五里有石馬江，下流俱入德江。

倒羊江。在婺川縣北五里，一作曉羊江。下流入烏江。通志：其水發源不廣，由山谷溪流所聚，至隘溪渡，匯豐樂河。或云源出華蓋山，東北流入烏江。

思印江。在印江縣南十里。一名思邛水。源出朗溪司北山，逕府城東北，入川江。元和志：思州以思邛水爲名。寰宇記：思州南三百里有思邛水，源出思邛山。又：本出錦州洛浦縣界，流逕思邛縣南四十步，至思王縣界，入內江。黔記：源出朗溪司北山中，西流逕縣南，又西出安家洞口，至府城東北，入大江。府志：思印江即思邛水，後訛「邛」爲「印」，因以名縣。

豐樂河。在婺川縣南五十里。通志：其水由龍泉、湄潭折入縣東，至洪渡入龔灘，北匯川江。

暮溪。在府城東三里。其地多雨，疑有龍物。又府東十里有昔樂溪，俱流入德江。

仁溪。在府城東朗溪司南。通志：一日三潮汐，又名三潮溪。府志：出山巖中，自高而下，居人引以灌田。中有州主洲，在司治東南，從河中突出，居人立州主廟於上。

網陀溪〔二〕。在府城東朗溪司南十二里，即思印江之別流也。

憲溪。在府城南三里，流入德江。又府南三十里有掌溪。

青鸞溪。在府城西十里，下流入烏江。通志：相傳昔有鸞集其上，土人誤以爲鶩，因名黑鶩溪。

鸚鵡溪。在府城北三十里，産茶。又北二十里有馬蹄溪，與鸚鵡溪合流，東入德江。

亭子溪。在府城北沿河司東五十里，水自龍洞中出。又司南九十里有鶩溪，司西南七十里有甫南溪，司北七里有後溪，自馬鬉嶺發源，流入思印江。司北十里有桃竹溪。

上費溪。在府城東北一百里。通志：舊費州以此名。

隘溪。在婺川縣東南五里，通沿河司。有二源：一出潛山東北流，一出華表山東南流。至婺川縣東，合流入四川彭水縣界。又去縣四里有楊溪。

桶溪。在印江縣北二里。溪流環抱若桶，因名。又中洲溪在縣北五里，皆流入思印江。

香爐灘。在府城東一里。通志：灘石如鼎，故名。

九門灘。在府城南十里。黔記：沙渚縈迴，水分九派。

和尚灘。在府城南三十里。中流一石，儼如跏趺。又南三十里有相公灘。

牛犢灘。在府城西北三十五里，一名石牛潭。通志：水勢奔激，有石狀若牛眠。

七里灘。在府城北六十里。石骨横立，灣環七里，故名。又北有五門灘，下爲湖口灘，與黎芝灘相距十里，巖口險峻，皆河由江流所經也。

龔灘。在府城北二百五十里，一名琦塔灘。亂石横江，濤險十餘里。又下有袁灘，入四川酉陽州。

虎口灘。在府城北沿河司南十里。上下險阻。又有迎通灘，在碑摸崖之下。

野猪灘。在府城北沿河司南一百里。其下又有松灘。

齊灘。在府城東北一百二十里。通志：中多石穴，險怪疑有靈異。

龍津。在印江縣南一里。通志：即思南至縣官渡也。印江不通舟楫，沿河皆淺石急流，至此略瀦。

金盞水。在府城西三里。其水清澈。

河只水。在婺川縣東。寰宇記：婺川縣東二十一里有河只水。明統志：河只者，獠人姓名。

羅多水。在婺川縣東。寰宇記：婺川縣東八十里有羅多水。明統志：因獠人姓名爲名。下合豐樂河。

靈泉。在府城東朗溪司東北五十里。通志：水從石底上升，不消不長，冬温夏涼。

嵇公泉。在府城西二里嵇公山下。通志：蓋嵇公垂釣處。有小魚嘗以四月潛於泉中，明年雷動乃出，漁人伺而網之。

汲溪泉。在府城西北八十里。明統志：其水日有消長。

黄魚泉。在府城北五里。通志：產魚皆黄色，故名。

温泉。在府城北二百里。明統志：夏涼冬熱，人多浴焉。通志：去婺川縣六十里有温泉，名阜池壩，其泉四季皆温。

珍珠泉。在府城北沿河司南十里。通志：水自石窟湧出若貫珠然。又頗温，亦名温泉。

龍泉。在婺川縣東二十里。明統志：其水或一日一漲，或三日一漲。漲則混濁，消則澄清，人莫能測。通志：居人資以灌溉。

白水泉。在印江縣南三里。郡志：水自高崖飛流如練。

白鷺洲。在府城東北。通志：多產文石，遊者採之以供清玩，五色者尤佳。府志：二水繞旁，雙峯峙左，最爲勝境。

中洲。在印江縣城南岸。通志：兩水環流，洲處其中，平曠一線，長可二里。

天池。在府城西北十五里，池甚深廣。又府北石馬山北有天鵞池。

香墨池。在婺川縣東。通志：其水清香，汲以洗硯，可發墨光，故名。

真源井。在府城東萬聖山頂。通志：清澈一泓，不溢不涸。

緑井。在府城東朗溪司境。府志：井去司三里，其水緑色，時有緑鳩羣浴其中。

一椀井。在府城東朗溪司東四十里。府志：山巔有井，方圓止若一椀，不盈不涸，飲之不竭。

楊柳井。在府城北山麓。通志：水甚清冽，中有赤碧小蛇，遇大旱出即雨。

育賢井。在安化縣學前。

古蹟

思州故城。在府城北。本隋務川縣地，唐武德四年於縣置務州，後改爲思州。元和志：思州以思邛水爲名。方輿勝覽：思州舊城，去今務川城一百八十里。黔記：思州故城，在今武陵彭水之境。府志：即沿河司所謂城子頭是也。

務川故城。即今婺川縣治。隋置縣，屬庸州，後屬巴東郡。唐屬思州。宋宣和中廢爲城。元和志：務川縣，隋開皇十九年置，因川爲名。方輿勝覽：大觀元年，蕃部長田祐恭願爲王民，始建思州，尋省爲務川城。高宗中興，復以務川城爲思州，以田祐恭爲守令。黔記：元至正末，移思州治水德江，而婺川爲屬縣。

涪川故城。在府城東北一百里。隋置，屬黔安郡。唐初屬務州，貞觀中爲費州治，後廢。元和志：涪川縣，隋置，取涪水爲名。舊唐書地理志：武德四年置務州，領涪川縣。貞觀四年，割入費州。

扶陽故城。在府城西北八十五里。隋仁壽末置，屬庸州。唐屬費州，後廢。舊唐書地理志：費州扶陽，隋仁壽四年庸州刺史奏置，以扶陽水爲名。元和志：扶陽縣東南至費州八十五里，武德四年置，屬思州。貞觀四年屬費州。

城樂故城。在府城西北一百五十里。唐初置，屬思州。貞觀中屬費州，後廢。寰宇記：城樂縣，招慰生獠置。始築城，人歌舞之，遂以爲名。

關索城。在婺川縣北五十里。

廢充州。在府境。唐武德中置，後廢。唐書地理志：充州，武德三年以牂牁蠻別部置。

廢矩州。在府境。唐武德四年置，後廢。

廢莊州。在府境。唐貞觀中置，後廢。唐書地理志：莊州本南壽州，貞觀三年以南謝蠻首領謝疆地置。四年更名，十一年爲都督府，景龍二年罷都督。

廢應州。在府境廢莊州北。唐貞觀中置，後廢。唐書地理志：應州，貞觀三年以東謝首領謝元深地置。

廢蠻州。在府城東南。唐置，後廢。舊唐書地理志：黔州都督府領蠻州。唐書地理志：蠻州，縣一，巴江。

廢明州。在府城南。唐貞觀中置，後廢。唐書地理志：明州，貞觀中以西趙首領趙唐酋地建。

廢費州。在府城東北。唐貞觀中置州，天寶初改爲涪川郡，乾元初復爲費州，後廢。元和志：費州，本古徼外蠻夷地。漢武帝元鼎六年，通西南夷，析置牂牁郡。隋文帝於此置涪川縣，屬黔州，煬帝改爲黔安郡。貞觀四年，置費州。舊唐書地理志：費州，隋黔安郡之涪川縣。貞觀四年，分思州之涪川、扶陽二縣置費州。其年割黔州之二縣來屬。八年，又割思州之二縣來屬。天寶元年，爲涪川郡。乾元元年，復爲費州。唐書地理志：費州縣四，涪川、扶陽、多田、城樂。續通典：州界有費水，因以名州。

扶歡廢縣。在府城西南五十里。唐貞觀中置，屬溱州，後廢。元和志：扶歡縣東至溱州五十里，貞觀十六年置，以縣東扶歡山爲名。

新興廢縣。在府城西。唐武德三年置，屬牂州，後廢。

多田廢縣。在府城西北四十五里。唐武德中置，屬思州，後屬務州，尋又屬費州，後廢。舊唐書地理志：武德四年，務州刺史奏置，以土地稍平，墾田盈畛，故以多田爲名。唐書地理志：費州多田，武德四年隸思州，貞觀元年隸務州，八年來屬。

都濡廢縣。在婺川縣南。唐貞觀中置，屬黔州，後廢。唐書地理志：黔州都濡，貞觀二十年析盈隆置。元和志：都濡縣北至黔州二百里，貞觀中置，以縣西北有都濡水爲名。通志：縣南潛山，即都濡五堡，明置都濡五堡三坑等處巡檢司於縣治西，今裁。

高富廢縣。在婺川縣東南。隋置，屬明陽郡，唐永徽後廢。寰宇記：隋大業七年，於今縣南三十里置高富縣，屬明陽郡，末年陷夷獠。唐貞觀十一年，自縣南三十里移於今理，永徽後廢。

安夷廢縣。在婺川縣南。宋置，屬思州。元廢入婺川。或云即唐夷州所領之安夷縣也。宋史地理志：思州，政和八年建，領安夷縣。宣和四年，廢州爲城、安夷縣爲堡。明統志：唐置安夷縣，隸夷州，後廢。宋政和中復置，隸思州。宣和中廢爲堡，隸黔州。

水德江廢司。即今府治。元置，曰水特姜。明初改今名，萬曆中廢。元史地理志：思州軍民安撫司水特姜。府志：明洪武初，宣慰使司治鎮遠州。二十二年，徙治水德江。永樂十二年，宣慰田宗鼎以不法廢，改爲府，以水德江司爲附郭。萬曆三十三年，改置縣，司廢。

蠻夷廢司。在府城西。明洪武十年，分水德江司置長官司。永樂中，屬思南府。本朝乾隆年間裁。

覃韓偏刀水廢司。在府城西北二百八十里。明洪武七年，置土巡檢司，屬水德江司。本朝屬安化縣，乾隆年間裁。

思印江廢司。即今印江縣治。元置，明弘治中廢。元史地理志：思州軍民安撫司思印江等處。

鑾塘勝院。在府城北沿河司。通志：宋紹興中建，今廢，碑石尚存。

竹溪勝院。在府城北沿河司，遺址猶存。

瞻言樓。在府治前。

聚英樓。在安化縣治東。又治西有澄清樓。

并亭。在府治後蓮池東。明嘉靖中建。緑陰交映，爲郡中勝境。

濟江亭。在府城南。明正統六年建。

仙人家。在安化縣西三十里。府志：巖上有亭如佛龕，不知創自何時，至今如新。

巨人跡。在府境北。龔灘江邊盤石上，有足跡大可一尺，相去五六尺，指甲膚文，宛然具備。又婺川縣東五十里，地名燒巖，上亦有巨跡。

石洞金牛。在婺川縣南二十里，地名牛塘。山半洞中一石如牛。

關隘

太平關。在府城東三里。明正德、萬曆間，相繼修治。又府東三十里有石峽關。

阜嶺關。在府城東朗溪司東五十里。又司北四十里有松嶺關。

得勝關。在府城南三里。明嘉靖二年修。又府南三十里有崇山關。

武勝關。在府城西南一里，即小崖門。又永勝關在府西一里即大崖門。明嘉靖中修。又西南三十里有芙蓉關。

老木關。在府城西十里。又府西三十里有日頭關。
鸚鵡關。在府城西北三十里。又府北二十里有麻海關。
焦巖關。在婺川縣東十二里。按：縣東有芭蕉關，或以爲即焦巖關也。
水雲關。在婺川縣東十五里。縣境又有虎踞關，皆置戍處。又縣東二十里有馬巖關。
九杵關。在婺川縣北三十里，通遵義界。
烏金關。在婺川縣西二十里。又西三十里有石將關，接正安州界。
石板關。在婺川縣西五十里。又西二十里曰長灘關。府志：縣西又有石槽、檬子、土地三關，俱接遵義府境。明嘉靖中，播賊李奬、王紳等叛，立石槽、土地、檬子、杉木四關禦之。
青巖關。在婺川縣西北四十里，接正安州界，路通南川。
飛鳳關。在婺川縣北。又縣北五里有江城關，縣北八十里有天生關。
濯水關。在婺川縣東北一百里。又東北五十里有缺窯關。
鬬湊關〔三〕。在印江縣東南六十里。
峩林關。在印江縣南七里。通志作峩嶺關。又縣南三十里有秀寶關。
犵楠關。在印江縣西南七十里。
板橋鎮。在府城東北一百二十里，舊有巡司戍守。府志：明弘治十四年，酉陽蠻侵沿河司地，乃自石阡府遷板橋巡檢司於思渠，故屬思南府，今廢。

抱木砦。在印江縣西南。

仙人鋪。在安化縣境。又有鸚鵡、板坪、蛇盤、松溪、縣前、司前、掌溪、地施、天井等鋪，舊皆戍守處。

牛場鋪。在婺川縣境。又有婺川縣前鋪、豐樂鋪。

纏溪鋪。在印江縣境。又有印江縣前鋪、涼水鋪。

鎮夷公館。在府城南八十里。

津梁

鄉飲橋。在府城。又名遷善橋。

李公橋。在府城東。本朝康熙十二年建。又府東五里有憲溪橋。

通濟橋。在府城南。本朝康熙二十三年建。又府南有思濟橋。

周道橋。在府城南門外。

邵家橋。在府城南四十里。又府南五十里有芭蕉溪橋。

天生橋。在府城南五十里。兩壁陡峻，一石横亘。

迴龍橋。在府城西一百里。又府西一百二十里有永鎮橋。

遺金橋。在府城北三里。相近又有歇場橋。

鸚鵡橋。在府城北三十里，跨鸚鵡溪上。

七星橋。在府城北沿河司西二十五里，地名官洲。通志：相傳有一老人擲石七枚於水中，可以渡人，因而成之。在安化縣北一百二十里。

利涉橋。在府城東北五十里。

聞絃橋。在婺川縣治右。

巖子橋。在婺川縣東二十七里。

鎮南橋。在婺川縣東五十里，爲黔、蜀二省通衢。相近又有甕溪橋，路通彭水縣。

豐樂橋。在婺川縣東南六十五里。

平津橋。在婺川縣南門外，明萬曆二十二年建。

龍登橋。在婺川縣南二十里。又縣南三十里有甘庾橋。

隘溪橋。在婺川縣東北二十五里。

樂茂橋。在印江縣東。又縣東四十里有雙龍橋。

南門橋。舊在印江縣東。本朝康熙十一年改建於南門。

澄清橋。在印江縣西。

德江渡。在府城南。又南十五里有掌溪渡，四十里有塘頭渡。

洪渡。在府城東北三百里，即烏江渡口。

曉洋江渡〔四〕。在婺川縣東十里，一作曉洋川渡。通志：在縣東五里。

豐樂渡。在婺川縣南四十里。

焦巖渡。在婺川縣東十五里焦巖關北，爲黔、蜀通衢。又縣東北有隘溪渡。

隄堰

温塘。在婺川縣北五里，一名暖塘。府志：水自山徑瀉下如瀑，注於塘。秋分聚魚，冬月尤多。

來雁塘。在婺川縣東北三十里，地名江邊。土人蓄水以溉田。

陵墓

宋

田祐恭墓。在婺川縣歸義鄉西山之原。

明

李盤墓。在府城北仁同村〔五〕。

李渭墓。在府城東南萬聖山麓。

祠廟

英祐侯祠。在府治前。舊名水府祠，祀水神。明正德五年没於水，嘉靖十三年重建。

申公祠。在府城西。明嘉靖十年建，祀郡人申祐。

李先生祠。在府治西。明萬曆中建，祀郡人李渭，有碑記。

昭化祠。在婺川縣境，祀漢陳立。府志：漢牂牁太守陳立，保固思邛，破夜郎王，祠祀至今，祈禱輒應。

伏波廟。在府城東，祀後漢馬援。府志：宋田祐恭母方娠，夢援降其宅，乃生祐恭。及祐恭卒，人見援躍馬入祠。

三府廟。在府城東南。又有州主廟，亦在府境。

寺觀

水府寺。在府城東南。又東南四十里有九龍寺，七十里有天台寺。

永寧寺〔六〕。在府城南，前枕水德江。明弘治中建。又府南有圓通寺。

雪峯寺。在府城西七十里。又府西有金華寺。

梅林寺。在府城西北一百五里，明永樂初建。

常樂寺。在府城北一百里。唐爲福常寺。宋賜名中勝院。明改常樂。久廢，惟遺一鐘一碣。又府西南一百里有甕溪寺。

金仙寺。在府城北二百里。明嘉靖十四年，播州銅佛寺内銅佛七忽失其四，思南漁人網得，因立寺奉之。又府北有龍華寺、仁同寺。

東泉寺。在婺川縣東一里許。明嘉靖中建。又縣東百里有豐樂寺。

佛興寺。在婺川縣南。明洪熙中建。又縣南七十里有天半寺，與安化縣接界。

慈化寺。在婺川縣西五十里，地産茶。

銅山寺。在婺川縣北十五里。

江頭寺。在印江縣東五里。

西巖寺。在印江縣西五里。宋時建，明嘉靖中修。通志：在甲山砦下，宏敞高曠，巨石壁立，林木蔥蒨。下有敲梆巖，以石擊之，聲如擊柝。

中山寺。在印山縣北五里。又北二十里有柏山寺。

雲臺觀。在府城北二百里。明嘉靖中建。

祖師觀。在婺川縣南。山頂有亭臺松柏之勝。

真武觀。在印江縣南。又縣北有三清觀。通志：山勢峻聳，殿閣隱現於密林中，登之可眺一邑。

觀音閣。在府治中和山頂。明郡人李渭會講處。旁有普濟亭、藏經樓、壽福樓、一乘樓、玉皇樓，俱明隆慶中建。

普濟菴。在府城南。通志：本舊英祐侯祠地，本朝康熙二十八年，改爲普濟菴，移英祐侯像城内。

白衣菴。在府城北一百里，地近蛇盤鋪。

中天塔。在府治東。明萬曆中建。

名宦

唐

冉安昌。武德時爲宣慰使。四年，以務川當牂牁要衝，請置郡守之，乃立爲州。其後思、夷等州土地之闢、苗民之附，皆自此始。

宋

龐孫恭。武城人。爲運使，築思州務川城，因山控扼，建砦堡以備要害。

明

陳禮。泰和人。永樂中，知思南府。時初改土歸流，禮編户立學，諸務畢舉。

甯閲。湯陰人。正德中知府，時蜀寇逼境，民間攜孥負貲，竄入崖穴。閲誓以死守，盡撤渡艇，深溝固壘，賊不得入。尋晝計破之，城以得全。

葛鴟。萬全人。嘉靖中知府，剛毅廉慎，多積穀以備荒。有疑獄，禱於神立決。遷本省副使。

李夢祥。監利人。嘉靖中知府。鎮筸苗剽掠鄰邑，時郡無城垣，夢祥建議築之，期月工竣，士民賴以保障。

李充善。長治人。嘉靖中知府，才識敏練，力杜私謁。夏旱，禱雨輒應。郡有虎患，祝於神，患遂息。

王緯。雲南人。嘉靖中知婺川縣。土賊行劫，逼近縣治，衆皆遁去，緯獨持印坐堂上，誓與城同存亡，衆乃復歸，協力固守，賊知有備，引去。

萬應奎。南昌人。天啓中知安化縣。安邦彦圍會城，應奎轉餉，中途遇賊，被執，死之。

人物

宋

田祐恭。字子禮，思南人。有膽識，爲蕃部長。建炎初，劇賊王闢等破歸州，將拔瞿塘。奉詔破賊，保安蜀境。璽書獎勞，遷通侍大夫，知思州軍事。勳業甚著，子孫世其官。

明

李盤。思南人。宣德中，襲蠻夷副長官。鎮筸苗叛，盤帥兵討之，孤軍深入，遇賊策馬奮擊，斬獲甚多。後賊四集，援兵不至，遂被害。從弟邦政以石置樹間記之，久而樹合生夾石。夷人夜過樹下，聞空中點兵聲，以爲神，立祠樹前，號爲留石坡。

申祐。字天錫，思南人。正統中舉人，入國學肄業。時祭酒李時勉以言事忤旨下獄，祐首倡六館諸生伏闕，願以身代。後成進士，授四川道御史。立朝忠讜，多所裨益。英宗北征，以扈蹕殉土木之難。

安康。字汝錫，思南人。景泰中舉人，歷官户、工二部郎。弘治初，彗星見，應詔陳言，請息興作、裁冗員、詰奸慝，以弭天變，上嘉納之。出守澂江，僰衆數萬爲寇，康單騎深入，諭以威德，寇遂解散。

李濬。思南人。天順中，以貢生爲臨武主簿。苗衆入寇，濬率衆保舜峯砦，賊攻不克。及冬，賊再至，濬煮藥矢射之，中者立斃，賊解去。後賊又大舉薄城，終不能克，轉攻陷貴陽城，而臨武卒無恙云。

田秋。字汝力，思南人。正德中進士，歷給事中。奏革内府監局冗食，奏停雲南差鎮内臣、清光禄冗費、裁太常冗役。又請開貴州科目，築本府城垣。建白最多。其居家一遵朱子家禮，建先祠，置義田，修橋梁，治藥餌，惠濟無窮。著有西麓奏議。

李渭。字湜之，安化人。嘉靖中，由鄉舉知華陽縣。隆慶時，歷官雲南參政，所至謹於其職，咸有惠愛。初問學於蔣信，及官南都，師事耿定向，復與羅汝芳相得。所學以萬物一體爲主，而歸之於自然。嘗守韶州，時郡多盜，諭寮屬曰：「不欲是弭盜根本。弭山中盜易，弭心中盜難。」聞者悚息。

敖宗慶。字汝承，思南人。嘉靖中進士。歷任中外，皆著勞績。遷廣西按察使，以争戍卒事三上揭臺使，不報。宗慶曰：「殺人媚人，吾不爲也。」持之益力，卒出之。晉副都御史，巡撫雲南。鐵鎖箐亂，指授方略，卒奏奇功。尋致仕歸。

郭宗隂。安化人。嘉靖中舉人。端方耿介，事伯兄恭謹。歷任鄰水知縣，有德於士民。及歸，寒素如故。

蕭重望。思南人。萬曆中進士，擢御史。凡四爲巡按，多所建白。請設偏沅巡撫、雲貴總督、思南同知及安化縣事，輒報可。歷官至僉都御史，卒。

田景猷。思南人。天啓中進士。安邦彦反，景猷疏請齎敕宣諭，廷議壯之，即擢職方主事。時賊方圍貴陽，景猷單騎往，諭以禍福，令釋兵歸朝。邦彦不聽，欲屈景猷，日陳寶玩以誘之，不爲動。賊乃留景猷，遣其徒恐以危禍，景猷怒，拔刀擊之，其人走免。羈賊中二年，以間脱歸。從王三善擊賊，同死於内莊。贈太常寺少卿。

鄭安民。思南人。性孝友。父妾見逐，安民知其已有娠，迎置别室。後生弟澤民，田宅奴婢悉讓之。以貢生爲蜀府長史。流賊寇蜀，安民時防守青川，力戰敗之，以功加四品服。崇禎末，賊陷成都，蜀王赴水死，安民亦躍入水，抱王屍而死。本朝乾隆四十一年，賜謚節愍。

曹士銓。印江人。府庠生。崇禎末避賊大聖洞中，賊攻洞，擄士銓母子，索金不得，欲刃其母。士銓直前以身蔽之，大呼曰：「可殺我，毋傷母。」賊並殺之。兄士望尋母弟屍，顏色如生。

趙富。印江人。爲思石營把總，值張先璧之叛，富守秀寶關，報印江城中居民，令速徙，曰：「吾以一身代群命矣。」其後援兵不至，被執死之。本朝乾隆四十一年，予祀忠義祠。

本朝

黄世發。印江人。雍正間，以舉人知肅寧縣。縣絶少溝澮，不雨則無禾。世發勸民多鑿井以灌田，逢歲旱，禾不枯槁，水利大興。事聞，賜四品職銜，遷直隸營田觀察使，卒。乾隆十一年，入祀鄉賢祠。又印江縣民廖天培、羅致臯有孝行，乾隆年間先後旌表。

流寓

宋

夏大均。政和間，蕃部長田祐恭被召入覲，拜伏進退，不類遠人。徽宗異之，問其故，對曰：「臣客夏大均實教臣。」上悦，厚賜之，以大均爲保州文學。

明

賴嘉謨。江西人。幼隨父潔之思南府幕。聰慧絶倫，從李渭遊，好學不倦。數年後歸，成進士。

列女

明

徐錦妻蒙氏。郡人。嘉靖中，山賊攻刦，隨夫避山箐中，爲賊所執。蒙奪刀刺賊，賊怒支解之。

安如崑聘妻楊氏。郡人，楊宏祖女。年十五未嫁而如崑殁，氏欲歸安守節，父母不可，乃封帛遺其舅姑以殮，遂不食死。

張隆乾妻楊氏。沿河司人。隆乾爲本司正長官，與副土官冉姓世仇。冉襲隆乾，焚殺之。楊單騎走，泣請平茶司兵，生擒冉，函其首，祭隆乾柩前，一慟而絶。

徐可大妾陳氏。郡人。可大宦遠方，陳留事姑。姑病危，籲天割股爲羹，進之立愈。郡守旌其門。

符賓妻羅氏。郡人。年十九適賓。賓卒，依父母家守節，足不踰閾。親疾，割股以療之。御史旌其門曰「節孝」。壽至八十。

鄒先魯妻楊氏。郡人。先魯令祁陽卒，楊與妾敖氏、李氏俱少無子，同志守節，勤女工以度日。屢遭變亂，不改其貞。

田侃妻張氏。郡人。年二十夫卒，將葬於河東。氏扶柩登舟，半渡躍入河。比得其尸，上下衣皆密縫，面色如生。

張一應妻李氏。郡人。嘉靖中，叛兵肆掠。潛匿山洞，爲賊所執，投崖而死。同時敖孫謀妻張氏，亦被執投崖死。

王朝妻劉氏。印江人。嘉靖中，鎮筸苗攻縣城，被掠，駡賊死。

張希旦妻冉氏。安化人。年十六夫亡，遺孤幼弱。冉誓死不二，慎出入，寡言笑，躬紡績，教育二子，俱爲諸生。

覃吉甫妻陰氏。安化人。事兩世姑盡禮。挈家避亂，途值叛兵，衝突相失，祖姑姜氏被兵拷死，姑何氏亦垂斃。陰尋至，脱衣襦覆之。望見叛兵復來，恐遭掠，遂自縊樹下死。

覃通妻張氏。安化人。值兵亂，隨夫避洞中，被刦投崖而死。

陳謨妻王氏。安化人。流賊四掠，被執犯之不從，脅以兵，駡愈甚，遂被殺。

任效廉妻楊氏。印江人。夫卒，七日不食，觸棺而死。

舒英妻龔氏。婺川人。年十八夫亡，誓死守節。姑憫其少，欲令改適，遂自盡。

本朝

敖起宗妻張氏。郡人。康熙中，吴逆兵肆掠，與其長姑、次姑俱避宝後洞中。賊緣崖至，知不免，遂姑嫂結襟，投崖而死。同時被難者：任尊德妻敖氏，避山箐間，不食死。田氏女，李承眷長女、三女、四女，媳周氏，詹俸禄妻吴氏，田茂繹妻張氏，田養民妻楊氏，俱投崖死。

安于磐妻朱氏。郡人。事姑盡孝，姑病篤，割股療之而愈。

邵堯章妻陳氏。安化人。吴逆之亂被掠，氏義不受辱，攜二女投江而死。同時有楊昌裕妻劉氏，年十八，亦駡賊被害。

冉國輔妻張氏。安化人。吴逆之亂被執，度不能脱，乃詐言取物，賊信之，即乘間投崖死。

唐廣達妻張氏。婺川人。年十九，夫歿守節，撫嗣子成立。雍正七年旌。同縣周師奭妻李氏、紀維綬妻王氏，並雍正年間旌。

郭拱璿妻劉氏。郡人。年十九，夫歿守節，事翁姑以孝聞。織紝之暇，繙閲書史，雖卑幼不輕一見。乾隆四年旌。同郡田祓妻朱氏、張元忭妻古氏、何特簡妻向氏、冉喬枚妻王氏、田禕妻冉氏、匡元俊妻石氏、盛元和妻袁氏、安榮仁妻盛氏、吴班妻李氏、任世湜妻楊氏，均乾隆年間旌。

曹建章妻賀氏。安化人。夫歿守節，乾隆中旌。同縣譚映楝妻張氏、張承位妻李氏、李機妻王氏、楊懋嗣妻雷氏、冉鐘衢妻黄氏，貞女張志道聘妻李氏，均乾隆年間旌。

陳某妻張氏。婺川人。夫歿守節，乾隆中旌。同縣易某妻文氏、唐某妻張氏，均乾隆年間旌。

趙學聖妻吴氏。印江人。夫殁守節，乾隆九年旌。同縣戴志芳妻鄧氏、黄國柱妻覃氏、朱邦彦妻謝氏、饒育萬妻唐氏、黄宏源妻戴氏、嚴啓明妻胡氏、王之佐妻歐陽氏、易現華妻文氏、陳仲猷妻張氏、史正序妻楊氏、魏人傑妻陳氏，貞女黄璞修聘妻曾氏，均乾隆年間旌。

安修緒繼妻張氏。郡人。夫殁守節，嘉慶十年旌。同郡崔承宣妻周氏，貞女任以忠聘妻楊氏、張宏萬聘妻羅氏，均嘉慶年間旌。

黄楚材妻周氏。安化人。夫殁守節，嘉慶元年旌。同縣楊再國繼妻何氏，吴一仁妻劉氏，田世湛妻羅氏、妾張氏，黄一元妻蒲氏，均嘉慶年間旌。

張文鼎妻李氏。婺川人。夫殁守節，嘉慶十四年旌。

戴應志妻任氏。印江人。猝遇强暴，守正被戕，嘉慶五年旌。同縣節婦龔友諒妻田氏，六年旌。

土産

鐵。通志：出安化。

硃砂。元和志：州貢。

水銀。寰宇記：州土産。通志：出婺川木悠、板場、巖頭諸處。

蠟。元和志：州貢。通志：各縣俱出。

葛。元和志：州貢。

棉花。通志：是處皆種，居民紡績爲布。

茶。寰宇記：州土産。

油桐。通志：是處植桐，結實如桃，取其子爲油。

竹。出府屬。有苦竹、紫竹、鳳尾竹、慈竹數種。

蘭。出府境山谷間。

菖蒲。出府境。

茱萸。出印江。

蔓菁。通志：亦名蕪菁。諸葛亮南征所止處，必令軍人種之，人呼爲「諸葛菜」。

竹雞。出府境。

白鷴。出府境谿谷間。

金釵糯。通志：出府境。香美逾于諸種。

文石。通志：出白鷺洲。文有五色，可爲盆玩。

橙。通志：出府境。其大者如盤。

鴛鴦。出府境。

猴。出府境。通志：小者如拳。

苗蠻

峒人。在府城東朗溪司。頗類漢人，多以苗爲姓。性多忌，喜殺，出入夫婦必偶，挾鏢弩自隨。飲食辟鹽醬。冬以茅花爲絮禦寒。石阡司亦有之。

冉家蠻。在府城北沿河司。性獷戾，以丑戌日爲場，十月朔日爲節，祭鬼爲樂。俗與新添、丹行二司之蠻人同，石阡亦有之。

校勘記

〔一〕明洪武十年改置今司　「十年」，乾隆志卷三九六思南府建置沿革（下同卷簡稱乾隆志）作「七年」。按，乾隆志蓋本諸明史卷四六地理志，本志則改從讀史方輿紀要卷一二三貴州，各有所據，未知孰是。考雍正貴州通志卷二一秩官記載又不同，其「思南府屬」條云洪武元年授田穀朗溪長官司，五年授任倴朗溪副長官。則置朗溪長官司當在洪武元年。

〔二〕網陀溪　「網」，原作「綱」，乾隆志同，據乾隆貴州通志卷五地理志改。按，道光印江縣志卷一地理志亦作「網」。

〔三〕鬬湊關　「湊」，乾隆志作「溱」，未知孰是。

〔四〕曉洋江渡　「洋」，乾隆志作「羊」。下文「洋」，乾隆志亦作「羊」。

〔五〕在府城北仁同村　「仁」，乾隆志作「人」。

〔六〕永寧寺　「寧」，原作「安」，據乾隆志及乾隆貴州通志卷一〇寺觀改。按，本志避清宣宗諱改字。

石阡府圖

思南界
印江界
香爐山
石阡府
洋溪山
萬壽山
鎮東山
九龍山
十萬山
銅仁界
洋川
偏橋界
思州界
獅子山
夜郎
鎮遠界

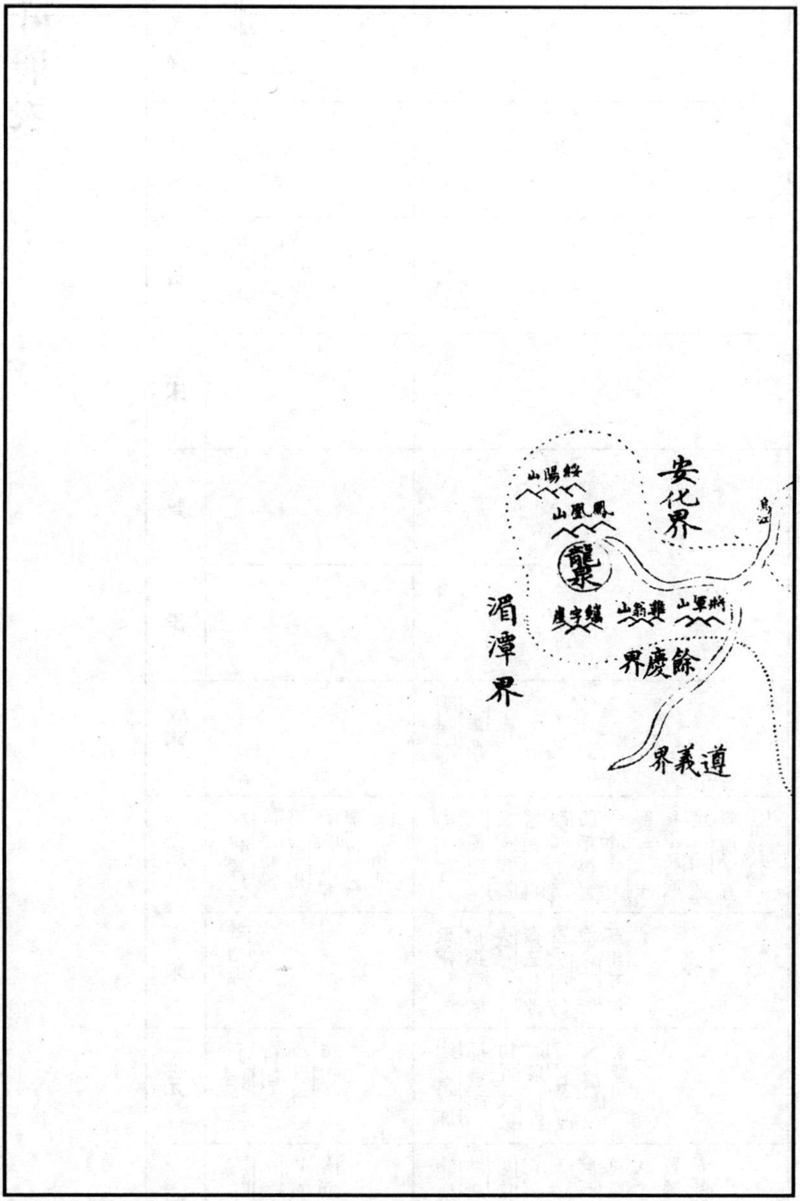
綏陽山
鳳凰山
安化界
烏江
龍泉
湄潭界
繡字崖
雞翁山
將軍山
餘慶界
遵義界

石阡府表

	石阡府	龍泉縣
兩漢	牂牁郡地。	
三國		
晉	夜郎郡 永嘉二年置，尋廢。	
宋		
齊		
梁		
隋		明陽郡 大業初置。
唐	夜郎縣 武德初置，屬夷州。貞觀元年廢，爲思、夷二州地。	夷州 武德四年於安夷縣置州。貞觀元年廢，四年復置州於都上縣，十一年移治綏陽，屬黔州都督府。五代没於蠻。
宋	承州地。	承州 初爲羈縻夷州。大觀三年改置承州，仍治綏陽。宣和五年廢。
元	石阡長官司 屬思州安撫司。	龍泉坪長官司 初置大保龍泉長官司，尋改名，屬思州安撫司。
明	石阡府 永樂十一年置，屬貴州布政司。	龍泉縣 洪武初屬思南宣慰司。永樂十一年改屬石阡府。萬曆二十八年廢司置縣，仍屬石阡府。

續表

安夷縣大業八年置，屬明陽郡。	都上縣大業二年置，屬明陽郡。	
安夷縣武德四年爲州治。貞觀初改屬務州，後屬思州。開元二十五年還屬夷州。	都上縣貞觀四年爲夷州治，十一年移州治，縣仍屬夷州。	雞翁縣武德四年屬夷州，六年廢。貞觀六年復置。永徽中廢。
安夷縣屬承州。宣和初廢。	都上縣屬承州。宣和初廢。	

明陽縣 大業初置，屬明陽郡。	牢州 大業中置。	
明陽縣 武德四年屬夷州。貞觀元年改屬務州。尋廢。	牢州 武德二年改義州，五年改智州。貞觀十一年復故名，十六年廢。	洋川縣 武德初置，屬牢州，尋屬義州。後廢。
		洋川縣 大觀中復置，屬承州。宣和中廢。

大清一統志卷五百五

石阡府

在貴州省治東北四百八十里。東西距四百四十里，南北距六十五里。東至銅仁府界八十里，西至遵義府界三百六十里，南至鎮遠府界十五里，北至思南府界五十里。東南至思州府界六十里，西南至平越州餘慶縣界六十里，東北至思南府印江縣界一百七十里，西北至平越州湄潭縣界十里。自府治至京師七千三百八十里。

分野

天文翼、軫分野，鶉尾之次。

建置沿革

禹貢荆州荒裔。漢爲牂牁郡地。晉分置夜郎郡。晉書地理志：永嘉二年，分牂牁，立平夷、夜郎二郡。劉宋因之。隋屬明陽郡。唐初置夜郎縣，尋廢爲思、夷二州地。唐書地理志：夷州義泉郡，本隋明陽郡地。武德四年，以思州之寧夷縣置。五代時入於蠻。宋大觀三年内附，建爲承州。宣和間廢。元置石阡等處軍民長官司，屬思州安撫司。明洪武初，改屬思南宣慰司。明統志：元置石阡軍民長官司。洪武初，去「軍民」字，止稱石阡長官司。永樂十一年，置石阡府，屬貴州布政司。明地理考：石阡本思州地，永樂十一年置府，隸貴州，領長官司四，曰石阡、曰苗民、曰葛彰葛商、曰龍泉坪。萬曆中，改龍泉坪爲縣。本朝因之，屬貴州省，領縣一。

龍泉縣。在府城西二百五十里。東西距六十里，南北距一百里。東至思南府安化縣界三十里，西至平越州湄潭縣界三十里，南至平越州餘慶縣界五十里，北至思南府婺川縣界五十里。東南至本府界一百二十里，西南至遵義府遵義縣界一百一十里，東北至思南府印江縣界五十里，西北至遵義府正安州界一百里。隋大業中，置明陽郡。唐改夷州。宋初爲羈縻州。大觀三年，改承州。宣和五年廢。元初置大保龍泉長官司，尋改爲龍泉坪長官司，屬思州安撫司。明洪武初，改屬思南宣慰司。永樂十一年改屬石阡府。萬曆二十八年，改置龍泉縣，仍屬石阡府。本朝因之。

形勢

南通鎮遠，北距思南。明皇輿考。負山枕江，黔中要地。府志。林巒環抱，水石清幽。黔記。

風俗

刻木爲記，不事文墨。明統志。淳龐樸茂，不離古習。黔記。

城池

石阡府城。周三里有奇，門四。明嘉靖四十年建。本朝順治十八年修，乾隆三十三年重修。

龍泉縣城。周二里有奇，門四。明萬曆十二年建。

學校

石阡府學。在府治南。明永樂十二年建。本朝康熙三年修。入學額數十七名。

龍泉縣學。在縣城西。本朝康熙三十八年建，四十八年修。入學額數八名。

明德書院。在府城南。明隆慶六年建。本朝乾隆二十八年修。

屏山書院。在府城内，舊名文瀾書院。明建，本朝嘉慶中改今名。

龍泉書院。在縣城内。乾隆五十一年建。

户口

原額人丁一千六百有六，今滋生男婦大小共九萬五千一百六十四名口，計二萬一千五百九十五户。

田賦

田地、山塘共五萬九千四百九十四畝有奇，額徵地丁正、雜銀三千七百七十三兩六錢八分九釐，米一千二百四十九石四斗五升四合四勺。

山川

鎮東山。在府城東。府志：峯巒秀拔，爲郡之鎮。

金雞山。在府城東。名勝志：在石阡長官司東。高百丈，翠色如沐。又有黄楊山，産黄楊木，故名。

知府山。在府城東三里。山之右曰侯山。

龍山。在府城東南，爲郡中勝境。名勝志：東南高崖曰龍山，矗聳雲表。左崖畔有洞，開敞若户，進三四丈，門漸小，僅容身。石隙中有水瀉下，潭深莫測。春水漲漫，流至五巴砦桶口出，入大溪。冬日則涸。大風時發，又名風鬼洞。

九龍山。在府城東南十里。通志：宋故土官楊九龍葬其地，土人因以名之。

温塘山。在府城南一里。府志：踞温泉上，一名松明山。明正德初，石阡未建城，土官楊再珍築囤於此，今垣湓猶存。

十萬山。在府城南十里。平衍中有沃壤，楊再興屯兵於此。又有十萬囤，在府城南六里。
琵琶山。在府城南四十里。
崖門山。在府城西南。名勝志：兩山高下相併曰崖門。崖下水流合平茫水入大溪，崖門西上有洞懸空朝北，高峻莫能窺其深廣。春夏間人過者，仰視其中，如有金鼓聲，秋冬則無。
萬壽山。在府城西南。通志：地名樂橋。山下有洞，俗傳有神羊化石。
挂榜山。在府城西南二里。土山戴石，方正廣闊。又府西南樂橋鋪有紗帽山，以形似名，又名朝天嶺。
排衙山。在府城西南五里。羣峯拱列，狀如排衙。
獅子山。在府城西南廢葛彰司側。又司東有飛鳳朝陽山，東二里有雲谷。
金順山。在府城西南廢葛彰司東五十里，下有石蔭泉。
麒麟山。在府城西南廢葛彰司南，以形似名。又司西有擒苗山。
隘門山。在府城西南廢葛彰司北，兩峯對峙如門。
駱駝山。在府城西三里。又西爲飛馬山。
雲堂山。在府城西五里。府志：谷深林茂，舊爲苗蠻出沒處。
蓮花山。在府城西北廢苗民司東，下有龍潭。
馬鞍山。在府城西北廢苗民司東，山勢昂聳。又司西二里有文筆山。又有白崖，亦名挂榜山。
天馬山。在府城西北廢苗民司南三里，以形似名。

筆架山。在府城北五里。明統志：狀如筆架。

香爐山。在府城北十里。通志：平地突起，四面陡絶。上容數百人，土人嘗避兵於此。

勤王山。在府城北。秀拔環拱，與朝天嶺對峙。相傳昔人曾聚兵於此。

青山。在府城北七十里。府志：山高聳，多林木。

義陽山。在龍泉縣東三十里，唐義州治此。

卧龍山。在龍泉縣東五十里。上有卧石如龍，長三丈許，腹下出水，爲菖蒲溪之源。相近有石牛山，高數仞，上有巨石如卧牛。

雞翁山。在龍泉縣東南三十里，唐雞翁縣在其山下。

將軍山。在龍泉縣東南五十里。通志：宋紹興二年，任正隆之變，都監安文誓師於此，因名。

石繖山。在龍泉縣西。府志：山上有石，高十餘丈，端圓如繖。

鳳凰山。在龍泉縣西北。通志：磅礴高大，爲縣之鎮。名勝志：鳳凰山在縣東。山下有魚子孔，口圓如盤。日出則光漾於中，其深無際，水泛輒有青紅間黄之色。前有石磯，鯆魚滿尺，常躍磯上，迴旋泉窟，人不可捕。

綏陽山。在龍泉縣西北三十里，接遵義府綏陽縣界。

石筍山。在龍泉縣北，其峯尖聳如筍。

把軍了山。在龍泉縣北二十里。明正德六年，蜀寇方仕之變，三省合兵征勦，營於此，因名。

東山。在龍泉縣東北三十里。有東山砦，秀麗獨出。並峙者爲金雞山。

杉木嶺。在府城西南廢葛彰司北六十里。嶺上多産異杉，因名。
朝天嶺。在府城西北。一名樂橋坡，又名樂回山。
長沙嶺。在府城西北廢苗民司東，形勢高峻。
迎仙峯。在府城西一百五十里。明統志：下有龍塘泉。
大夫峯。在府城西北廢苗民司西。又廢葛彰司西有三尖峯。
甘猛崖。在府城西南廢葛彰司東。又有斜崖，環拱司治。又西有峯洞崖、瓮古崖，北有葛沖崖。
望鄉崖。在府城西一百六十里。通志：下有望鄉泉。
鬼崖。在府城西北廢苗民司治西。明統志：高廣方丈如屋。
瑪瑙崖。在龍泉縣東。又東有山羊崖，皆高險。
鐫字崖。有二：一在龍泉縣南十里，上刻「夜郎古甸」四字，相傳李白謫夜郎經此，後人紀之。一在龍泉縣北三里，上刻「天河洗甲」四字，明萬曆中劉綎平播凱還，經此勒石。
青竹崖。在龍泉縣東北，一名深箐。又縣北有中宗崖。
聚兵墩。在府城西南廢葛彰司南，與麒麟山相接。峯崖峻險，可屯兵。
坪耕箐。在府城西南廢葛彰司南。又有嶺頭箐、葛蔓箐，皆巖險陰翳。
寒竹箐。在府城西，以竹樹陰森而名。又有杉木箐，在府西北，上多杉木。
爛沉箐。在府城西北廢苗民司南。相近又有來林箐。

黄蠟箐。在龍泉縣東。又北有隘頭箐。

山丹坪。在府城西南廢葛彰司西。又有棉花坪，舊皆爲險隘處。

穿簾谷。在龍泉縣東。又有三跳石，皆江水發源處。

龍穿石。在龍泉縣東十五里。通志：巨石壁立，中間一徑，僅容一人。兩岸石片層疊，若鱗甲然。

秋滿洞。在府城南。名勝志：府南梭砦隔岸之山，高峻凌空。下有秋滿洞，洞門開敞，洞後石泉長流灌田。正統間苗亂，民竄入洞，賊守洞口，人從洞後穿出，皆得免。

太虛洞。在府城南。通志：一名燕子崖。景最幽勝，中有萬佛巖、石大士像及石龍、石虎諸異。

龍洞。在府城西南三里。名勝志：洞在龍底江上，其山高峻。下有洞，闊三丈許，深約三里。數十步有圓洞門，約三尺。又五十餘步有天生橋，約丈餘，橋内有石田。過橋，兩石如盤，形類葵花，上有水滴盤中。其深莫測，洞内水聲潺潺，相傳神龍所潛。洞産奇石，大小類鴨卵，上有花文，深碧色，俗名醮果，可翫不可取。

風神洞。在府城東北十里。人不敢深入，入則大風飄發，一名風鬼洞。

野人洞。在龍泉縣南，邑人於此立便民場。

騰雲洞。在龍泉縣南三十里。名勝志：平地突起一峯，四面險阻，中通一孔，僅可容人。入數十步，洞中高闊各五七丈，左右有罅通明者五。通志：一名太極洞，左右有五石隙，頂有文，類太極圖。

兑溪洞。在龍泉縣南九十里。通志：外壁險峻，洞中寬平，非懸梯引綆不能上。土人避兵其中。

龍底江。在府城西南三里，亦謂之大溪。通志：其上源爲包溪鋪，溪流逕府東黄茅囤，合流繞府前，入思南府界，注於烏江。

樂回江。在府城西南廢葛彰司南。其源有三，至方竹箐合爲一流，出司東北，又折而西，流注深溪，入烏江。

石阡江。在府城西，流入烏江。

烏江。在府城西一百五十里。自遵義府流入府界，又東北流入思南府東境，又北入四川彭水縣界，爲涪陵江。明統志：源自四川播州，流入思南府界。通志：東流合思南江入蜀，即方輿勝覽所載珍州思溪與南平軍明溪合者也〔一〕。

大塘江。在龍泉縣西三十里。源出播州，東通烏江。

義陽江。在龍泉縣東北五十里。黔記：發源壽水，南流繞縣治，東入烏江。

凱整河。在府城東四十里，舊時軍民分界於此。

新開河。在府城西二十里。其中巨石森壅者九，明萬曆二十四年，知府郭原賓疏鑿，自府前起，至思南府界，地名塘頭，約六十餘里，可通舟楫。又葛閃河，在府城西一百四十里，下流入烏江。

江口河。在府城西北廢苗民司北四里。源出烏江，合小江通四川涪河。

泥水河。在龍泉縣東二十里。通志：發源東山，流通義陽江。中多鮎鯉，大者重百餘觔。

馬渡河。在龍泉縣西南。自湄潭縣流入，東南入烏江。

桶口河。在龍泉縣北。流合洋溪，西入烏江。

深溪。在府城西一百二十里，西流注於烏江。

小溪。在府城西北廢苗民司北四十里。源出山箐中，出溪口，會於烏江。水流迅疾，恒有漲溢之患。

洋溪。在府城北十里。府志：源出銅仁府提溪司山下，西南流入府界。又西逕龍泉縣界，與桶口河合，入於烏江。

清江溪。在龍泉縣城外。紆環如帶，合流桶口河。

犵木溪。在龍泉縣城南。府志：環繞縣治，入於清江溪。

羊子溪。在龍泉縣西北。黔記：自湄潭縣流入，逕綏陽場南，東合義陽江。

保大沙洲。在府城西，龍底江所逕也。

沙洲。在府城西北廢苗民司東。山溪之水，匯流逕此，北流入小溪。

平貫沙洲。在府城北。上有平貫砦，砦前有温泉潭。

石灘。在府城西。龍底江流逕此，水勢激湍處也。

滰龍灘。在府城西南廢葛彰司南，欒回江所逕也。

金場灘。在府城西北廢苗民司南。東流合沙洲水，入於小溪。又司北二里有相公灘，石骨横江，水勢迅急。

大龍潭。在府城西北廢苗民司北。深沉莫測，有灌溉之利。

温泉。在府城南一里。明統志：泉源湧沸，四時清暖。通志：大小二泉，泉水温暖，清可鑑髮。大者方如盤匜，小者中有石竇，圓如太極，可浴。

登沙泉。在府城南四里。河旁有小孔，水出不竭。時有魚出，其源不可曉。

灣塘魚泉。在府城南六里。其地有石門，門中有河，深遠不可究。春則魚出，秋則魚入，居民張笱，以時取之。

凱溉温泉。在府城南八里，河側水極熱。

石蔭泉。在府城西南廢葛彰司東，金順山下。泉廣丈餘，深三尺許，春夏則漲，秋冬則消，極爲清冷。又司西有瀑布泉。

望江崖泉。在府城西一百六十里。水頗甘冽，四時不涸，居民資以灌溉。

沙子泉。在府城西北廢苗民司東七里。泉石常有白沙如玉，歲旱沙出愈多，民以驗豐歉。又白水泉，在司北三里。

龍泉。在龍泉縣西北鳳凰山下。泉自石罅中流出，爲小渠，從東北水關出城，入清江溪，餘流可以灌田。通志：縣之得名以此。

魚子孔泉。在龍泉縣西北鳳凰山下。

黄魚泉。在龍泉縣北二十里。名勝志：水泛則黄魚羣出，大者百餘觔。歲豐則魚出益廣。

天井。在府城西一百二十里。平地湧出，灌溉甚多。又府南有甘谷井。

縣前井。在龍泉縣治南。其孔有三，水甚清冽，居民利之。

鹿井。在龍泉縣東南四十里四約囤之石峽間。深丈餘，其水味鹹，野鹿每餂之，輒墮其中。

古蹟

廢夷州。在龍泉縣西北。唐初置，五代時入於蠻。舊唐書地理志：武德四年，置夷州於思州寧夷縣，領夜郎等十三縣。貞觀元年，廢夷州。四年，復置夷州於黔州都上縣。十一年，又自都上移綏陽。天寶元年，改爲義泉郡。乾元元年，復爲夷州，領縣五。按：唐夷州三徙，其地在故寧夷、都上、綏陽三縣，今綏陽屬遵義府。

廢承州。在龍泉縣西北。宋大觀中置，尋廢。宋史地理志：本羈縻夷州。大觀三年，酋長獻其地，建爲承州，領綏陽、都上、義泉、寧夷〔二〕、洋川五縣。宣和三年廢。

廢牢州。在龍泉縣東北義陽山下。隋置。唐武德初，改爲義州。貞觀中，復爲牢州，尋廢。唐書地理志：武德二年，以信安、義泉、綏陽三縣置義州，并置都牢、洋川二縣。五年，曰智州。貞觀四年，省都牢。五年，以廢邪州之樂安、宜林、芙蓉、琊川四縣隸之〔三〕，後又領廢夷州之綏養。十一年，曰牢州，徙治義泉。十六年州廢。

寧夷廢縣。即今府治。隋置縣。唐屬夷州，五代時廢。宋大觀中復置，宣和中廢。元和志：寧夷縣，隋大業八年置，屬明陽郡。武德四年，屬夷州。

夜郎廢縣。在府城西南廢葛彰司西六十里。晉置縣，屬牂牁郡。永嘉中，置夜郎郡，後入於李特。唐初，復置縣，屬夷州，貞觀初廢。晉書地理志：永嘉二年，立夜郎郡，其地再爲李特所有。咸康四年，李壽分牂牁、夜郎等四郡置安州。舊唐書地理志：武德四年，夷州領夜郎縣。貞觀元年，廢州，省夜郎。按：元和志，貞觀十六年，復置夜郎縣，爲珍州治。今廢縣在遵義府界。

都上廢縣。在府城西南，即今廢葛彰司地。隋置縣。唐初屬黔州。貞觀中爲夷州治，唐末廢。宋大觀中復置，屬承州。宣和中廢。元和志：都上縣，本漢牂牁郡地。隋大業十二年招慰所置，其處有酋豪都集之所，因以爲名。

明陽廢縣。在今府西。隋置縣，兼置明陽郡。唐初郡廢，縣屬夷州，後省。寰宇記：隋置明陽郡，治明陽縣。唐武德四年，隸夷州。六年，改隸務州。貞觀中省。

洋川廢縣。在府城西北。唐初置，屬牢州。貞觀中屬夷州，唐末廢。宋大觀中復置，屬承州。宣和中廢。

雞翁廢縣。在龍泉縣東南雞翁山下。唐初置，屬夷州，永徽後廢。寰宇記：故縣在寧夷縣西南七十里。

石阡廢司。即今府治。元置石阡軍民長官司。明洪武初，改曰石阡長官司。永樂中，以司爲府附郭。本朝雍正八年裁。明實録：永樂十一年三月，以苗民、石阡、龍泉坪、葛彰葛商四長官隸石阡府。

苗民廢司。在府城西北八十里。明洪武十年置。本朝康熙二十三年裁。

葛彰葛商廢司。在府城西南一百里。元置長官司，屬思州安撫司。明屬石阡府。今廢。黔記：明仍置葛彰葛商長官司，屬思南宣慰司。永樂十一年，改屬石阡府。

龍泉坪廢司。即今龍泉縣治。元置長官司，屬思州安撫司。明廢。黔記：萬曆中，播州楊應龍叛，土官安民志死之。二十八年，播州平，改司爲縣，以民志後世襲土縣丞。

明時樓。在府治前。明成化十六年建。

南薰樓。在府城南迎恩寺左。明萬曆十年建。

勸農亭。有二：一在府城南，一在府城北，俱明萬曆三年建。

關隘

松明關。在府城東。

凱料關。在府城東南，去鎮遠府九十里。

大定關。在府城東南，官路所經，接鎮遠府界。

松坎關。在府城南。

鎮寧關。在府城西南馬鬉嶺大路。嶺屬鎮遠府黄平州，蓋境相接也。

茶園關。在府城南，與偏橋接界。

錫樂平關。在府城西南，與平越州餘慶縣接界。

牛塘壩關。在府城西南廢葛彰司境。又司南有樂回砦。

銅鼓關。在府城西北，接思南府界。

鎮夷關。在府城北，接思南府印江縣界。

石灰窯關。在府城東北。又府境有象鼻關。

張教壩關。在龍泉縣東。又有天井關、竹壩平關，俱爲戍守處。

平水口關。在龍泉縣西八十里。

青龍關。在龍泉縣北十五里。

虎踞關。在龍泉縣北三十里，一名虎跳關。林箐幽深，明萬曆中，設哨兵防禦。

平砦。在府城東。黔記：府西南抵偏橋，北接印江，皆坦途。獨東隅提溪小路，懸崖直下，俯瞰城市。水硍山箄子坪諸苗往往假道於此。其平砦、斗崖一帶，峻嶺摩空，叢林蔽日，皆諸苗險窟。

太平砦。在府城南。又廢苗民司治前有金樹砦，舊皆爲戍守處。

鄧坎砦。在龍泉縣南。明萬曆中，楊應龍攻龍泉，襲官軍於鄧坎。官軍擊走之，破其金竹、青岡嘴、虎跳關等七砦，蓋縣境去播最近也。又縣南有東山砦。

黄楊古屯。在龍泉縣東三十里。府志：巉巖絶壁，崖上多黄楊木。有大河環繞，其上可容百萬人。宋紹興間，任正隆據之以叛，都監安文平之，營柵塹洫猶存。

板橋鋪。在府城西北，達廢苗民司界。府境又有鐵廠鋪、苗民鋪、琵琶鋪、樂橋鋪、長林鋪、龍泉鋪、葛彰鋪。

縣前鋪。在龍泉縣治前。又有乾溪鋪、峯巖鋪、長林壩鋪、桶口鋪、塘頭鋪，俱本朝乾隆三年設。

提溪哨。在府境。又有茶園關哨、永靖哨、巖門哨，舊皆設兵守禦。

鎮夷公館。在府城東六十里。明嘉靖二十三年建，今廢。

津梁

花橋。在府城東二十里。

迎恩橋。在府城南。又城南有來賓橋。

永濟橋。在府城南六十里。明嘉靖中建。

板橋。在府城西北廢苗民司北，跨小溪上。明置板橋巡檢司於此。弘治中，遷治於思南府東，而境内之巡檢司遂廢。

文星橋。在府城北。又城北有達遠橋。

趙公橋。在龍泉縣北。又縣北有王公橋。

白巖江渡。在府城南十里。

葛閃渡。在府城西一百二十里。

洋溪江渡。在府城北十里。

龍底渡。在龍底江，即龍川古渡。

桶口渡。在龍泉縣南一百二十里。

隄堰

滰龍陂。在府城西南廢葛彰司南，樂回江所經處。

新寒陂。在府城西。相近又有各容陂，皆瀦水灌田。

祠廟

李太白祠。在府治，祀唐李白。通志：唐天寶中，李白謫夜郎經此，因建祠祀之。明末以祠爲理刑署。本朝康熙六年，復改爲祠。按：白流夜郎，實未至其地。其詩云：「五色雲間鵲，飛鳴天上來。傳聞赦書至，卻放夜郎回。」又云：「昔去三湘遠，今還萬死餘。」蓋白泝三湘，將上夜郎，聞命而還也。

胡公祠。在府治西，祀明知府胡信。

遺愛祠。在府城南。明萬曆中建，祀知府吴維京、鄭一信。

郭公祠。在龍泉縣治，祀明巡撫郭子章。

向公祠。在龍泉縣南，祀明兵備道向日昇。日昇以兵備龍泉，造士撫民，戢兵禦苗，有惠政，建祠祀之。

諸葛廟。在府城南，祀蜀漢諸葛亮。

寺觀

五峯寺。在府治。

迎水寺。在府城東五里。又城南有迎恩寺。

迴龍寺。在府城南。

北塔寺。在府城北。明建。一作白塔。

觀音寺。一在府城西，一在城北，俱明萬曆中建。

玉溪寺。在龍泉縣官壩。舊名土溪寺，後改今名。又北門外有華嚴寺。

天井寺。在龍泉縣南三十里。

雲山寺。在龍泉縣南二十五里。

中華山寺。在龍泉縣南九十五里。

東陵寺。在龍泉縣東北東山西。

啓靈觀。在府城外。明萬曆二十四年建。

真武樓。在府治西。明永樂初建。

名宦

明

李鑑。貴溪人。永樂中知石阡府，導民變俗，皆有法度。九載秩滿，遮留者載道。

胡信。廬陵人。正統中知府，多惠政。在任一年，值洞苗作亂，衆皆避。信曰：「吾受命守此土，當效死。」已而賊至，信悉力禦之，被執不屈死。

余志。福建人。成化中知府，敦崇節義，導民以正。作風鬼洞龍洞辨，以祛民惑，習俗爲之一變。

丁昶。蒙化人。成化中知府，建廨署，嚴守衛，賑貧乏。在任數年，逃亡復業。卒於官，囊無餘貲，民賻之始得歸葬。

褚嵩。華亭人。嘉靖中知府，除豪横，濟貧乏，課士有方。及去，部民如失怙恃。

陸郯。江南人。萬曆中知府，振興文教，捐俸購古今書籍，貯尊經閣以訓士。

凌秋鵬。昆明人。萬曆中知龍泉。時初設縣，規制皆其創畫，邑人頌之。

人物

李紹勳。四川人。萬曆中知龍泉，始建學宫，士風振起。

段宜標。雲南人。萬曆中知龍泉。甫下車，請減浮賦，民困獲蘇。

趙譔。昆明人。崇禎中，知龍泉。政嚴肅，不避强禦，吏畏民懷。後擢御史，殉甲申之難。本朝乾隆四十一年，賜謚節愍。

明

唐必聰。石阡人。成化中舉人，爲南寧令。歸，以經學開導士類，文學品行，見重一時。

楊維鑰。石阡人。隆慶中，任雲南知州。親殁，廬墓三年，鄉里化其孝。

朱嘉賓。龍泉人。隆慶中，苗賊刼掠，縛其父炮烙之，索金帛。嘉賓挺身手刃一賊，解父縛，衆賊殺之。事聞被旌。

安德印。石阡人。萬曆中舉人，爲巴州守。歸，建議修學，倡明古禮，士風爲之一變。

安民志。龍泉司長官。播州楊應龍叛，民志築堡拒守，後堡破，爲應龍所殺。及播平，改龍泉爲縣，巡撫郭子章請於朝，許其子孫世襲土縣丞，以旌其忠。

冉繼勳。龍泉人。天啓中，歷官參將。值水西叛，奉調防禦，屢著戰功。

歐陽東昌。龍泉人。天啓末，知墊江縣，調守渝州。張獻忠破城，不屈死之。本朝乾隆四十一年，賜謚節愍。

流寓

唐

李白。隴西人。天寶中，長流夜郎。唐書本傳：永王璘辟白爲府僚佐，璘敗，詔長流夜郎。會赦，還潯陽。

列女

明

王氏女。石阡人，名伽藍。年十八，字諸生楊正綱。未婚，隨父之雲南普洱驛丞任，中途遇賊，殺其父，執女以行。女厲聲曰：「吾父爲汝害，恨不食汝肉，尚更爲不道耶！」賊强逼之，女罵不絶口，遂被害。

鄭新業妻張氏。石阡人。年十七，歸鄭，夫年已六十矣。婚二載，而新業殁，氏投水死。

鄧再興妻吳氏。石阡人。嘉靖中，鎮筸苗陷郡城，再興被殺。吳聞難，自刎死。

張春妻毛氏。石阡人。萬曆中，播賊殺春，將執毛氏去。氏抱夫屍厲聲罵賊，賊怒，斷其手。及死，猶面向夫云。

曹恩妻黄氏。石阡人。爲苗賊所刼，駡賊被殺。

馬萬珠女。龍泉人。年十七，值播賊之亂被執，駡不已，賊支解之。

胡允朝妻楊氏。石阡人。允朝卒，楊矢志守節。有鎮遠富人某逼娶之，楊溺水死。

彭好古妻楊氏。石阡人。年十八，夫卒。悲號不食，旬日而死。

安應袍妻簡氏。龍泉人。年二十，夫卒，絶粒三日，引刀自刎死。

歐陽組妻黄氏。龍泉人。年二十，夫卒，守節被旌。又冉繼勳妻張氏，年二十八，夫死，守節撫孤，數十年如一日。

本朝

歐陽榮東妻冉氏〔四〕。龍泉人。榮東爲諸生，年十七卒。子璜甫數月，冉誓死守節。經兵燹，艱苦備嘗，志操彌厲，教璜成立。康熙八年旌。

趙燦妻馮氏。石阡人。年十九燦亡，遺孤元魁方三月。馮紡績自給，撫教成立，爲郡諸生。守節四十年，雍正中旌。

蒲士英妻金氏。石阡人。夫歿守節，乾隆中旌。同郡戴以中妻周氏、王朝貴妻陳氏、張仕偉妻黄氏，均乾隆年間旌。

張炌星妻歐陽氏。龍泉人。夫歿守節，與同縣宋祖憙妻何氏均乾隆五年旌。

王調妻宋氏。石阡人。夫歿守節，嘉慶十二年旌。同郡熊良柱妻李氏、席樂山妻尹氏、夏之相妻袁氏、敖士翱聘妻王氏，均嘉慶年間旌。

龔生遠妻谷氏。龍泉人。夫歿守節，嘉慶四年旌。同縣盧光琳妻簡氏、朱爾猷妻唐氏、劉之學妻安氏、朱儒景妻謝氏，均嘉慶年間旌。

土産

布。元和志：夷州貢斑布。

鐵。苗民司出。

水銀。寰宇記：夷州産。明統志：石阡司出。

硃砂。寰宇記：夷州出。

黄蠟。唐書地理志：夷州土貢蠟燭。寰宇記：夷州産黄蠟。明統志：府境出。

犀角。唐書地理志：夷州土貢。寰宇記：夷州貢。

茶。寰宇記：夷州産。

木瓜。明統志：府境出。

銀杏。明統志：府境出。

葛粉。元和志：夷州貢。

苗蠻

楊保。播州之裔。性奸狡。其婚姻祭葬，悉同漢人，死葬亦有哀挽之禮。龍泉爲多。

短裙苗。在廢葛彰司。以花布一幅，横掩其骭。

冉家蠻。詳見思南府。

狎猾。詳見鎮遠府。

校勘記

〔一〕即方輿勝覽所載珍州思溪與南平軍明溪合者也　「明溪」，原作「郎溪」，乾隆志卷三九七石阡府山川（下同卷簡稱乾隆志）同，據方輿勝覽卷六一夔州路改。按，讀史方輿紀要卷七〇四川廢珍州下云「三江一名明溪」，又云思溪在州西七十里，東南流入於三江。所載與方輿勝覽合。

〔二〕寧夷　「寧」，原作「安」，據乾隆志及宋史卷八九地理志改。按，本志避清宣宗諱改字。

〔三〕以廢邛州之樂安宜林芙蓉琊川四縣隸之　「邛」，原作「琊」，據乾隆志及新唐書卷四一地理志改。「琊」，乾隆志同，新唐書卷四一地理志作「琊」。

〔四〕歐陽㷀東妻冉氏　「㷀東」，原作「瑩東」，據乾隆志及乾隆貴州通志卷三一人物志列女改。下文同改。

思州府圖

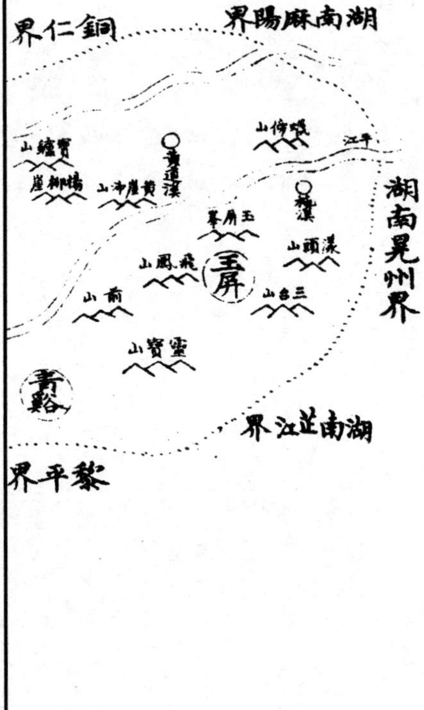

銅仁界
湖南麻陽界
湖南晃州界
湖南芷江界
黎平界
玉屏
青谿
黃道溪
平江
楊柳崖
黃崖沖山
玉屏峯
漾頭山
飛鳳山
三台山
前山
靈寶山

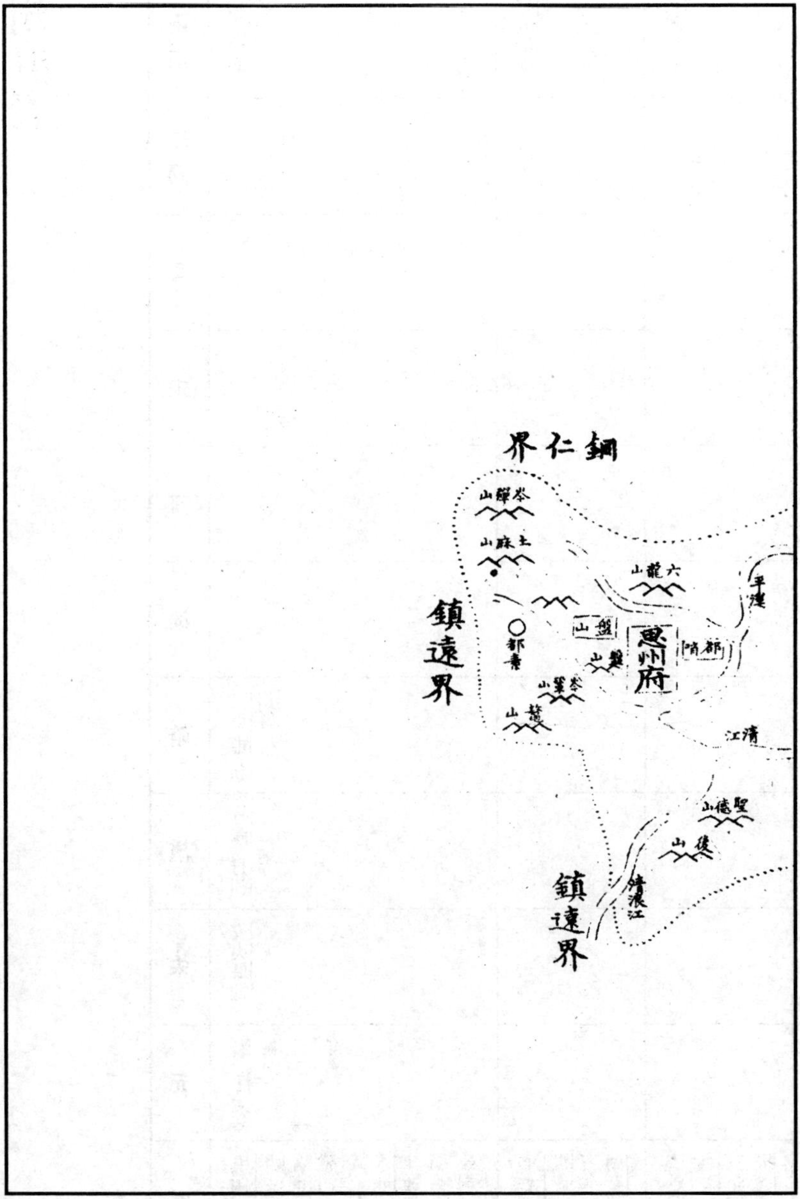
銅仁界
鎮遠界
思州府
土麻山
六龍山
盤山
清江
聖德山
後山
清浪江
鎮遠界

思州府表

	思州府	玉屏縣	青谿縣
兩漢	武陵郡地。	武陵郡地。	武陵郡地。
三國			
晉			
宋			
齊			
梁			
隋	巴東郡務川縣地。		
唐	丹陽、丹川二縣地。		
宋	安夷縣地。		
元	沿江安撫司至元十二年置。		
明	思州府洪武五年置思州宣慰司，隸湖廣行省。永樂十一年改置府，屬貴州布政司。	平溪衛洪武二十三年置，屬湖廣都司。	清浪衛洪武二十三年置，屬湖廣都司。

大清一統志卷五百六

思州府

在貴州省治東五百十里。東西距一百九十里，南北距二百六十里。東至湖南晃州廳界九十里，西至鎮遠府界一百里，南至黎平府界一百一十里，北至銅仁府界一百五十里。東南至湖南芷江縣界六十里，西南至鎮遠府界二十里，東北至湖南麻陽縣界一百二十里，西北至銅仁縣界一百二十里。自府治至京師七千三百八十里。

分野

天文翼、軫分野，鶉尾之次。

建置沿革

禹貢荆州南裔。秦爲黔中郡地。漢爲武陵郡酉陽縣地。三國吴分置黔陽縣。隋爲巴東郡務川縣地。隋書地理志：巴東郡務川，開皇末置。按：今思南府婺川縣沿隋舊名，而故縣界甚廣，今思州、思南二府，多在境内之地。唐爲丹陽、屬思州。丹川屬夷州。二縣地，隸黔中採訪使。宋爲思州寧夷縣地，蕃部長田氏據之。元至元十二年，田氏降，置沿江安撫司，隸思州軍民宣撫司。府志：宣撫司原治龍泉坪，後因龍泉火，徙治都坪。至元十七年，復還舊治，而都坪遂爲安撫司治所，即今思州府治也。明洪武五年，分置思州宣慰司，隸湖廣行省。永樂中，罷宣慰司，置思州府，隸貴州布政使司。通志：永樂十一年，思州宣慰司田琛與思南宣慰司田宗鼎有隙弄兵，坐廢，遂改思州宣慰司爲思州府。本朝因之，屬貴州省，領縣二、土司三。

玉屏縣。在府城東南六十里。東西距六十里，南北距三百二十里。東至湖南晃州廳界三十里，西至青谿縣界三十里，南至鎮遠府天柱縣治一百七十里，北至銅仁府治一百五十里。東南至湖南沅州府界十里，西南至青谿縣界五里，東北至沅州府界五里，西北至本府界四十里。漢武陵郡地。明洪武二十三年，置平溪衛，隸湖廣都司。本朝雍正五年，改衛爲玉屏縣，隸思州府。

青谿縣。在府城南九十里。東西距七十五里，南北距六十五里。東至玉屏縣界二十五里，西至鎮遠府鎮遠縣界五十里，南至鎮遠縣界四十五里，北至本府界二十里。東南至湖南沅州府界五十里，西南至鎮遠縣界二十里，東北至玉屏縣界二十五里，西北至鎮遠縣界二十五里。漢武陵郡地。明洪武二十三年，置清浪衛，隸湖廣都司。本朝雍正五年，改衛爲青谿縣，隸思州府。

都素長官司。在府城西北九十里。本思州地。明永樂十一年，置於馬口砦。正長官何姓，副長官周姓。

施溪長官司。在府城東北二百二十里。元爲施溪漾頭長官司〔一〕。明洪武五年〔二〕，改置施溪長官司於丹坪砦。長官劉姓。

黄道溪長官司。在府城東北一百二十里。元置。明洪武五年，改置於茅坡砦。二十五年，遷治武陵坪，即今治。正長官劉姓，副長官黄姓。

形勢

連溪洞，扼盤瓠。明皇輿考。重山環抱，溪流縈帶。明統志。東連沅、靖，西抵涪、渝。商賈貿遷，民居輻輳，西南雄勝之地。府志。

風俗

民性剛悍，刻木爲契。明皇輿考。聲教漸染，夷風丕變。明統志。俗近醇龐，人知畏法，士類彬彬有文，埒於近地。通志。

城池

思州府城。周二里，門四。明永樂十三年建。本朝康熙八年修，雍正九年重修，乾隆二十七年增修。

玉屏縣城。即平溪衛舊城。周五里有奇，門四。明洪武二十三年建，本朝乾隆三年修〔三〕。

青谿縣城。即清浪衛舊城。周六里有奇，門四。明永樂二十年建，本朝乾隆三年修〔四〕。

學校

思州府學。在府治東。明永樂十一年建，東向，成化中改遷南向。本朝康熙六年修，三十二年、四十一年重修。入學額數十六名。

玉屏縣學。在縣城内。舊爲平溪衛學，正德中建。本朝順治十八年修，雍正五年改爲縣學。入學額數八名。

青谿縣學。在縣城北。舊爲清浪衛學。本朝康熙三十八年建，雍正五年改爲縣學。入學額數八名。

户口

原額人丁一千二十，今滋生男婦大小共一十二萬六千一百九十一名口，計二萬二千五百八十户。

田賦

田地、山塘共五萬七千二百二畝三分有奇，額徵地丁正、雜銀三千六百一十一兩六錢一釐，米二千四百七十石三斗七升九合二勺。

山川

踞勝山。在府治後，郡之鎮山。府志：舊名松園屯山，在城外。明萬曆間，築石城環之，築踞勝臺於上，因改今名。

平軒山。在府城東一里，環城如案。一作平墺山。

顯靈山。在府城東十五里，臨河。

巖前山。在府城東五十里。路通大萬山，險仄難行。

龍塘山。在府城東六十里。産鉛鐵。

點燈山。在府城南一里。夜常有光如燈。

飛山。在府城南三里。峯巒秀拔。

峩山。在府城南三里。名勝志：其山崒嵂巍峩。

聖德山。在府城南九十里。通志：爲萬山之尊，土人多祈禱其上。

紅崖山。在府城西南。土色深赤，故名。

盤山。在府城西。府志：蜿蜒起伏，自鎮遠迢遞而來，峯巒峻聳，爲一郡巨觀。又府城西二十里有中賽山，三十里有掛印山。

岑鞏山。在府城西二十里。峯巒層疊，連亘百里。

旗頭山。在府城西三十里。府志：險峻萬仞，蒼翠蓊鬱。山多古柏，巔有泉甚甘冽。

住溪山。在府城西三十里。

橋山。在府城西三十里。與山相連屬者爲龍山，昔産硃砂，今無。

鼇山。在府城西八十里。中有古寺。

天應山。在府城西一百里。明統志：昔有人祈雨於此而應，故名。

江頭山。在府城西北八十里，亦名岑彈山。名勝志：山有歇路坪，土人以節序相聚笙歌於此。

天平囤山。在府城西北都素司南二里，爲土人避兵處。

土麻山。在府城西北都素司北。

沖文山。在府城北十里，一云在施溪司。相近者爲平山，頂平如臺，因名。

六龍山。在府城北二十里。府志：山勢盤曲，苗蠻多出没於此。又名六農山。

金豹山。在府城北五十里。通志：山多豫章之材。

鬼總山。在府城北六十里。相近有鬼隱山，産蠟。

漾頭山。在府城北施溪司南三里。

大龍坑山。在府城北施溪司西三十里。通志：昔産硃砂，今無。

御屏山。在府城北施溪司北里許。

蠟傍山。在府城北施溪司北二十里，産蠟。

望城山。在府城北。晴久，山巔出雲即雨。

銅鼓山。在府城北。頂有潭，旁有手抓崖。

獨峭山。在府城東北一里。府志：孑然孤峭，卓異羣峯。

七頭山。在府城東北七十里，路涉溪河。

黄崖沖山。在府城東北黄道司西南五里。府志：山勢險固，其中平廣，有據險避苗囤。

獅子口山。在府城東北平牙寨。苗蠻出入之隘，舊設戍守於此。

天馬山。在玉屏縣東一里。兩山踞水口，有奔騰之勢，故名。

月屏山。在玉屏縣東三里。山形如屏，遇望則月如從此山出。俗名龍塘坡。

三台山。在玉屏縣東五里。黔記：山東北有獺崖，在水口，逼入江心，逆水而上，磊疊如砌，高二十餘丈。下有鷺洲，周二里餘。

七星山。在玉屏縣南一里許。逶迤七峯，與學宫相對。亦謂之七星峯。又有雙薦峯，於諸山最高。其與雙薦峯相並者曰道定山。

獅子山。在玉屏縣西，一名象鼻山。兩崖對峙如門，一路中通，崎嶇阸塞。

飛鳳山。在玉屏縣西二里。中峯聳翠如鳳首，其旁兩翼夾峙。

玉屏山。在玉屏縣北一里。負江屹立，亦謂之玉屏峯。又有黄玉坡，與峯對峙。

北障山。在青谿縣治後。突兀峥嵘，城圍其半，爲縣治屏障。

竹屏山。在青谿縣東三里。

東山。在青谿縣東，隔江，離城三里許。逆流直上，聳拔如獅，峻石壁立，爲水口關鍵。下有七星石、金魚洲。

靈寶山。在青谿縣東二十里鐵山屯。

瑞雲山。在青谿縣南。

照山。在青谿縣南。與縣相照，故名。

曬袍山。在青谿縣南五里。相近有蕨箕嶺。

寶爐山。在青谿縣北一百二十里栗子屯。相傳有羽士煉丹於此。又縣北一百里有觀音山。

石蓮峯。在玉屏縣北三里，隔江。一作蓮花峯。黔記：石峽紛披，如蓮瓣然。

白崖。在府城西五里。高峻難登，中有空洞，下臨深潭。

團崖。在府城北三十里。上有古刹。

獨逕崖。在府城北施溪司東北十里。路狹巖險，設隘禦苗。

楊柳崖。在府城東北黄道司西二十里。崖險峻，産蠟。

蠟崖。在玉屏縣北六十里，通銅仁、施溪、六洞、水銀等山諸苗路，立隘防守。

萬卷崖。在玉屏縣東北一里。山勢參差，狀如累帙，故名。下有文水塘。

打寶坡。在府城南五里。

岑賈坡。在府城南一百里。通志：外接洪江，苗所出没。明萬曆中，立哨於此守之。

九曲坡。在府城東北黄道司西十里。府志：山勢險峻，路逕盤曲，因名。

田壩坪。在府城東北黄道司西北三十里。四山圍繞，中有廣原沃野。

壩坪。在玉屏縣南六十里。南通革溪、天堂〔五〕，西通新溪、滴洞等處。明萬曆中，立堡防守。又縣西有野雞坪。

泉洞。在府城東北黄道司西七十里。名勝志：崖壁千仞，瀑布飛瀉，下成溪河。以艇從旁入，洞中廣容百人。

監眼洞。在府城東北黄道司北。

柴沖洞。在玉屏縣東南二里。土人於此禱雨輒應。又縣北有金銀洞，縣東北有白水洞。

穿山洞。在青谿縣南三十里。洞穿山而過，迤東二十五里有牙梳坡，舊多苗盗。

清江。在府城東，即㵲水也。自鎮遠府境流入，合府境諸水，流入玉屏縣界，謂之平江。又東入湖南沅州府境，注於沅江。

清浪江。在青谿縣南，即鎮陽江也。發源於鎮遠府之黄平州，由偏橋、諸葛洞入鎮遠府，流經此，名清浪江，折而東北入府界。又有鬼江，在縣南四十里。

磨寨河。在府城西十里。府志：下流合都素司北之竹溪河，注於清江。

文水河。在玉屏縣東，會諸江水入平江。又有易家河，亦流入平江。

野雞河。在玉屏縣西十里。源自清江，流入縣界，匯於平江。又縣西三十里有太平河。

竹坪河。在青谿縣南五里。又有闒口鐵廠河，其水出縣南十里金銀洞。

沈家河。在青谿縣北三里。又有歐私河，在縣東北一里。

轉水。在府城西北四十里。府志：羣山四合，水經其間，衆流悉匯，旋繞數曲，引流而東，南至府北十里，爲紙漕溪。

潮水。在青谿縣東三里。水自石崖下出，潮汐日每三至，常漲二三寸許，半時始退。

異溪。在府城東八里。名勝志：以小水各分派入於平溪大河也。

鐵山溪。在府城東十里。舊産鐵，流入於清江。

平溪。在府城東三十里，即住溪下流也。

架溪。在府城南。架木溪上，以濟往來者。

凹溪。在府城西二十里。府志：東岸有油魚洞，西岸有銅魚洞，俱流合於清江。

住溪。在府城西三十里，一名注溪。明統志：諸溪之水瀦此而復流，因名。

龍溪。在府城西六十里。昔有土人擊銅鼓於此，而龍出，因以成溪。又城西六十里有海龍溪。

養苗溪。在府城西北八十里，源出崖洞。明統志：有巨石障流，土人架木槽，引以灌田。

左溪。在府城西北都素司南十里。又冷水溪，在司西南二十里。下流俱入清江。

灑溪。在府城北。源出都素司北馬口溪，繞城南而東合於架溪，入清江。府志：馬口溪在都素司北一里，即灑溪上源也。

銅鑼溪。在府城北十里。相傳有龍潛其中。俱流入清江。一作銅鑼潭。

施溪。在府城北施溪司東里許。其上流自銅仁府來，流經司治。北十里有龍門灘，灘險損舟。下流達湖南沅州府界。

黄道溪。在府城東北黄道司西南八十里。又司北五里有淘沙溪，淘洗沙石，可煎水銀。又西北三十里有瑰樓溪。五十里有崖溪，爲思州、銅仁分界處，溪左山上常有戍兵屯守。又田塍巖溪，在司西五十里。諸溪下流，皆附平溪大河，入於沅江。

易家溪。在玉屏縣東。又東三里有龍塘溪，會易家溪入大江。又縣東有瓮西溪。

紅崖溪。在玉屏縣西三里，野雞坪西。

大楊溪。在玉屏縣西十里。出三家塥，入江，有顯靈灘。灘水極險，商船苦之。鄉人徐詔鑿其峻石，人多稱便。又有丙溪。黔記：係涼傘、梭溪、鬼江、銀寨等苗出没要路。

峩山青竹溪。在青谿縣東十五里。又有苗龍溪在縣南。

白養溪。在青谿縣西五里。又縣北三里有傅家溪，七里有丁家溪，十里有青竹黄連溪。

星石潭。在府城東七里，亦名架溪潭。

龍泉。在府城東北黄道司北。名勝志：其水清潔而甘，居民賴以溉田。但不可以滌垢，垢則水不出。

朱砂坑。在府城北施溪司。

古蹟

都素廢府。在府城北七十里。元至元中置，尋廢。

丹陽廢縣。在府城東北一百二十里，即黄道司治。唐初置，屬思州。貞觀初，改屬務州，尋廢。

丹川廢縣。在府城北一百四十里，即施溪司治。唐武德初置，屬夷州。貞觀初，州廢，改屬務州，尋廢。唐書地理志：夷州以思州之寧夷縣置。武德四年，析置丹川縣。及州廢，以寧夷、丹川隷務州。

平溪廢衛。即今玉屏縣治。明洪武中置。本朝雍正五年改置縣。黔記：衛在思州府東四十里。城東北倚水，南跨山，最爲堅固。景泰中，紅江苗萬餘抵衛西山攻圍，指揮鄭泰拒之。隆慶中，嘗移思州治此，尋還舊地。

清浪廢衛。即今青谿縣治。明洪武中置。本朝雍正五年改置縣。衛志：清浪古大坪村地，重岡複嶺，半爲蠻窟。明洪武初，滇、黔道闢，始設官以理屯務，曰清浪衛。永樂中，鎮遠府置郵於城之西關，謂之水馬驛。

都坪廢司。在府城内。明洪武六年，改元臺蓬司，置都坪峩異溪長官司於都坪寨。二十五年，省入黄道司。永樂十一年，復置都坪司於灑溪，爲府附郭。本朝乾隆年間裁。

臺蓬若洞住溪廢司。在府城南。元置長官司，屬思州安撫司。明初，改置都坪峩異溪司。

野雞坪廢司。在府城東北黄道司西。元置長官司，屬思州安撫司。明洪武五年廢。府志：司西有務程、龍鼇坪長官司、岳溪都坪長官司，明洪武二十五年，俱廢入黄道司。

平溪廢司。在府城東北五十里。元置長官司，屬管番民總管。明初廢。

望龍閣。在府治後山上。

迎恩閣。在府城西二里。

盤龍樓。在府治北，屈曲環抱如盤龍。

望江樓。在府城東渡口。明時建，後毁。

捧日樓。在府城東。

南明樓。在玉屏縣城内，即譙樓。明初建。通志：基址方向，俱張三丰所定。明末，南平侯張先璧駐兵城内，盡搜寺鐘填河中造浮梁。至此，樓鐘忽自鳴，取者懼，不敢動。

得勝樓。在玉屏縣西北隅。明景泰中，指揮鄭泰破紅苗，因建此樓，以志其功。

田塓館。在府城東北黄道司西。

涵雲館。在玉屏縣東平溪驛左。

聚春軒。在府治後。又府治東有瑞蓮亭。

省耕亭。在府城西一里。

踞勝臺。在府治北松園室山。明知府蔡懋昭建。

關隘

都哨關。在府城東一里。

清平關。在府城南一里。

平溪關。在府城南四里。

黄土關。在府城南十里。

盤山關。在府城北。倚城臨水，一徑盤曲。

鮎魚關。在府城東北三十里。

清浪關。在青谿縣東十里。

雞鳴關。在青谿縣東十五里觀音崖西。上倚懸崖，下臨𤄌水，路僅一線，爲天設之險。關前有戟劍山、旗鼓山，又有將軍巖。衛志：關在城西五里。

栗子關。在青谿縣西三十里。黔記：亦控扼之地。

磨砦。在府城北五里。

桑坪砦。在府城東三里。又有王家、凱眼、平牙等砦。

峩山砦。在府城南。又府北有大關、住溪、雲盤、都素、大佃、凱傍、天應、杜麻、官莊、客樓等砦。

十萬屯。在府城東十里。其地平曠，可屯兵十萬。

平溪驛。在玉屏縣東。

清浪驛。在青谿縣東北。

丙溪鋪。在府境。又有橋頭鋪、羊坪鋪、田壩坪鋪、龍船沖鋪，玉屏縣有東門鋪、永充鋪，舊皆戍守處。

津梁

平壩橋。在府城東五里。相近有通濟橋。

大石橋。在府城東十五里田壩坪。

灑溪橋。在府城南。

雲封橋。在府城南三里。又南十五里有木林橋。

迎恩橋。在府城南。

蠏螺橋。在玉屏縣西二十里。

天星橋。在玉屏縣西二里野雞河。七洞横亘，爲邑之勝觀。又縣西五里有三家橋。縣東有文水橋、積善橋、鮎魚橋。

通河橋。在玉屏縣北，爲賈船聚泊之所。

通濟橋。在青谿縣西。

天堂渡。在府城東十里。

平溪渡。在府城東四十里。

田塍巖渡。在府城東四十里。

竹溪河渡。在府城西北都素司。

磨砦渡。在府城北五里。

雲盤渡。在府城北四十五里。

爛縟河渡。在府城北九十里。

黄榨渡。在玉屏縣東北五里。又縣東北三十里有大屯渡，縣西有平江三渡。

橋口渡。在青谿縣東門外。

陵墓

王文雄墓。在玉屏縣。文雄任陝西固原提督，嘉慶七年欽賜祭葬，賜碑。

祠廟

楊再思祠。在府城南。府志：城南飛山有唐刺史楊再思祠。

遺愛祠。府境有二，一祀明知府蔡懋昭，一祀明推官王制。

李公祠。在府城西，祀明知府李允簡。

功德祠。在府城南，祀本朝知府陳龍巖。

薛公祠。在府城外，祀本朝遊擊薛朝龍。

寺觀

迴龍寺。在府城東。明嘉靖中建。

孟寨寺。在府城東三十里孟寨。

鼇山寺。在府城西。唐天寶中建。

瑞雪寺。在玉屏縣西紫氣山。明初建，本朝康熙四十年重修。通志：花鳥幽異，竹柏薈蔚，鬱爲叢林。又縣東門外有東寺，縣城南有南寺，城西有文水寺。

衆香寺。在玉屏縣西南五里飛鳳山。通志：舊傳古刹，邑人多讀書其上。

北山寺。在青谿縣治後。又廣佛寺，在縣城内，近學宫。東山寺，在縣東三里。

後山觀。在府城西。

真武觀。在府城東北黄道司西旗頭山上。

朝陽觀。在玉屏縣飛鳳山上。

北極觀。在玉屏縣北門内。明初建。

平西菴。在府城東八十里。

名宦

唐

南承嗣。范陽人，霽雲子也。爲思州别駕，賜緋魚袋。服忠思孝，不替負荷。時巡夜郎、牂牁，恩惠最著。

明

崔彦俊。新建人。永樂中知府，時方草創，撫綏流亡，政教維新。在任十八年，纂修府志。

檀凱。池州人。永樂中，初改思州宣慰司爲府，凱爲通判。府無屬縣，所轄止四長官司，民皆夷獠，不曉法禁。凱綏靖得宜，人咸感悦。宣德元年，秩滿當遷，相率走闕下乞留。宣宗嗟歎，命增二秩復任。

賀讓。衡山人。宣德初，知思州府，撫馭有方，民蠻安堵。告歸無長物，郡人至今祠祀之。

鄭泰。平溪衛指揮使。景泰中，紅苗率衆萬餘攻衛城，泰集衆防守，外援不至，賊兵布滿山谷。泰悉令男子憑城拒戰，婦人則假以衣冠，張軍勢。賊用棚車爲穴城計，泰括城中銅器，制爲巨礮十餘，潛以修綆繫其車，守陴者鼓譟引綆，車覆而礮亦發，殺賊無算，城賴以全。

李概。豐城人。正德初知府，行政專務綏懷，時有枯榴復榮之異。

李允簡。融縣人。嘉靖中，知思州府。麻陽苗龍許保等突入府城，刼以歸巢求贖。允簡慷慨歎曰：「朝廷命吏，爲賊刼質，復何面目臨士民乎？」因傳語州將，急進兵，勿以我爲念。州將不應，允簡至領寨，遂投崖而死。事聞，贈按察副使。

蔡懋昭。上海人。萬曆初知思州府，時改遷府治，撫輯安定，經畫盡善，民免流亡。

王制。雲南人。萬曆初爲郡司理，均田讞獄，人頌其平。

胡柟。陝西人。萬曆中知府，造士勸苗，俱有成績，民建祠祀之。

本朝

陳龍巖。惠安人。以同知攝府事，修城建學，政蹟顯著，士民建祠祀之。

陸世楷。平湖人。知思州府，值吴逆甫平，居民流散，田土荒蕪。世楷墾田綏衆，郡賴以安。曾修思陽志略。

譚德溥。龍里人。以歲貢任府訓導。雍正十三年，逆苗入城，德溥整衣冠坐堂上，爲賊所害。事聞，贈國子監學録，祀忠義祠。

人物

王懋德。山陰人。任青谿知縣。嘉慶元年，逆匪高承德等以邪術聚衆，懋德往捕被戕。恩卹如例。

元

黄原銘。思州人。才智過人。民苗親附，以薦任沿江安撫司。

明

劉貴。思州人。元末，爲宣撫司同知。洪武初，賛田氏稱臣入貢，以忠順累遷宣慰司副使。

侯位。平溪衛人，字世卿。正德中進士。歷官兵部郎中，不畏强禦，疏諫武宗微行，受廷杖，直聲大振。嘉靖中，累遷至左都御史。

許時。平溪衛人。正德時，任江西操捕都司。宸濠反，抗節殉難。宸濠就擒，追賜祭葬。

田應秋。思州人。嘉靖中，苗陷府城，擄其父母。應秋與弟應期泣奔苗穴，願以身贖，父母卒得歸。

周懋德。都坪司正長官。萬曆中，奉調征播，運糧有功。天啓中，進勦水西安邦彦，力戰陣亡。從祀忠臣廟。

唐一鵬。平溪衛人。萬曆進士，巡按漕河、浙江、陝西三處，廉直有聲。擢太僕寺卿，有劾李如松疏。

袁翎。平溪衛人。天啓中舉人，任來安知縣。丁丑七月，流賊蟻至城下，大呼：「袁清官，不破爾城而去。」安撫特疏具薦，略云：「循良大著芳聲，流寇不攻孤邑。」後遷壽州知州，人咸惜未竟其用。

劉惠。思州人。父患癰，醫以穢難施藥，惠口吮之。及卒，廬於墓側。一夕隣家火，將延其舍，惠不爲動，火尋滅，人咸異之。

任之望。思州人。天啓中舉人。其父應科任潼州知府卒，扶櫬歸里。至夔門狂風驟作，隣舟俱覆，之望撫柩泣禱，隨風欹側，身半入水中，行六十餘里，風息，卒得無恙。後官至職方主事。

單之賓。平溪衛人。由拔貢任四川劍州學正，署州篆。值流寇破城，整冠駡賊死之。本朝乾隆四十一年，賜謚烈愍。

本朝

何學政。都坪司正長官。幼孤，事兩庶兄甚恭。居官寛猛得宜，勦撫隣疆，著有勞績。康熙二十四年，入祀鄉賢。

鄒繼聖。思州人。持己端方，居家孝友。康熙五十九年，士民公舉入鄉賢祠。

田起虬。玉屏人。事親至孝，親歿，終身不御華美。每歲時節序，閉門謝客，追慕嗚咽。上冢日，泣奠如初喪。巡撫劉蔭樞題舉孝行。

邊士斌。清浪衛諸生。性純孝，甫十歲，父患臂毒，士斌口吮之，晝夜泣禱於神，願以身代，父病頓愈。越三載，父卒。值苗亂，負母逃難走沙河。水泛漲，遭覆溺，忽有白氣繞身，母子俱得登岸，人以爲誠孝所感。

夏炳。清浪衛廩生。年十三喪父，值兵亂舉家分散，炳獨奉病母以居，頃刻不離。庶母祝氏及幼弟爔失散已久，炳徧訪迎歸。又郡人鄒錦、黄襄、青谿縣夏琇俱有孝行，乾隆年間先後旌表。

王文雄。玉屏人。嘉慶三年任固原提督，征勦川、陝逆匪，屢著戰功。五年七月，攻賊於法寶山，身先士卒，以衆寡不敵，被十餘創，猶力戰。賊刀矛蝟集，斷其左臂，墜馬下，北向呼曰：「不能出力，仰報君恩矣！」遂卒。事聞，恩賞三等子爵，賜祭葬，入祀昭忠祠，謚壯節。

流寓

明

余翱。鳳陽人。嘉靖中，以御史争大禮，謫戍平溪。

鄧渼。江西人。累官巡撫。天啓中，爲魏璫所惡，謫戍清浪。

熊明遇。進賢人。萬曆中，累官巡撫，以忤魏忠賢，謫戍平溪。崇禎中，起爲兵部尚書。

列女

明

徐萬謙妻范氏。思州人。銅苗攻城，范與萬謙弟萬顯妻戴氏、姪鵬妻余氏被擄，俱投河死，時稱一門三節。

盧惠妻甯氏〔六〕。思州人。苗亂，甯與蔣輝妻涂氏〔七〕、張自秉妻何氏、楊勝舉妻姚氏、熊觀海妻范氏、熊仁妻范氏及土官周廷珪女，俱被執不屈死。萬曆中題旌。

高逵妻何氏。思州人。逵三子：長梁楷，何出；次梁楹及季，妾吴氏出。逵死，三子俱幼，妾以身殉，何撫三子如一。後楷與楹皆登第。

侯正一妻夏氏。平溪衛人。夫死守節，訓子成進士。夏壽至百有二歲。

袁良相妻許氏。平溪衛人。年二十，夫殁，守節二十五年。崇禎中，潰兵猝至，見執。許以頭觸墻，破其面，賊怒殺之。

茅大綬妻陳氏。平溪衛人。年十八，夫殁，孀居十六年。及潰兵至，懼辱，攜子女投江死。

劉廷獻妻許氏。平溪衛人。崇禎中，避亂西溪寨。及賊兵圍寨，許自縊死。

田賦國妻江氏。平溪衛人。夫卒，江守節事姑二十餘年。崇禎中流賊至，與姑俱被執。賊將殺姑，江泣求代，賊遂殺江而免其姑。

本朝

徐耀妻任氏。思州人。與其夫避亂扶羅，爲賊所執，不屈被害。

吴通相妻劉氏。思州人。夫歿守節，康熙五十年旌。

朱當銑繼妻鄭氏。清浪衛人。夫歿守節，撫前妻子如己出。與同衛朱子琦妻黄氏均康熙中旌。

周祚昌妻徐氏。思州人。夫歿守節。雍正六年旌。同郡鄒士昌妻冷氏、裴定朝妻陳氏、許登甲妻劉氏、楊昌祚妻陽氏、張士良妻楊氏，均雍正年間旌。

洪瑄妻劉氏。玉屏人。夫歿守節，與同縣許其仁妻黄氏均雍正九年旌。

尚朝覲妻龔氏。思州人。夫歿，姑欲奪其志，龔不可，樵採以養。土豪某脅之於樵路，龔觸樹欲自盡，突虎出林中，其人驚踣，龔得歸。其地故無虎也。姑歿，喪葬哀敬盡禮。乾隆元年旌。

劉同璡妻何氏。思州人。夫歿守節，乾隆八年旌。同郡凌琦妻蔡氏、丁元捷妻甘氏、黄瓚妻姚氏、姚大楹妻金氏、周纘緒妻鄒氏、楊勝先妻羅氏、林天禄妻盛氏、蕭蘭兆妻姚氏、陳瑚妻景氏、胡玫妻黄氏、任普妻吴氏、何錦麟妻左氏，烈婦凌方璧妻戴氏，均乾隆年間旌。

陳世傑妻張氏。玉屏人。夫歿守節，乾隆二年旌。同縣夏之鍠妻王氏、田種心妻鄭氏、洪期昌妻夏氏、邱文炳妻孟氏、鄭宏緒妻劉氏、黄瑞妻陳氏、詹崤妻雷氏、洪志昌妻陳氏、胡敬乾妻楊氏、鄭宫繼妻劉氏、於君爵妻洪氏、羅起凌妻黄氏、羅文正妻周氏、高凌霄妻陳氏、黄玉瑶妻印氏、夏家佐妻洪氏、洪珃妻夏氏、鄭文蔚妻田氏、洪滄妻周氏、鄭椿秀妻夏氏、姚秀理妻楊氏、袁福祉妻唐氏、張珀妻周氏、洪如範妻鄭氏、田煦妻賀氏、孫起智妻於氏、梁宏第妻陳氏，均乾隆年間旌。

余士賢妻錢氏。青谿人。夫歿守節，乾隆二十八年旌。同縣余璠妻姚氏、陶大凱妻黄氏、詹銘妻戚氏、朱廷襄妻翁氏、詹昭妻李氏、夏羲妻張氏、邊來安妻朱氏、戚顯妻孫氏，均乾隆年間旌。

傅珍沛妻曾氏。思州人。夫歿守節，嘉慶十八年旌。

侯之俶妻劉氏。玉屏人。夫歿守節，嘉慶三年旌。同縣田均豫妻侯氏、洪如莖妻田氏、胡友直妻黄氏、鄭星秀妻田氏、袁福全妻王氏、王文學妻曹氏、胡鵜妻李氏、唐鉽妻田氏、錢富選妻傅氏、田春萬妻洪氏、洪琋妻劉氏、洪聿鼎妻萬氏、詹明妻鄭氏，均嘉慶年間旌。

戚大中妻劉氏。青谿人。夫歿守節，嘉慶二十五年旌。

仙釋

唐

通慧。天寶中，在府城西鼇山麓建般若招提。以醫術奉召詣闕，試之有驗，賜金帛，不受。

明

鹿皮翁。姓字無考。椎髻藍縷，每披鹿皮遊於市。平溪衛舉人鄭維藩求嗣，翁詣其門曰：「不久當生好子，約期來賀。」生子日果至。既別，不知所之。

土產

葛。唐書地理志：思州土貢。通志：府境出。

鉛。出府城東龍塘山。

鐵。出府城東龍塘山。

金星石。出府城東架溪潭中。通志：石上有星點者，堅潤可作硯。

硃砂。明統志：施溪長官司出。有硃砂坑。

水銀。府志：施溪長官司出。

蠟。唐書地理志：思州土貢。通志：府境出。

棉紙。出青谿。

菊。府境出者佳。

木瓜。府境出。

竹雞。府境及各長官司俱出。

鱸魚。出玉屏。巨口細鱗，味最美。

校勘記

〔一〕元爲施溪漾頭長官司　「漾頭」，乾隆志卷三九八思州府建置沿革（下同卷簡稱乾隆志）及元史卷六三地理志作「樣頭」。

〔二〕明洪武五年　「五年」，原作「元年」，據乾隆志及明史卷四六地理志改。

〔三〕本朝乾隆三年修　「三年」，乾隆志及乾隆貴州通志卷八城池作「二年」。

〔四〕本朝乾隆三年修　「三年」，乾隆志及乾隆貴州通志卷八城池作「二年」。

〔五〕南通革溪天堂　「天堂」，乾隆志同，乾隆貴州通志卷五山川作「天塘」。

〔六〕盧惠妻甯氏　「惠」，乾隆志及乾隆貴州通志卷三一人物列女作「蕙」。

〔七〕甯與蔣輝妻涂氏　「涂氏」，乾隆志同，乾隆貴州通志卷三一人物列女作「徐氏」。

銅仁府圖

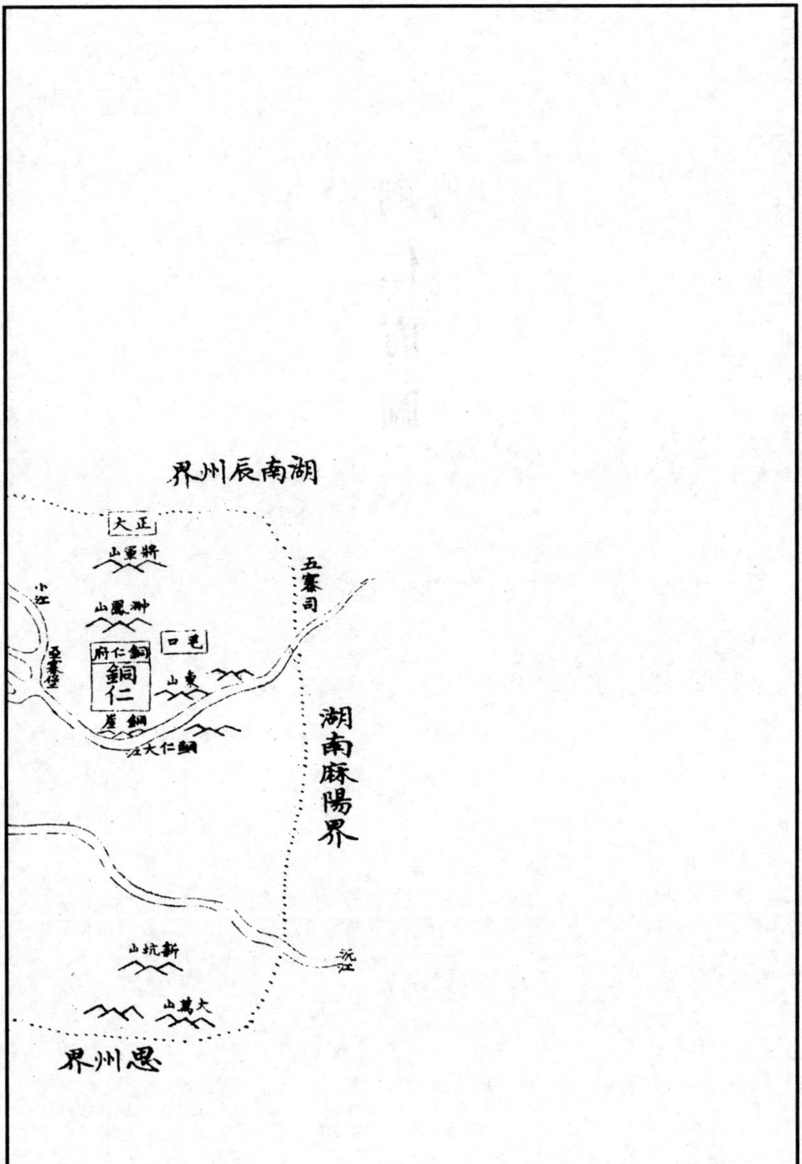
湖南辰州界
正大
將軍山
小江
獅鳳山
五寨司
毛口
銅仁府
銅仁
五寨堡
東山
銅崖
銅仁大江
湖南麻陽界
新坑山
沅江
大萬山
思州界

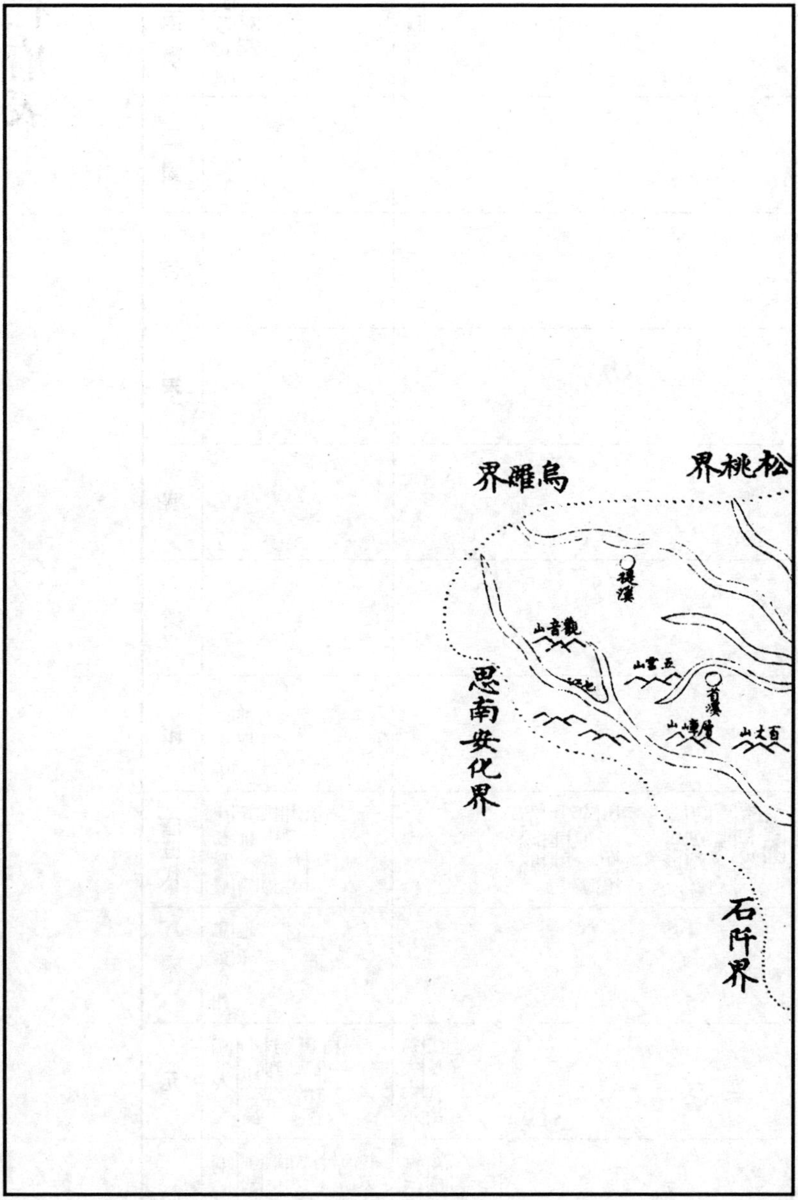
烏羅界
松桃界
提溪
觀音山
五雲山
省溪
百丈山
思南安化界
石阡界

銅仁府表

	銅仁府	銅仁縣
兩漢	武陵郡辰陽縣地。	辰陽縣地。
三國		
晉		
宋		
齊		
梁		
隋	清江、明陽二郡地。	
唐五代	唐初爲辰州地。垂拱中置錦州。五代廢。	渭陽縣 唐垂拱三年置，屬錦州。五代廢。 常豐縣 唐初置萬安縣。天寶初更名，屬錦州。
宋	思、珍二州地。	廢。
元	銅人大小江長官司。屬思州安撫司。	銅人大小江長官司地。
明	銅仁府 洪武初改銅仁長官司。永樂十一年置府，屬貴州布政司。	銅仁縣 萬曆二十六年置，屬銅仁府。

大清一統志卷五百七

銅仁府

在貴州省治東六百六十里。東西距一百七十里，南北距一百里。東至湖南麻陽縣界六十里，西至思南府安化縣界一百十里，南至思州府界七十里，北至松桃直隸廳界三十里。東南至思州府界二十五里，西南至思州府界一百三十里，東北至湖南永綏廳界一百六十里，西北至安化縣界七十里。自府治至京師七千二百里。

分野

天文翼、軫分野，鶉尾之次。

建置沿革

禹貢荆州南裔。漢爲武陵郡辰陽縣地。後漢書郡國志：辰陽，建武二十六年置。隋屬清江、明陽二郡。唐初爲辰州地。垂拱二年，分置錦州。唐書地理志：錦州盧陽郡，垂拱二年以辰州麻陽縣地及開山洞置。五代後没於蠻。

宋爲思、珍二州地。文獻通考：思州，宋爲羈縻州，隸黔州。大觀元年，蕃部長田祐恭願爲王民，始建州。又珍州，古蠻夷之地。唐貞觀七年開山洞置。五代復爲蠻夷。宋賜名珍州。元置銅人大、小江等處長官司，屬思州軍民安撫司。名勝志：銅仁府境西南有大江，西北有小江，合流處崖高數十仞，相傳漁者得銅鼎儒、釋、道三像，故以「銅人」名崖。及置長官司，始易「人」爲「仁」。明洪武初，改置銅仁長官司。永樂十一年，置銅仁府，隸貴州布政使司。本朝因之，屬貴州省。嘉慶二年，以烏羅、平頭二長官司地改隸松桃直隸廳。今領縣一、土司二。

銅仁縣。附郭。東西距一百三十里，南北距一百里。東至湖南麻陽縣界六十里，西至本府屬省溪司界七十里，南至思州府界七十里，北至松桃廳界三十里。東南至思州府界二十里，西南至省溪司界一百里，東北至湖南沅州府界四十里，西北至思南府安化縣界七十里。漢辰陽縣地。元屬銅人大、小江等處蠻夷長官司。明洪武五年改置銅仁長官司，授土司李氏世守。萬曆二十六年以土官不法裁，改置銅仁縣，屬銅仁府。本朝因之。

省溪長官司。在府城西一百里。元置省溪等處軍民長官司，屬都雲、定雲等處安撫司，後改省溪、壩場等處，隸思州軍民安撫司。明洪武初，改置今司，屬思南宣慰司。永樂十一年，改屬銅仁府。本朝改屬銅仁縣。正長官楊姓，副長官戴姓。

提溪長官司。在府城西一百四十里。元置提溪等處軍民長官司，屬思州軍民安撫司。明洪武初，改置今司，隸思南宣慰司。永樂十一年，改屬銅仁府。本朝改屬銅仁縣。正長官楊姓，副長官張姓。

形勢

高山峻嶺，窮谷深溪。明皇輿考。東連麻陽，西接思南，南抵思州，北控苗界。明統志。九龍分秀，三江匯流。天馬、雙貴峙其陽，翀鳳、南岳亘其陰。黔記。

風俗

舟楫往來，商賈互集。黔記。力本右文，士多向學。陰子淑記。苗獠種類不一，習俗各殊，聲教漸敷，爲之不變。通志。

城池

銅仁府城。周二里有奇，門七。明景泰二年建。本朝康熙七年修，乾隆二十六年重修。銅仁縣附郭。

學校

銅仁府學。在府治東。明永樂十三年建，本朝康熙二年修。入學額數十二名。

銅仁縣學。在府城東北。舊附府學，本朝康熙三十八年遷建。入學額數八名。

銅江書院。在府治東北。明成化中建。

户口

原額人丁五百八十三，今滋生男婦大小共一十三萬一千二百六十一名口，計三萬七千三百七十八户。

田賦

田地、山塘共五萬五千七百八十六畝有奇，地丁正、雜等銀額應四千六百二十四兩五錢五分九釐，均改徵米，共六千七百三十六石八斗七升七合。

山川

東山。在府城東，爲郡鎮山。名勝志：上有石窩，高廣數十武。府志：突兀奇峭，俯瞰大江，濤聲撼之，響振林木。絶壁間鎸「雲彩江聲」四大字。明嘉靖中，山頂建大觀樓，後燬。本朝順治十八年建雙峯閣於其上。

石笏山。在府城東五里。一名文筆山，高插雲漢。

天乙山。在府城東南一里，又名天乙峯。名勝志：石壁岐嶒，每見赤色，輒有火災。於山椒鑿池注水厭之，其患遂息。

天馬山。在府城南五里。又南六里曰曬袍山。

玉屏山。在府城南三十里。又府南七十里有獅子山。

大萬山。在府城南廢大萬山司南三里，司以此名。又廢司北五里有新坑山，巖谷深邃，土人避兵於此。舊産硃砂、水銀，今堙塞。

席帽山。在府城西二里。又西三里曰三台山，其相接者曰半月山。

諸葛山。在府城西十里。名勝志：形勢突兀，俯瞰諸垤。上有武侯屯營故址。

百丈山。在府城西一百里。府志：峯巒蒼潤，林木秀蔚，亦佳境也。

層嶂山。在府城西一百十里。

蝸溪疊山。在府城西一百二十里。遊名山記：峻壁間有一石門，泉從中出。歲旱禱之，風雨驟作。

獨崖山。在府城西二百里。一峯獨峙，險不可攀。

水硍山。在府城西省溪司西南，苗穴也。

五雲山。在府城西省溪司西五里。名勝志：時有五色雲吐，遂名。

江頭山。在府城西省溪司西九十里，逌邏溪出此。

磴山。在府城西提溪司東三里。山勢高險，有石磴縈紆而上，故名。又司西三十里有濫泥山。

翀鳳山。在府城北三里。峯巒迴遶，形如飛鳳，爲府治祖山。又北六十里有將軍山。

文筆峯。在府城東南天乙峯南，一名太乙峯。高插雲表。

雙貴峯。在府城南十里。以兩峯並峙，故名。

岑嶂。在府城西三里，一名文筆洞。上鋭下闊，俗又名牛角洞。明提學沈思充題曰「正人峯」。

銅崖。在府城西南。當大、小兩江合流中，挺然聳立，高數十仞。郡志：相傳漁人得銅鼎儒、釋、道三像於此，郡以得名。

岑桃崖。在府城西一百二十里。明統志：崖中有泉，常有雲氣，禱雨輒應。

黄蠟洞。在府城東五里。又東五里有滴水洞。又府城北四十里有川江洞。俱深邃。

南岳洞。在府城南二十里。

仙女洞。在府城西省溪司北三里。名勝志：洞口一石，肖婦人。通志：相傳有仙女修煉於此。

銅仁大江。在府城西南。源出松桃廳烏羅司西南九龍山，即辰水。東流經城南，又東入湖南麻陽縣界，謂之錦水。下流會於沅江。漢書地理志：辰水南入沅七百五十里。水經注：辰水出三山谷，東南流，獨母水注之。

銅仁小江。在府城西北。源出甕濟洞，流至府城西南，合大江。今府西南有雙江渡，乃二江合流處。舊志：銅仁大江有二源，皆出九龍山：一出山西，南流經石阡府界，折而東南至縣南；一出甕濟洞，東北流，又東南至縣城。合流入湖南界。

逌邏江。在府城西省溪司北二里。源出江頭山，至司西二十五里，其流始大，東流合銅仁江。水産金，或謂之省溪。

司前溪。在府城南廢大萬山司南一里。源出大萬山，東北流入銅仁江。

提溪。在府城西提溪司西五里。源出濫泥山，引流而東，入於銅仁江。中産砂金。又司東一里有印江，流合提溪。

雲舍泉。在府城西省溪司北七里。名勝志：歲旱雩禱即雨。其泉注於逌邏江。水産金。

飛瀑泉。在府城北八里。水甚甘冽，四時不涸。

古蹟

渭陽廢縣。在銅仁縣南。唐置，五代時廢。元和志：錦州渭陽縣，垂拱三年析麻陽縣置，在坡山西址。

常豐廢縣。在府城西南五里。唐置萬安縣，天寶初改名常豐，宋廢。名勝志：府大江左有廢萬安縣，即唐垂拱二年立者，宋時廢。

銅仁廢司。即今府治。明統志：元置銅人大、小江等處軍民長官司。洪武初，改銅仁長官司。明史：萬曆二十六年，改銅仁土司爲銅仁縣。

大萬山廢司。在府城南五十里。元史地理志：思州軍民安撫司大萬山、蘇葛辦等處。名勝志：大萬山在司南三里，司以此名。通志：明洪武五年，改置大萬山長官司，授土酋楊政華，仍屬思州宣慰司。後改屬銅仁府，今廢。

勒舍廢司。在府城南。元置，尋廢爲大萬山長官司地。

德明洞廢司。在府城西北。元置，明初廢。

龍泉葛澤廢司。在府城西北。黔記：龍泉葛澤長官司，宋置，今孟溪堡乃其故地。按龍泉司，宋元志俱無考。

大觀樓。在府城東山上。今燬。

澄江樓。在府城東東山下。今廢。

衆思堂。在府城西小江上。名勝志：宋湖北常平使張惇建，蘇軾有記。

跨鼇亭。在府城西南銅崖上。

關隘

龍勢關。在府城東。又東有石榴關。

様頭關〔一〕。在府城東南三十里，接施溪司界。

倒馬關。在府城北。又北有清水塘關，並爲守禦處。又有芭龍、龔梅、倒水等關，俱在府北。

毛口隘。在府城東北二十里，亦曰毛口砦。

黑壇隘。在府城東北七十里，亦曰黑壇關。

張家砦隘。在府城東北八十里。

磐石巡司。在府城東北五十里。舊駐正大營，嘉慶二年移駐。

龍頭營。在府城西北。明萬曆中總督陳璘相視地勢，扼其要害，立龍潭、報國、光明、正大四營，相距五七里許，與鎮筸雞公塞聲援密邇，成犄角勢。復建石榴坡小橋〔二〕，深入𡼖帶，路皆陡絶。其中寬平，四山環合，一水縈迴，復置新鎮，名曰龍頭營。

威遠營。在府城西北。明萬曆十二年因三省苗賊出刼烏羅地方，參議金從洋議立，設指揮駐守。又西北有振武營，明萬曆十六年立，設千户防守。黔記：自平頭司三十里至龍頭營，三十里至威遠營，又西三十里至振武營。四面皆苗寨。

烏業營。在府城西北，一名烏泥營。又西北有河界營。

石子營。在府城北三里。又府西三里有壩地岡營，東三里有木桶營。府志：府境近郊，如石子塽、黄蠟灘、壩地岡、木桶營、凱槽溪、龍干砦諸處，皆爲要地。

磐石營。在府城東北。明萬曆八年，參議畢天能立，設指揮駐守。

永定營。在府城北。明萬曆七年，參議畢天能議將馬公坪營改立，設千户防守。又有瑪瑙營，萬曆九年畢天能將余家哨兵移建，設百户防守。黔記：由北門山後小路，自教場五里至石子營，二十里至馬公坪，十五里至滑石江，三十里至報國營，二十里至正大營，十五里至瑪瑙營，與磐石營相接，皆紅崖、板櫈、雷公、冷水諸苗巢窟。

龍干砦。在府城西二十里，其地有龍干渡。

亞砦堡。在府城西北六十里。明宣德七年，總兵蕭綬征貴州叛苗，設亞砦等十堡，後遂爲戍守重地。

孟溪堡。在府城西北一百里。黔記：即龍泉葛澤長官司故地。

卜橋堡。在府城西北一百八十里，接四川酉陽州境，亦苗蠻出入之衝也。又落馬堡在府西北二十里，落濠堡在府西五里，城北堡在府城北門外。

闗添鋪。在府城南。又有遊魚鋪、壩黄鋪、壩盤鋪、凱上鋪〔三〕、客砦鋪、桃映鋪、孟溪鋪、萬山司銅鼓鋪，舊皆戍守處。

津梁

廣濟橋。在府城北十五里。又廢大萬山司北三里有土黄橋。又五里有大石橋。

雙江渡。在府城西南，即大、小江合流處也。明統志：崖峭水深，渡以小舟。

西門渡。在府城西。又府城西十里有壩黄渡，十五里有琴抱渡，一百里有龍家渡。

吴家渡。在府城西北三十里。又府城西北六十里有桃映渡。

祠廟

武侯祠。在府城東東山下，今廢。

三烈祠。在府城東，祀明劉氏三烈。

既濟祠。在府城東南天乙峯下。

石都督祠。在府城北。明隆慶中建，祀總兵石邦憲。

寺觀

東山寺。在府治東。

飛山寺。在府城東東山麓。

川主寺。在府城西小江口。

崇真觀。在府城東東山上。

水月菴。在府城北門外。

名宦

明

田載。北平人。永樂中知銅仁府。時初立郡，載結廬聽政，招集遺氓，踰年官署學宫規制漸備。外馴蠻獠，内撫瘡痍，民賴以安。

王恕。長清人。宣德中知府。時軍興財匱，恕請罷採礦内使及同知等官。後因礦盡，課無所出，復請罷金銀場，遂無採辦之患。

張隆。臨安人〔四〕。天順中知府。雅好文教，日集諸生訓迪，士始知學。自奉甚約，俸餘悉付外庫，以代租税之不能輸者。後卒於官，幾無以殮。

堯卿。安岳人。成化中知府。爲政恬静，事上之禮甚簡，嘗曰：「剥民以求媚，吾不爲也。」民有争訟，出數語諭之，立解。在任九年，民安其化。

馳九垓。仁壽人。弘治中推官，讞鞫多所平反。值洞苗倡亂，入巢撫諭之，卒寢其變。歲飢請賑，不待報而發，曰：「我可無官，不忍民無食也。」

徐紹先。蘄水人。正德中知府。時鎮箄苗亂，紹先繕城堡，備芻粟，治器械，募民間勇士，教以技擊。苗聞憚之，不敢犯禁。

李資坤。昆陽人。嘉靖中知府，有惠政。先是，舊城狹，民居郭外，恒被苗患。資坤相城北曠土，拓城九百餘丈以徙之，事集而民不擾。

唐宗正。靖州人。隆慶中推官。剛果明決，摘發如神。嘗奉檄度田，躬行阡陌，按畝定則，不假左右，賦税稱平。

人物

明

劉時舉。銅仁人。父仁倅梧州，道卒，舟次昭平，爲猺賊所刧，舉家遇害。時舉被執入巢，以機智得脱歸。謹身力學，嘉靖中舉於鄉，歷官陜西副使，所至有廉能聲。

陳珊。字鳴仲，銅仁人。嘉靖中進士，授行人。以不附嚴嵩，官屢蹶，終兖州同知。常銘其座右曰：「士大夫能以居鄉之心居官，天下必無冤民；能以居官之心居鄉，天下必無請託。」人以爲名言。

楊如皐。字師虞，銅仁人。萬曆中進士，授玉田知縣。以循聲擢監察御史，持論得大體。巡按所至，政尚簡静，吏民畏而懷之。

楊通炤。銅仁人。親疾，與弟通杰爭割股以療，殁則俱廬於墓。

楊𪍑。銅仁人。萬曆乙酉舉人，任灤州知府。崇禎二年，我大清兵克灤州，自刎死。本朝乾隆四十一年，賜謚烈愍。

本朝

駱朝貴。銅仁人，原籍廣西。嘉慶二年任雲南昭通鎮守備，隨勦南籠苗匪，以解圍功，賞勤勇巴圖魯名號，歷升湖北宜昌鎮總兵。六年，調陝西陝安鎮總兵。時襄陽逆首張添倫竄伏川東，往來肆掠。朝貴率兵緊躡，不予以暇，連敗之於南江縣之太平坡等處，殲賊目張添祿，賊勢蹙，添倫走巴州金子山，朝貴圍斬之。十四年，擢湖北提督。十五年，卒於官。賜祭葬。

列女

明

劉辰秀。銅仁人。梧州通判劉仁女。年十六，仁卒於官。至昭平，猺賊刦舟，辰秀恐見辱，挽父之二妾郭氏、張氏，同赴水死。事聞，旌其門曰「清流三烈」，並爲建祠。

本朝

盧龍雲妻徐氏。銅仁人。值兵亂，與龍雲弟龍鼎妻何氏俱自經死。

張氏二女。銅仁人，諸生張體謙女。康熙中吴逆叛，二女避兵山箐，潰賊猝至，俱投崖死。乾隆中旌。

楊勝儒妻盧氏。銅仁人。夫歿守節，家貧，紡績以奉孀姑，侍姑疾三年無倦容。乾隆中旌。同縣諶僖妻萬氏、楊昌蕃妻王氏、張立功妻袁氏、郝全舉妻張氏、萬阜妻楊氏、王永祚妻汪氏、徐奭妻劉氏、楊芳騰妻蔣氏，均乾隆年間旌。

張宏圖妻楊氏。銅仁人。夫歿守節，嘉慶三年旌。同縣陳繼儒妻閔氏，十九年旌。

土産

葛布。府境及各司出。

硃砂。明皇輿考：省溪司及大萬山出。

箭竹。府境及各司出。

楠木。杉木。黄楊木。府境及各司出。

蠟。府境及各司出。　按：省溪、提溪二司出金，銅仁、省溪二長官司出鐵，廢大萬山司出水銀，今俱無，謹附注。

苗蠻

紅苗。詳見鎮遠府。

校勘記

〔一〕樣頭關　乾隆志卷三九銅仁府關隘（下同卷簡稱乾隆志）及乾隆貴州通志卷六關梁「樣」字上有「施溪」二字。又「樣」，本志前文作「漾」。

〔二〕復建石榴坡小橋　「建」，原作「道」，據乾隆志改。

〔三〕凱上鋪　乾隆志作「凱土鋪」，未知孰是。

〔四〕臨安人　乾隆志「臨安」上有「雲南」二字。按，「雲南」二字不當省。

黎平府圖

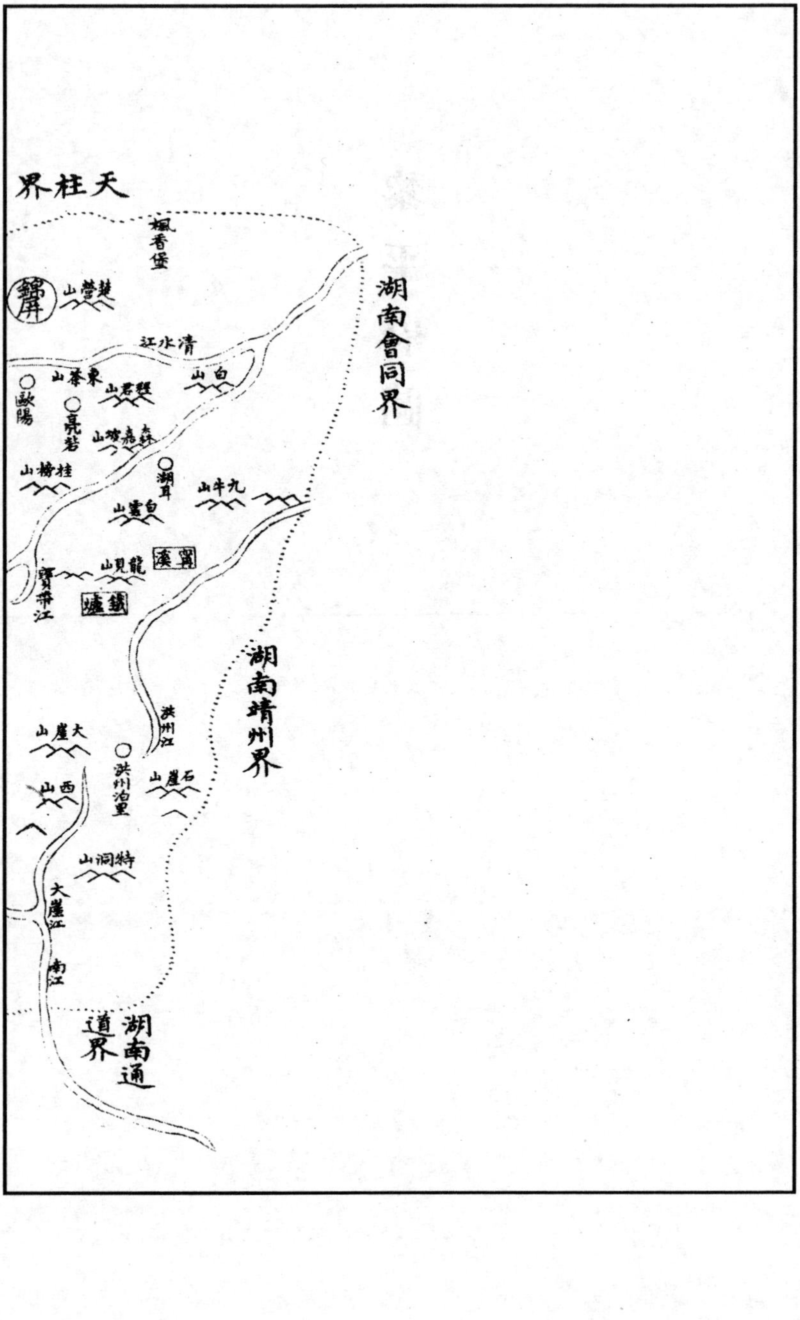
天柱界
楓香堡
錦屏
楚營山
清水江
湖南會同界
白山
歐陽
桂榜山
湖耳
九牛山
白雲山
龍見山
鐵爐
寶帶江
湖南靖州界
洪州江
大崖山
洪州泊里
石崖山
西山
特洞山
大崖江
南江
湖南通道界

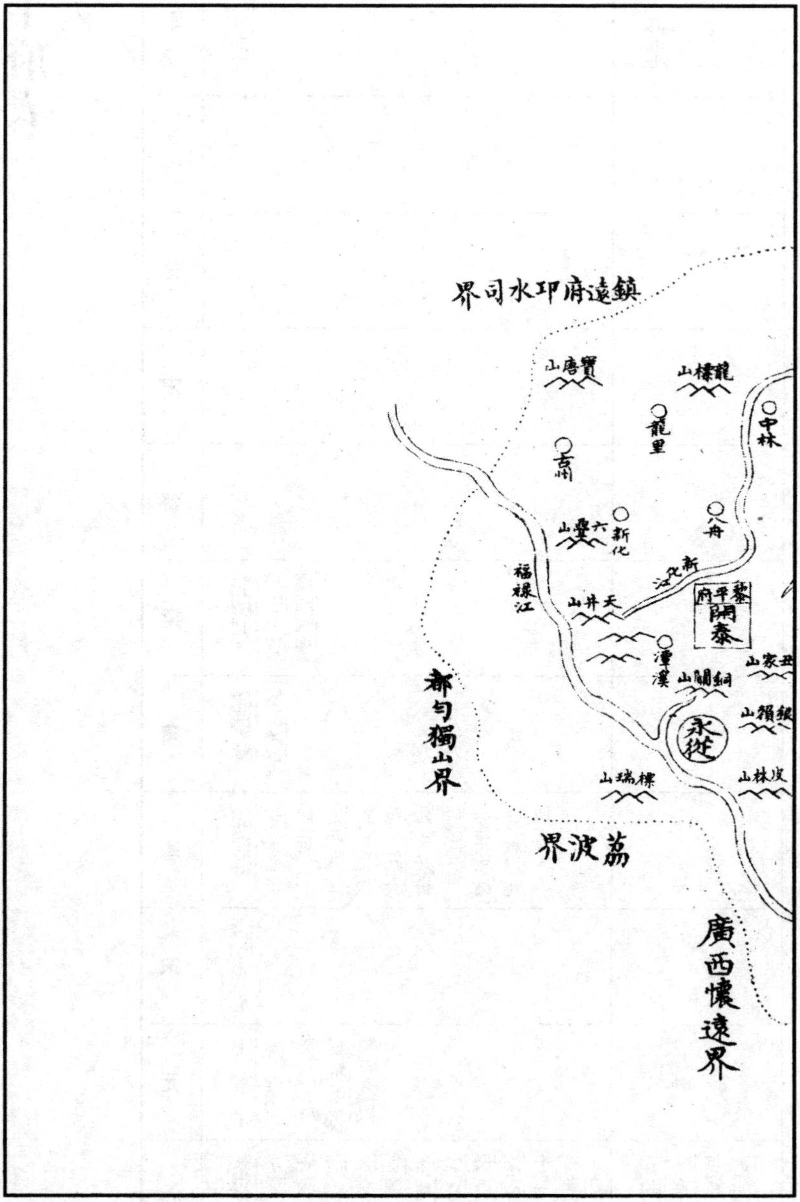
鎮遠府邛水司界
寶唐山
龍標山
龍里
中林
新化
八舟
新化江
福祿江
天井山
黎平府
開泰
潭溪
銅關山
銀嶺山
永從
皮林山
都勻獨山界
荔波界
廣西懷遠界

黎平府表

	黎平府	開泰縣
兩漢	武陵郡地。	武陵郡地。
三國		
晉		
宋		
齊		
梁	龍檦縣天監中置，屬武陵郡。	
隋	龍檦縣屬沅陵郡。	
唐	龍標縣武德七年改縣名。貞觀八年析置思微縣。先天元年又析置潭陽縣，尋並廢，爲巫、敘二州地。	
宋	誠州地。	
元	上黎平長官司至元中置，屬新添葛蠻安撫司。	上黎平長官司地。
明	黎平府永樂中置，並置新化府，俱屬貴州布政司。宣德十年省新化入黎平。萬曆中改隸湖廣。三十一年還屬貴州。	五開衛洪武十八年置，隸湖廣都司。

續表

錦屏縣	永從縣
武陵郡地。	
	溪洞福祿州 總章二年置，屬智州。
銅鼓團地。	福祿永從長官司 太平興國中改置。 允州 崇寧四年置。政和初廢。 從州 崇寧四年置格州，五年改爲從州。政和初廢。
	福祿永從長官司 屬思州安撫司。
銅鼓衛 洪武三十年置，尋廢。建文初復置，隸湖廣都司。	永從縣 初改永從蠻夷長官司，屬思州宣慰司。正統七年改置縣，屬黎平府。

大清一統志卷五百八

黎平府

在貴州省治東南一千里。東西距四百七十里，南北距四百四十里。東至湖南靖州界一百八十里，西至都匀府獨山州界二百九十里，南至廣西柳州府懷遠縣界一百六十里，北至鎮遠府天柱縣界二百八十里。東南至靖州通道縣界一百六十里，西南至都匀府荔波縣界二百三十里，東北至靖州會同縣界九十里，西北至鎮遠府屬邛水司界八十里。自府治至京師七千里。

分野

天文翼、軫分野，鶉尾之次。

建置沿革

禹貢荆州荒裔。秦屬黔中郡。漢爲武陵郡地。梁置龍標縣。唐武德七年，改龍標。貞觀八年，置巫州，析龍標置思微縣。先天元年，復析置潭陽縣，尋並廢爲巫、敘二州地。五代没於蠻。

宋爲誠州地。宋史蠻夷傳：誠、徽州，宋初楊氏居之，號十峒首領。太平興國五年，楊通寶始入貢，命爲誠州刺史。元置上黎平長官司，隸新添葛蠻安撫司。明永樂十一年，改置黎平、新化二府，隸貴州。宣德十年，以新化省入黎平。萬曆二十八年，改隸湖廣。三十一年，還隸貴州布政司。本朝因之，屬貴州省，領縣一。雍正五年，改五開、銅鼓二衛爲縣。今領縣三、土司十。

開泰縣。附郭。東西距一百一十里，南北距一百二十里。東至湖南靖州界九十五里，西至本府屬潭溪司界十五里，南至永從縣界五十里，北至本府屬龍里司界七十里。東南至湖南靖州通道縣界一百二十里，西南至潭溪司界五十里，東北至錦屏縣界九十里，西北至本府屬亮砦司界三十里。元爲上黎平長官司地。明洪武十八年，置五開衛，隸湖廣都司。本朝雍正五年，改置開泰縣，爲黎平府治。

錦屏縣。在府城東北一百二十里。東西距二百十五里，南北距三十五里。東至湖南靖州界一百八十里，西至永從縣界三十五里，南至開泰縣界二十五里，北至鎮遠府天柱縣界十里。東南至本府屬亮砦司界三十里，西南至本府屬湖耳司界十七里，東北至靖州界五十八里，西北至湖耳司界三十里。漢武陵郡地。宋爲銅鼓團。明洪武三十年，置銅鼓衛，尋廢。建文四年復置，隸湖廣都司。本朝雍正五年，改置錦屏縣，屬黎平府。

永從縣。在府城南六十里。東西距五十三里，南北距九十五里。東至本府屬洪州司界二十五里，西至本府屬八舟司界二十八里，南至廣西柳州府懷遠縣界八十九里，北至洪州司界六里。東南至本府屬龍額砦界一百里，西南至本府屬潭溪司界一百五十里，東北至開泰縣界六里，西北至潭溪司界六十里。唐置溪洞福祿州。宋改福祿永從軍民長官司。元因之，屬思州安撫司。明初改永從蠻夷長官司，屬思州宣慰司。永樂十一年，改屬黎平。正統七年，改爲永從縣，仍屬黎平府。本朝因之。

洪州泊里長官司。在府城東一百五十里。元置洪州泊里等洞軍民長官司，屬思州安撫司。明爲洪州泊里長官司，屬思州宣慰司。永樂十年，屬黎平府。本朝因之。正長官李姓，副長官林姓。

潭溪長官司。在府城西南三十里。宋置，元因之。明洪武中，屬思州宣慰司。永樂十年，改屬府。本朝因之。正副長官俱石姓。

新化長官司。在府城西北六十里。明初置，屬思州宣慰司。永樂十年，屬新化府，府廢來屬。本朝因之。長官歐陽姓。

古州長官司。在府城西北八十里。元置古州八萬洞長官司，屬思州安撫司。明初改今名。永樂十年屬府。本朝因之。長官楊姓。

龍里長官司。在府城西北九十里。元置龍里等砦長官司，屬管番民總管。明初屬思州宣慰司。永樂十年，屬新化府，府廢來屬。本朝因之。長官楊姓。

中林長官司。在府城西北一百里。明置中林驗洞長官司，屬思州宣慰司。永樂十年，屬新化府，府廢來屬。本朝因之。長官楊姓。

八舟長官司。在府城北二十里。明洪武中置，屬思州宣慰司。永樂十年，改屬府。本朝因之。長官吴姓。

歐陽長官司。在府城北九十里。明初置，屬思州宣慰司。永樂十年，屬新化府，府廢來屬。本朝因之。正長官楊姓，副長官吴姓。

亮砦長官司。在府城北一百里。元置，屬思州安撫司。明永樂十年，改屬新化府，府廢來屬。本朝因之。長官龍姓。

湖耳長官司。在府城東北一百二十里。明初置，屬思州宣慰司。永樂十年，改屬新化府，府廢來屬。本朝因之。正副長官俱楊姓。

形勢

東連靖州，西控生苗，南通交、廣，北達辰、沅。明皇輿考。山勢森遶，明統志。據荆湖上游。藏百蠻之窟穴，通一線之羊腸。府志。

風俗

苗蠻雜處，人性樸茂，尚義重信，不事紛華。府志。

城池

黎平府城。周六里有奇，門四。明洪武十八年建，本朝乾隆十二年修〔一〕。開泰縣附郭。

錦屏縣城。即銅鼓衛舊城。周五里有奇，門四。明洪武三十年建，本朝雍正五年修。

永從縣城。周一里，門四。明萬曆二十一年建，本朝乾隆十年修。

學校

黎平府學。在府治東。明永樂十一年建。本朝順治十八年修，康熙二十四年重修。入學原額二十名，嘉慶十二年增一名，共二十一名。

開泰縣學。在縣城東。舊爲五開衛學，本朝雍正五年改爲縣學。入學原額十二名，嘉慶十二年增一名，共十三名。

錦屏縣學。在縣城東北。舊爲銅鼓衛學，本朝雍正五年改爲縣學。入學額數八名。

永從縣學。在縣城北。本朝康熙五十七年建。入學原額八名，嘉慶十二年裁二名，定爲六名。

户口

原額人丁共十三萬七千四百三十五，今滋生男婦大小共二十七萬二千八百九十八名口，計六萬六千二百四十二户。又古州左衛男婦共八千五百三十七名口，計二千一百五十四户。古州右衛男婦共四千七百二十二名口，計一千二百八十一户。

田賦

田地、山塘共一十三萬七千三百四十四畝有奇，額徵地丁正、雜銀三千九十兩九錢六分七釐，米三千九百七十二石八斗五升六合五勺。又古州左衛屯田一萬一千四百七十二畝，額徵米一千三十石八斗八升。古州右衛屯田六千七百四畝，額徵米五百三十六石三斗二升。

山川

五龍山。在府治。高不踰數仞，而山勢連延有五，二澗夾山西北流。中央黄龍山，府治在其上。城南曰赤龍山，北曰黑龍山。其旁二山，僅培塿耳。府志：黄龍山，一名騰蛟山。

錦屏山。在府城東一里。府志：爲郡鎮山。旁列二鳳山。

萬福山。在府城東二里，一作萬佛山。上多奇石。又東二里有太湖山。

石門山。在府城東六里。上有石如門。

天府山。在府城東六十里。

龍見山。在府城東一百里。明統志：相傳昔有龍見於此。

石崖山。在府城東洪州司東二十里。又南十里有都莫山。又龍洞山亦在司南。名勝志：司前小山，下有龍洞，深廣各里許。中有龍潭，西有蓮池。

特洞山。在府城東洪州司西南五十里。又司西南有灑洞山，下有泉曰灑洞泉，亦名神泉。明初俞通海克蠻於此。

丑家山。在府城東南二十里，苗穴也。又東南九十里有巴龍山，山勢削立。

大巖山。在府城東南廢陽洞司北。與山相連者曰小巖山。明統志：其西有高峯嶺。

南泉山。在府城南。府志：上多古松，如虬龍然。

寶帶山。在府城南二里。盤旋如帶，亘二十餘里，遶城西北，皆山麓也。又南五里有筆架山。

跕坡山。在府城南四十里。

太平山。在府城南八十里。舊志：夜中恒見有光如燈。

銀賴山。在府城南廢三郎司南。舊有銀賴洞砦，明初俞通海討古州諸蠻，首克銀賴洞，即此。

苗沙山。在府城南廢三郎司西。容江之水出焉。亦曰苗沙洞。

天井山。在府城西南四十里。又有四砦山。明統志：在府城西南一百二十里。

銅關鐵砦山。在府城西南潭溪司東二十里。遊名山記：其山高峻，上頗平廣，可容千人。三面據險，惟南可登。

磨盤山。在府城西南潭溪司西四十里。明統志：在司西北。上有石如磨，遇旱擊之則雨。又司西北二十里有天橋山，一名灣砦山。

寶唐山。在府城西北一百二十里。山高廣，爲郡境之望。

六疊山。在府城西北新化司西十五里。名勝志：迴迴六疊，始陟其巔。

龍標山。在府城西北龍里司東北。唐王昌齡謫龍標尉，即此。名勝志：司境有龍標砦，乃唐敘州潭陽郡龍標縣地。王昌齡以江寧丞左遷龍標尉，李白贈詩，有「隨風直到夜郎西」之句。

八舟山。在府城北八舟司南。名勝志：上有石如人，曰仙人巖。

程巖山〔二〕。在府城北亮砦司西五里。狀如覆釜，石壁臨溪。其相接者有羅丹山、龍池山。又西有石門山。

東茶山。在府城北歐陽司東，溪水縈洄其下。又司北七里有邦砦山。又西曰吴砦山。

掛榜山。在府城東北五十里。又五十里有森嘉坡山，又五十里有白山，皆苗人出没處。

石流山。在府城東北湖耳司東三十里。明統志：飛泉迸出，亂石如流。又東十里有九牛山。

白雲巖山。在府城東北湖耳司西五里。巖石聳秀，時有白雲停住其上，因名。府志：司西又有犵狼山。

楚營山。在錦屏縣東五里。明楚王楨征苗，屯兵於此，故名。

石榴山。在錦屏縣東十里。山木蒼翠，環拱縣城，居人以驗晴雨。

糾嶐山。在錦屏縣東六十里。峯巒聳拔，林木蓊蔚，爲禱雨之所。

大力山。在永從縣南一里。山勢奔騰。又南十里有塘防山，孤山雄峙，苗出入之咽喉，故設塘防之。

上皮林山。在永從縣南三十里。有皮林洞，高敞寬廣，可容數百人。又二里有下皮林山，一名過化山，石壁上題「過化」二字，苗人歲用石灰填之，否則病目。又南十里有灑洞，容百餘人，入者寒生。又二十里有衝口山。

鹿背山。在永從縣西南二十五里。縣志：山出奇禽佳竹、秀卉甘泉。

標瑞山。在永從縣西南六十五里。府志：山有石人石馬布列，亦奇觀也。其相近有龍圖山，蜿蜒奮迅，有羣龍趨赴之勢。

江頭山。在永從縣西五里。

老荒山。在永從縣西十里。深林掩映，蓊蔚蔽天。

雲洞山。在永從縣西北。有洞，最幽勝。

摩天嶺。在府城東八十里。通志：一峯插天，高接雲漢。

銅鼓巖。在府城東二十里。名山勝概記：有洞高大如屋，深遠可三里，中有溪水横流。名勝志：洞深處一竅通明，再入小溪横流，來去深不可測。有石平鋪，可十餘丈，其紋片片如雲如畎，又如龍甲，俗呼「萬頃田」。

白雲巖。在府城東北湖耳司東北。通志：巖石秀聳，清溪環抱。上有古刹，時見白雲封護。

石巖。在府城西南潭溪司東。四壁峭絶。

五里坡。在錦屏縣東三里。明成化中，水沖苗爲患，因設楓香堡，撥衛軍戍守。又烟墩坡，在銅鼓衛南八里，舊亦置堡，屯軍以禦苗。今皆廢。

擒鬼坡。在永從縣南二十里。黔記：萬曆中，皮林賊戕殺官軍於此。沿路怪石小徑最多。

牌樓坡。在永從縣東北五里。縣志：縣境四圍皆山，四山俱苗，惟東北一線可通腹内，牌樓坡所必經也。

仙鵞磴。在永從縣南四十里。通志：孤峯特起，四面石壁如削，中開一坪，可容數千人。

黎子坳。在錦屏縣南十五里，府縣接界於此。

羅團洞。在府城東北十五里。名勝志：洞門寬廣，傍有石磴如牀，可容二百餘人。

響水洞。在府城東北湖耳司西八里。水在洞中，衝激有聲。

白衣洞。在錦屏縣治東北隅。亂山中穴地爲洞，石筍垂乳，滴水鏗然，作琴筑聲。

潭洞江。在府城東洪州司東。名勝志：司前小山，下有龍洞，廣深各里許。中有龍潭，西有蓮池，匯爲潭洞江。縣志：在司南一里，源出龍洞山，東流合洪州江。

洪州江。在府城東洪州司北。司境山勢險絶，有泉數道，合流成江。入湖南通道縣境，入於渠水。明統志：江經龍見山下，合渠陽江。

容江。在府城南廢曹滴司西南。明統志：源出苗地，入福禄江。

寶帶江。在府城西南三里。源出石井山下之莊家潭，東北流繞寶帶山，沿城西北，至府城北五里，匯於瀲村溪。又東北經掛榜山，又北經亮砦西，又北入於沅江。

福禄江。在府城西，即漢之潭水也。漢書地理志：玉山，潭水所出。東至阿林入鬱，過郡二，行七百二十里。明統志：福禄江，源自苗地。至府西境，爲古州江。東至永從縣南，合彩江爲福禄江。又東合大崖江爲南江，流入廣西柳州界。

新化江。在府城西，一名三石江。源出天府山，東北流經八舟司南，又經龍里、亮砦、歐陽諸司，又東北入於沅江。明統志：江自府城西爲三十里江，北流爲八舟江，又東北爲新化江，又西北合於清水江。其流曲折，亦謂之九曲河。名勝志：八舟司西南爲八舟江，來自府城東北，流入新化江。

清水江。在府城西北。其上源曰重安江，自鎮遠府施秉縣經生苗界流入，又東流入天柱縣界。明統志：源自生苗地，東至赤溪司兩江口，合新化江。

九曲河。在府城北。東流曲折而入於福禄江。

寧溪。在府城東。源出丑家山，流經寧溪堡，又北流入瀲村溪。

瀲村溪。在府城東六十里。源出瀲村山，西流經太湖，北入寶帶江。

上黄溪。在府城東洪州司東南。源出灑洞山，東北流入湖南通道縣界，會洪州江而入渠陽江。

高鏡溪。在府城南廢三郎司東。出高鏡山，流合新化江。又高韋溪，出高韋山，下流亦入新化江。

潭溪。在府城西南潭溪司南。下流合容江、大巖江、九曲河，而並注於福禄江。明統志：在洪州司治南。名勝志：潭溪司南，一水清澄可鑑者，潭溪也。巨石跨其上，廣二丈餘，長十倍之，名天生橋。

東茶溪。在府城北歐陽司東北。源出東茶山，流入亮砦界，下流合於湖耳司之朗溪。

朗溪。在府城東北湖耳司東。源出石流山，一名湳溪。東流入湖南會同縣界，亦曰朗江。輿地紀勝：靖州有朗溪。又朗江出湖耳山。府志：朗溪舊流，東合清水江入沅水，其後南徙，土人謂之變溪。

永從溪。在永從縣南三里。源出江頭山，東流入湖南通道縣界，爲多星江。

灑洞泉。在府城東洪州司南。明統志：在灑洞山下，亦名神泉。

清泉。在府城東北湖耳司西南。明統志：兩石相向，中有泉穴，深不可測。

騰井。在府治。相傳明萬曆中暴雨，府治二門水湧三尺，有蛟騰去。既涸，視之有洞如井，遂名。

神魚井。在府城南。中有五色魚，不恒見。

城心井。在錦屏縣治。泉甘而洌，大旱不竭。

桂香井。在錦屏縣學西。

古蹟

允州故城。在永從縣南。宋崇寧四年置，政和初廢。元復置長官司，明初廢。

從州故城。在永從縣西。宋崇寧中，於中古州置格州及樂古縣，尋改爲從州。政和初，廢州及縣爲樂古砦。元復置中古州樂墩洞長官司，明初廢。宋史徽宗紀：崇寧四年置格州，五年改格州爲從州。政和元年，廢平、從二州爲砦。元史地理志：思州軍民安撫司中古州樂墩洞。通志：古州長官司東南有廢古州，其地原隰平曠，可爲邑居。宋時古州治此，土人呼爲裏古州，或訛爲「裏古舟」。其北三十里，又有古城屯。黔記：裏古舟在黎平府西南。

新化廢府。在府城西北新化司西北。名勝志：明永樂十年，置黎平、新化二府。宣德末，以新化省入黎平。

平茶廢所〔三〕。在府城東九十里。明洪武二十五年，置守禦所。去所二十里曰來威屯。又有廢平茶屯所〔四〕，在府城東一百二十里。又懷仁所在府城東南一百三十里，今爲朝陽屯。又長春所，在洪州司北一百二十里，今爲上黄堡。又武陽所，在府城西，今爲天甫屯。又平和所，在府城東北，今爲龍巖滴洞屯。諸所屬銅鼓衛，有城，皆明洪武二十五年置，本朝康熙中裁。

黎平廢所。在府城西南二十五里。明洪武二十一年，置守禦所。又有中潮守禦所，在府東南四十里。新化亮砦守禦所，在府東北五十里。俱有土城。又龍里守禦所、新化屯千户所，俱明洪武二十五年置，有土城。五所皆隸五開衛，今俱廢。明史：洪武二十一年九月，置中潮、銅鼓、新化亮砦、黎平四守禦千户所，隸五開衛。明統志：龍里守禦千户所，在龍里長官司南。新化屯千户所，在新化長官司西南三十里。

羅章特團廢司。在府城東。又有寧溪廢長官司，俱元置，後廢。黔記：今府東二十里，有羅團堡、寧溪司，今爲寧溪堡，亦在今府東。

西山陽洞廢司。在府城東南一百六十里。元置西山、大洞等處長官司，屬思州安撫司。明初廢。永樂五年復置，改司名，屬黎平府。本朝裁。

分管三郎廢司。在府城南三十里，或云即曹滴司也。宋有容江巴黄，元置曹滴，明以容江巴黄併入，共爲一司。本朝康熙二十三年裁。

容江巴黄廢司。在府城南廢三郎司東南。宋置司，元析置曹滴洞司，明初以容江巴黄併入曹滴，今曹滴洞亦廢。明統志：曹滴洞蠻夷長官司，在府城南三十里，即宋容江巴黄長官司地，元置曹滴等處軍民長官司，明以容江巴黄長官司併入，改蠻夷長官司。通志：本朝順治十七年，曹滴司土官楊如華謀亂，黎靖兵討平之，司廢。

赤溪楠洞廢司。在府城西北二百六十里。元置楠木洞長官司，屬思州安撫司。明初改置今司。永樂十年，屬新化府，府廢來屬。本朝康熙二十三年裁。

誠州富盈廢司。在府城西北。元置長官司，明初廢。按：舊志稱府境有五開洞廢長官司，又銅鼓廢長官司，俱元置，明初廢。今元史不載。

上黎平廢司。在府城西南。元置長官司，後廢。黔記：府城西南有黎平砦。

永從廢司。即今永從縣治。明統志：唐爲溪洞福禄州。宋改福禄永從軍民長官司，元因之。明改蠻夷長官司。正統七年，改永從縣。

諸葛亮砦。在府城北亮砦長官司西。相傳亮南征屯兵處，元亮砦司以此名。

銅鼓團。即今錦屏縣治。明洪武末改爲銅鼓衛，今改爲縣。宋史蠻夷傳：元豐三年，湖南轉運判官趙揚言上江、銅鼓等團，並至誠州之城下貿易，可暫招撫。明統志：衛城在湖耳長官司西。衛志：明洪武三十年，妖人林小厮作亂。楚王楨討平之，因建爲衛，以控制湖耳土司四十八砦。

去思亭。在府城南門外。明嘉靖中，爲知府孫繼魯建。

大觀亭。在府城東北湖耳司東二十里。宋程敦厚被謫時，土人作亭居之。

思政閣。在府治。

關隘

鐵爐關。在府城東五十里，與湖南靖州接界，有土城。又府東九十里有寧溪關，府南一百五十里有播揚關。黔記：府境東抵靖州，其間寧溪沖界牌及苗坡道路險要，先年苗賊伏劫，設寧溪、鐵爐、鎮靖三堡，官軍防守。

燕窩關。在府城東南三十里，亦曰燕窩沖。黔記：府南境抵廣西江邊，内水井、燕窩二處，苗道險要，添設水井、燕窩二堡，官軍戍守。府志：水井堡在府城南三十里。

黄泥關。在錦屏縣東五十里。山溪險隘，舊有禦苗堡，今廢。

特洞砦。在府城東洪州司西南特洞山上。高數十仞，四面陡立，惟一徑僅尺許，曲折而入，上有天池，雖旱不竭。其中平田數百畝，皆腴壤也。又東曰都莫大砦，去司治九十里，爲土苗哨聚之所。

江口砦。在府城東洪州司北五里。又北十里曰草坪砦。又北四十里有秦洞砦，五十里曰吴家砦。又潘老砦在司北一百一十里。又十里曰上黄砦。又四十里曰浦洞砦。

長灘砦。在府城東湖耳司西三十里。又司西北二十五里有張砦。

枷勺砦。在府城南二十里。又府南四十里有地青砦。皆防苗要地也。

忙斂砦。在府城南廢三郎司南五里。又司南四十里有五湖砦，相近有高牙砦。又賴洞砦在司南七十里，或以爲即銀賴洞砦也。又司北四十里有羅洞砦。

容洞砦。在府城西南潭溪司南七十里。又銅鑼砦，亦在司南七十里。司境之砦凡二十有五，此其最著者。

玉梅砦。在府城西北古州司北四十里。又司北三十五里有秦洞砦，司北六十里有蒲洞砦。

楊家砦。在府城西北新化司東五里。相近有蓮花、烏潭、琴圖等砦。又司東十五里有休團砦。

漊洞砦。在府城西北龍里司北十五里。明景泰四年，漊洞賊由石流山攻掠古城鄉，參政甄完擊敗之，追至黄蘖山而還，山蓋在司界。

新砦。在府城北八舟司北。又司北四十里有平南砦。

榷砦。在府城北八舟司南。其南有榷砦渡。

錯砦。在府城北亮砦司西南。砦南有錯砦渡。又羅丹砦，在司西羅丹山下。

固安砦。在府城東北湖耳司東二十里。又司北二十里有秃洞砦。又北十里有溪口砦。

上赤溪砦。在永從縣東。又有中赤溪及下赤溪二砦。

頓洞砦。在永從縣南十里，南去擒鬼坡十里。黔記：縣南一路皆苗人出入，經頓洞、擒鬼坡，又十里爲上、下皮林砦，又十里爲龍團砦，又十里至貫洞砦，又二十里即生苗地。

落葉砦。在永從縣東北二十五里。

羅團堡。在府城東二十里。又平苗堡，在府城東九十里，一名苗坡堡。

鎮羅堡。在府城北九十里中林司界。

糾坡堡。在錦屏縣東糾隆山下。明嘉靖初，吴洞苗爲患，設堡城置軍哨守。又有長城堡，在縣北十五里，一名叉路口，舊亦爲禦苗堡，今廢。

長春堡。在永從縣東北十五里。北去水井堡三十五里，路出府城。

黄團驛。在府城東一里。又三十里有銅鼓驛，又三十里爲鐵爐驛，又三十里爲江團驛。府志：府東北二十里有三里坪驛，有土城，周一里。又東三十里曰西樓驛，亦有小城，可以戍守。

石家驛。在府城東一百八十里，即湖南靖州之石家堡也，有土城。城北五里曰横江橋，通道所經。又永平驛在府城東二百一十里，亦有土城，東北去靖州不過三里。

朗洞鋪。在府城西二百七十里，開泰縣丞駐此，有城。又有古州在城鋪、日月砦鋪、欒鄉鋪、領賈鋪、砦蒿鋪、高漊鋪、高表鋪、色同鋪、巨里鋪、上江平宇鋪、俾倍鋪、高舊鋪、高孖鋪、高長鋪、定旦鋪、革赦鋪、砦比鋪、八開鋪、八舊鋪、蜡西鋪、都江鋪、孟潘鋪、下江蜡亮鋪、獨石鋪、八級鋪、傳洞鋪、停洞鋪、冬孖鋪、平江鋪、孖温鋪、蘇洞鋪、蜡鵝鋪、扒沙鋪、郎洞鋪、具洞鋪、恰里鋪、砦已鋪、溶洞鋪、八孖鋪，皆戍守處。

下銅鼓鋪。在開泰縣境。又有前鋪、羅團鋪、中黄鋪、頪砦鋪，皆戍守處。

秀洞鋪。在錦屏縣境。又有大腮鋪、亮江鋪、黄少山鋪、前鋪、醬堡鋪，皆戍守處。

丙妹鋪。在永從縣西南九十里，永從縣丞駐此，有城。又有在城鋪、潘老砦鋪、上皮林鋪、貫洞朝里砦鋪，皆戍守處。

津梁

玉帶橋。有二：一在府治，一在錦屏縣東一里。

通遠橋。在府城東十里。又東五里有來遠橋。

花橋。在府城北一百三十里。又府北十里有黄團江橋。

清平橋。在府城東北湖耳司西南。

保泰橋。在錦屏縣東十里。又東有興隆橋。

少砦河渡。在府城北三十里。又大腮河渡在府城北一百六十里。

陵墓

宋

徐州守墓。在府城西北新化長官司東南。明統志：相傳宋辰州守徐姓者，因入洞招撫蠻夷被害，棄屍於河，日順流下，夜逆流上，蠻人驚異，遂收葬之。

明

陸滄浪墓。在府城東郊外。明諫官陸珠墓也。

祠廟

漢二侯祠。在府城南赤龍山巔。祀蜀漢諸葛武侯、漢壽亭侯。

昭忠祠。在府城南。本朝嘉慶八年建。

徐公祠。在府城西北新化司東北二里。祀宋辰州徐太守。

飛山廟。在府城南二十里。明統志：舊在靖州飛山，洪武十九年移建於此。

英惠侯廟。在府治。祀五代梁楊再思，宋追封英惠侯。

寺觀

南泉寺。在府城東。

萬福寺。在府城東二里萬福山。

觀音寺。在府城南。

迴龍寺。在府城北二里。

真武觀。在府治。明萬曆中建。

玉皇觀。在府城西。明正德中建。

毘盧閣。在府城南。

名宦

唐

王昌齡。字少白，江寧人。開元中進士，補秘書郎。天寶中，謫龍標尉，即今開泰縣屬隆里所。明天啓中，建祠於隆里所城西。

五代　梁

楊再思。靖州人。據誠州，稱刺史，有功於民。死而神靈，土人祀之。宋追封英惠侯。

明

黃恭。上海人。正統中，知黎平府。時苗寇逼城，恭定計討平之。招集流亡，出俸賑恤，民咸賴之。

劉行政。華容人。景泰初，爲黎平府推官。苗賊攻劫城堡，行政提兵出禦，深入溪洞，諭以禍福，皆就降。

胡宗政。松滋人。景泰初，爲黎平府經歷，機警有方略。時廣西苗人與西山洞猺相讐殺，當事撫之不聽。宗政入洞中爲析曲直，猺苗並説服，事乃息。

孫繼魯。雲南右衛人。嘉靖初，知黎平府。罷里甲，省煩苛，以清白稱。

劉汝順。清江人。嘉靖中，知黎平府。苗民初不知學，汝順請於學使者，拔其秀異爲弟子員，以獎勸之。又密陳五開衛軍不法，悉按治之，郡賴以平。

熊廷相。豐城人。崇禎中，知黎平府。值皮林寇變，殫力供億，秋毫無擾，郡民頌德不衰。

于元葉。東阿人。崇禎中，出守黎平。值武弁縱橫，元葉駕馭有方，無敢或肆。

人物

明

王鎡。銅鼓衛人。永樂間，任巴陵知縣。居官勤慎，守正不阿。

周大謨。黎平人。隆慶庚午舉人，歷官參政，以清介稱。

儲維。銅鼓衛人。萬曆時，知四川隆昌縣。居官九載，清慎如一日。歸之日，宦篋蕭條，百姓釀錢助歸。

朱萬年。黎平人。萬曆乙酉舉人。由定陶縣歷升萊州知府，值流寇攻城，萬年竭力拒守，城陷被執，不屈死，贈光禄寺卿。本朝乾隆四十一年，賜謚烈愍。

何騰蛟。字雲從，五開衛人。天啓辛酉舉人，知南陽縣，歷升湖廣巡撫。時總兵左良玉興師東下，邀與偕行，騰蛟誓死不可，因置之他舟，令人守之。騰蛟乘間躍入江中，逆流十餘里，漁舟救之，得甦。間道走長沙，適李自成斃於九宫山，餘衆十餘萬未有所屬。騰蛟與提學堵允錫招降之，軍勢大振。永明王立，授武英殿大學士。明亡死節。本朝乾隆四十一年，賜謚忠誠。

董三謨。五開衛人。天啓甲子舉人。知山陽縣，流寇破城，不屈死。本朝乾隆四十一年，賜謚節愍。

劉運昇。五開衛人。事繼母盡孝，值流寇破城，負母避入山中。賊追及，母勸之逃，昇曰：「母在此，兒將安去？」賊義而釋之。

本朝

張應詔。五開衛人。康熙辛酉舉人。孝友博學，由直隸肅寧縣知縣薦歷廣東潮州府知府。所至有惠政，廉潔自矢，民咸思之。擢兩淮鹽運使。淮爲商賈富饒地，應詔不名一錢，温旨褒美。任滿，内遷江南道監察御史。雍正初，特賜第宅，升鴻臚寺少卿。以老乞休，卒於家。乾隆十年，入祀名宦祠。

朱文縉。開泰人。爲府庠生。父早喪，事母以孝聞。乾隆六年，南江砦苗亂，文縉棄妻子，負老母逃避。猝遇苗，以護母故，連受二刃，絶而復蘇。乾隆中旌。

黄中玉。開泰人。父早故，事祖母劉以孝聞。劉卒，居喪盡禮，三載不履内室。母嘗病危，中玉禱於神，請以身代。鄰舍火，猝薄其屋，中玉負母自火中出，母竟無恙，屋亦不焚，人以爲誠孝所感。嘉慶十六年旌。

流寓

宋

程敦厚。字子山。紹興中官侍讀，以忤秦檜被謫渠陽，土人爲作大觀亭居之，在今湖耳司東。

明

陸珠。正德中官諫垣，以詩觸劉瑾怒，折其齒，流於黎平。日和藥濟病者。卒葬東郊外，巡撫閻興邦弔以詩。

列女

明

卜壽妻高氏。郡人。從壽戍新化所，壽病亟，遺令改嫁。高曰：「妾所以跋涉艱辛不忍死者，以君在耳。君死，妾何用生？」及壽卒既葬，遂自縊死。

王言妻袁氏。郡人，百户袁傑女。幼許字舍人王言。言父爲指揮，以失軍需出亡，逮言監追，年久産盡，遺書袁父母，令改嫁。袁誓死不從。逾三十餘年，恤刑郎中鄒某憐袁矢志，暫縱言歸娶，旌曰「三楚遺烈」。

沈朝俊妻何氏。銅鼓衛人。明季兵勦湖耳蠻，何被掠不屈，投水死。

何騰蛟妻王氏。五開衛人。騰蛟從永明王於粤，大兵入黔，總兵陳友龍執氏以招其夫，氏泣曰：「吾可死不可降，且夫爲忠臣，吾獨不能爲節婦乎？」遂自刎。

閔氏女。郡人。年十八，流寇將臨境，女與其叔母朱氏約以死殉，懷利刃以待之。賊至，强執女手，女厲聲叱曰：「妖魔敢污我手耶！」遂自刎。

胡某妻舒氏。五開衛人。流寇郝永忠攻陷五開，舒與子婦汪氏俱被執。賊搒掠舒索餉，汪以身翼之，姑婦並駡賊而死。

黄緯色妻胡氏。五開衛人。流寇焚劫州衛，氏同姑避山谷中，姑病不能行，賊至遂被執。氏義不受辱，以首觸石不死。及渡河，又躍身入水，仍不死。賊掖以登岸，氏引頸觸賊佩刃，賊義而釋之。

張能妻某氏。銅鼓衛人。年十八夫亡，視殯殮畢，自縊死。

王鯨妻胡氏。銅鼓衛人。年二十五夫亡，其兄欲奪其志，遂自縊。

本朝

王象巍妻徐氏。郡人。夫卒，貧苦無依，矢志守節，教子國正爲諸生。孀居四十餘年，雍正二年旌。

左文明妻王氏。郡人。夫疾篤，氏割股療之，不起。守節奉姑，乾隆二年旌。同郡胡其彦妻鍾氏、詹士偉妻張氏、顧淮妻楊氏、丁玉妻裴氏，均乾隆年間旌。按：舊志同府節婦，胡朝弼妻邵氏、周良弼妻張氏、王之遴妻張氏、劉海妻閔氏、鍾長生妻趙氏、黄文絢妻李氏，均乾隆年間旌。俱未詳何縣本籍，謹附記。

汪映星妻王氏。開泰人。夫歿守節，乾隆二年旌。同縣盧鎮妻朱氏、黄承乾妻聶氏、毛得有妻劉氏，均乾隆年間旌。

劉至第妻傅氏。錦屏人。夫歿守節，乾隆四十七年旌。

陳煬妻劉氏。郡人。夫歿守節，嘉慶六年旌。同郡趙世隆妻胡氏、趙文河妻陳氏、陳仁訓妻王氏、黄沂妻李氏、俞洽妻蔡氏、薛上選妻吴氏、丁元龍妻薛氏、袁劉興妻薛氏、俞經妻鍾氏、朱潢妻袁氏、龍起舒妻胡氏、龍起河妻歐陽氏、吴明倫妻歐陽氏，均嘉慶年間旌。

胡起珂妻倪氏。開泰人。夫歿守節，嘉慶四年旌。同縣黄世奎妻劉氏、胡之昭妻姜氏，均嘉慶年間旌。

土産

葛布。府境及各長官司俱出。

洞被。府境出，土人呼爲「諸葛錦」。明統志：以苧布爲質，以綵線挑剌成之。

皮布。苗人採樹皮織成。

鐵。府境出。

茯苓。府境及諸司出。

青皮香。府境出。

木耳。出府境深山中。土人伐楮樹卧於此，雨久則生。

九肋鼈。明統志：沅江出。

苗蠻

陽洞羅漢苗。在府境。婦人養蠶織錦，服短衫，繫雙帶結於背，胸前刺繡一方，以銀錢飾之。數日必淅水沃髮，復滌之澗中。婚姻先外家，不則卜他族。遠者爲生苗，衣短衣，佩刀弩，小隙輒操戈。

峒人。詳見思南。

校勘記

〔一〕本朝乾隆十二年修　「十二年」，乾隆志卷四〇〇黎平府城池（下同卷簡稱乾隆志）作「十三年」。

〔二〕程巖山　乾隆貴州通志卷五山川同，乾隆志作「程君山」。按，程君山疑爲别名。

〔三〕平茶廢所　「平茶」，原作「茶平」，據乾隆志及讀史方輿紀要卷一二二貴州黎平府乙。

〔四〕又有廢平茶屯所　「平茶」，原作「茶平」，據乾隆志及讀史方輿紀要卷一二二貴州黎平府乙。

大定府圖

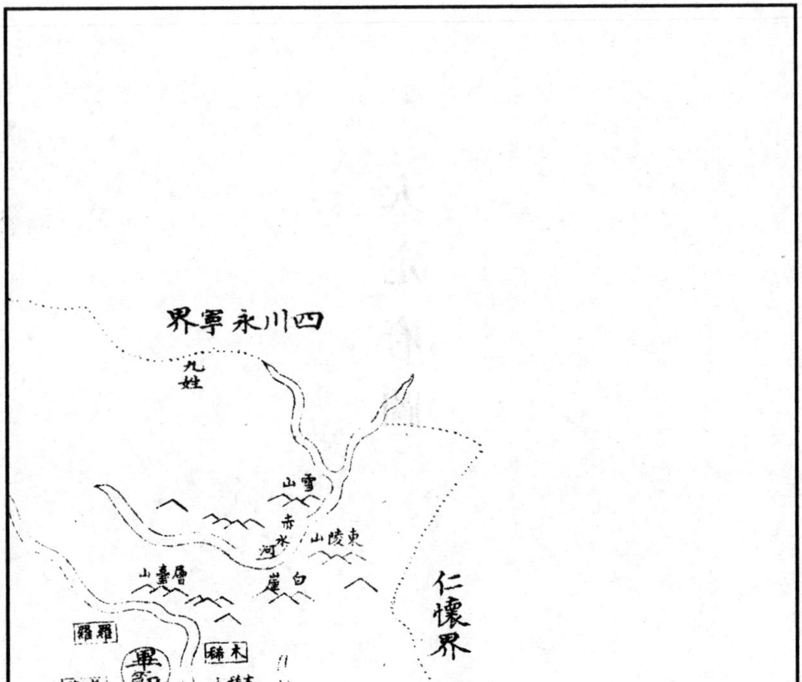
四川永寧界
九姓
雪山
赤水河
東陵山
層臺山
白崖
仁懷界
畢節
木稀山
歸化驛
五老山
落淅河
大定府
萬松嶺
隴跨箐
白王巖
東山
修文界
黔西
望城
平遠
鳳凰山
鎮寧界
遵義界

雲南昭通界
雲南東川界
晉安界
烏門山
凱里都司
翠屏山
飛鳳山
北海子
南海子
得勝坡
石龍山
千丈崖
可渡河
周泥驛
養馬川
七星關河

大定府表

	大定府	平遠州	黔西州
兩漢	牂牁郡地。	牂牁郡地。	牂牁郡地。
三國	蜀漢羅甸國地。	蜀漢羅甸國地。	蜀漢建興初以西南夷地封其酋帥，爲羅甸國王。
晉			
宋			
齊			
梁			
隋			
唐	羅甸國地。	羅甸國地。	羅甸國開成初內附。會昌中，仍封羅甸國王。
宋			羅施鬼國
元	順元宣慰司地。	順元宣慰司地。	順元宣慰司至元十七年置宣撫司，尋改置。
明	水西宣慰司地。崇禎九年置大方城，旋廢。	比喇壩地，屬水西宣慰司。	水西宣慰司洪武四年改水西宣撫司，六年升宣慰司。

續表

威寧州	畢節縣
牂牁郡地。	鱉縣地。
	羅甸國地。
烏撒部	
烏撒烏蒙宣慰司 至元十五年置烏撒總管府，二十四年改烏撒烏蒙宣慰司。	順元宣慰司地。
烏撒軍民府 洪武十四年置，隸雲南布政司，尋改隸四川布政司。 烏撒衛 洪武十五年置，隸雲南都司。永樂中改隸四川都司。	畢節衛 洪武十六年置，屬貴州都司。 赤水衛 洪武二十二年置，屬貴州都司。

大清一統志卷五百九

大定府

在貴州省治西北三百三十里。東西距五百八十五里,南北距五百一十里。東至貴陽府修文縣界二百二十里,西至雲南東川府界三百五十五里,南至安順府鎮寧州界二百六十里,北至四川敘永廳永寧縣界一百五十里。東南至遵義府遵義縣界一百里,西南至普安廳界三百八十里,東北至遵義府仁懷縣界二百五十里,西北至雲南昭通府界一百九十里。自府治至京師七千九百二十里。

分野

天文參、井分野,鶉首之次。

建置沿革

禹貢梁州荒裔。漢屬牂牁郡。三國屬蜀,爲羅甸國。唐開成元年,羅羅酋長阿珮内附。會昌中，封其別帥爲羅甸國王。宋開寶中，羅甸普貴納土，封襲如故。元初，羅施鬼國主阿榨内附。至元十七年，酋長阿察降，改鬼國爲順元路，設宣撫司，尋改宣慰司。明洪武中，宣慰司靄翠妻奢香率諸羅開赤水、烏撒諸道，以通烏蒙。賜姓安氏，置烏撒、畢節、赤水諸衛。天啓二年，安邦彦叛。崇禎初，討平之，建大方城，設副將鎮守，旋廢。

本朝仍屬宣慰司。康熙三年，改置大定府，治大方城。隸貴州省。通志：烏撒土知府與安坤通逆，討平之，以其地置府。二十六年，降爲州，屬威寧府。雍正七年，復升爲府，降威寧府爲州，屬焉。今領州三、縣一。

平遠州。在府城南八十里。東西距一百六十里，南北距一百一十五里。東至貴陽府貴筑縣界九十里，西至威寧州界七十里，南至安順府鎮寧州界六十五里，北至本府界五十里。東南至鎮寧州界七十里，西南至普安廳界二百里，東北至黔西州界四十五里，西北至本府界六十里。漢牂牁郡地。三國蜀漢爲羅甸國地。元屬順元宣慰司。明爲比喇壩地，屬水西宣慰司。本朝因之。康熙三年，平水西安逆，於比喇壩置平遠府，隸貴州省。二十二年，降爲州，屬威寧府。雍正七年，改屬大定府。

黔西州。在府城東南一百四十里。東西距二百三十里，南北距二百一十里。東至貴陽府修文縣界九十里，西至本府界四十里，南至平遠州界六十里，北至遵義府界一百五十里。東南至安順府清鎮縣界五十里，西南至本府界四十里，東北至修文縣界一百二十里，西北至遵義府界一百二十里。漢牂牁郡地。三國蜀漢建興初，以西南夷地封其酋爲羅甸國王。唐開成初内附。會昌中，又封羅甸國王。宋爲羅施鬼國。元至元十七年，置順元宣慰司，隸四川行省，尋改隸湖廣。二十八年，復隸四川。二十九年，隸雲南。明洪武四年，改爲水西宣撫司，隸四川。六年，升宣慰司。永樂十一年，改隸貴州布政司。崇禎九年，建水西城。本朝因之。康熙三年，水西安坤叛，討平之，以水西爲黔西府，隸貴州省。二十二年，降爲州，屬威寧府。雍正七年，改屬大定府。

威寧州。在府城西二百九十里。東西距三百九十五里，南北距四百六十五里。東至水城廳界一百六十里，西至雲南東川府界二百三十五里，南至平遠州界三百七十里，北至畢節縣界九十五里。東南至本府界一百九十里，西南至雲南宣威州界一百里，東北至雲南鎮雄州界二百六十里，西北至雲南昭通府界二百四十里。古巴凡兀姑之地，世爲烏蠻所居。漢時蠻名巴的甸。宋爲烏撒部。元時内附。至元十五年，置烏撒路軍民總管府。二十一年，改軍民宣撫司。二十四年，升爲烏撒烏蒙宣慰司。明洪武十四年，置烏撒府，隸雲南布政司。十五年，增置烏撒衛，隸雲南都司。十六年，改府爲軍民府，隸四川布政司。永樂十二年，以烏撒衛來隸貴州都司。本朝康熙三年，置威寧府，隸貴州省。二十六年，省烏撒衛入焉。雍正七年，降爲州，屬大定府。

畢節縣。在府城北六十里。東西距二百七十五里，南北距一百二十五里。東至四川敘永廳永寧縣界一百七十五里，西至威寧州界一百里，南至本府界二十五里，北至雲南鎮雄州界一百里。東南至本府界一百里，西南至本府界八十五里，東北至鎮雄州界九十里，西北至威寧州界七十里。本西南夷地。漢鷩縣地，屬牂牁郡。唐、宋爲羅甸國地。元屬順元路宣慰司。明初爲貴州宣慰司地。洪武十六年，置畢節衛，屬貴州都司。二十二年，分置赤水衛。本朝康熙二十六年，改爲畢節縣，以赤水衛附入，屬威寧府。雍正七年，改屬大定府。

形勢

東阻五溪，西距盤江，滇南門户。明皇輿考。東連巴蜀，西接滇南。高山大川，控扼險阻。通志。

風俗

人性强悍，風氣剛勁。俗尚勤儉，牧羊爲業。黔記。氣習樸野，俗類吐蕃。刀耕火種，不事蠶桑。明統志。其地多雨，常披氊。名勝志。聲教漸訖，文風武略，漸有可觀。通志。

城池

大定府城。即大方舊城。周五里有奇，門五。明崇禎九年建，尋毁。本朝康熙三年重建，乾隆十六年修。

平遠州城。周四里有奇，門五。本朝康熙三年，開設府治，始植木爲衛。七年，建土城。乾隆十三年改建石城。

黔西州城。即水西舊城。周五里，門四。明洪武間建，後爲安氏所毁。本朝康熙五年重建，雍正四年修。

威寧州城。即烏撒衛舊城。周六里有奇，門四。明洪武十四年建，本朝康熙四年修，雍正十年、乾隆二十七年、四十九年重修。

畢節縣城。即畢節衛舊城。周四里有奇，門五。明洪武十六年建，東南二面有濠。本朝康熙二十六年重建，雍正九年修，乾隆五十年重修。

學校

大定府學。在府治南。本朝康熙六年建，雍正元年修，十年重修。入學原額十八名，乾隆四十一年增三名，嘉慶七年又增二名，定爲二十三名。

平遠州學。在州治北。本朝康熙四年建。入學原額十五名，乾隆四十一年裁三名，定爲十二名。

黔西州學。在州治東。本朝康熙四年建，雍正四年修。入學額數十五名。

威寧州學。舊在州城東南，即烏撒衛學。明正統八年建，天啓三年，爲烏酋所燬。崇禎二年，改建於城南。本朝康熙三年，改爲府學。雍正七年，改爲州學。入學原額二十二名，嘉慶七年裁二名，定爲二十名。

畢節縣學。在縣城南，舊爲畢節衛學。明萬曆十八年建，本朝康熙二十六年改爲縣學，三十一年重建。入學額數十五名。

文龍書院。在府城内。本朝乾隆十五年建。

萬松書院。在府城北。本朝乾隆四十五年建。

平陽書院。在平遠州城内。本朝乾隆二十年建。

文峯書院。在黔西州城東。本朝乾隆四十三年建。

獅山書院。在黔西州城西。本朝乾隆五十八年建。

户口

原額人丁一千四百七十二，今滋生男婦大小共五十五萬三千七百九十一名口，計一十一萬七千七百四十一户。

田賦

田地、山塘共二十三萬五百九十一畝四分有奇，額徵地丁正、雜銀一千六百一十二兩六錢一分三釐，米二萬七千四百八十八石六斗五升五合九勺。

山川

五老山。在府城西四十里，有五峯低昂相向。

文龍山。在府城北里許。一名雨龍山。通志：峯巒聳秀，林木蓊鬱。上有禪林，頗稱幽勝。

雙山。在府城北二十里。通志：兩峯屹立道旁，如雙闕然。

懸霧山。在平遠州東五十里。府志：四壁懸絶，路通一線。山頂平闊百畝。有蓮池二處，泉水澄碧，晨夕常有霧在上。

火石山。在平遠州東七十里。通志：山形如獸，擊石則火出。

東山。有三：一在平遠州東，高百仞，秀屏特立，中有石洞，州人建寺於上。一在黔西州東。州志：峯巒蒼翠，每夕陽相映，則紫緑萬狀，爲郡之勝。一在畢節縣赤水衛東。

紗帽山。在平遠州東。又東一里有玉屏山。又東一里有天馬山。

鳳凰山。在平遠州南二十里。府志：高十餘里，俯視羣峯，咸若星拱。每歲春暮秋杪，百鳥羣集翔舞，一日夜乃去，相傳有鳳凰巢此。又東南六十里有茶山。

石柱山。在平遠州南二十五里。通志：山巔有石，雙聳如柱。又州南有獅子山。

白崖山。在平遠州西十里。通志：巖如白璧，横亘數里。又州西二百里有碧山，巖石高聳，皎潔如玉。

墨績山。在平遠州北十里。通志：一峯特起，水環山半，攀蘿捫壁，始陟其巔。上有修篁古木、怪石珍禽，迥非凡境。

牛飲山。在黔西州城内。上有石如卧牛。舊志：相傳石牛夜飲於河。

印山。在黔西州東。平地突起一峯，圓潔如印。

靈博山。在黔西州水西苗地。上有象祠，明王守仁作記。

瑪瑙山。在黔西州境。府志：峯巒透迤，林木疊翠。水西宣慰安氏宅山之麓。

飛鳳山。在威寧州東，一名東山。下有龍泉。

大隱山。在威寧州東南三里。林巒高秀。又州東南二十里有筆架山。

百級山。在威寧州南。通志：山勢巍峩，旁有翠壁可觀。又城南四里有南山。
石龍山。在威寧州南九十里。府志：蜿蜒起伏如龍，官道經其上。
火龍山。在威寧州西一里。黔記：山上有廟，以境多火災，故鎮之。又城西南有尾灑山。
瞭高山。在威寧州北三里。通志：一名鳳嶺山，山勢絶高，可以瞭遠。黔記：雄偉峥嶸，狀如飛鳳。
翠屏山。有二：一在威寧州東北二十里。黔記：山巒秀拔，狀如翠屏，其上多杉檜，望之蔚然。一在畢節縣西。明統志：在城西九十里，四時蒼翠，望之如屏。
烏門山。在威寧州東北一百四十里。明統志：兩崖相對如門。
長慶山。在畢節縣城内，南臨學宫。岡巒聳秀，狀若連珠。
青螺山。在畢節縣東一里。
東壁山。在畢節縣東二里。其相接者曰崧山，一名松山。通志：上有塔。
木稀山。在畢節縣東四十里。名山勝概記：巉巖陡峻，石磴崎嶇，僅容一馬。黔記：亦謂之木稀峯。
南霽山。在畢節縣南。
七星山。在畢節縣西九十里。通志：山有七峯如星。
北鎮山。在畢節縣北一里。高大磅礴，爲北面之鎮。
石筍山。在畢節縣北五里。孤峯特立如筍。
東陵山。在畢節縣廢赤水衛東。府志：水石清幽，蒼翠可挹。

猿窩山。在畢節縣廢赤水衛東南。舊志：山勢險阻，樹木蓊鬱，爲猿猱窟宅。

層臺山。在畢節縣廢赤水衛西南一百里。府志：山高箐密，烟霧晦冥，舊前千户所在其下。

香爐山。在畢節縣廢赤水衛西。峯巒特峙，形若香爐。

海洪山。在畢節縣廢赤水衛西北四十里。延袤高秀，林木深密。

落幔山。在畢節縣廢赤水衛北十里。峯巒高出羣山之上，如懸幔然。又衛北四十里有摩尼山。

雪山。在畢節縣廢赤水衛北二十里。名勝志：巉巖高峻，亘數十里。方冬積雪，春盡始消。

萬松嶺。在府城東一里。府志：上多古松，望之蔚然深秀，亦境内勝處。

白巖嶺。在平遠州西南十里。州志：高聳出於諸山，嚴冬積雪，遥望如玉。

石寶嶺。在畢節縣廢赤水衛南，與衛北雪山相對。

脱穎峯。在畢節縣南二里。雙峯鋭起，尖秀如筆，亦曰筆峯。

靈峯。在畢節縣南五里，一名雲峯。縣志：高峻插天，出諸山之上。

赤岡。在威寧州東北五十里。

披雲巖。在威寧州南普德歸站。

插槍巖。在威寧州瓦甸站北。通志：相傳諸葛亮征南時，從將關索插槍於上。

滴水崖。在平遠州東三里。有水從石竇中下，歷落如琴聲。又州東北二里有擦耳崖，路險難行。

千丈崖。在威寧州西南七十里。下臨可渡河，巀嶪嶙峋，爲滇、黔之界。崖上刻曰「山高水長」。又州境有普陀崖。

西崖。在畢節縣西。又廢赤水衛南有白崖，皆高聳。

撐天崖。在畢節縣城北十里。高可一里許，四圍陡削，上容數千人。明季水西之變，土人立栅相守，賊不能近。

比渡坡。在府城東南。黔記：渡六歸河至比渡坡，趨以列箐，道最險隘。

得勝坡。在威寧州西北十里，今設有巡檢防守。

相見坡。在畢節縣廢赤水衛西南五十里。兩山相對，道經其上，行者交相望見，故名。

倒馬坡。在畢節縣廢赤水衛西南一百十里。黔記：亦名倒馬坎，在畢節縣東北六十三里。

黑泥坡。在畢節縣廢赤水衛東北五十里。官道所經，泥淖難行。

以列箐。在府城北。通志：自遵義出水西，由此達赤水、烏蒙之境。

隴跨箐。在府城東北，與黔西州接界。又東有木泥箐。皆深阻盤回，苗人恃爲窟穴。

馬隴箐。在平遠州東十五里。崇岡密樹，四面深阻。

梭岡箐。在平遠州東南六十五里，近廢柔遠所界。

以箇箐。在平遠州西三百里，直接威寧州界。

隴嵅箐。在平遠州西北十里。府志：樹林崇密，紆迴深阻，中頗寬廣，昔爲蠻人恃險處。

十萬溪大箐。在黔西州東。黔記：自新添砦西三十里，入箐中，溪水回環，山巒峭拔。又六十里，懸崖絶壁，無徑可行。遥望一山甚危峻，四面皆設屯砦，即十萬溪箐也。

孛羅箐。在黔西州東。

比喇大箐。在黔西州西北，與府分界。通志：崇巖茂林，四面深阻。中平廣，可容數萬人。又有波羅箐、白蠟箐，皆山嶺險惡，僅通一徑。又有塔些箐、來泥箐，皆近果勇底砦。

杓裏箐。在黔西州東北。州志：路近遵義，中有平川，可容數萬人，入路極險。其西有莫隴法地屯，危峯突峙，四面皆絶壁，惟後有間道可登。

九龍箐。在威寧州境，深入三十餘里。又州北有烏蒙箐，其東有烏蒙屯。

豐樂原。在畢節縣西十里。平原沃野，豐樂鋪置於此。

仙洞。在府城東十里。府志：清流直達於外。内有石亭，不假穿鑿，俗傳爲神仙之宅。

角溪洞。在府城東。洞最深險，中又有洞爲水所限。通志：境内又有險水洞、阿母遮洞，皆昔蠻酋據守處。

閣鴉洞。在府城西南，俗名牛鼻子洞。通志：懸崖絶壁，下臨閣鴉江，舟行洞中。深廣不可測，登降以梯，乃得上。昔蠻人嘗保此以爲障蔽。滇記：由閣鴉至大定，洞凡三十有四，而閣鴉最險。又巖底水洞，在府城南，深廣二十餘里。相近又有水銀洞、巖下洞，俱深險。

桃源洞。在府城西南三里。高闊數十丈，洞口桃樹百餘株。旁有書卷巖、落水洞，衆水悉注其中，泉聲鏗然。

紅崖洞。在府城西五十里。石色如塗硃，故名。

阿作洞。在府城西七十里，一名阿足洞，俗名阿脚洞。舊志：上有巨人跡，踝趾可辨。通志：石徑紆回，奇險難入。洞口一潭，頗深廣。以筏度入，數十里中，可藏萬人。

石佛洞。在平遠州東三里。通志：高闊數丈，中有白石似佛。有石鐘、石鼓，擊之則鳴。

大穿洞。在平遠州東。州志：高百餘丈，路從中出。洞口時有雲氣，盛夏入之，涼氣襲人。又有小穿洞，中間一水清澂，曲徑崎嶇，内有石臺，容十餘人。

白鶴洞。在平遠州南四十五里。州志：洞中通達，視之影如白鶴。又南有白馬洞，山高絶險。

雙洞。在平遠州西十里。兩崖相對如合璧，洞在崖下，中有清泉流出。

補作洞。在平遠州西三十里。府志：從水竇入，中最寬平，隙光下注，衆妙皆見。

萬家洞。在黔西州城南箐筒屯。通志：洞口一石，障若垂簾。洞内石上人跡宛然，深邃莫測。土人傳有白衣者嘗牽犬出入，疑爲仙人所居云。

白玉洞。在黔西州東北，亦曰白玉巖。昔爲夷酋聚糧處，西近臥遮龍場。黔記：凡夷人所據，或以箐名，或以洞名，皆以險築壘，如内地之城郭，而所屬之地界，多謂之則溪，如内地之鄉邑。其號爲則溪者九十有一，而箐洞之處，以累百計，未易悉數也〔一〕。

雲溪洞。在威寧州東一百四十里。鐫佛像於壁。

石洞。在威寧州東南一百七十里，一名華蓋洞。明統志：有門可入，中可容百餘人。復有竇深黑，舉火而入，不知遠近。

雙霞洞。在威寧州北五里。

朝陽洞。在威寧州北十五里。又有懸石洞，一門可入，懸石奇峭，崚嶒五色。中有清泉，冬温夏涼。

清源洞。在威寧州北。

聚星洞。在畢節縣廢赤水衛南二十五里。又有滑石洞，在衛東南一百二十里。

轟音洞。在畢節縣南五十里，一名響鼓洞。

水腦洞。在畢節縣廢赤水衛西四十三里。府志：明成化中，討敘州都掌蠻，別將崔銘由普市水腦進，即此。西接雲南鎮雄州界。

龜石。在府城南十里。通志：石磴崎嶇，怪木叢生。一檜樹大可數十圍，長可參天。旁一樹，離奇夭矯，根夾巨石，形如龜，土人每於此禱雨。

飛來石。在威寧州南。通志：高大如連屋，相傳飛來。

龍爪石。在威寧州西五里。府志：青石數丈，上有一孔，龍爪二條。

閣鴉江。在府城西南。府志：落淅水，自畢節流經閣鴉驛，謂之閣鴉江，流頗盛。渡江而北，即至府境。

盤江。在威寧州西一百五十里。出亂山中，流經州南，謂之可渡河。又東南爲七星關河，折而南，入雲南霑益州界。後漢書郡國志「牂牁郡宛温」注：「縣北三百里有盤江，廣數百步，深十餘丈。」鄭旻牂牁江考〔二〕：烏撒南八千里，爲普德歸驛，驛門對可渡河埂。河之南爲霑益境，河之北爲烏撒境。河源在衛西百里，注壑而出，盤江實導流於此。

六歸河。在府城南五十里。下流經黔西州，入於烏江。通志：自山箐中匯流而東，出經巖石間，斷崖千尺，湍流峻急，闊處幾數十丈，涉渡甚險。舊植杜於兩崖頂，截巨木爲筒，以繩貫之，繫於杜。渡者身縛於筒，以手緣索而進，既達乃解。今設舟渡。昔蠻人以閣鴉江爲外險，六歸河爲内險。下流入於烏江。

以撒河。在府城西北。湍流迅險，流合六歸河。

落淅河。在府城北二十里。通志：當兩山間，一水破地北來，西折以去。夏秋之交，尤爲湍疾。一名戲革河，又謂之落淅水。府志：去畢節衛城南八十里，經歸化鴿、鴉二關間，謂之鴿鴉河。下流入黔西州境，爲鴨池河上源。

織金河。在平遠州東三十里。又比古河在州南五十里，一水而異名也。其水東流入黔西州境，注於鴨池河。

簸朵河。在平遠州東一百里。其上源曰六歸河，自府境流入，又東南入黔西州界。

武著河。在平遠州西六十里。自威寧州東南流入境，即可渡河下流也。經州西北三十里，爲墮極河，下流經府界，入於六歸河。

鴨池河。在黔西州西南五十里，一名鵶池河。東北流經城東九十里，其流始盛，謂之陸廣河。府志：境内之河，最大者曰陸廣，下流東注曰黄沙渡，會於清水江，又東會於涪江。州志：其上源曰簸朵河，自平遠州流經此，與安順府清鎮縣接界，又東入貴陽府修文縣境。

渭河。在黔西州北。舊志：旁有泉出石罅中，東南流會於陸廣河。黔記：渭河在貴陽府西北，舊置驛於此，萬曆間裁。

可渡河。在威寧州南九十五里。通志：可渡河，在可渡站，流入盤江。

七渡河。在威寧州西三十里，下流入於可渡河。明統志：其水縈曲山谷間，人渡者凡七處。

響水河。在畢節縣東二里，源出鎮雄州東南。名山勝槩記：懸崖飛瀑數十仞，有聲如雷，下注成河。黔記：一名畢川，疑即漢書之鼈水。

威鎮河。在畢節縣東十里，南流入響水河。

歸化河。在畢節縣南四十里。下流入黔西州界，合於落淅水。

七星關河。在畢節縣西九十里，即盤江也。自威寧州境流經此。明統志：兩崖懸立，鑄鐵柱鐵鎖，繫浮梁以渡行人。廣輿圖：烏撒七星關水，即牂牁江。源出芒部界，縈旋水西境，下流會可渡河爲盤江。

杉木河。在畢節縣廢赤水衛東南五十二里。土人伐木山下，皆由此出。下流入赤水河。

南加河。在畢節縣南十里。源出縣西四十里清水塘，入落淅水。

赤水河。在畢節縣廢赤水衛南。源出雲南鎮雄州，經衛西之紅土川，東流經此。下流至四川永寧縣界，入永寧河。一名赤虺河。明統志：源出芒部界水腦洞，流經永寧宣撫司，下經赤水衛。名勝志：在衛城南。舊名赤虺，唐武后征雲南檄文有赤虺河，即此，「虺」與「水」聲相近耳。源出芒部，經紅土川，東流入川江。每雨漲，水色深赤，故名。府志：河當川、貴驛道，始以舟渡，尋爲浮橋。其南北近岸處水淺，船不能近岸，又造小舟維之，橋始與岸接。黔記：明初，郭英等敗賊於赤水河。天啓末，賊借兵水西。水西將曾仲英駐兵赤水河，謀分兵，一自鎮雄而東，乘永寧之後，一自普市而北，攻永寧之前。

南海子。在威寧州南。黔記：環城東南而西，廣袤百里，中可耕。通志：在廣化里海田中，有列石凡八，如人狀，亦名八仙海。

北海子。在威寧州北二里。明統志：源出東山之龍泉，築二壩積水成陂，以壯城隍。

三潮水。在威寧州境。其水一日三潮，有音如鼓樂然。

三渡水。在畢節縣廢赤水衛東北七十里。水流曲折，横截官道，行者三涉。南流入赤水河。

養馬川。在威寧州東一百四十里，亦名五道河。下流入於可渡河。明統志：夷人牧馬於此，一名野馬川。通志：野馬川，有五道河，水性惡不可飲。黔記：在七星關西南三十里。

雷澗溪。在黔西州西。通志：在州西黔興里，自羣山中流出，其聲如雷，合於西溪，入陸廣河。

西溪。在黔西州西。又州北有沙溪，俱流入陸廣河。

龍潭溪。在黔西州東北。泉出山麓，匯爲潭，流入陸廣河。舊志：晦夕潭内猶有月光。

桃花溪。在威寧州南八十里。兩岸皆植桃，流合可渡河。

白撒溪。在畢節縣廢赤水衛東南白撒所旁。下流入於赤水河。

龍溪。在畢節縣廢赤水衛北十二里。通志：其源曰瀑雪泉，飛流成溪，東南注於赤水河。

烏鑾灘。在黔西州西。

龍潭。在平遠州東一里。舊志：水甚清冽，廣不半畝。潭有三，中爲龍潭，左右兩潭相連如貫珠，爲境内之勝。

龍潭灣。在威寧州東南八里。明統志：羣山之中，其深莫測。歲旱土人禱雨於此。

三漲泉。在黔西州東南。通志：在州東永豐里。相傳有異人經之，竟日三漲，故名。

龍泉。在威寧州東山下。明統志：泉水湧出，清濁不時。通志：相傳有龍潛其中，下流爲北海子。

湧珠泉。在威寧州北。黔記：噴泡如珠，纍纍不絶。

惠泉。在畢節縣東五里。大旱不竭。

瀑雪泉。在畢節縣廢赤水衛北二十里。懸崖飛瀑，流入赤水河。

一碗水泉。在畢節縣廢赤水衛東北四十里。泉出石隙，澂澈僅如一碗，雖聚飲不竭。

福井。在畢節縣治東，一作福泉。明統志：福泉，其泉清冷味甘，人咸汲焉。

澤井。在畢節縣東。明天順八年鑿。

古蹟

大方故城。今府治。明崇禎九年建。通志：明天啓三年，王三善討水西，逼大方。賊焚其巢，遁入火灼堡。崇禎二年，督臣朱燮元圍大方，賊降。府志：明崇禎九年，土目阿烏謎等納土，建大方城，尋復叛據。本朝康熙四年，以法戈、火著、木胯、架勒四則溪，設大定府，建府治於大方城。

水西故城。今黔西州治。黔記：貴陽府城西北二百五十里有水西故城，明洪武初築，壘門尚存。通志：州城在省城西北一百八十里，爲安氏所毁。本朝康熙四年，將以著、則窩、雄所三則溪設黔西府〔三〕，建府治於水西城。

古勝城。在黔西州東南六十里。通志：明末，總兵王國正築。每至夜，則聞金戈鐵馬聲，及安氏滅，遂不復聞。城今廢。

織金城。在黔西州西北。地深阻，蠻人以爲險巢。通志：明天啓三年，黔撫王三善逼大方，安邦彦竄入織金。

火灼城。在黔西州北。深險與織金相次，亦謂之火灼堡。

鴨水廢城。在黔西州境，與鴨池河相近。元史地理志：順元等路軍民安撫司高橋、青塘、鴨水等處。黔記：鴨水廢縣，在貴陽城北一百六十里，近鴨池河。元置，後廢。府志：元志有平遲、安德等處長官司，屬順元路安撫司，今州南有安德里。

烏撒廢衛。今威寧州治。元史地理志：烏撒者，蠻名也。其部在中慶東北七百五十里，舊名巴凡兀姑，今曰巴的甸，所轄烏撒、烏蒙等六部。後烏蠻之裔析怒始强大，盡得其地，因取遠祖烏撒爲部名。憲宗征大理，累招不降。至元十年始附。十三年，立烏撒路。明統志：烏撒衛，洪武十五年建。永樂間，隸貴州都司。名勝志：上值天井之宿，故其地多雨。諺曰：「烏撒天，常披氈，三日不雨是神仙。」

畢節廢衛。在今畢節縣治。名勝志：明洪武十五年，傅友德征南，置烏蒙衛於烏蒙府境内。十六年班師至此，以地寬廣，四控皆夷，路當衝要，又因畢節驛名，奏改烏蒙衛爲畢節衛。

赤水廢衛。在畢節縣西。明初置，今廢。明統志：在永寧宣撫司東南一百四十里。名勝志：唐元和元年，始於西南夷地置藺州，實漢益州郡，原屬永寧路。明洪武二十二年，始分永寧置今衛。舊志：城周六百九十二丈。本朝康熙二十六年，省入畢節縣。

沙溪廢巡檢司。在黔西州境。通志：去貴州宣慰司北二百里，在沙溪上。又有黄沙巡檢司，亦在宣慰司北二百里。俱明初置，今廢。

可渡河廢巡檢司。在威寧州東南二百六十里。又州西一百里有趙班鎮，亦有巡檢司，今皆廢。

七星關廢守禦後千户所。在畢節縣西七星山上。明洪武二十一年置所，屬烏撒衛。永樂十二年，改屬畢節衛。有所城，亦洪武中築。又有七星關巡檢司，亦置於此。今皆廢。明統志：守禦七星關千户所，洪武十五年建，永樂間，隸貴州畢節衛。

阿落密廢千户所。在畢節縣廢赤水衛南四十里。明洪武中置，有石城。又衛南一百里層臺山下有廢赤水前千户所，亦洪武中置。明統志：阿落密千户所，洪武二十七年建。又前千户所，洪武二十七年建。府志：赤水五千户，四在城内，惟前所置於此。亦有所城，今所廢而城址猶存。

白撒廢千户所。在畢節縣廢赤水衛東南七十里。又衛北四十五里有廢摩泥千户所。皆明洪武中置，俱有石城，今僅存遺址。明統志：摩泥千户所，洪武二十二年建。又白撒千户所，洪武二十二年建。

黑章廢遞運所。在威寧州東一百十九里。又州治東有烏撒遞運所。俱明初置，今廢。

水城樓。在畢節縣東南門外。

宣威樓。在畢節縣廢赤水衛北。

涼風臺。在府城南一里。通志：衆山環列，地最高敞，夏月涼颸襲人，行者多休息於此。

梁王臺。在畢節縣東北二里。黔記：元梁王出鎮雲南所築。

南橋公館。在威寧州南。

武侯碑。在畢節縣北一百二十里，地名上壩。通志：相傳諸葛亮征南時所立，歲久磨滅不可讀。

諸葛糧堆。在威寧州廣化里。

武侯祭星壇。在威寧州東南七星關上。

比喇壩。今平遠州治。通志：明崇禎九年，土目阿烏謎等納土爲比喇壩。本朝康熙三年，以隴胯、的都、朵你、阿架四則溪設平遠府，建府治於比喇。

關隘

銅關。在府城西五里。相近有金魚關。又西十五里有樂聚關。

大弄關。在府城北十里。又北五里爲柯家關，南三十里有那集關。

織金關。在平遠州東三十里織金河上。

鳳凰關。在平遠州南鳳凰山上。路出鎮寧州。

望城關。在平遠州城北一里，路通府境。

化乍關。在黔西州西十里。駐兵戍守，爲中外之界。通志作化榨關。

石駝關。在威寧州東。明統志：關道有石如駝，因名。

可渡關。在威寧州北。又州東有梅子關，州南有雲關，州西百里有分水嶺關。

木稀關。在畢節縣東四十里木稀山上，與赤水衛接界。明統志：洪武十七年置。

善欲關。在畢節縣南五里。明統志：洪武十七年置。

落浉關。在畢節縣南八十里，下臨落浉河渡。

鐵鎖關。在畢節縣西南。府志：由四川永寧赤水以至畢節，重岡巨箐，馬不成列，間關百倍。由畢節鐵鎖關而入，則山箐益深，道路益險，蠻部錯居，罕通人跡。

老鴉關。在畢節縣西三十里。道出威寧，有戍兵守禦。舊有鴉關巡檢司，今裁。

七星關。在畢節縣西九十里七星山上，下臨七星河。明統志：洪武十五年置。通志：相傳諸葛亮禡牙之地。元末，大理段功追敗明玉珍於七星關。明洪武十四年，傅友德自曲靖引兵擣烏撒，大破蠻兵，得七星關以通畢節。關當雲、貴、川三省之交，爲喉吭之要。黔記：關有城，明洪武十五年築。

北鎮關。在畢節縣北二里北鎮山下。又縣西北二十里有羅羅關。

赤水河關。在畢節縣廢赤水衛南一里。又衛北雪山上有雪山關，衛東北八十里有石關。

得勝坡巡司。在威寧州西南七十里。

關索鎮。在畢節縣境。通志：諸葛亮南征還，留關索鎮此。

七星營。在畢節縣西九十里。

平陽侯營。在畢節縣廢赤水城北六十里。

果勇底砦。在黔西州西北。府志：舊水西酋築城於此，恃爲險巢，亦曰果勇底城。其東十餘里爲沙窩等砦，皆險奥可憑，爲西北境要害處。

火灼堡。在黔西州北。水西巢穴也。亦謂之火灼城，或訛爲「火著」。

汪家堡。在畢節縣北十二里。

海螺堡。在畢節縣廢赤水衛東二十里。

鬼屯。在府城西三十里。

陳貝屯。在畢節縣北八十里，與雲南鎮雄州接界。

紅崖屯。在畢節縣廢赤水衛東南一百里。通志：明天啓初，川兵克永寧，進兵追奢崇明，連克紅崖、天台二砦，賊數千人迎降，遂安撫紅獠四十八砦。又天啓三年，貴州總兵魯欽自遵義直入賊巢，進營紅崖，與天台、水脚、婁石、牛酸草等屯，素稱天險，至是多爲官軍所破。府志：赤水衛至水西大方六十里，紅崖蓋在大方迤北。

水腦屯。在畢節縣廢赤水衛西三十里。

閣鴉驛。在府城西南，近閣鴉洞，一作「鴿鴉」。府志：自奢香驛而西北，又經金雞、閣鴉、歸化三驛而至畢節驛。

奢香驛。在黔西州境化乍關南。府志：明初，水西酋靄翠死，其妻奢香爲都督馬葉所辱，訴於朝，太祖爲誅葉，而封香爲順德夫人。香歸，開貴州西北赤水烏撒道，以通蜀烏蒙，立龍場九驛，世辦馬匹廩餼，以報德。輿圖記：自金雞驛而東五十里爲奢香驛〔四〕。又東五十里爲水西驛。又東五十里爲谷里驛。又東五十里即六廣驛也。

在城驛。在威寧州東南十五里。又州南一百二十里有儻唐驛。

烏撒驛。在威寧州西一里。又州南一里爲烏撒站。

畢節驛。在畢節縣東一里。又畢節站亦置於此。郡志：縣東南三十里有歸化驛。又三十里曰閣鴉驛。又五十里曰金雞驛。又五十里即奢香驛也，爲往來孔道。

周泥驛。在畢節縣西六十里。郡志：周泥站亦置於此。有小城，設兵戍守。

黑章驛。在畢節縣西一百二十里。有黑章站，入威寧州境。又西六十里爲瓦甸驛，亦有瓦甸站。通志：明洪武初，諭傅友德曰：「雲南士卒糧食少，不宜分屯。止於畢節、赤水、七星關各置一衛，黑章之北、瓦甸之南中置一衛，如此分守，則雲南道路往來無礙。」謂此地也。

層臺驛。在畢節縣北六十里，接赤水衛界，川、貴之要道。名勝志：層臺驛，舊爲層臺衛。郡志：層臺驛，西去威寧三百里。

白崖驛。在畢節縣廢赤水衛南白崖旁。

赤水驛。在畢節縣廢赤水衛南。通志：衛東南有赤水站。又衛南六十里爲阿永驛，古阿永蠻部也。衛南四十里有阿永站。又落臺站在衛南一百里，摩尼站在衛北四十里。四站俱明洪武十四年建。

普德歸站。在威寧州南九十里。

霑益站。在威寧州南一百八十里，南至雲南霑益州六十里，滇、蜀通道也。

閣鴉鋪。在府城西南。又有乾堰鋪、篵籮箐鋪、烏西鋪、羊場鋪、路穿巖鋪、九里箐鋪，本城底塘鋪、落脚河鋪、雙山鋪、沙子鋪、歸化鋪、梨樹坪鋪、穿心鋪、比渡坡鋪、青岡鋪、六歸河鋪，皆戍守處。

頭塘鋪。在平遠州境。又有二塘鋪、則溪鋪、猓龍鋪、古牛口鋪〔五〕、新塘鋪、鳳凰山鋪、猪場鋪、穿洞鋪、熊家場鋪，皆戍守處。

鴨池河鋪。在黔西州境。又有濫泥溝鋪、四方井鋪、椌桐樹鋪、打鼓砦鋪，黔西在城鋪、那壩鋪、新鋪、松樹溝鋪、西溪鋪，皆戍守處。

黑章鋪。在威寧州境。又有水塘鋪、水漕鋪、蓮花鋪、青石鋪、四鋪、二鋪、在城鋪、十里鋪、腰站鋪、箐頭鋪、站頂鋪、頭鋪、二鋪、四鋪、青石鋪、水槽鋪、冷水溝鋪，皆戍守處。

黄花鋪。在畢節縣城内。又有頭鋪、二鋪、觀音鋪、迎賓鋪、木椑鋪、孫家鋪、小鋪、白巖鋪、清水鋪、高山鋪、赤水河鋪、豐樂鋪、長沖鋪、鵓鷃鋪、高山鋪、撒喇鋪、喬坡鋪、石虎鋪、平山鋪、烏蒙鋪，皆戍守處。

平山哨。在威寧州境。又有天生橋哨、楊橋灣哨、大栗哨、吴家哨、乾海哨、馬鞍山哨，舊皆設兵守禦。

長沖哨。在畢節縣境。又有木稀哨、木竹哨、梅子哨、雪山哨、石關哨、撒毛哨，舊皆設兵守禦。

官莊。在府城南六歸河上，爲往來通道。

津梁

烏西橋。在府城南三十里。

柯家橋。在府城北十五里。又府北六十里有歸化橋。
太平橋。在平遠州治東南隅。
麟趾橋。在平遠州城北門外。又北三十里有高家橋。
月華橋。在平遠州治東北隅。
清流橋。在黔西州東十里。
通濟橋。在威寧州東南一里，爲往來必經之道。又州東南四里有六道橋。
乾河橋。在威寧州東一百三十里，一名野馬川橋。
可渡河橋。在威寧州南九十里可渡河上。又州西四十五里有石河橋。
天生橋。在威寧州東北一百里。明統志：有二。一在城東八十里，衆山中。一在城東北一百里，石梁攢截，拱架如橋。通志：在瓦甸站東。峻岸間有石梁懸亘，高十餘丈，長里許，僅容一人，往來相值，則不得前，行者每舉烽以示。
永清橋。在畢節縣治東。
晏公橋。在畢節縣東。又東九里有觀音橋。又東十三里有猓玀橋。又東二十七里有拱背橋。又東七十五里有環秀橋。
威鎮橋。在畢節縣東十里，跨威鎮河上。
阜安橋。在畢節縣南五里。又城南一里有五龍橋。又一里有牛場橋。又縣南有濟川橋。
豐樂橋。在畢節縣西十里。又縣西有通津橋。又有孟鬬橋、鄒五橋，俱在縣西門外五里。
七星橋。在畢節縣西九十里，跨七星河上。府志：初立鐵柱，繫鐵索以渡。後爲浮梁，架以七舟，名曰應星橋。水泛漲時，輒至漂壞。易舟以濟，則横流衝激，尤多覆溺。明嘉靖間，始創七星橋。

北鎮橋。在畢節縣北三里。

板橋。在畢節縣廢赤水衛西南五十里。又有新濟橋，在白崖驛。

三岔河渡。在平遠州東南八十里，與清鎮縣接界。

六歸渡。在府城南五十里。又府北二十里有落淅渡。

隄堰

靈塘。在府城北一里文龍山右。府志：塘中荇藻不生，惟産異草，葉如蘭，隨日影東西爲向背。

畢節石隄。在畢節縣城外。周二百餘丈，明萬曆六年築，以障響水諸河之水。

德溝。在畢節縣東南十里。邑中多山，徑路犖确，此溝平疇夾岸，一望空曠，居民瀦以溉田。

祠廟

懷德祠。在府城内。明萬曆間，爲巡撫郭子章建。

忠烈祠。在威寧州治東。通志：明天啓二年，烏酋入寇，指揮管良相、李應期、朱運泰，千户蔣邦俊各殺其妻子，相聚焚死，敕祀之。

武侯祠。在畢節縣七里關外，祀漢諸葛亮。

旗纛廟。有二：一在府，一在威寧州治東。

蕭晏二公廟。在威寧州北鳳嶺山。

英濟廟。在畢節縣治東，祀漢關忠義。又縣南門外有五龍廟。

忠義廟。在畢節縣廢赤水衛西二十里，祀明都指揮僉事張祥。

寺觀

萬壽寺。在府城北文龍山。本朝康熙六年建。通志：踞層巒，瞰澄波，勝境爲叢林冠。

永洪寺。在黔西州東印山。黔記：明僧月溪至此，見林麓洞壑，負氣争高，含露飲景，幽窻差互。中有磨刀溪，大石横亘，水流其旁，聲若奔雷。巉壁屹立，瀑掛爲簾，三疊而注於溪。遂結庵其上，名曰永洪。後人廣其居爲寺。

開元寺。在黔西州東門外里許。本朝康熙五年建。樓閣莊嚴，爲州勝觀。

南明寺。在黔西州南二十里，地名朵村塘。

大佛寺。在黔西州北一百里，地名馬場塘。

能仁寺。在威寧州東。明洪武二十年建。又普德站有東陵寺。

仁壽寺。在威寧州南八十里。又州城外有水月寺。

龍泉寺。在威寧州東北鳳嶺山上。又州北一里有三聖寺。

雙井寺。在畢節縣東一里。

普慧寺。在畢節縣東一里。明正統中賜額。

開化寺。在畢節縣東十五里。又縣東五十里有般若寺，東八十五里有鎮江寺。

天臺寺。在畢節縣南十里。

靈峯寺。在畢節縣西十里。

真武觀。在威寧州北一里。

崇真觀。在畢節縣南。

龍興庵。在平遠州東龍潭上。

即心庵。在畢節縣東十里。又縣西十五里有大梅庵。

名宦

明

陳桓。濠州人。洪武末，以普定侯奉詔通畢節道。桓刊除榛莽，分布屯田，爲久遠計，畢節遂爲重鎮。

蔡禮。和州人。永樂中，貴州前衛指揮，調烏撒衛，宣布恩威，申明禁令，時稱賢將。

孫克恕。馬平人。萬曆中，爲貴州副使，分巡畢節道。安邦彦陷畢節，克恕死之，有虎守其誉不去，蠻人異之。詔贈太僕卿。

趙禹。烏撒衛指揮。麓川之戰，與畢節指揮唐諫同陣亡。事聞賜祭。

管良相。烏撒衛指揮。天啓初，樊龍等反於四川，巡撫李橒召良相置麾下，與籌軍事，嘗策安邦彦必反。及歸烏撒，邦彦果反，圍其城。久之城陷，良相與同衛指揮李應期俱閉門舉火，合家自焚死。又同時有朱運泰、蔣邦俊，俱烏撒衛世襲指揮，城陷，先自殺其妻女，隨自刎。四人並題旌祠祀。

樊衛。畢節衛千户。水西叛，城破，衛率卒巷戰陣亡。又同時畢節百户徐黔英、赤水衛指揮張佐，俱力戰殁於陣，士人立祠祀之。

楊以成。雲南人。任貴陽同知，理畢節衛事。安邦彦反，率衆禦之，被執不屈死。弟以榮亦遇害，家屬同死者十三人。贈光禄卿，建祠奉祀。

張大壯。赤水衛指揮。奢寅攻城，大壯與子夔升及同衛張奇韜督軍堅守，城陷死之。

步上達。四川人。崇禎間守備，克復烏撒，重建城署，有能聲。

本朝

黄秉忠。奉天人。康熙二十八年，任黔西知州。慈惠愛民，興學勸農，政績卓著，州人建祠祀之。

方瑞合。淳安人。康熙間知畢節縣，政績昭著。尤精堪輿，遷學宫於長慶山中，自此邑中科甲不絶。

楊馥。西寧人。爲大定協副將。雍正十年，台拱苗叛，聚甘翁嶺，築壘拒師。馥奮勇率士兵二百人，揮戈先登，殺賊甚衆。鎗中臂脇，創甚，猶發一矢，手刃二賊，呼衆曰：「我偶被鎗傷，汝等急擊勿失。」言訖而殞。事聞卹廕。

許學范。錢塘人。乾隆進士。五十八年，任黔西知州。建獅山書院，捐給肄業生徒膏火；修西溪石橋、鴨池河鐵索橋。州人稱頌之。

人物

明

張諫。字孟弼，赤水人。少有志節，正統中由進士授行人。丁母憂歸，哀毁骨立，廬墓三年，有産芝之異。服闋，拜御史，督福建銀課。時被寇後，餘孽間作，諫勦平之。父卒，復廬墓，芝再産墓側，人咸異之。官至太僕寺卿。

李珉。字美中，烏撒人。成化中進士，授寧國知縣。減官租，清兼併，公私稱便。尋擢御史。時中官王臣横暴，汪直羅織縉紳，余尚、梁芳引用妖邪〔六〕。俱疏劾之，直聲甚著。又疏奏貴州站鋪軍之苦，因得月支口糧。尋選四川僉事告歸。

安琦。赤水人。爲衛指揮同知。成化中，征大壩山都掌蠻，屢摧賊鋒，都掌稱爲神將。尋以總兵官李安命往探虛實，至落卜茹遇賊，馬陷泥中，猶射殺數賊，以無援，遂遇害。

姚大英。烏撒人。嘉靖中舉人。爲永昌推官，攝府篆二年，毁淫祠，清吏弊，人心悦服。及遷忠州，送者載道。所至以清介稱。

李忠臣。赤水人。天啓初，以松潘參政告歸。奢崇明之亂，散家貲，募壯士禦之。城陷，闔門遇害。

盧安世。赤水人。萬曆中舉人，爲富順教諭。天啓初，奢崇明反。以大學士孫承宗言，超擢僉事，監軍討賊。屢戰有功，進貴州右參議。遷四川副使、遵義監軍，又數有功。崇禎初，進右參政。解官歸卒。

羅仕儒。赤水人。萬曆中舉人。值水西之變，與同衛謝名臣俱舉火焚其室，自縊而死。

王碩輔。字斗瞻，赤水人。萬曆中舉人，知四川南溪縣。值奢寅叛，募兵戰守。久之城陷，碩輔整衣冠，北面稽首曰：「臣力竭矣。」遂自縊而死。事聞，贈光禄寺少卿。

馬行健。畢節人。與弟行毅俱爲庠生，讀書孝友。水西變，城陷，相抱赴火死。

姚之典。烏撒人。父殁於任，徒步扶櫬歸，泛舟漂數里不溺。廬於墓，遇虎不傷。人以爲孝感。

張令蘭。赤水人。崇禎中，累官副總兵，鎮川北。十三年，大敗張獻忠於瑪瑙山，又追至柯家坪。其地亂峯錯峙，箐深道險，令蘭馳驅絶坡之中，猛氣彌厲，復大敗之。時年七十餘，馬上用石弩，中必洞胸，軍中號「神弩將」。後守竹箭坪中矢死。本朝乾隆四十一年，賜謚忠烈。

侯良柱。字朝石，赤水人。累官副總兵，以討奢崇明有功，進四川總兵，鎮永寧。崇明敗奔水西，與安邦彦連兵入寇，據五峯山桃紅壩爲砦。良柱出不意，乘霧進擊，賊大潰，二酋並授首，時稱西南奇捷。録功進左都督。後與李自成戰綿州，殁於陣。本朝乾隆四十一年，賜謚忠烈。

本朝

李世傑。黔西人。乾隆九年，知江蘇常熟縣。歷官至四川總督，内轉兵部尚書。所在講求吏治，事無大小，皆必親裁。

持身廉潔，察屬嚴明，致仕歸籍，囊槖蕭然。五十九年卒。賜祭葬，謚恭勤。嘉慶元年，入祀鄉賢祠。

流寓

明

章綸。浙江人。嘉靖五年，爲山西僉事，治疑獄忤旨，謫戍烏撒。耿介不羣，十六年赦還。

陳价。合州人。官都御史，以邊事謫居赤水。謙謹和易，士論高之。其詩文流麗典雅，一時推重。

列女

明

奢香。水西宣慰靄翠妻。翠死，香代立，總其衆。洪武中，都督馬葉守貴州，欲盡滅諸羅以爲郡縣。會香有罪，裸撻之，欲以激諸羅，因爲兵端。諸羅果怒，思反。香止之曰：「無譁，吾爲訴天子。」遂與子婦奢助來朝，自陳守土功及馬葉罪狀。帝曰：「我爲汝除之，何以報我？」香曰：「貴州東北間道可入蜀，願刊山開驛，以供往來。」於是遂殺馬葉，封香爲順德夫人，厚賚遣還。

蔡氏。畢節人，都指揮林晟母。有志行，嘗發廩賑貧。正統末，賊圍畢節，官軍皆調征平越，晟亦守備貴陽，城中防禦一無可恃。蔡散家貲募兵，登城拒守，凡三月，賊解去，蔡率衆躡之，寇大潰。時稱女將軍云。

陸文俊聘妻楊氏。威寧人。未婚而文俊殁，歸陸守節，善事舅姑，事聞被旌。

李貞聘妻吴氏。威寧人，吴惟允女。未婚。貞調戍金齒，父母將改字之。引刀斷髮，誓不他適，守節五十九年。

祖應昌妻王氏。威寧人。應昌爲本衛指揮，天啓二年，烏酋入寇，應昌死之。氏貞節自守，撫子成立。

鄒承恩妻謝氏。威寧人。烏酋入寇，謝率長女及媳蔣氏投崖而死。同時被難者，張允德妻毛氏、余近聖妻闞氏、闞大興妻劉氏及其長女，俱投崖死。

本朝

者架聘妻直額。酋民女也。幼許字者架，其父母嫌架貧，欲改字之。額堅志不從，强逼之，遂自殺。康熙二十九年旌。

樊綬珍妻傅氏。畢節人。年十八而寡，翁姑憐其少，諭聽改適。傅泣曰：「婦人從一而終，若再適他姓，何面目見死者於地下乎？」守節六十餘載卒。與同縣顧裔祥妻周氏，均康熙四十三年旌。

李孝貴聘妻周氏。平遠人，名賽玉。未嫁而貴殁，氏時年十七，聞訃自經死。

張禹甸妻邵氏〔七〕。畢節人。年十六適禹甸，甫期年而夫病亟，邵有娠數月，泣語夫曰：「幸生男，願撫孤以存宗祀。若女也，則相從於地下耳。」夫殁後，邵生女，乃拜柩自縊。

陳尚魁妻程氏。大定人。夫卒，姑老家貧，程斷髮誓守節，紡績奉姑。雍正元年旌。

楊天貴妻温氏。大定人。雍正八年，天貴從征吉州病卒。温聞訃，服夫所遺故衣，閉户自縊。

劉起沛妻孟氏。大定人。起沛從征台拱，孟奉養病姑惟謹。族有無賴者，持刀入其室，逼之不從被殺。雍正十一年旌。

諶會恩妻胡氏。平遠人。夫歿守節，與同縣張期賢妻熊氏、李起元妻劉氏，均雍正年間旌。

穆國棟妻李氏。大定人。夫歿守節，乾隆元年旌。同郡楊松妻張氏、趙明玉妻陳氏、胡英妻萬氏、王偉妻宋氏、劉用妻王氏、黄憲章妻雷氏、安如山妻禄氏、劉士忠妻單氏，均乾隆年間旌。按：舊志同府節婦，舒經綸妻吴氏、楊秉健妻林氏、周在位妻熊氏、張鴻聲妻陽氏、沈重鼎妻王氏、楊文英繼妻黎氏、蔡惟勉妻方氏、金如熺妻韓氏、陳洪渭妻余氏、李粹妻張氏、潘齊禮妻張氏、謝洪妻吴氏，均乾隆年間旌。俱未詳其州縣本籍，謹附記。

余鵬程妻張氏。平遠人。夫歿守節，乾隆二年旌。同州康夢吉妻丁氏、張賦斌妻周氏、胡應乾妻譚氏、宋文玉妻謝氏，均乾隆年間旌。

曹啓茂妻徐氏。黔西人。夫歿守節，乾隆二年旌。同州朱元佐妻桂氏、陳永祚妻張氏、盧朝相妻蕭氏、熊國美妻趙氏，均乾隆年間旌。

李啓徵妻張氏。威寧人。夫歿守節，乾隆十二年旌。同州蕭友薰妻李氏、禄在朝妻安氏，均乾隆年間旌。

羅縉琳妻糜氏。畢節人。夫歿守節，乾隆四年旌。同縣張紹良妻蕭氏、祖誾妻朱氏、樊鎮妻蓋氏、楊拱妻徐氏、翟文載妻路氏、甘達聖妻秦氏，均乾隆年間旌。

楊萃妻潘氏。大定人。夫歿守節，嘉慶元年旌。同郡陳元達妻李氏、郭鴻妻程氏、陳允華妻鄒氏、石維妻王氏，烈女吴么妹，均嘉慶年間旌。

劉珮妻楊氏。黔西人。夫歿守節，嘉慶三年旌。同州吴輯周妻黎氏、譚國俊妻馬氏、譚紳妻郭氏、秦槐妻余氏，均嘉慶年間旌。

陳璳妻吴氏。威寧人。夫歿守節，嘉慶十六年旌。同州安世熙妻禹氏，十八年旌。

陳紹唐妻韓氏。畢節人。夫歿守節，嘉慶二年旌。同縣王繩祹妻黄氏、王繩衸妻孫氏、劉士恬妻周氏、阮樞妻顧氏、陳颺言妻路氏、陳萬言妻石氏、卯文煒妻張氏、劉元柄妻張氏、鄧學湧妻劉氏、秦廷極妻蕭氏，均嘉慶年間旌。

仙釋

明

月溪。江安人。宣德初，以罪戍赤水，役於陳百户，棲廐中，陳異而遣之。遇禪宗，得正法眼藏。後奉召至京，示寂於留都。

土産

鐵。威寧州出。

銅。威寧州出。

硃砂。黔西州出。

漆。平遠州出。通志：加以五色，層累施於器，雕刻之，謂之累漆雕漆。

馬氊。府境出。通志：可以禦雨。

皮器。本府出。

馬。黔西州出。

麋。府境出。

錦雞。府境出。府志：五綵繽紛，頗自愛其羽，每臨水照影，土人羅而畜之。

茶。平遠州出。

松實。郡志：出烏撒。其幹異於他松，子極大。

花紅。府境出。林檎別種。

海棠。府境出。夾道叢生，有紅、白二種。

刺竹。府境出。竹之有芒者。一名澁勒，一名蒠簩。

苦蕎。通志：出烏撒。地氣早寒，不宜稻，土人悉種以爲食。

麥藍菜。威寧州出。葉如麥藍，味香。

茯苓。通志：出府境致化里。

木瓜。威寧州出。

山查。是山皆産。

苗蠻

黑羅羅。府境及平遠、黔西、威寧皆有之，亦名烏蠻。俗尚鬼，故又曰羅鬼。蜀漢時，封羅甸國王。其東西若自杞、夜郎、牂牁，則以國名，若特磨、白衣九道，則以道名，皆羅羅之種也。自濟火以來，世長其土，勒四十八部，部之長曰頭目，其等有九，曰九扯：最貴者曰更苴，僭擬師保，次則慕魁、勺魁、罵色，以致黑乍，皆有職守。正妻曰耐德，非耐德所生，不能繼立。其人深目長身，黑面白齒，悍而善鬪，平居以射獵習攻擊，故常爲諸蠻冠。又羅羅以女官主事，諸土府及水西皆然。

白羅羅。詳見安順府。

打牙犵狫。在平遠州。最剽悍，女子將嫁，必折其二齒，恐妨害夫家父母。死用長木桶爲棺，葬之路旁。

木老。詳見貴陽府。

蔡家苗。在平遠州。春秋時，蔡人爲楚所俘，遂流爲夷。男子製氈爲衣。婦人以氈爲髻，飾以青布，若牛角，高尺許，用長簪綰之，短衣長裙。以耕織爲業。

校勘記

〔一〕未易悉數也　「悉」，原作「志」，據乾隆志卷四〇一大定府山川（下同卷簡稱乾隆志）改。

〔二〕鄭旻牂牁江考　「旻」，原作「銘」，據乾隆志及乾隆貴州通志卷三七藝文改。按，鄭旻，明揭陽人，曾官至貴州提學副使，著牂柯江解一篇。本志避清宣宗諱改字也。

〔三〕將以著則窩雄所三則溪設黔西府　「將」，原闕，乾隆志同，據清康熙朝實録康熙四年五月壬子條補。

〔四〕自金雞驛而東五十里爲耆香驛　「而」，原作「西」，據乾隆志及文意改。

〔五〕古牛口鋪　「牛」，乾隆志作「羊」。

〔六〕余尚梁芳引用妖邪　「芳」，原作「方」，乾隆志同，據乾隆貴州通志卷二八人物改。按，梁芳乃明憲宗朝宦官，明史卷三〇四宦官列傳有本傳。

〔七〕張禹甸妻邵氏　乾隆志及乾隆貴州通志卷三一人物列女作「李禹甸妻郜氏」，夫妻姓氏皆不同，未知孰是。

興義府圖

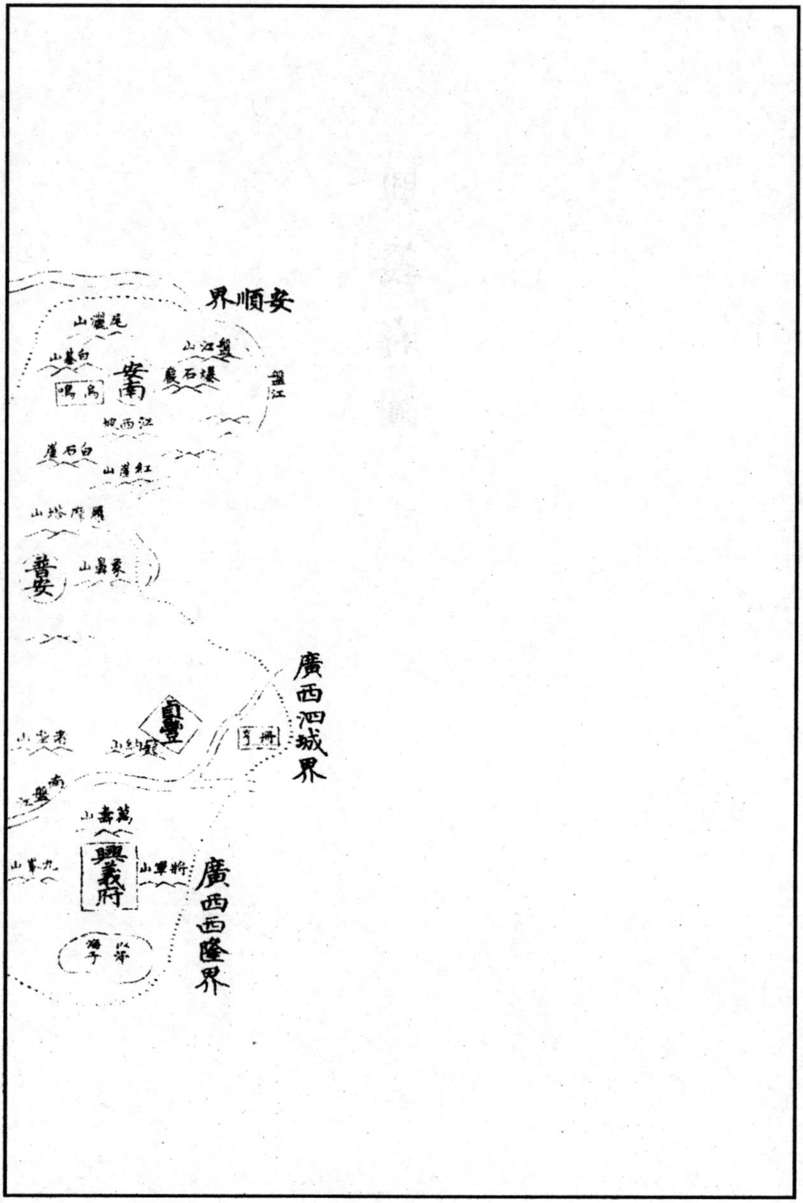

安順界
盤江山
安南
白石崖
紅崖山
普安
貞豐
廣西泗城界
萬壽山
興義府
廣西西隆界

興義府圖

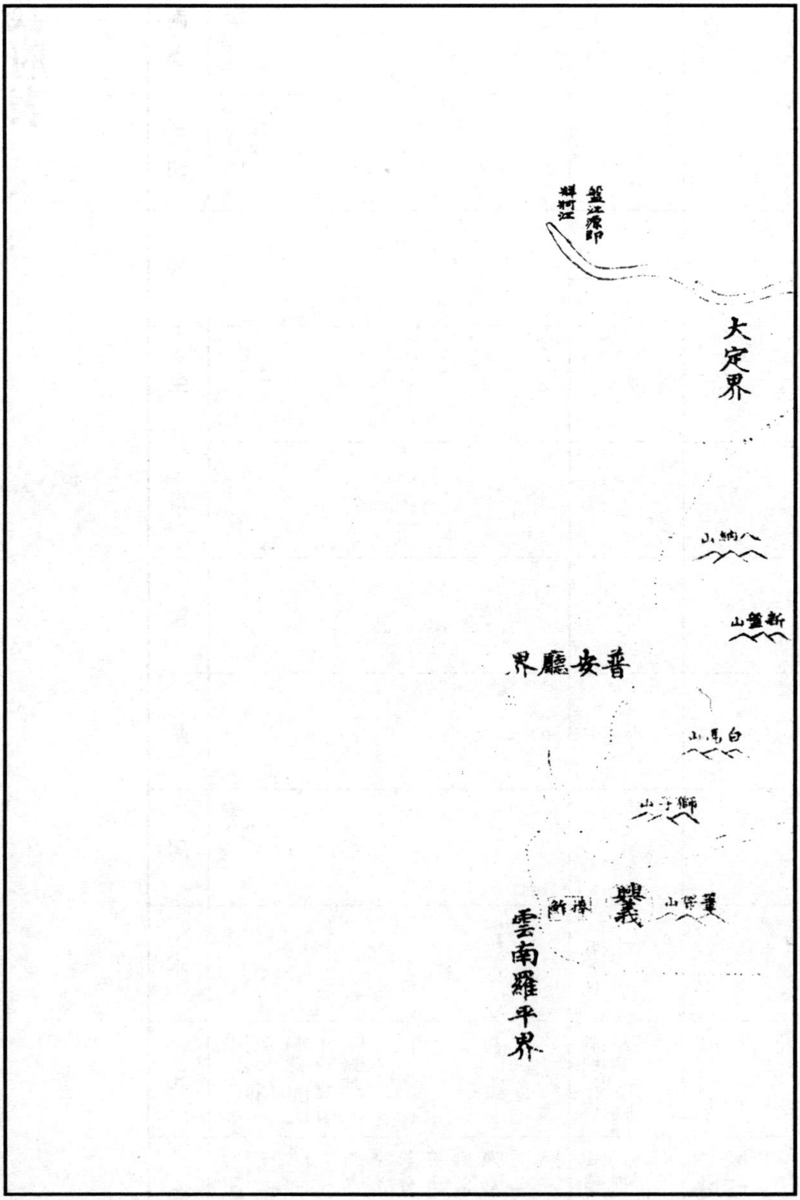

興義府表

	興義府	貞豐州	普安縣
兩漢	牂牁郡地。	交趾郡地。	牂牁郡地。
三國	蜀漢興古郡地。		
晉			
宋			
齊			
梁			
隋			
唐	盤州地。		
宋		泗城州地。	
元	于矢部萬户所初置，至元中廢爲普安路地。	泗城州地。析置安隆砦。	普安路地。
明	安籠守禦所洪武二十三年置，屬貴州都司。弘治十一年分阿能等十八砦隸廣西。萬曆四十二年還屬貴州。	安隆長官司地。	置新興、新城二千户所。

續表

安南縣	興義縣
牂牁郡地。	牂牁郡地。
	牂州地。
	附唐縣 武德中置，屬盤州。五代廢。
普安路地。	普安路地。
安南衛 洪武二十三年置，屬貴州都司。	屬普安州，地名黃草壩。

大清一統志卷五百十

興義府

在貴州省治西南五百四十里。東西距五百九十里，南北距五百五里。東至廣西泗城府界五百里，西至普安直隸廳界九十里，南至泗城府西隆州界二百二十五里，北至安順府永寧州界二百八十里。東南至西隆州界二百四十里，西南至雲南羅平州界二百四十里，東北至永寧州界六百一十里，西北至普安直隸廳界二十里。自府治至京師八千二百二十里。

分野

天文井、鬼分野，鶉首之次。

建置沿革

禹貢梁州南境。秦以前爲夜郎地。漢爲牂牁郡地。蜀漢爲興古郡地。唐爲盤州地，隸戎州都督府。天寶後没於蠻。元憲宗七年，置于矢部萬户所。至元十三年，廢爲普安路地。

明洪武二十三年，設安籠守禦所，屬普安衛，隸貴州都司。明統志：安籠守禦千户所，在普安州東南三百二十里，洪武二十二年建。弘治十一年，分安籠所之阿能等十八砦隸廣西。萬曆四十二年，仍歸隸貴州。本朝因之。康熙二十五年，改安籠所爲南籠廳，移安順府通判駐其地。雍正五年升爲府，分廣西泗城府西隆州紅江以北之地，設永豐州，又以安順府之普安州及普安、安南二縣屬焉。嘉慶二年，改南籠府爲興義府，并所屬之永豐州改爲貞豐州。三年，裁普安州屬之黄草壩州判，以其地設興義縣。十四年，升普安州爲直隸州。今領州一、縣三。

貞豐州。在府城東北九十里。東西距六百七十里，南北距三百二十里。東至廣西慶遠府南丹州界四百五十里，西至普安廳界二百二十里，南至廣西泗城府界二百二十里，北至安順府永寧州界一百里。東南至泗城府界三百五十里，西南至泗城府西隆州界四百八十里，東北至永寧州界五百二十里，西北至永寧州界三百五十里。古百粤地。漢屬交趾郡。宋置泗城州。元析置安隆砦。明置安隆長官司，與泗城州俱隸廣西布政司。本朝順治十五年，升州爲府。康熙五年，改安隆長官司爲西隆州，隸廣西思恩府。雍正五年，又析泗城西隆地置永豐州，隸貴州南籠府，即今興義府。嘉慶二年，改爲貞豐州。

普安縣。在府城西北二百四十里。東西距一百九十里，南北距五十里。東至本府新城界一百七十里，西至普安廳界二十里，南至普安廳界二十里，北至安南縣界三十里。東南至興義縣界三百八十里，西南至普安廳界十里，東北至安南縣界三百三十里，西北至大定府平遠州界二百六十里。漢屬牂牁郡。元爲普安路地。明置新城、新興二千户所。本朝順治十八年，置普安縣，屬安順府。康熙十一年，省新城所。二十二年，省新興所。雍正五年，改隸南籠府，即今興義府。

安南縣。在府城北一百九十里。東西距一百四十五里，南北距六十里。東至安順府永寧州界三十五里，西至普安廳界一百一十里，南至普安縣界四十里，北至永寧州界二十里。東南至貞豐州界一百二十里，西南至普安縣界七十里，東北至永寧州界三十里，西北至普安廳界四十里。漢牂牁郡地。三國漢及晉俱屬興古郡。唐爲牂州地。元爲普安路地，隸雲南行省。明洪武十七年，置尾灑驛，屬普定軍民府。二十三年，改置安南衛，隸貴州都司。本朝康熙二十六年，改爲安南縣，屬安順府。雍正五年，改隸南籠府，即今興義府。

興義縣。在府城西南一百八十里。東西距一百二十里，南北距二百五十里。東至本府坡崗界四十里，西至雲南廣南府界八十里，南至廣西西隆州界一百六十里，北至普安廳界九十里。東南至本府馬邊田界一百二十里，西南至雲南羅平州界六十里，東北至普安縣界九十里，西北至雲南曲靖府界九十里。漢牂牁郡地。隋屬牂州。唐置附唐縣，屬盤州，尋廢。元普安路地，後没於蠻。明屬普安州。本朝爲黄草壩州判治，仍屬普安州。嘉慶三年，裁州判缺，改設興義縣，隸興義府。

形勢

雲、貴、川、廣之交，山明水秀，地僻林深。明統志。外控六詔，内捍諸番。黔記。

風俗

事商賈，喜佛老。明統志。士業詩書，夷性倔强。黔記。男耕女織，俗尚勤儉。通志。

城池

興義府城。即安籠所舊城。周六里有奇，門四。明洪武中建，本朝康熙二年修，雍正四年、乾隆十一年重修。

貞豐州城。周三里，門三。本朝雍正五年建，乾隆十一年修。

普安縣城。周二里，門四。明洪武二十三年建，本朝康熙十二年修。

安南縣城。周四里，門四。明洪武二十五年建。

興義縣城。即黄草壩州判舊城。周三里有奇，門五。本朝乾隆十二年建，嘉慶五年修。

學校

興義府學。在府治北。本朝康熙三十九年建，雍正八年修，十二年重修。入學額數十二名。

貞豐州學。未建。入學額數四名。

普安縣學。在縣城北。本朝康熙三十八年建，雍正七年修，十一年重修。入學額數八名。

安南縣學。在縣治西。舊爲安南衛學，明嘉靖十八年建。本朝康熙八年修，二十六年改爲縣學。入學額數八名。

興義縣學。未建。入學額數八名。

九峯書院。在府城内。本朝乾隆十三年建。

户口

原額人丁三千一百五十五，今滋生男婦大小共三十萬九千四百八十一名口，計六萬一千有六户。

田賦

田地、山塘共八萬六千五百二十五畝九分有奇，額徵地丁正、雜銀七千二百二兩九分一釐，米一萬一千八百一十五石五斗七升三合三勺。

山川

龍井山。在府城東半里。下有珍珠泉。

將軍山。在府城東一里。府志：挺然特立，雄視諸山。

興隆山。在府城東二十里，舊名坡疊山。四面巉巖，惟鳥道一線，盤旋而上，至半山巖下突開一徑，闊三四尺，人從中過百步，始可陟巔。

桅杆山。在府城南三里。聳秀卓立，高出羣峯。

九峯山。在府城西五里。周十里，上分九峯，中有田畝，一名糯鉢砦。

天榜山。在府城西北一里，亦名平岡。

萬壽山。在府城北一里。

玉屏山。在府城北一里，與萬壽山相連。

籠納山。在府城北六十里。自普安縣境抵貞豐州西南，連亘數十里。叢林密箐中有一溪，溉田甚廣。

六合山。在貞豐州東三百里，與貴陽府定番州接界。雙峯屹峙，其高插天。

者屯山。在貞豐州西南一百五十里。府志：煙嵐幽邃，望之如層城疊障，莫窮其境。

小寶山。在貞豐州西南。相近有坡鄧山、南望山。

新盤山。在普安縣西。

廣武山。在普安縣西北，舊名八納山。名勝志：八納山高二十里，其頂夷廣，人跡罕到，相傳以爲酋益智藏其祖宗魂筒於巖穴間，子孫十年一登山祭之，椎牛羊，持弓弩，鼓譟以往。州志：上有七十二小山，各以形似名之。頂有龍泉九，中一泉匯爲大池，四時不涸。

楊那山。在普安縣北五里。山勢陡峭，者卜河出於此。與普安廳接界。

羅摩塔山。在普安縣東北。遊名山記：在普安縣北一百八十里。四面峭壁，上有砦，惟一徑可通。東北瞰盤江。

獨秀山。在安南縣東一里。又東二里有飛鳳山。

盤江山。在安南縣東三十七里，東北與鎮寧州爲界。石路屈曲，降陟峻險，爲安南、安莊二衛界山。

玉枕山。在安南縣南一里。

白基山。在安南縣西三十二里。巍峩聳秀，傍有峭壁。

尾灑山。在安南縣西北，與普安州接界。名勝志：安南衛在其陽，迥出衆山。舊志：山勢高聳，其巔常有雲霧，土人因名尾灑，猶華言水下也。

龍翔山。在安南縣東北五里。黔記：山頂有泉不涸，禱雨輒應。

筆架山。在興義縣南一里。

龍頭山。在興義縣西里許。

獅子山。在興義縣東北二里。

白馬山。在興義縣東北九十里。

文筆峯。在貞豐州南三里。一峯特出，約高四丈，頂甚尖鋭。

雙仙峯。在貞豐州西北十八里。

爆石巖。在安南縣東二十里，亦名瀑石。通志：崖石高峻，山半有泉出石竇中，流注深潭，禱雨輒應。

白石崖。在安南縣西南五十里。崖壁峭絶，飛泉下垂。

江西坡。在安南縣西南三十里。高聳寬平，其旁有河，商民多集於此。滇行記：自烏鳴關西南行二十里，上江西坡。坡亦高峻，伏而又起。

虎石。在安南縣東南。石形如虎。

觀音洞。在府城西一里。水由洞出，極清泠。中垂一石筍，色白，形如手掌，俗呼「觀音手」。

躍魚洞。在府城北門外。石長丈餘，自水湧出，狀如魚躍。

清源洞。在安南縣東一十三里。明統志：其中崖石秀麗，有泉滴成小池，水至清泠。黔記：洞當官道旁，暑月行人，多憩於此。

朝陽洞。在安南縣西南一里。巖巒高聳，林箐密茂，日出則光先照。中產異石，有泉出石隙中，澄澈如練。

紅江。在府城南。發源廣西，流經府境，入盤江。

盤江。在普安縣境。東入安南縣之東北，與永寧州接界，下通烏泥江。明統志：盤江源自普暢砦，經普安州東北，下流合烏泥江。又在安南衛城東三十里。

魯溝河。在普安縣東八十里，南流入盤江。又縣境有樓下河。

江西坡河。在安南縣西南三十里。自江西坡東南流入於盤江。黔記：其水北流，經城西北十里，亦謂之西門河，下流入於盤江。又阿黑河在城東南十五里，東流入盤江。

江底河。在興義縣境。上通雲南平彝縣之黃泥河，下達廣西西隆州之秧所渡。

馬別河。在興義縣境。其水自普安縣樓下河流入境，南注廣西西隆州巴皓河。

以沖海子。在府城南。黔記：在安籠所城南。週遭三里，深不可測。旁有石門，海水注而入。

緑海子。在府城東北。衆水所歸，深數丈，闊數里，接北海子。

北海子。在府城東北，延袤三十餘里。

清漣池。在安南縣南。黔記：深廣有源，周圍砌石，建亭於上。

飲馬池。在安南縣南。通志：相傳漢將軍關索人馬至此，渴甚，泉忽湧出成池。明參政林喬南勒碑池左，曰「甘泉聖蹟」。本朝康熙中，總督蔡毓榮復沏「且以飲人」四字。

龍泉。在普安縣廣武山頂。通志：凡九泉，中一泉匯爲大池。旁多翠鳥，樹葉落水，鳥即銜去。

白鹿泉。在安南縣南一里，一作白麓泉。水甚甘冽，四時不涸。

永澄泉。在安南縣東北一里。

雙清泉。在安南縣治西北，亦名雙清井。明統志：雙清泉在衛城西北隅。黔記：雙清井，二井相連，水極澄潔，匯爲雙清塘。

尾灑井。在安南縣南門内，水清而甘。

古蹟

普安廢縣。在普安縣東南。通志：普安縣，本馬乃夷地。本朝順治十八年，馬乃叛，討平之，以其地設縣。康熙十一年，移縣治於新城所地，裁所歸縣。旅途志：粵西路經木瓜鋪，連紆可百里。西北枕山而莅者爲新城所。

附唐廢縣。即今興義縣治。唐置，屬盤州。寰宇記：盤州，領附唐縣。唐武德中，與州同置。黔記：在普安州治南一百里，地名黄草壩。

安南廢衛。即今安南縣治。明統志：古西南夷地。元爲普安路地，夷名尾灑。通志：明洪武二十年，建尾灑堡。二十三年，建安南衛於江西坡。二十五年，遷治尾灑堡。黔記：安南衛舊城，在今城南三十里。

安籠廢所。即今府治。洪武二十三年，建安籠守禦千户所，隸普安衛。本朝康熙二十五年裁。

新興廢所。即今普安縣治。通志：明洪武中，置新興堡及新興站，在普安縣城東七十里，新盤山下。弘治十四年，土酋米魯之變，官軍失守，散亡十八，乃建新興站城。縣志：明置新興所，在安順府西二百六十里。本朝康熙二十三年，裁所歸縣。

盤江十一城。在安南縣之盤江西坡〔一〕、板橋、海子、馬場諸要害地。明天啓中，監司朱家民建以禦苗，曰連雲，曰有嘉，曰靖氛，曰恬波，曰奏膚，曰龍新，曰資孔，曰項新〔二〕，曰定邊，曰維藩，曰石基〔三〕，共十有一城。

孔明城。在貞豐州北三十里，地名者相。有土埂，高數尺，周二百餘丈。相傳爲漢諸葛亮立營處。

關隘

石門關。在府城南二十里，通廣西大道。

坡呈箐關。在貞豐州東十里。箐深路狹，爲州阨塞。

者黨關。在貞豐州西南二十里。

花岡巖關。在貞豐州北九十里。

石屯關。在貞豐州北一百四十里。

芭蕉關。在普安縣東十里。滇行記：自泥納鋪西行十里爲芭蕉鋪，亦曰芭蕉關。

盤江關。在安南縣東盤江上。

海馬關。在安南縣東十二里。兩山之凹，廣止尋丈。舊有閣跨於其上，閣下僅容一騎往來。

烏鳴關。在安南縣西二里。明統志：在衛城南二里山巔，下臨深箐。洪武中置關，有戍兵。黔記：自南門大路十里至烏鳴鋪。滇行記：自尾灑山西南行十里至烏鳴關，俗名舊老鴉關。又五里至烏鳴鋪。

捧鮓巡司。在興義縣南一百四十里。

灑洞砦。在府城東南十五里。黔記：與廣西安籠司接壤，亦雲、貴入粵西之路。又新砦，在安南衛西北一百里。

八課砦。在府城東南。

板江砦。在府城西南。又有養梅砦、洞西砦，又城西有上目咱、下目咱，皆戍守處。

尾灑堡。在安南縣東北。又尾灑驛、尾灑站及遞運所俱置於此，今廢。

阿堅屯。在安南縣南。黔記：自南門小路四十里至阿堅屯，三十里至獨脚屯，四十里至巴鈴箐，樹木蓊翳。

阿山屯。在安南縣西南。黔記：自城西南四十五里泥納鋪分岐而西，十里至阿山屯，二十里至鼠場屯，四十里至龍場屯，與水西連壤。

江西坡驛。在安南縣江西坡腰站，本朝康熙十年置。

在城鋪。在府境。又有壩弄鋪、魯溝鋪、阿捧鋪、羊場鋪、新城鋪、高五鋪、排栅鋪、阿肩鋪、涼水井鋪，皆戍守處。

保甸鋪。在安南縣境。又有哈馬鋪、烏鳴鋪、蜡茄鋪、牛場鋪、泥納鋪、芭蕉鋪、新興鋪，皆戍守處。

泥臘哨。在普安縣東。又縣西有板橋哨、革納哨，皆戍守處。

葉秀莊。在府城南。

哈馬莊。在安南縣東北。滇行記：自盤江舊城西南行十五里至哈馬莊，山路皆亂石，滑突難行。

津梁

天生橋。在府城東一里，兩巖相連。

化龍橋。在府城北一里。

高堰橋。在貞豐州北三十里。

者相橋。在貞豐州北三十五里。

魯溝橋。在普安縣東，跨魯溝河。

盤江橋。在安南縣東四十里。明崇禎間建，名鐵鎖橋，尋爲寇毁。本朝順治十六年修，康熙六年重修。

江西坡橋。在安南縣西南，跨江西坡河。明統志：洪武二十五年建。

花橋。在興義縣城東門外。本朝乾隆三十二年建。

馬別橋。在興義縣境，跨馬別河。本朝嘉慶十一年建。

天生橋。在興義縣境。本朝嘉慶二十四年建。

盤江渡。在安南縣東盤江關下，爲雲南孔道。兩山陡夾，水勢洶湧，行者憚之。

祠廟

諸葛祠。在貞豐州東，祀蜀漢諸葛亮。

傅公祠。在普安縣西二十里，祀明巡按傅宗龍。

龍神廟。在安南縣南二里。明洪武二十九年建。

寺觀

玉泉寺。在府城東門外。

興隆寺。在府城東二十里坡疊山上。

壽佛寺。在府城北門外。

海潮寺。在府城北一里。
普照寺。在普安縣城北。
碧雲寺。在普安縣南二十五里碧雲山。
南峯寺。在安南縣南門外。
湧泉寺。在安南縣南二里。
元靈觀。在安南縣東一里。
高真觀。在安南縣南一里玉枕山，一名南觀。明建，本朝康熙三十年修。又縣東有東觀。

名宦

明

姚餘。洪武中，爲安南衛鎮撫。時寇亂，餘隨沐英進勦，至盤江遇賊，擊敗之。後賊并力急攻，遂被害。
曾異撰。榮昌人。崇禎中，由永寧知州移轄安南。孫可望陷貴州，趨雲南，異撰與江津進士程玉成、貢生龔茂勳據盤江拒之〔四〕，及城陷，自焚死。本朝乾隆四十一年，賜謚忠節〔五〕。

本朝

曾艾。新化人。任貞豐州册亨州同。嘉慶二年，苗匪滋事，率兵守城。城陷，與兵丁魏雲週等二十四名俱死之。事聞，入祀忠義祠。

施縉。定邊人。嘉慶二年，任安籠鎮總兵，征勦各路狆苗，生擒僞軍師光仙等，所向克捷。自捧鮓至黄草壩，賊皆浄盡。累蒙恩賚，後於四川竹子山追賊陣亡，命照提督銜卹廕。

人物

明

陳忠。新城人。有膽略，永樂中，遷新添指揮同知。苗賊攻城，忠堅守却之。遷普定指揮，從征麓川，攻舊大硬寨，戰歿。

本朝

黄布行。永豐人。苗民毛卜保以藥迷人，因奪其貲，縱火焚布行父抱千居室，布行赴燄救，遂焚死。乾隆年間旌。又同州王瓚少孤，家貧，事孀母甘旨不缺，撫弟妹成立，有司表其廬。

列女

陸琨。貞豐人。嘉慶二年，興義府北鄉苗變，蔓延州境。琨與州人黄大中等二十一人禦賊被害。事聞，並入祀忠義祠。

王贊武。興義人。乾隆中舉人，任四川南部縣知縣。時川、楚教匪滋事，贊武隨大兵勦賊，至達州，歿於陣。恩卹如例。

明

李遵妻楊氏。安南人。遵爲守禦百户，行多違理。楊苦諫被出，居母家十二年。夫悔悟迎歸，僅二載，夫卒。食貧守節，撫孤襲職。萬曆初旌。

本朝

朱國永妻廖氏。南籠人。康熙二年，妖夷作亂，刦掠普平市。國永遇害，執廖氏及其女。氏潛取刃先斃其女，遂自刎。

郭應洪妻吴氏。安南人。夫死於外，氏泣請夫兄往扶櫬歸。守志撫孤，與同縣吴讓妻武氏俱康熙年間旌。

鄭廷試妻蔡氏。安南人。夫卒，二子俱幼，或勸之嫁。正色自誓，鄉黨憐其窮，周以升斗，固却不受。與同縣吴君輔妻張氏、趙應魁妻王氏，俱雍正年間旌。

楊嵩齡妻周氏。南籠人。夫卒，子方週歲，祖姑及姑俱孀居在堂，時卧牀褥。氏奉侍湯藥，親操井臼。祖姑及姑憐其少，勸改適，氏流涕不從，撫子成立。楊本係回民，姑死，其族沿舊俗，不許衣衾棺槨。氏呼號擗哭，令子鳴官，卒以禮斂葬。守節三十四年，清操如一日。乾隆中旌。同府劉遵道妻王氏、湯嗣夏妻景氏、葉榮妻劉氏、劉體堯妻任氏、焦士宏妻徐氏、鄧忠妻管氏，烈婦任記珍妻馮氏、苗民阿吝妻阿貫，均乾隆年間旌。

高某妻李氏。貞豐人。嘉慶二年，北鄉苗變，入境刦掠。氏與同里王某妻趙氏四人，並遇賊不屈死。十年，予祀節孝祠。

劉三妹。貞豐人。猝遭强暴，守正被戕。嘉慶十一年旌。同州烈婦王阿行，十二年旌。

孔傳曾妻蔣氏。普安人。夫歿守節，嘉慶十六年旌。

陳光照妻郭氏。安南人。夫歿守節，嘉慶十七年旌。同縣龍武勳妻劉氏，二十五年旌。

土産

水銀。府境出。通志：出廢安籠所。

雄黄。府境出。明統志：泗城州出。

竹雞。明統志：安南縣出。通志：棲竹間，褐色，好食螘。

苧麻。明統志：安南出。通志：供緝織，子亦可食。

蠟。貞豐州出。明統志：泗城州出。

降香。貞豐州出。明統志：泗城州出。

苗蠻

仲家苗。詳見貴陽府。

校勘記

〔一〕在安南縣之盤江西坡　「西」，原脱，據乾隆志卷四〇二南籠府古蹟（下同卷簡稱乾隆志）及明史卷二四九朱家民傳、乾隆貴州通志卷四一藝文所録閔繼迪創建十一城碑記補。

〔二〕曰項新　「項新」，乾隆志同，乾隆貴州通志卷四一藝文閔繼迪創建十一城碑記作「鼎新」，疑此誤。

〔三〕曰石基　「石基」，乾隆志同，乾隆貴州通志卷四一藝文閔繼迪創建十一城碑記作「石碁」，疑此誤。

〔四〕異撰與江津進士程玉成貢生龔茂勳據盤江拒之　「程玉成」，「成」原作「式」，據明史卷二九五忠義曾異撰傳改。

〔五〕賜謚忠節　「忠節」，乾隆志作「烈愍」。考乾隆四十一年奉敕撰欽定聖朝殉節諸臣録卷三通謚忠節諸臣並無曾異撰名，卷三通謚烈愍諸臣有之，則以乾隆志爲是。本志未知所據，或後有改謚之舉乎？

遵義府圖

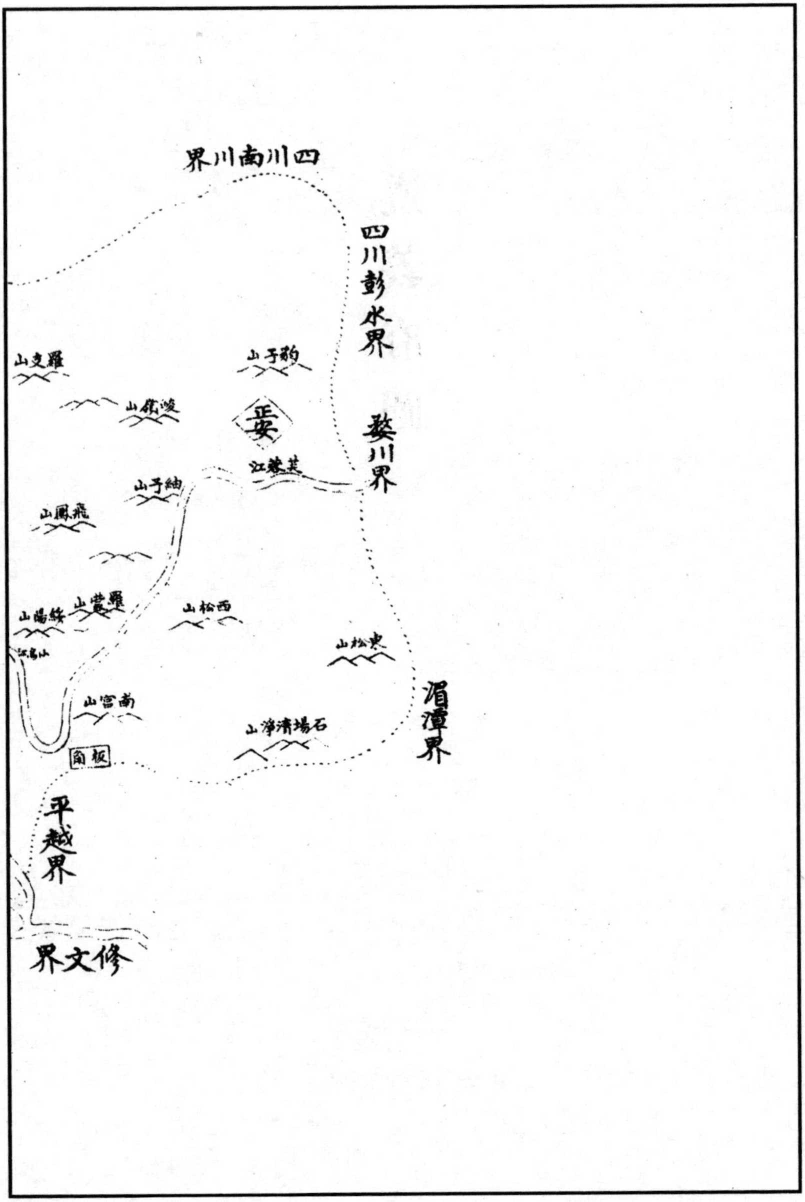
四川南川界
四川彭水界
羅支山
豹子山
峻嶺山
正安
芙蓉江
婺川界
紬子山
飛鳳山
羅蒙山
綠陽山
西松山
東松山
南宮山
石場清淨山
湄潭界
板角
平越界
修文界

四川綦江界
仁懷廳界
玉屏山
仁懷
夜郎溪
九龍山
白崖山
桐梓
仙人山
太平
大樓山
龍巖山
永安山
紫霞山
綏陽
遵義府
遵義
湘江
三渡
洪關山
烏江
石筍山
黔西界

遵義府表

	遵義府	遵義縣
兩漢	牂牁郡地。	鄨縣元鼎六年置，屬牂牁郡。
三國		鄨縣
晉		鄨縣改屬平夷郡。
宋		鄨縣
齊		鄨縣
梁		廢。
隋		牂牁縣地。
唐	播州貞觀九年置郎州，尋廢。十三年復置，改名播州。天寶初改播川郡。乾元初復爲州，屬黔中道。	遵義縣貞觀九年置恭水縣，爲郎州治。十四年改名羅蒙。十六年更名遵義，爲播州治。
宋	播州樂源郡大觀二年置郡。宣和初廢。嘉熙三年置播州安撫司，屬夔州路。	初廢縣，大觀二年復置，並置遵義軍。宣和三年俱廢。開禧二年復置軍。嘉定十一年又廢。嘉熙中爲安撫司治。
元	播州宣撫司至元二十八年改置，隸四川行省。	司治。
明	遵義府洪武六年升宣慰司。萬曆二十六年置府，隸四川布政司。	遵義縣洪武九年置播州長官司。萬曆二十七年置縣，爲府治。

續表

桐梓縣	綏陽縣
牂牁郡地。	牂牁郡地。
	綏陽縣 大業中置，屬明陽郡。
夜郎縣 貞觀十六年置，屬珍州。元和三年屬溱州。五代没於蠻。 溱州 貞觀十七年置，並置榮懿縣。元和中俱省入珍州。	綏陽縣 貞觀中爲夷州治。
夜郎縣 大觀二年復置，仍屬溱州。宣和三年廢。 溱州 熙寧中復置，並置溱溪縣。景炎三年，俱廢。	綏陽縣 初廢。大觀三年復置，屬承州。咸淳中廢。
珍州地。	珍州地。
桐梓縣 洪武初置桐梓驛。萬曆二十七年置縣，屬遵義府。	綏陽縣 萬曆二十七年復置，屬遵義府。

續表

正安州	仁懷縣
牂牁郡地。	犍爲郡符縣地。
	瀘州地。
珍州 貞觀十六年置。天寶初改夜郎郡。乾元初後曰珍州。元和三年廢，尋復置。 樂源縣 貞觀十六年置，屬珍州。元和三年改屬溱州。	瀘州地。
珍州 乾德四年更名高州，又改西高州。大觀二年復曰珍州。咸淳末屬播州安撫司。 樂源縣 大觀二年還屬珍州。咸淳末廢。	播州地。
珍州長官司 至元中置。至正末改真州。	
真安州 洪武十七年置真州長官司。萬曆二十七年置真安州，屬遵義府。	仁懷縣地。萬曆二十七年置仁懷縣，屬遵義府，縣治在今仁懷直隸廳境。

大清一統志卷五百十一

遵義府

在貴州省治東北二百五十里。東西距六百五十里，南北距四百九十里。東至平越州湄潭縣界一百五十里，西至四川敘永廳界五百里，南至貴陽府修文縣界一百二十里，北至四川重慶府綦江縣界三百七十里。東南至平越州湄潭縣界一百二十里，西南至大定府黔西州界一百五十里，東北至四川酉陽州彭水縣界五百五十里，西北至仁懷直隸廳界五百六十里。自府治至京師七千九百二十里。

分野

天文井、鬼分野，鶉首之次。

建置沿革

禹貢荆、梁二州之域。秦爲巴郡南徼地。漢爲牂牁郡地。後漢至隋因之。唐初入於蠻。貞觀九年置郎州，尋廢。十三年復置，改曰播州。寰宇記：貞觀九年，分牂牁北界置郎州，領恭水、高山、貢山、柯盈、邪施、釋鷰六縣。十一年省。十三年，又於其地置播州，取播川爲名。其明年，改恭水爲羅蒙縣、高山爲舍月縣、貢山爲胡江縣〔二〕、柯盈爲帶水縣、邪施爲羅爲縣、釋鷰爲胡刀縣。十六年，又改羅蒙爲遵義縣。景龍三年，置都督府。先天二年，府罷。天寶初，改播川郡。乾元初，復爲播州，屬黔州道。後没於蠻。名勝志：乾符中，没於南詔。太原人楊端收復之，遂世其土。

宋大觀二年，復置播州樂源郡。宣和三年，廢爲城，屬南平軍。宋史地理志：播州樂源郡，大觀二年，南平夷人楊文貴等獻其地，建爲州，領播川、琅川、帶水三縣。宣和三年，廢爲城，隸南平軍。端平三年，復以白綿堡爲播州〔三〕，三縣仍廢。嘉熙三年，置播州安撫司，屬夔州路。元至元十四年，播州安撫使楊邦憲歸附，仍授播州軍民安撫司，屬順元宣慰司。二十八年，改宣撫司，屬四川行省。元史地理志：至元二十八年，播州楊漢英言：向所授安撫職任隸順元宣慰司，其所管地於四川行省爲近，乞改爲軍民宣撫司，直隸四川行省。從之，以播州等處管軍萬户楊漢英爲紹慶、珍州、南平等處沿邊宣慰使、行播州軍民宣撫使、播州等處管軍萬户，仍虎符。

明洪武四年歸附，仍曰播州宣撫司。六年，升宣慰司。萬曆中，改置遵義府，名勝志：萬曆二十六年，楊應龍叛，蕩平改府，取唐遵義縣之名。屬四川布政使司。本朝因之。雍正七年，改隸貴州省，領州一、縣四。

遵義縣。附郭。東西距二百三十里，南北距一百九十里。東至綏陽縣界八十里，西至仁懷縣界一百五十里，南至貴陽府開州界一百里，北至桐梓縣界九十里。東南至貴陽府修文縣界一百四十里，西南至大定府黔西州界一百五十里，東北至綏陽縣界九十里，西北至仁懷縣界一百六十里。漢置鷩縣，屬牂牁郡。後漢因之。晉永嘉中，改屬平夷郡。宋、齊因之。梁廢。隋爲牂牁縣地。唐貞觀五年，置芙蓉縣，屬夷州。九年，置恭水縣，爲郎州治。十一年，廢恭水縣。十三年，復置，爲播州治。十四年，改恭水曰羅蒙。十六年，又改曰遵義。二十年，始以芙蓉縣屬播州。宋初皆廢。大觀二年，建遵義軍及遵義縣，屬播州。宣和三年，廢爲砦，屬珍州。開禧二年，復升軍。嘉定十一年，又廢。嘉熙中復置播州，不領縣。元因之。明洪武九年，置播州長官司。萬曆二十七年，復置遵義縣，爲遵義府治。本朝因之。

桐梓縣。在府城北一百二十里。東西距一百二十五里，南北距二百九十里。東至綏陽縣界五十五里，西至仁懷縣界七十里，南至遵義縣界三十里，北至四川重慶府綦江縣界二百六十里。東南至遵義縣界三十五里，西南至仁懷縣界三十里，東北至正安州界三百里，西北至綦江縣界一百四十里。漢牂牁郡地，後没於蠻。唐貞觀十六年，開山洞，置夜郎縣，屬珍州。元和三年，州廢，以夜郎屬溱州。後復没於蠻。宋大觀二年，復置夜郎縣，屬溱州。宣和三年廢。元爲珍州地。明洪武初，置桐梓驛，屬播州宣慰司。萬曆二十七年，改驛置縣，屬遵義府。本朝因之。

綏陽縣。在府城東一百里。東西距一百二十里，南北距八十五里，東至平越州湄潭縣界八十里，西至遵義縣界四十里，南至遵義縣界三十五里，北至桐梓縣界五十里。東南至湄潭縣界四十里，西南至遵義縣界五十里，東北至正安州界一百五十里，西北至桐梓縣界一百五十里。漢牂牁郡地。隋大業七年，置綏陽縣，屬明陽郡。唐貞觀四年，置夷州。十一年，移州治綏陽。天寶初，曰義泉郡。乾元初，復曰夷州，屬黔州都督府。宋初爲羈縻蠻地。大觀三年，改建承州，仍置綏陽縣。宣和三年廢承州，以綏陽縣屬珍州。元廢縣，爲珍州地。明萬曆二十七年，復置綏陽縣，屬遵義府。本朝因之。

正安州。在府城東三百六十里。東西距三百里，南北距四百四十里。東至思南府婺川縣界二百里，西至綏陽縣界一百里，南至婺川縣界一百四十里，北至四川重慶府南川縣界三百里。東南至婺川縣界三百里，西南至婺川縣界二百四十里，東北至南川縣界五百里，西北至南川縣界四百里。漢牂牁郡地。唐貞觀十六年，置樂源縣，兼置珍州。天寶初，曰夜郎郡。乾元初，復曰珍州。元和三年州廢，以縣屬溱州，尋復置珍州。宋乾德四年，改珍州曰高州，又改西高州。大觀二年，復曰珍州，仍以樂源縣隸焉。咸淳末屬播州安撫司。元改置珍州、思安等處長官司。至正末，明玉珍改爲真州。明洪武十七年，改曰真州長官司。萬曆二十七年，置真安州，屬遵義府。本朝雍正二年，改爲正安州。

仁懷縣。在府城西北一百八十里。東西距四百二十里，南北距五百二十里。東至桐梓縣界一百里，西至四川敘永廳界三百二十里，南至遵義縣界一百四十里，北至仁懷廳界三百八十里。東南至遵義縣界一百四十里，西南至大定府黔西州界一百三十里，東北至四川綦江縣界四百四十里，西北至仁懷廳界三百八十里。漢犍爲郡符縣地。隋、唐爲瀘州地。宋大觀三年，置仁懷縣。宣和三年，廢爲播州地。明萬曆二十七年，復置仁懷縣，屬遵義府，縣治在今仁懷直隸廳治。本朝初因之。康熙中，始遷建於今縣治，仍屬遵義府。

形勢

西連僰道，南極牂牁。府志。重山複嶺，陡澗深林。元史陳天祥傳。土地曠遠，跨接溪洞。圖經。

風俗

敦龐淳固，以耕殖爲業，天資忠順，悉慕華風。圖經。椎髻披氈，射獵爲業，信巫鬼，好詛盟。明皇輿考。土闢民聚，悦詩書，崇儉樸。府志。

城池

遵義府城。周七里有奇，門四。明萬曆中建，本朝康熙五十八年修，乾隆二十二年重修。遵義縣附郭。

桐梓縣城。周三里，門四。明萬曆中建，本朝乾隆二十七年修。

綏陽縣城。周二里有奇，門四。明萬曆中建，本朝康熙元年修。

正安州城。周二里有奇，門四。本朝康熙十五年建，乾隆二十二年修。

仁懷縣城。周二里有奇，門四。本朝雍正九年遷建〔三〕。

學校

遵義府學。在府城東鳳山前。明洪武中建，本朝康熙元年修，二十七年重修〔四〕。入學原額二十名，乾隆四十一年裁二名，定爲十八名。

遵義縣學。在縣城西。本朝康熙八年建，二十四年增建，五十年修，五十五年重修。入學額數十五名。

桐梓縣學。在縣治東。本朝康熙六十年建，雍正元年修，十二年重修。入學額數八名。

綏陽縣學。在縣城東。本朝康熙二十八年建，五十七年修，雍正三年重修。入學額數十二名。

正安州學。在州治西。明萬曆三十年建，本朝乾隆十年修。入學額數十二名。

仁懷縣學。在縣城東北。本朝雍正十一年建。入學原額八名，乾隆四十一年裁二名，定爲六名。

湘川書院。在府治。本朝乾隆五十三年建。

鳴鳳書院。在正安州治。本朝乾隆五十一年建。

培基書院。在仁懷縣治。本朝嘉慶八年建。按：舊志有太白書院，在桐梓縣夜郎里隔溪；樂源書院，在正安州西；樂道書院，在州南。今俱廢。

户口

原額人丁一萬二千一百七十九，今滋生男婦大小共五十九萬一千五百九十八名口，計一十一萬五千七百六十九户。

田賦

田地、山塘共八十九萬六千八百七十三畝八分有奇，額徵地丁正、雜銀二萬一千四百二十六兩八錢九分七釐，米八千六百九十三石八斗九升一合三勺。

山川

鳳山。在府城東一里。府志：形如鳳翥。

湘山。在府城東二里。明統志：在湘江上。

雙薦山。在府城東二里。

香風山。在府城東二十里。有石洞、石几。

聚秀山。在府城東四十里。一名水園山。山麓有清水橋。

板角山。在府城東九十里。極險。

石筍山。在府城南一百里。

錦屏山。在府城西南二里。明統志：茂林修竹，狀如錦屏。

雷變山。在府城西南八十里。落闐水出此。山有大池，灌田百畝。

崖孔山。在府城西南一百二十里。有泉水流入烏江。

畬陵山。在府城西。寰宇記：在遵義縣東四十五里。

元寶山。在府城西四十里。又西八十里有洪關山。

大水田山。在府城西四十里。上有池可資灌溉。又相近有崆峒山。

永安山。在府城西北六十里。外高内平，有田二千餘畝，爲楊應龍舊巢。

龍山。在府城北二里。明統志：州主山。

龍巖山。在府城北四十里。岡巒盤曲，怪石嶄巉，湘江出此。其西曰盤龍山，明統志：首尾盤曲如龍。

定軍山。在府城北四十里龍巖山東。明統志：楊端駐軍於此，因名。

巖門山。在府城北六十里。

大樓山。在府城北九十里。亦名婁山。洪江出此。上有關。

紫霞山。在府城東北三十里。

魁巖山。在桐梓縣城東半里。山上有池。

金鵞山。在桐梓縣南一里。又南一里有鳳鳴山。

鼎山。在桐梓縣西南五里。

虎峰山。在桐梓縣西一里。

扶歡山。在桐梓縣北二百里。古扶歡縣以此名。

九龍山。在桐梓縣東北九十里。一名保龍山。

綏陽山。在綏陽縣東十五里。元和志：在綏陽縣北二十九里，縣因以名。方輿勝覽：在珍州西二百四十里。

南宫山。在綏陽縣東八十里。相近又有北埽山。

永山。在綏陽縣南二里。

拱宸山。在綏陽縣南十里。明統志：在餘慶長官司南一百五十里，山勢北向，因名。
仙人山。在綏陽縣北三十里。
波利山。在綏陽縣北二十里。
石場清浄山。在正安州南二百里。又有舉子山，在州南二百四十里。
羅蒙山。在正安州南。方輿勝覽：在州西南二百九十里。唐志有羅蒙縣，此山之高，遠瞰羅蒙，因名。
松山。在正安州南，有二。方輿勝覽：東松山在州南三百五十里，西松山在州南三百二十五里，山皆多松樹。
紬子山。在正安州西南九十里。又飛鳳山，在州西南一百四十里。
峻嶺山。在正安州西八十里。
羅支山。在正安州西一百五十里。相近又有雲頂山、銅鑼山。
豹子山。在正安州北八里。名勝志：山多産豹，故名。
翠濤山。在仁懷縣東十五里。形勢起自西南，迤邐回旋，由東轉北，連亘約百餘里。
夕陽山。在仁懷縣西里許。落照銜峰，半規隱樹，景致極佳。
端山。在仁懷縣北半里。
玉屏山。在仁懷縣北二里。勢如屏幛。
楚米坡。在桐梓縣東二十里。平播時，楚人輓米至此，故名。
碧雲峰。在府城西，城倚其麓。有碧泉，或曰即古芙蓉山也。名勝志：四峰並峙，中央迥出，青碧如雲。

伴雲峰。在府城北四十里。又名黄鐘巖。一峰插天，懸崖如削，上有普賢、川主各廟。

滴水巖。在府城東南五十里。

倒坐巖。在府城西北二十里。

黄蟲崖。在府城西南七十里。相近有老虎宝。

木瓦崖。在桐梓縣西北四十里。

櫃崖。在桐梓縣東北一百里。明統志：高百丈，廣半之。中有石穴，穴前一櫃，往來者悉見之。

藏玉丘〔五〕。在府城北十五里。前有蓮花月池。

桃源洞。在府城東南元妙觀西。明統志：其洞高闊，彷彿武陵桃源，因名。名勝志：石乳天垂，見者眩目。有美哉亭。

楠木洞。在府城北一百四十里。其南又有山陽洞、箇臺洞，名曰「三洞」。由綦江之東溪入府，路必經此，素稱奇險。明萬曆中，川帥劉綎討楊應龍，由綦江而進，賊力保三洞以禦官軍，綎直前奮擊，賊不能支，遂克之。

碧霄洞。在綏陽縣北十里。名勝志：洞闊數十丈，懸石嶙峋，天成萬態，如刻如畫。

化蒿坪。在府城西北五十里。

栗子坪。在正安州西南一百七十里。

中山坪。在仁懷縣西南一百五十里。

陳頭箐。在桐梓縣東南五十里。

黄泥箐。在正安州西南二百里。

刀子箐。在仁懷縣東南二百三十里。

烏江。在府城南八十里。自大定府黔西州流入，又東入平越州湄潭縣界，亦曰鼈水、延江、胡江、涪陵江。又見石阡府。漢書地理志：不狼山，鼈水所出，東入沅，過郡二，行七百三十里。水經注：鼈水出鼈縣西不狼山，東與黚水合，又於縣東注延水，又與漢水合，又北至涪陵。水經：延江水出南廣縣，東流經鼈縣，東北流至涪陵。寰宇記：胡江水在胡刀縣東，北流。又涪陵江在舍月縣東九十里。明統志：烏江在宣慰司東七十里，源出水西，遶播州南與湘、洪、仁三江合，入思南府，轉入涪江。

仁江。在府城西。寰宇記：仁江在芙蓉縣西一里，東南流注邪水。又邪水在縣東三十里，南流。明統志：仁江在宣慰司東南五十里，源自永安驛山澗，下流合湘江入烏江。又湘江，在司東，一名穆家川，源出龍巖山麓，流經湘山，南與仁江合。又洪江，在司東四十里，源出大樓山，合仁江入烏江。按：洪江蓋即古邪水也。

小烏江。在綏陽縣東北。寰宇記：綏陽縣有安微水，一名孤微水。西自綏養廢縣來，東流經縣南八里，又東南入都上縣界。又有涪江水，在縣東十八里，南流注安微水。又都上縣有涪水，一名洑野水，西北自綏陽縣界流入，經縣西十四里，又折西南，經廢雞翁縣南三里，又南經費州城樂縣界。明統志：小烏江在餘慶長官司南六十里，源出椒溪，南流入涪江。按：烏江一名涪陵水，此水亦名涪水，故謂之小烏江。

芙蓉江。在正安州南。明統志：在真州長官司南一百里，源出西南夷界，東流經思義砦，北流入黔州界。

三江。在正安州南，一名明溪。又思溪，在州西北一百八十里，源出南平軍，與明溪合。又有虎溪，在州東十七里。明統志：三江在州南五十里，源出羊毛坡，東南流合虎溪。又思溪，在真州長官司西七十里，源出南川縣界，下流入三江。又虎溪，在真州長官司西南七十里，源出播州委家里，經舊珍州，下流合於三江。

蒙渡河。在桐梓縣城北七十里。相傳漢唐蒙渡此，因名。

合口河。在綏陽縣北。源有二：一出黄魚溪，一出羊巖。

樂安水。在府城東七十里。自綏陽縣流入，由金竹里南流，穿袁門坉入江。明統志：源出金竹坪里山澗〔六〕，轉流入烏江。舟楫濟此無險，得以樂安，故名。

湄潭水。在府城東。源出平越州湄潭縣金橋洗馬河，西流經縣東三渡關外入江。明統志：在宣慰司東一百里，下流入烏江，經思南府，達於黔州。

巴水。在府城東南。寰宇記：湘江縣有巴水，在縣南三十四里。

胡刀水。在府城西南。寰宇記：胡刀縣有胡刀水，在縣南一里，東流合胡江水。

落閩水。在府城西南四十里。源出雷變山，東流合仁江，中有金鼓潭。明統志：源出水烟里，東流入烏江。

羅爲水。在府城西南。寰宇記：羅爲縣有羅爲水，源出縣西百里羅爲山，流逕縣南一里，又東至湘江縣界，入涪陵水。

帶水。在府城西北。元和志：帶水縣北有帶水。寰宇記：帶水源出帶水故縣西大山，東流逕縣城，又東至廢胡刀縣界，注胡江。

夷牢水。在府城西北。元和志：遵義縣有夷牢水，逕縣北一里。寰宇記：夷牢水在帶水故縣北二十里，東流逕遵義縣，北一里，又屈曲南流入廢胡刀縣界。

葫蘆水。在桐梓縣西五里，溱、南二溪水會此。

齋郎水。在桐梓縣北。明統志：在宣慰司北二百里〔七〕，古有苗齋郎者居此，因名。源出縣東，西流入仁懷縣界，入仁懷水。名勝志：司北有苗齋郎故宅，寰宇記謂齋郎水源出蒿芰里楚米坡，經小溪里入瀘江，即此。

離支水。在綏陽縣西。寰宇記：義泉縣有離支水，東北自廢綏陽縣流入，經縣境西，又東南入廢樂安縣界。按：今遵義縣東樂安水蓋即此水下流，以故縣爲名也。

繖水。在綏陽縣東南。合達溪、郎水諸流，出遵義。

三漲水。在綏陽縣北三十里。名勝志：即羅甘溪也。其源出於古井，每日辰、午、申三潮不爽。

仁水。在仁懷縣西南。亦名仁懷水，又謂之仁懷河，即永寧縣赤水河。入縣境二百里至縣城西，又北流三十里入合江縣界。

安樂水。在仁懷縣西。自四川永寧縣流入，又北流入合江縣界。華陽國志：平夷縣有安樂水。

鳳凰溪。在府城東四十里。亦名長灘，有石洞。

桃溪。在府城南十里。源出上莊山，匯流爲羅家河，與湘江合流入烏江。

㯳溪。在桐梓縣北。亦名小溪。在縣北一百里，源出山箐，北流入南川、綦江縣界，即綦江之上流也。亦曰夜郎溪。

虎溪。在正安州西南七十里。流經州南，入三江。

貫珠溪。在正安州西南八十里。方輿勝覽：在州東南五十里。明統志：源出虹轉山，下流屈曲合三江。

九節灘。在府城東南烏江中。明萬曆中，奢崇明作亂，其子寅據遵義。官軍討之，戰於九節灘，復追敗之於南城外鑼岡渡，遂復遵義。

紫蓮池。在綏陽縣東里許。荒田數畒，浸而爲池，自生紫蓮。

金子池。在綏陽縣西金子壩，大可百畝。

天王池。在仁懷縣東南三百里。

龍泉。在府城北二十里。又正安州西南亦有龍泉。明統志：龍泉有二：一在宣慰司北二十里，一在真州長官司西南六十里。俱深澄莫測，相傳有龍居其中。

魚泉。在仁懷縣南七里。其泉有二，俱在溪邊，每春三月出魚，味甚嘉，過期即不復出。

温泉。在仁懷縣西十五里。泉水常温，相傳浴之可愈疾。

易氏井。在府城南。明統志：其泉味甘，四時清潔不涸。古有易姓者居其側。

海風井。在府城西南。明統志：井上多風。

躍龍井。在府城北龍山。井有三，一在山頂，一在山腹，一在山麓，三井相通，冬温夏涼。

古蹟

鰲縣故城。在府城西。漢置，屬犍爲郡，後割屬牂牁。晉又改屬平夷。梁、魏時廢。漢書地理志注：「孟康曰：鰲音驚。」華陽國志：犍爲郡，孝武建元六年置，時治鰲縣，鰲有犍山。

遵義故城。在府城西。唐置爲播州治。宋末廢。元和志：播州遵義縣本恭水，貞觀十四年改爲羅蒙，十六年改今名。宋史地理志：大觀二年，播州建遵義軍及遵義縣。宣和三年廢，以遵義砦爲名，隸珍州。開禧三年升軍。嘉定十一年復爲砦。

琊川故城〔八〕。在府城北。唐初置縣，隸邪州，尋改隸播州。宋改縣曰琊川，宣和中廢。唐書地理志：義州，貞觀五年以廢邪州之琊川隸之。十六年州廢，以琊川隸播州。又開元二十六年，省琊川入芙蓉。宋史地理志：播州樂源郡，領琊川縣〔九〕。宣和三年廢爲城，隸南平軍。

綏陽故城。在今綏陽縣治東北綏陽山。隋置縣。唐初屬義州，貞觀中屬夷州，唐末廢。宋大觀中復置爲承州治。宣和中州廢，縣屬珍州，後廢。元和志：綏陽縣，本漢牂牁郡地。隋大業十二年，巴郡丞梁粲招慰所置。寰宇記：綏陽故城在縣西三里。貞觀十二年移於今治。宋史地理志：大觀三年，承州領綏陽縣。宣和三年，以綏陽縣隸珍州。黔記：今爲綏陽場，在龍泉縣西北二十里。

義泉故城。在綏陽縣北。隋置，屬義州。唐屬夷州。宋宣和中廢。唐書地理志：夷州義泉，本隸明陽郡，武德二年，以信安、義泉、綏陽三縣置義州，五年曰智州，貞觀十一年曰牢州，徙治義泉。元和志：義泉縣，隋大業十一年招慰所置，以帶山泉爲名，屬義州。唐武德中於此置牢州。貞觀十七年，州廢，以縣屬夷州。宋史地理志：大觀三年建承州，領義泉縣，宣和三年廢。

樂源故城。在正安州西七十里。唐置，屬溱州。宋末屬播州，後廢。唐書地理志「溱州」注：貞觀十六年開山洞，置珍州，并置夜郎、麗皋、樂源三縣。元和二年州廢〔一〇〕，縣皆來屬。宋史地理志：嘉熙三年復設播州，充安撫使。咸淳末，以珍州來屬。縣一，樂源。

真安故城。在正安州東北二百四十里。明萬曆中建，本朝康熙中遷今治於古鳳，此城遂廢。

養馬城。在府城北五十里。楊氏據播時所築。

竹王城。在桐梓縣北七十里。久廢。舊趾方圓里許，今尚存。

廢珍州。在桐梓縣東，正安州西。唐置，後入於蠻。宋復置。元設珍州長官司。至正末，爲明玉珍所據，因避其名，更名真州。明洪武中改爲真州長官司。宋史地理志：珍州，唐貞觀中開山洞置，唐末没於夷。大觀二年，大駱解上下族帥獻其地，復建爲珍州。四夷考：明玉珍時，其將江中立築舊州城以守，州將鄭昌孫據石城扼之。明兵至，昌孫執中立以獻，因得有其地。明統志：元爲珍州、思安等處長官司，隸播州宣撫司。至正末，改珍州曰真州。洪武十七年，改爲真州長官司。

廢溱州。在桐梓縣北，接四川重慶府南川縣界。唐置，治榮懿縣。宋景炎中廢。元和志：溱州本巴郡之南境，貞觀十六年，有渝州萬壽縣人牟智才上封事〔一二〕，請於西南夷竇渝之界，招慰不庭，建立州縣。至十七年置，以南有溱溪水爲名。榮懿縣，貞觀十七年與州同置。明統志：廢溱州，在宣慰司北二十五里。唐貞觀中置，憲宗時嘗省入珍州，宋熙寧中復置，並置溱溪縣，景炎三年廢。

胡江廢縣。在府城東南。唐置，屬播州，尋廢。唐書地理志：貞觀九年置貢山縣，十四年更貢山曰胡江，顯慶五年省。寰宇記：在芙蓉縣東南四十里，以界内江水爲名。

舍月廢縣。在府城東南。唐置，屬播州，尋廢。唐書地理志：貞觀九年置高山縣，十四年更高山曰舍月，顯慶五年省。寰宇記：在芙蓉縣東南九十里，以界内舍月山爲名。

胡刀廢縣。在府城西南。唐置，屬播州，尋廢。唐書地理志：貞觀九年置釋鷰縣，十四年更釋鷰曰胡刀，開元二十六年省入芙蓉。寰宇記：在芙蓉縣西南五十里，以胡刀水爲名。

羅爲廢縣。在府城西南。唐置，屬播州，尋廢。唐書地理志：貞觀九年置邪施縣，十四年更邪施曰羅爲，顯慶五年省。寰宇記：在芙蓉縣西南二百里，以羅爲水爲名。

芙蓉廢縣。在府城西。唐置，屬播州，尋廢。唐書地理志：播州芙蓉，貞觀五年置，隸邪州。十一年并琊川，隸牢州。開元二十六年，省琊川、胡刀入焉。元和志：芙蓉縣，貞觀五年置，在芙蓉山上，因名。後移於山東三里。

帶水廢縣。在府城西。唐置，屬播州，尋廢。宋復置，宣和中廢。元和志：帶水縣，貞觀九年置柯盈縣，屬郎州，十三年屬播州，十四年改爲帶水縣，因縣北有帶水爲名。寰宇記：帶水故縣，在今縣西北八十里。天寶中移於今治，唐末廢。文獻通考：宋大觀二年，南平夷人楊文貴等獻其地，建爲州，領播川、琊川、帶水三縣。宣和三年廢爲城，隸南平軍。

夜郎廢縣。在桐梓縣東。唐置，爲珍州治。宋宣和中廢。元和志：珍州，貞觀十六年置，并置夜郎、麗皐、樂源三縣，並在州側近，或十里二十里，隨畬田處移轉，不常厥所。通典：州治榮德縣，領夜郎等三縣。名勝志：桐梓縣有夜郎里，又曰夜郎城，在今縣東二十里。明統志：漢置，屬牂牁郡，後廢。唐貞觀中復置，屬珍州，後屬溱州。宋初廢，熙寧中復置，宣和中廢。按：漢夜郎縣即故國，爲牂牁江所出，在今貴州省西界。唐初有三夜郎：一屬夷州，尋省，在今龍泉縣界；一爲業州治，改名峨山，在今湖南沅州府界；一即桐梓縣。皆以牂牁郡地置，取漢故縣爲名耳。

播川廢縣。在桐梓縣西。宋置，尋廢。宋史地理志：播川樂源郡，大觀二年建爲州，領播川縣。宣和三年廢爲城，屬南平軍。輿地紀勝：播川城在南平軍正南三百八十里，以播川夷楊光榮納土置。

鼎山廢縣。在桐梓縣南。宋寶祐五年，析南川縣置，屬南平軍，後廢。

雞翁廢縣。在綏陽縣東，接石阡府龍泉縣界。唐武德四年置，屬夷州，永徽後廢。詳見石阡府。

綏養廢縣。在綏陽縣北。唐初置，尋廢。唐書地理志：武德四年，析平夷置綏養縣，屬夷州，貞觀十六年省。寰宇記：其地在故綏陽之西，義泉之北。

洋川廢縣。在綏陽縣北，接石阡府界。唐初置，屬牢州，後屬夷州，唐末廢。宋大觀中復置，宣和中又廢。詳見石阡府。

高富廢縣。在綏陽縣東北。唐置，永徽後廢。唐書地理志：夷州，武德四年析置高富縣。及州廢，以高富隸務州。貞觀六年，復置州。十一年，又以高富來屬。永徽後省。

樂安廢縣。在綏陽縣南。唐置，屬智州，尋廢。唐書地理志：貞觀六年，以廢邪州之樂安隸智州。十六年州廢，省樂安。

思義廢縣。在正安州東南。唐初置，屬夷州，尋改隸務州，後廢。唐書地理志：夷州，武德四年析置思義縣。及州廢，以思義隸務州。

平夷廢縣。在仁懷縣西南。漢置。唐初没於夷獠。漢書地理志：牂牁郡平夷。三國蜀志李恢傳：先主以恢爲庲降都督，使持節領交州刺史，住平夷縣。建興七年，以交州屬吴，解恢刺史，更領建寧太守。宋書州郡志：晉懷帝永嘉五年，寧州刺史王遜分牂牁、朱提、建寧，立平夷郡。後避桓温父名，改平蠻太守。按：唐志有平夷縣，屬盤州，在今雲南曲靖府界，非此縣也。

草塘廢司。在府城東。明統志：在宣慰司東一百二十里。元爲舊州、草塘等處長官司，隸播州宣撫司。洪武十七年，改爲草塘安撫司。

播州廢司。在府城東。宋大觀中，置播州，治播川縣，在今桐梓縣界。端平中，復置播州，治白綿堡〔一二〕，在今南川縣界。宋史地理志：大觀二年，南平夷人楊文貴獻其地，建爲州。宣和三年，廢爲城。端平三年，復以白綿堡爲播州。明統志：元爲播州軍民都鎮撫司，隸播州宣撫司。洪武九年，改爲長官司。府志：明初置長官司於郭内，授土酋王慈，子孫世守。萬曆中改於白田壩，復置遵義縣，即今治，蓋即唐芙蓉縣之地。

家訓碑。在府城北白綿堡。宋忠烈公楊燦以十訓刻石，示子孫曰：「如能順從，則世享福壽。」

務本堂。在正安州西六十里樂源書院内，今廢。

懷白堂。在正安州南二十里。明統志：昔人建以懷李白。

會仙亭。在府城東南桃源洞。元建。

貫珠亭。在正安州西南貫珠溪上。明統志：因溪得名。

白鳩亭。在正安州東北故城。

玉盧亭。在正安州境。相傳爲仙人李珏上昇處。

威遠樓。在府治前。明洪武二年建。

二冉故宅。在府城東。爲宋末播州人冉璡、冉璞故居，地名冉家村。

關隘

三渡關。在府城東八十里。有上渡、中渡、下渡三關。

烏江關。在府城西南烏江旁。明洪武中建。其北有老君關，其東有河渡關。

落濛關。在府城西三十里。又崖門關，在府城西北五十里。黑水關，在府城西北九十里，路出瀘州。

太平關。在府城北一百里大樓山上，亦曰樓山關，亦曰樓關。萬峯插天，中通一線。名勝志：李白詩：「石筍如卓筆，懸於山之巔。誰爲不平者，與之書青天。」今樓山關石筍參天，是白題詩處也。

桑木關。在綏陽縣東十五里，道通正安州。又九杵關，在縣東二十里。石卯關，在縣東三十五里。

板角關。在綏陽縣東南六十里，接湄潭縣界。

郎山關。在綏陽縣西南三十里，接遵義縣界。

白石口隘。在府城北大樓山南。又九盤隘，在大樓山北三十里。

巖頭砦。在府城西南一百里，接水西界。

南山砦。在正安州西南七十里，亦謂之石城，即鄭昌孫屯據處。

白綿堡。在府城北三百里。明統志：昔楊光榮子孫承襲守此。宋端平中，於此置播州。

思義堡。在正安州東。方輿勝覽：珍州有白崖、麗阜、思義、安定、壽山五堡。

青蛇屯。在府城東。

沙溪屯。在府城西南九十里。又有水烟、大旺、洪頭、高坪、新村諸屯，皆在府西南。又松坎、大阡、都壩諸屯，在府北。

海龍屯。在府城北三十里。名勝志：爲楊酋穴壘，四面陡絶，後有側徑，僅通一線許。

湘川驛。在府城東二里湘江上。

烏江驛。在府城南八十里。

永安驛。在府城北少西六十里，達桐梓縣界。

播川驛。在桐梓縣西。

夜郎驛。在桐梓縣北五十里。

桐梓驛。在桐梓縣北一百里。

松坎驛。在桐梓縣北一百五十里，達四川南川縣界。

樂源驛。在正安州東六十里。

樂道驛。在正安州西南六十里。又乘鳳驛，在州西南一百二十里，接綏陽縣界。並新置。

永鎮驛。在仁懷縣治。

永定驛。在仁懷縣東四百二十里。

儒溪驛。在仁懷縣東南六十里小金沙岡。

遵義底塘鋪。在府境。又有土魚井鋪、清溪鋪、忠莊鋪、半邊街鋪、養馬水鋪、懶板櫈鋪、董村鋪、新站鋪、螺蛳堰鋪、刀靶水鋪、泥溝鋪、烏江鋪、馬坎關鋪、八里水鋪、落閩城鋪、金刀坑鋪、鴨溪口鋪、白蜡坎鋪、豐盛場鋪、井壩鋪、石子鋪、蒙子橋鋪、排軍鋪、鶏喉關鋪、四渡站鋪、板橋鋪、白石口鋪，皆戍守處。

中堡鋪。在綏陽縣境。又有黄魚礄鋪、牛心山鋪、永興場鋪、朗關鋪、金鶏莊鋪、長灘鋪、桑木壩鋪、大關鋪、渡頭河鋪、旺草場鋪、石卯關鋪、毛家鋪、龍洞關鋪、長磏鋪、五里坎鋪，皆戍守處。

牛角巷鋪。在正安州境。又有大坎場鋪、李子凹鋪、蒲桃丫鋪、米糧渡鋪、川洞鋪、牛渡壩鋪、紅花鋪、水麻溪鋪、土坪鋪、關渡河鋪，皆戍守處。

仁懷在城鋪。在仁懷縣。又有生界鋪、騾子場鋪、大毛坡鋪、井壩鋪，皆戍守處。

津梁

巨濟橋。在府城東。又有通遠、普濟二橋。

獅子橋。在府城東南。

太平橋。在府城南。

獺水橋。在府城西南，跨落閩水。

馬桑木橋。在綏陽縣城西螺水中。通志：一大木横水面，圍四尺五寸，不知其自來，水漂亦不動。相傳昔有欲伐之者，方施斧，雷雹忽作，今斧跡尚存。

永濟橋。在正安州南。

蒙渡橋。在桐梓縣北九十里。本朝康熙五十七年建。通志：即漢唐蒙發卒治道處，爲黔、蜀要道。

隄堰

張王壩。在府城東南一百里。

官壩。在府城西北。

陵墓

漢

七王墓。在桐梓縣南五里。相傳即竹王父子之墓。

唐

三撫墓。在綏陽縣趙家里。名勝志：古蹟考云，趙家里之望魚樓旁有三撫墓。按楊酋家廟碑，三撫姓趙氏，鄱陽人。乾符初，播有白龍太子之亂，其父嘗砦團練使，偕楊祖平之，遂入籍而生三撫。既長，讀書於趕水鎮，嘗騎馬歸，今趙廟前有上馬埒，刻壬戌年等字。墓在廟後二十丈許。

宋

二冉墓。在綏陽縣朗水村。冉璡、冉璞之墓也。

祠廟

柳公祠。在綏陽縣朗水里。明萬曆中建，祀唐柳宗元。名勝志：朗水里之溪源地，有宗元書院。按：子厚以柳易播，尚未得請。播人重其義，爲立祠。

二公祠。在府城東三里許桃源洞口。本朝康熙五十五年建，祀明總督李化龍、總兵劉綎。

崇德祠。在府城南二里。祀蜀郡守李冰。

普澤廟。在府城南二里。祀唐合瀘刺史趙延之。又府西有忠烈廟，祀宋楊粲；忠顯廟，祀宋楊价。並宋度宗時賜額。

寺觀

福光寺。在府治，一名佛光寺。明統志：銅佛像在宣慰司福光寺内。按楊氏宣德廟碑，其先有名選者，獵於荒榛中，見古佛像，齋戒徙於觀音院。今徙本寺。

大德護國寺。在府城東湘山上。

海潮寺。在府城北海龍屯，舊爲白馬寺。

萬壽寺。在府城北龍山上，即龍山寺。宋嘉定初建。

甘露寺。在桐梓縣三坡。砌石爲徑，高下迴異，行人憩此，每苦渴甚，因建寺，相巖度勢，斲木爲槽，引水五里，因名。

普明寺。在正安州東。元延祐間建。

寶象寺。在仁懷縣治。又祝慶寺，在縣南。景福寺，在土城里。西禪寺，在二郎里。

玄妙觀。在府城東。宋嘉定間建。又府西有集真觀，元至正間建。

沖虚觀。在正安州北。元建。

名宦

唐

楊端。太原人。乾符初，南詔陷播州，端應募領兵復播州，授安撫使。諭以威德，縻以恩信，蠻人懷服。子孫世襲其職。宋開禧中，贈太師。

宋

田景遷。乾德三年，以珍州刺史内附。開寶元年上言：「本州連歲災沴，乞改名高州。」詔從之。尋以嶺南有高州，復加「西」字，鑄五溪防禦使印賜之。

江彦清。德祐初，爲珍州守將。元兵至瀘，彦清力戰死之。

明

洪維翰。江西人。萬曆末，知桐梓縣。天啓元年，奢崇明陷城，與典史王啓鳴死之。維翰贈尚寶卿，啓鳴贈重慶通判。

馮鳳雛。遵義推官。奢崇明攻城，力禦死之。

簡登。壩陽把總。率衆禦奢崇明，被執，駡賊死。

王佐聖。崇禎末，知遵義縣。土賊郭士琦等倡亂，駡賊死。本朝乾隆四十一年，賜謚節愍。

本朝

趙宏印。神木人。康熙中，任遵義協副將。時吴逆搆亂，賊將馬寶據遵義，官軍攻之，失利，宏印自銅仁赴援，賊望風宵遁，遂復遵義。署本鎮總兵，尋復以征滇南功，晉左都督。卒，祀名宦祠。

人物

漢

尹珍。夜郎人。自以生於荒裔，不知禮義，乃從汝南許慎受經書圖緯。學成，還鄉教授，人始知學。後以辟舉歷官尚書郎。

尹奉。夜郎人。歷官巴郡太守、彭城相，所至有政聲。

晉

尹貢。夜郎人。與同郡傅寳並有名德，爲時所稱。

宋

駱世華。珍州人。大觀間，與楊文貴等以其地内附，授奉訓大夫、内殿崇班使。忠國愛民，久而弗替。

楊璨。端十三代孫。嘉泰初，襲播州安撫使。開禧間，蜀帥吴曦亂，璨輸金錢戰馬以助國用。卒，贈大將軍、忠州防禦使，追封威毅侯。其子价，亦以邊功授閤門宣贊舍人。

王震生。播州人。端平初，元兵至蜀，震生率衆拒谷口，以功授重慶路兵馬鈐轄。

鄭昌孫。珍州人。嘉熙間〔一三〕，元兵至蜀，剽掠州境。昌孫集民禦之，授本州總制。

冉璡。播州人。與弟璞俱有文武才，前後辟召皆不赴。及余玠安撫四川，璡兄弟聞其賢，遂謁玠。玠與分庭抗禮，待之甚至。久而無言，使人窺之，惟相對據地，以堊畫地爲山川城池狀，旬日見玠曰：「蜀口形勢之地，莫若釣魚山，請徙合州城於此。苟得人守之，賢於十萬師遠矣。」玠大喜，奏聞，即以璡爲承事郎、權發遣合州，璞爲承務郎、通判州事，徙城事悉以任之。後果賴焉。

元

楊漢英。璨五代孫。其父邦憲爲播州安撫使，漢英以幼孤襲職，嘗奏安邊事宜，世祖嘉之。大德初，宋隆濟及蛇節等叛，漢英請以己力討之，以功加護國將軍。至大四年，征黄平蠻，卒於軍，謚忠宣。

明

楊鑑。漢英從孫。洪武初，率其屬張坤、趙簡來朝，累隨大軍討平叛賊。卒，贈懷安將軍。

陳王謨。遵義人。歷官至副將，崇禎十年，流寇陷蜀，王謨戰死之。本朝乾隆四十一年，賜謚節愍。

周鎮。遵義人。崇禎末爲遵化參將。以戰死，舉家殉難。本朝乾隆四十一年，賜謚節愍。

馬千乘。石砫宣撫使。播州之役，與其妻秦良玉俱從征，爲戰功第一。已而千乘死，良玉代領其職。奢崇明反，遣使齎金帛結援。良玉斬其使，發兵解成都圍，復重慶。授良玉都督僉事，充總兵官。流賊躪川中，良玉屢敗之。及張獻忠入蜀，良玉分兵嚴防四境，獻忠遣使徧招土司，獨無一人敢至石砫者。

李神童。綏陽人。生五月能言，七歲通經義，不由師授，下筆成文。早喪父，事母盡孝。母病，貧不能醫，自鬻以供藥餌。鄉人憐而賙之。母卒，不能葬，泣血死，時年十一。

本朝

劉祺。綏陽人。順治四年，以參將守遵義。時龍涓寇猖獗，祺以孤軍禦賊於菖蒲塘，死之。乾隆中，祀名宦祠。

陳明經。綏陽人。康熙中舉人。吳逆逼之降，抗節不屈，逃之深山。賊平，授陜西咸陽令，有惠政。

李篤生。綏陽人。康熙中，任江西寧州知州。耿逆之亂，城破，不屈死之。事聞，卹廕。

列女

明

楊護妻田氏〔一四〕。遵義人。永樂中，護卒於京。田聞之，哭泣不食，柩至自經死。

周鎮妻汪氏。遵義人。幼通經史。鎮爲遵化參將，崇禎中，死於難。汪聞變，刺血作絶命歌八章，偕姑及夫妹俱投繯死。

王治民妻都氏。遵義人。流寇陷城，治民率家屬避居湄潭之菖蒲塘。都被掠，駡賊而死。時有羅氏者，失其夫名，亦以駡賊被害。

劉漢鼎妻張氏。遵義人。漢鼎爲郡諸生，遭亂被殺。氏時年二十五，矢志守節。有營弁欲以威脅之，氏聞之，語其弟曰：「夫死義不獨生，况又有外侮乎？」遂自經。

王巡妻何氏。遵義人。流寇破城，被執，觸刃死。

梁郁山妻冉氏。桐梓人。年二十二，夫卒，姑欲奪其志。氏知之，乃佯言歸家，至中途，登虎跳崖，泣乳其子。乳畢，命婢負之，以衣掩面，投崖而死。

楊之瑶妻何氏。桐梓人。年二十二，夫卒，生子甫五月，誓不再適。有豪民欲强娶之，度不能免，仰藥而死。

何烈女。綏陽人。幼許字某姓，未嫁，婿遠出不歸，其父母改許他族，給以婿歸迎娶。至中途，女覺有異，即奪從人佩刀自刎。

熊氏二女。綏陽貢生熊文豹女也。值兵亂，避黄魚江，遇賊猝至，恐被辱，登樓對縊死。又劉氏女許聘文豹季子，未婚值亂，有强暴欲娶之，亦自縊死。

黄氏女。綏陽庠生黄文艷女也。年十四遇亂，隨父避兵山箐中。賊搜箐驅文艷出，擊以刃。女抱父號哭，賊縛諸馬上，女駡不絶口，遂被害。

本朝

陳尚義妻石氏。遵義人。康熙中，吴逆之亂，偕其女避難，爲賊所逼，相攜赴水死。

張問明妻吴氏。遵義人。猝遇强暴，守正被戕。雍正八年旌。

吴琪妻許氏。遵義人。年十九夫卒，哭泣不食，投繯死。

任先型聘妻韓氏。綏陽人。未嫁而先型殁，女聞訃，即裂壻家所送白布封髮，歸於任氏，撫姪爲嗣，事翁姑以孝聞。

張睿妻王氏。綏陽人。通詩書，年二十一夫殁，題絶命詩一首，自縊死。

田種珍妻夏氏。遵義人。夫殁守節，乾隆七年旌。同縣陳貴妻楊氏、谷中玉妻葛氏、李文斌妻任氏、羅立堂妻陳氏、鄧鑑妻藍氏、陳佩琚妻杜氏、戴居仁妻佘氏、田茂禾妻李氏、雍文學妻周氏、吴尚簡妻張氏、林廷珧妻吴氏，烈婦張文照妻吴氏，貞女喻能元聘妻羅氏，烈女馬大姑，均乾隆年間旌。按：舊志同府節婦張世相妻饒氏、王正妻江氏、馮啓秀妻敖氏、安炯妻卞氏、許爾端妻卞氏、趙藥妻翁氏、陳登亮妻童氏、張汝柏妻黄氏、王大妻楊氏，均乾隆年間旌。俱未詳其州縣本籍，謹附記。

傅惟徵妻張氏。綏陽人。夫殁守節，乾隆中旌。

張世虞妻楊氏。仁懷人。猝遭强暴，守正被戕。乾隆三十二年旌。

梁德光妻喻氏。遵義人。夫殁守節，嘉慶三年旌。同縣趙瓊妻李氏、周國材妻陳氏、陳正仁妻茍氏，均嘉慶年間旌。

土產

布。元和志：夷州貢斑布，賦粗布。

金。寰宇記：西高州貢。

水銀。寰宇記：夷州產。

硃砂。寰宇記：夷州貢。

蠟。元和志：播州貢。唐書地理志：夷州貢。

雄黄。廢夜郎縣出。

茶。寰宇記：播州產茶。府志：各州縣俱出。

葛粉。元和志：夷州貢。

靛。明統志：司產。

楠木、杉木。明統志：司產。

荔枝。仁懷縣出。

斑竹。唐書地理志：播州貢。

犀角。唐書地理志：夷州貢。

校勘記

〔一〕貢山爲胡江縣　「胡江」，讀史方輿紀要卷七〇四川遵義府同，乾隆志卷四〇三遵義府建置沿革（下同卷簡稱乾隆志）及太平寰宇記卷一二二江南西道播州作「湖江」。

〔二〕復以白綿堡爲播州　「白綿」，原作「白線」，據乾隆志及宋史卷八九地理志改。

〔三〕本朝雍正九年遷建　「九年」原作「元年」，「遷」原無，據乾隆志改、補。按，乾隆貴州通志卷八城池仁懷縣城下云：「明萬曆間平播州之後建築，至國朝康熙二十年知縣趙洪基重加修葺，雍正九年題請移縣治於生界之亭子壩，建立新城。」敘述沿革甚悉，可據。

〔四〕二十七年重修　「二十七」，原作「一十七」，據乾隆志及乾隆貴州通志卷九學校改。按，據貴州通志，康熙五十五年又重修。乾隆志與本志皆遺漏。

〔五〕藏玉丘　「玉」，原作「王」，據乾隆志及乾隆貴州通志卷五山川改。

〔六〕源出金竹坪里山澗　「金」，乾隆志同，明一統志卷七二播州宣慰使司山川及讀史方輿紀要卷七〇四川遵義府皆作「筋」。

〔七〕在宣慰司北二百里　「二百」，原作「一百」，據乾隆志及明一統志卷七二播州宣慰使司山川改。

〔八〕琊川故城　「琊」，乾隆志作「瑯」，新唐書卷四一地理志作「琊」。琊、瑯同。

〔九〕播州樂源郡領琊川縣　「琊川」，乾隆志用「瑯川」，宋史卷八九地理志作「琅川」。按，讀史方輿紀要卷七〇四川遵義府芙蓉廢縣條下謂琅川即琊川。蓋唐時置琊川縣，宋時改爲琅川。

〔一〇〕元和二年州廢　「二年」，乾隆志及乾隆貴州通志卷三建置同，新唐書卷四一地理志作「三年」。

〔一一〕有渝州萬壽縣人牟智才上封事　「牟」，原作「年」，乾隆志同，據元和郡縣志卷三〇江南道黔州及雍正四川通志卷二六古蹟改。

〔一二〕治白綿堡　「綿」，原作「棉」，據乾隆志及宋史卷八九地理志改。下文同改。

〔一三〕嘉熙間　「熙」，原作「禧」，據乾隆志及明一統志卷七二播州宣慰使司人物改。

〔一四〕楊獲妻田氏　「楊」，原作「李」，據乾隆志及明一統志卷七二播州宣慰使司列女改。

平越直隸州圖

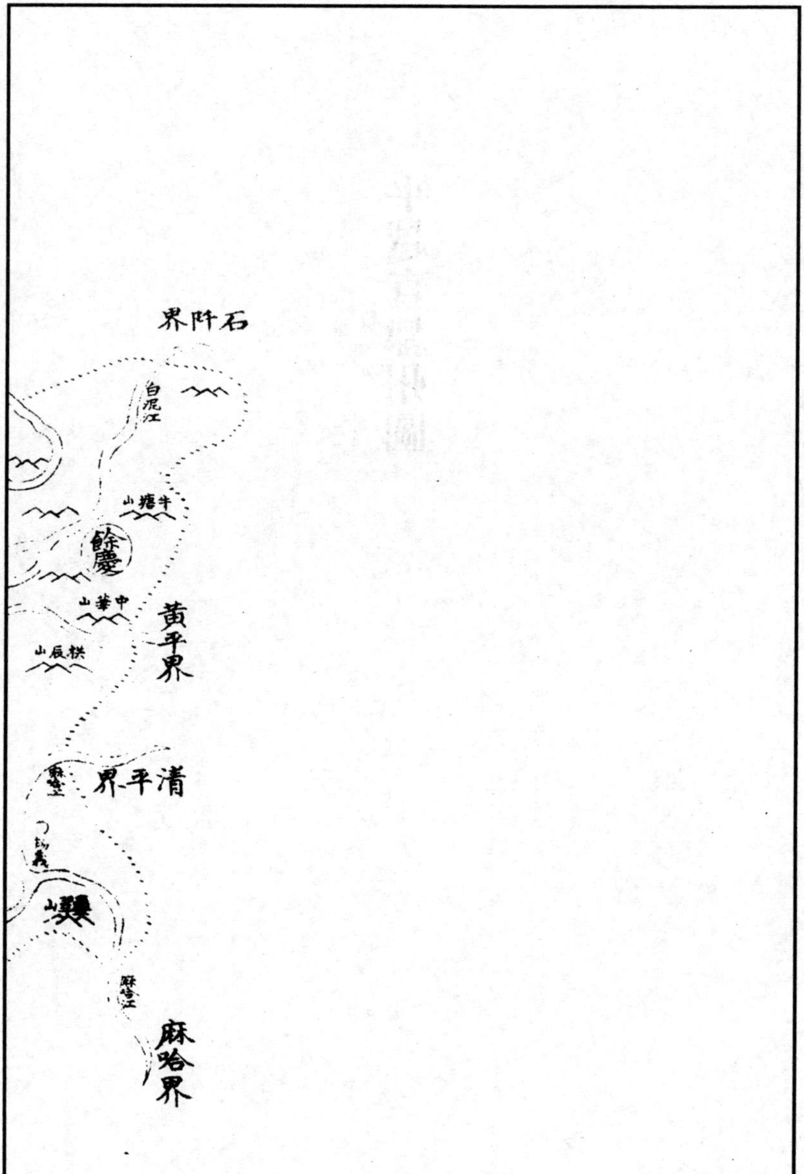
石阡界
白泥江
餘慶
中華山
拱辰山
黃平界
清平界
麻哈江
麻哈界

龍泉界
遵義界
湄潭
開州界
貴定界

平越直隸州表

	平越直隸州		甕安縣
兩漢	牂牁郡元鼎六年置，屬益州。	故且蘭縣郡治。	故且蘭縣地。
三國	牂牁郡屬蜀漢。	故且蘭縣郡治。	
晉	牂牁郡徙治萬壽。	且蘭縣改縣名，屬牂牁郡。	
宋		且蘭縣	
齊	南牂牁郡復置，改郡名。	且蘭縣郡治。	
梁	廢。	廢。	
隋	牂州地。		
唐	牂州地。		播州地。
宋	𡾊峨里等砦地。		紹興中置甕水砦，屬黃平羈縻府。
元	平月長官司至元中置。		置草塘、甕水二長官司，屬播州安撫司。
明	平越軍民府洪武十五年置平越衛，隸四川，尋改屬貴州都司。萬曆二十八年改置府，屬貴州布政司。		甕安縣洪武十七年置甕水安撫司，屬播州宣慰司。萬曆二十八年改置縣，屬平越府。

續表

湄潭縣	餘慶縣
牂牁郡地。	牂牁郡地。
播州地。	牂州地。
置容山長官司，屬播州安撫司。	白泥長官司至元中置，屬播州安撫司。至正末改置餘慶州。
湄潭縣萬曆二十八年置湄潭驛，尋改置縣，屬平越府。	餘慶縣洪武十七年仍爲白泥長官司，增置餘慶長官司，俱隸播州宣慰司。萬曆二十八年改置縣，屬平越府。

大清一統志卷五百十二

平越直隸州

在貴州省治東一百七十里。東西距一百八十里，南北距三百三十里。東至都勻府麻哈州界二十里，西至貴陽府開州界一百六十里，南至貴陽府貴定縣界五十里，北至石阡府龍泉縣界二百八十里。東南至都勻府麻哈州界五十里，西南至貴陽府貴定縣界五十里，東北至鎮遠府黄平州界五十里，西北至貴陽府開州界一百八十里。自府治至京師七千五百里。

分野

天文井、鬼分野，鶉首之次。

建置沿革

禹貢荆梁南境。秦爲且蘭地。漢爲牂牁郡治。漢書地理志：「牂牁郡，故且蘭。」注：「應劭曰：故且蘭侯邑也。且音苴。」後漢因之。晉屬牂牁郡，劉宋因之。按晉、宋志，牂牁郡移治萬壽。齊爲南牂牁郡治。南齊書州郡志：南牂牁郡且蘭。隋初爲牂州地。大業初，仍改州爲牂牁郡。唐爲羈縻牂州。唐書地理志：初牂州爲下州，開元中降爲羈縻，隸黔州都督府。宋入於蠻。南宋嘉泰初始内附。名勝志：平越軍民府，宋嘉泰初，土官宋永高克服麥新地内附，號嵺峨里等砦。元至元中，置平月長官司，屬管番民總管。元史地理志：管番民總管平月。明地理考：平越，古嵺峨里，元爲平月長官司。明洪武十四年，始置平越衛，屬四川。明地理考：洪武十四年置衛。十七年，改爲軍民指揮使司，屬四川布政司。尋改隸貴州都司。萬曆中，兼置平越軍民府。名勝志：萬曆二十八年，播州平，以黄平安撫司改黄平州；草塘、甕水二安撫司，白泥、餘慶、重安、容山四長官司改餘慶、湄潭、甕安三縣，而建平越軍民府於衛城以統之。本朝爲平越府，隸貴州省。嘉慶三年，改爲直隸州，裁平越縣，以所屬黄平州改屬鎮遠府。今領縣三、土司一。

甕安縣。在州城北六十里。東西距九十里，南北距六十里。東至鎮遠府黄平州界六十里，西至貴陽府開州界三十里，南至本州界三十里，北至黄平州界三十里。東南至都匀府清平縣界六十里，西南至貴陽府開州界十里，東北至黄平州界三十里，西北至湄潭縣界七十里。唐播州地。宋紹興初，開甕水砦，爲黄平府地。元置草塘、甕水二長官司。明洪武十七年，置甕水安撫司，屬播州宣慰司。萬曆二十八年，改置甕安縣，屬平越府。本朝因之。

湄潭縣。在州城北二百二十里。東西距八十里，南北距一百九十里。東至石阡府界四十里，西至遵義府遵義縣界四十里，南至甕安縣界一百三十里，北至石阡府龍泉縣界六十里。東南至餘慶縣界二十五里，西南至貴陽府開州界一百九十五里，東北至石阡府界四十五里，西北至遵義府綏陽縣界八十五里。本播州之苦竹壩、三里、七牌地。元置容山長官司，屬播州軍民安撫司。明萬曆二十八年，裁容山司，置湄潭驛，尋改縣，屬平越府。本朝因之。

餘慶縣。在州城東北一百四十里。東西距八十里，南北距二百五里。東至石阡府界三十里，西至甕安縣界五十里，南至鎮遠府黄平州界二十五里，北至湄潭縣界一百八十里。東南至鎮遠府施秉縣界三十里，西南至黄平州界四十里，東北至石阡府界五十五里，西北至甕安縣界五十五里。唐爲羈縻牂州地。元初置白泥等處長官司，屬播州軍民安撫司。至正末，改爲餘慶州。明洪武十七年，復改置餘慶、白泥二長官司，隸播州宣慰司。萬曆二十八年，改置餘慶縣，屬平越府。本朝因之。

楊義長官司。在州城東三十里。明洪武中置，屬平越衛。萬曆二十八年，改屬府。本朝因之。長官金姓。

形勢

苗蠻叢蕞，邊方衝要。明皇輿考。南臨天馬，北負羣峯。東起疊翠，西湧仙泉。通志。控扼蠻夷，屹然雄鎮。府志。

風俗

俗尚威武，漸知禮義。明統志。男女有别，土夷異俗。通志。力於稼穡，民少争訟，人士秀雅，無嚚陵之習。土夷考。

城池

平越州城。即平越衛舊城。周七里有奇，門四。明洪武十四年建，本朝順治十八年修，乾隆二十七年重修。

甕安縣城。周三里有奇，門四。明萬曆三十一年建，本朝乾隆三十二年修。

湄潭縣城。周二里有奇，門四。明萬曆三十年建，本朝乾隆二十七年修。

餘慶縣城。周不及三里，門二。明萬曆三十年建，本朝康熙九年修，乾隆三年重修。

學校

平越州學。在州治西南，舊爲平越衛學。明宣德中建，本朝順治十七年改建府學，康熙二十二年修〔一〕。入學原額二十名，嘉慶三年改爲州學，裁平越縣，以縣學額八名併歸州學，共入學額數二十八名。

甕安縣學。在縣治西。本朝康熙三十三年建，五十六年、六十一年修。入學額數十二名。

湄潭縣學。在縣治西。本朝康熙三十八年建。入學額數十二名。

餘慶縣學。在縣治西。本朝康熙三十八年建，五十三年修。入學額數八名。

溥仁書院。在州城南。本朝康熙四年建。

墨香書院。在州城内。本朝乾隆五十一年建。

他山書院。在餘慶縣城内。本朝乾隆五十四年建。

户口

原額人丁九百一十七，今滋生男婦大小共三十六萬七千六百八名口，計七萬七千三百九十二户。

田賦

田地、山塘共二十一萬二十二畝六分有奇，額徵地丁正、雜銀九千七百三十一兩八錢五分四釐，米八千四十九石九升五合九勺。

山川

福泉山。在州治南。通志：仙人張三丰修真處。前爲高真觀，後爲禮斗亭。亭前有浴仙池，池水夏不溢，冬不竭。池旁有枯桂，明萬曆中，有丐者浴於池，云能活此樹，掬水沃其根，挂巾於樹而去。是年桂復榮，至今猶茂。池水可療病。

嵺峨山。在州城東。一名峨萬山，爲郡鎮山〔二〕。宋嵺峨里砦址猶存。名勝志：絶頂有泉，又有穿巖，巖孔穿透，廣容千人。

杉木箐山。在州城東楊義司西五十里。峯巒高峻，奇險不易登。

石闕口山。在州城東南二里。兩崖如門，官路經其中。

疊翠山。在州城東南三里。黔記：羣峯排拱，三江縈繞其下。通志：大小百峯，中一峯名老人峯，近此居者多壽。其九十九峯在江外，一峯獨在江内，名將軍峯，三江會其下。

月山。在州城南半里。通志：形如半月，下有月山古刹，即三丰所指地也。

筆山。在州城南三里，亦謂之筆峯山。明統志：山峯高聳，如卓筆然。

文峯山。在州城南五里，亦名筆架山。山峯竦秀，遠插江流。

楊山。在州城西十里。上有玉笏峯。

雲霧山。在州城西四十里。通志：明崇禎中，總兵胡從儀屯兵於此，營壘尚存。

滃霾山。在州城北六十里。極幽峻。黔記：山高林深，霾霧滃鬱。

萬丈山。在甕安縣東廢草塘司東南二十里。明統志：崖壁高萬丈。

旗山。在甕安縣南五里。名勝志：峯頂横開一洞，名川巖〔三〕，猶如天中之月。

花竹山。在甕安縣南二十里。山頂有龍泉，歲旱，邑人禱雨於此。

仙橋山。在甕安縣西十里。通志：高數百丈，山頂有石，中空如橋，因名。

白樂山。在甕安縣西三十里。峯巒聳秀，頗幽邃。

九峯山。在甕安縣東北。通志：九峯迭起，延亘數里。

玉屏山。在湄潭縣治東北隅。峯巒環列如屏，縣治在其麓。

馬頭山。在湄潭縣南十五里。通志：山下清泉幽谷，古木陰森，稱林壑之勝。

牛星山。在湄潭縣南二十里。極高峻，或云陟其巔，雖陰雨亦見星斗。

瑪瑙山。在湄潭縣西十五里。通志：三面石壁聳翠，五色燦然。日初出，光彩尤麗。

覺仙山。在湄潭縣北四十里。高數十里，茂林深箐。黔記：湄潭環縣皆山，多無名稱。

玉屏山。在餘慶縣治後。四面環繞，爲縣之鎮。

古佛山。在餘慶縣東五里。四面陡絶，止一徑可上，下有兩溪環流。

紫霄山。在餘慶縣東廢白泥司東四十里。山勢巍聳，上凌霄漢。

中華山。在餘慶縣南十里。峯巒峻聳，登其巔，可望見百里外。

拱辰山。在餘慶縣南一百五十里。以山勢向北而名。

他山。在餘慶縣西南。舊志：地名蒲村，村之上有柳湖，湖之陰爲他山。山高不半里，迴曲斜抱，上多奇石。

翠屏山。在餘慶縣東北二里。峯巒蒼翠，環列如屏。

牛塘山。在餘慶縣東北二十里。高百餘仞。巔有塘曰犀牛塘，塘可數畝，四時不涸。上搆石殿，古木陰森，夏有積雪，爲邑之勝。

玉屏峯。在州城西南五里。通志：四圍峭壁，環立如屏。

玉華峯。在甕安縣北六十里。通志：上插煙霄，下臨流水。頂頗平曠，有池，上有刹。

楊仙峯。在餘慶縣西南二十里。樹木蓊鬱，山谷幽深。

後巖。在甕安縣北三十里廢草塘司治後。名勝志：沿巖而上，曲折處石列兩旁，如雉堞狀。

仙影崖。在州城南二里，地名武勝關。舊志：石壁如屏，上有張三丰遺影，儼然畫圖。明郭子章鐫「神留宇宙」四字於其旁。

七盤坡。在州城東南五里，官道經其上，轉折凡七。明統志：高峻崎嶇，盤迴七里，坡下有溪。

倒馬坡。在州城西南五里，亦爲官道所經，騎行者多苦其隘。

羊腸坡。在州城西南二十里。

犀牛洞。在州城南高真觀下。名勝志：洞有石犀，相傳正德間，夜半與牛鬭如雷吼，侵晨水草猶存。

仙人洞。在州城西南五里。

新開洞。在州城西門外西山下。通志：本朝康熙元年三月雷雨，山石忽開一洞，玲瓏奇奥，深不可竟。

燕子洞。在州城西三里。

百人洞。在州城西十里，一名穿洞。名勝志：清泉湧出，廣可容百人。

龍洞。在甕安縣北三里，地名鼠場。極幽邃，水深數仞，上横跨石梁，寬平可涉，中有神魚。

老鷹洞。在甕安縣北，地名紅頭堡。洞有二，容數千人，土人嘗避兵於此。

慈雲洞。在餘慶縣東二十里。通志：洞前石筍高數十丈，一水遶其前。左右怪石林立，内有石大士像。

慶雲洞。在餘慶縣西南十里。通志：常有五色雲結於上，每歲旱，土人禱雨於此。

玉虚洞。在餘慶縣西二十里。曲折幽深，山色如紫玉。昔土人避兵於此。

黄桃箐。在甕安縣東五十里，亦名黄桃砦。黔記：自砦而東又三十里，至岑口大江。

麻哈江。在州城東五里。通志：其上源即黄平州之兩岔江，南流入境，繞城下，又東南逕楊義司界，入麻哈州境。

馬場江。在州城南四里，與羊場河通。其水湍深，中流如沸。名勝志：武勝關設於此，左右懸崖，一水中貫，諸路之衝。通志：府東三里有諸梁江，十五里有魚梁江，即馬場、羊場之異名。

清水江。在州城西四十里。明統志：在楊義長官司西五十五里。舊志：自新添衛流入界，北流至城西二十里，又名皮隴江。又北經乖西、巴香諸苗界，入烏江。明天啓初，安邦彦圍貴陽，王三善分兵從清水江馳救是也。

甕安江。在甕安縣南。西北流入於烏江。

烏江。在甕安縣西五十里，與遵義府接境，又東北入石阡府界。縣境諸山溪之水，皆流合焉。又縣境有白崖河，亦入於烏江。又湄潭縣南亦有烏江，自修文縣流入，又東入餘慶縣界。

白泥江。在餘慶縣南，亦名曰白泥河。源出黄平州葛浪洞，流經此，又東北入思南府界，合於烏江。

小烏江。在餘慶縣西三十里。名勝志：源出椒溪，經縣南流入涪江。

崖門江。在餘慶縣西北一百里，即大烏江也。寰宇記：水自西南來，又北流入思王縣。名勝志：大烏江源出水西，經縣界，流入思南河。黔記：縣西有大烏江，自遵義東流經縣界，入思南河。

羊場河。在州城東二十里。又東三十里爲楊老河，俱西南流合馬場江，入麻哈江。

龍潭河。在州城東南三里，流入麻哈江。

南河。在州城南。又南流五里，謂之武勝河，折而東，入於麻哈江。

巃隆河。在州城北二十五里。東南流合龍潭河，入麻哈江。

白水河。在州城北三十里。南流入巃隆河。

地松河。在州城東北十五里松屯。其水流入黄平州。黔記：地松河，即重安江之上源。通志：江源出麻哈，即麻哈江上源之分流也。

三江水。在湄潭縣東廢容山司東五里。通志：有三源，俱出苗界山箐中，經流司東之望浦，合爲一川，下流亦入烏江。

冷溪。在州城西南四十五里。流入清水江。

椒溪。在甕安縣東三十里。其水東流入餘慶縣界，即小烏江之源也。

湄溪。在湄潭縣西，亦曰湄潭水。黔記：源出播州，繞縣前。名勝志：湄潭之水，宛曲如眉，故以名潭，縣名亦因之。

花水溪。在湄潭縣北二十里。通志：水中浮蔓生花如蘭蕙，四時俱有。舊志：西北流入湄溪。又有大溪、馬度溪、角路溪、大洞溪，諸溪環流縣境，下流俱入湄溪。

鼇溪。在餘慶縣東北。發源魚鼓洞。又有小溪，發源立鐘山。下流俱入小烏江。

浴仙池。在州治南福泉山。

翰墨池。在州城南。水甚清冽。

廣濟泉。在州治東。其源在嵺峨山下。明弘治八年，鑿渠引入城爲井。

月山泉。在州城南半里月山下。

飛練泉。在甕安縣東廢草塘司北十里。明統志：源出飛練砦旁石竇中。

古蹟

平月廢司。即今州治。元置長官司。明洪武中，改置平越衛。元史地理志：管番民總管，平月。明統志：平越衛，古名嵺峨里砦，歷代叛服不常。洪武十四年，始置平越衛軍民指揮使司。黔記：宋嘉泰初〔四〕，土官宋永高克服麥新地内附，號嵺峨里等砦。元置平月司於此。

三陂地蓬廢司。在州城南三十里。元置長官司，屬新添葛蠻安撫司。明廢。今爲地蓬鋪。元史地理志：新添葛蠻安撫司，三陂地蓬等處。黔記：府城南三十里有地蓬鋪。

甕水廢司。在甕安縣西北。宋設砦。明初置安撫司，萬曆中改置縣。黔記：甕水無印，亦稱安撫司。名勝志：宋有草塘、甕水，爲黄平府地。洪武八年，於重安置長官司，草塘、甕水置二安撫司，俱屬播州。及討平楊應龍，合三司爲甕安縣。舊志：甕水本宋黄平府地，紹興中開設甕水砦。明洪武十七年，土酋猶恭以地歸附，授安撫司。萬曆中置縣，改授土縣丞。

草塘廢司。在甕安縣東一百里。元置舊州、草塘等處長官司，隸播州軍民安撫司。明初爲草塘安撫司。萬曆中，併入縣。元史地理志：播州軍民安撫司，舊州、草塘等處。明統志：草塘安撫司，在播州宣慰司東一百二十里。舊志：明洪武十七年，宋顯威以地歸附，授草塘安撫司。萬曆二十七年，併入縣，以宋姓爲土縣丞。

乾溪吴地廢司。在甕安縣南。元置長官司。明初廢爲砦。元史地理志：新添葛蠻安撫司，乾溪、吴地等處。舊志：明初廢司爲乾溪砦。萬曆中，李應祥自平越進攻播賊，破乾溪、四牌等砦。黔記：縣南三十里有乾溪堡。四牌亦縣境地。

容山廢司。在湄潭縣東。元置長官司，明萬曆中廢。舊志：在播州東三百二十里。元置容山長官司，隷播州安撫司。明初因之，授土酋張氏世守。地界湖、貴間，溪山荒曠，土地磽瘠。嘉靖中，爲臻洞所殘。民夷桀驁，長官不能治。萬曆中平播，略定其地，設湄潭驛，改置縣，遂廢長官司。

白泥廢司。在餘慶縣東北一百四十里。元置長官司，尋改爲州。明初復置。萬曆中，併入縣。元史地理志：播州軍民安撫司，白泥等處。明統志：元末置餘慶州。洪武十七年，改爲長官司。黔記：萬曆二十八年，平播州，以白泥司置餘慶縣。

諸葛屯。在州城南三十里，地名馬場山。黔記：相傳漢諸葛亮南征，屯兵於此山中，有遺鍋半入土内，人不能取。

胡將軍故壘。在州城北三十里。通志：地名土坪，明總鎮胡從儀屯兵於此，基壘尚在。

迴頭閣。在州城東楊義司東三十里，地名巃隆村。

潮音閣。在州城南門外通遠橋之左。明隆慶中建。

雄鎮樓。在州城北。

伴山亭。在州城南高真觀内。

禮斗亭。在州城南高真觀内。世傳明初仙人張三丰禮斗於此。

對弈石。在州城西南福泉山後。世傳張三丰與隆平侯張信對弈處。

關隘

羊場關。在州城東二十里。以羊場河得名。又東北五十里有打鐵關。又雞場關，在州城北二十里。

武勝關。在州城南二里。明統志：左右崖削，一水中貫，實當諸路之衝。

穀芒關。在州城西四十里。又西南有梅嶺關，與新添衛接界。

七星關。在州城北五里。黔記：府境東北由七星關、地松、水洞、阿亮砦、打鐵關、滃霾砦、上塘、陂洞，至平越行府，共九十餘里。

頭關。在甕安縣東南三十里。縣南二十五里有二關，又縣東南四十里有藍家關，皆境内要地。

黄灘關。在甕安縣西十五里。舊志：明萬曆中，李應祥自平越進攻四牌、乾溪等砦，直抵黄灘關，即此。

餘慶關。在餘慶縣境。又有灰水關、中關，皆戍守處也。

乾溪砦。在甕安縣東。或云元所置乾溪、吴地等處長官司也，明初廢爲砦。又東有中坪砦。又四牌砦，在縣東四十里，舊播州苗所聚。

西坪砦。在甕安縣西。舊志：明景泰五年，草塘苗黄龍、韋保等作亂，攻刦西坪、黄灘等處屯砦營堡。貴州總督蔣琳會四川兵進討，龍等據地泡山砦，其黨黄定千據水坪大砦，官軍擊破之，盡焚其巢，分兵破中潮山及三百羅等砦。賊猶據沿江崖箐以抗拒，於是克乖西、谷種、乖立諸砦，擒其賊首，餘遂望風逃遁。

走馬坪砦。在餘慶縣東南，舊爲控扼苗蠻之處。

飛練堡。在甕安縣東廢草塘司北十里，旁有飛練泉。明萬曆中，播酋作亂，攻貴州邊界，圍飛練，又攻東坡、爛橋諸砦，焚之，楚、黔路梗，黄平、龍泉所在告急，即此。

川巖堡。在甕安縣南十里。又十里有劉家堡，又東北有何家堡、小地堡。

王嶭屯。在州城西六十里，亦曰王嶭砦。黔記：四圍險峻，上寬平，有田可耕。自府西門由楊義司、清水江、高手王嶭等砦，府境小路也。通志：明初爲賊所據。永樂初，總兵南黨克之。

天邦屯。在甕安縣廢草塘司西北三十里。明萬曆中，貴州兵討楊應龍，與賊戰於飛練堡。賊佯走天邦屯，誘官軍至，盡殲於此。

平越驛。在州治。又州城南有平越站。通志：上走黄絲，下走楊老。

楊老坡驛。在州城東。又有楊老坡站。舊有驛丞，今裁。

黄絲驛。在州城西南三十五里。本朝康熙十年置。又有黄絲站，上走新添，下走都勻，爲往來要道。

城南鋪。在州城南。州境又有谷子、酉陽、黄絲、冷溪、三郎、羊場、楊老等鋪，今裁。

高笋哨鋪。在甕安縣境。又有長塘哨鋪，舊皆設兵防禦。

頭橋哨。在州境。又有武勝、勝龍、長沖、平陽、蜂塘、月西、黄泥、白泥、荆竹等哨，舊皆設兵防禦。

太温村。在甕安縣西十五里，有廟曰太温廟。

津梁

葛鏡橋。在州城東五里，跨麻哈江上。通志：明萬曆中，郡人葛鏡建。屢爲水決，三載乃成。高數十丈，行者如履雲霄，爲黔南橋梁之冠。本朝康熙二年修，九年修砌腰墻百餘丈以爲衛，往來稱便。

玉峽飛虹橋。在州城東十里。又州東有五里橋。

羊場橋。在州城東二十里，跨羊場河下流。又東十里有楊老橋，路通楊老驛。

通遠橋。在州城南。明永樂中建。

黄絲橋。在州城南三十五里，近黄絲驛。

西門橋。在州城西門外，路達新添衛。又西五里有可禹橋。

巃隆橋。在州城北二十五里。又北五里有王公橋，其旁有三官閣。

樊家橋。在州城北五里，地亦名七星關。

沙子橋。在甕安縣東五里，路通黄平州。

劉家橋。在甕安縣南二十里，路通平越，爲往來要道。

湄水橋。在湄潭縣南。又縣境有獺水橋。

烏江橋。在餘慶縣北三十里。又縣境有新村橋。

袁家渡。在湄潭縣南，爲黔、蜀要津。又南有王回渡，與開州接境，亦烏江之下流。
北門渡。在湄潭縣北，爲龍泉、婺川要道。
龍坑渡。在湄潭縣境。
牛場渡。在餘慶縣南。春夏以舟，秋冬徒杠，行者稱便。
巖門渡。在餘慶縣西北，即烏江下流，爲楚、蜀要津。

陵墓

明

張信母墓。在州城南。信嘗與張三丰游，三丰指城南月山寺右地曰：「葬此必封侯。」後果驗。
黄紱祖墓。在州城東。紱幼孤家貧，祖母拾野蔬自給。一日出郊外，無疾而逝，衆爲具棺殮，謀翌日瘞之。至夜，大風捲土成墳。後紱官尚書，人以爲天與吉壤云。

祠廟

紫薇祠。在州治東南。

胡公祠。在州治西北。祀明總兵胡從儀。

陳公祠。在州治西北。祀明太守陳紹英。

盤古祠。在州城南十五里。

竹三郎廟。在州城東十里。黔記：夜郎侯以竹爲姓。漢武帝元鼎六年，平南夷，侯迎降，賜以爵。後殺之，諸蠻求爲立後，乃封其三子爲侯，立祠祀之。

白馬廟。在餘慶縣北草坪，祀漢伏波將軍馬援。

寺觀

護國寺。在州治東南。明萬曆初建。

三教寺。在州城東南。明洪武中建。

月山寺。在州城南二里。明洪武中建。

鎮寧寺〔五〕。在州城西十里。明崇禎初建。

萬壽寺。有二：一在州城西北，明萬曆中建；一在餘慶縣西一百十里。

五雲寺。在州城北四十里。

迴龍寺。在州城北八十里。一望平川，去二里許，疊嶂層巒，一崖穿過如門，因名穿崖，後改今名。

覺皇寺。在甕安縣東門外。

川雲寺。在甕安縣南五里廣濟橋畔。

迎水寺。在甕安縣北五里白果村。

釋慈寺。在湄潭縣北三里。舊志：有古鐘，不叩自鳴。

鐵瓦寺。在湄潭縣北四十里覺仙山上。

報恩寺。在餘慶縣南二里。

金山寺。在餘慶縣西門外錦屏莊。

梓潼觀。在州治。明洪武中建。

高真觀。在州城南福泉山上。明洪武中建。層臺突起，下控曲江，後有浴仙池。

凝真觀。在州城西十里。元建，内多古木。

後巖觀。在甕安縣北三十里。元建。怪石懸橋，林木幽異，稱名勝。

真武殿。在甕安縣西一里仙橋山上。

名宦

明

郭英。正統中，以參將鎮平越，威惠兼行，蠻皆懷畏。軍務旁午，不廢詩書，時稱爲儒將。

詹貞吉。巴縣人。萬曆中，以右參議分守新鎮道。值播州楊應龍將叛，人情洶洶，貞吉特攜家至平越，衆方有固志。居官澹泊，與民休息。蒞黔十餘年，臨行官橐蕭然，惟圖書數篋。

楊可陶。四川嘉定人。萬曆中，爲府同知。性嚴重，果於任事。時改設府州縣治，修築城堞，增闢水城，建署造橋，勞績最著。

劉冠南。廬陵人。萬曆中爲知府，修黃、湄、餘、甕等四州縣城，興學字民，號爲良守。

朱芹。富順人。以右參政分守平越。安邦彦圍平越，芹歃血誓衆，募兵堅守，城乃得全。

馮國禎。江夏人。泰昌元年，知平越府，以廉惠著。安邦彦叛，國禎戮力守城，間出鋭兵擊賊，圍乃解。

儲至謀。靖州人。知湄潭縣。天啓初，藺州奢寅叛，土賊王倫乘間攻縣。至謀出戰，屢敗，城垂陷，遂自焚死。

方明棟。富順人。天啓初，爲平越府同知。以監軍進討水西賊，遇害。贈按察司僉事。

董邦昌。昆明人。崇禎中，爲平越府同知，多善政。值黑苗叛，圍興隆城。邦昌多方捍禦，圍乃解。

人物

明

徐勝。平越人。居家孝友，五世同居。洪武初，有司以聞，詔賜羊酒，旌表其門。

南黨。平越人。永樂初爲總兵官，領兵征苗。至十萬谿，羣賊突至，黨力戰死，尸立不仆。王巘苗見而神之，載尸歸葬，爲立廟。

奚得。平越人。正統中，爲平越衛百户，驍勇無敵。十四年，苗亂圍城，得開門直入賊壘，賊解走，得率二子宣、宏追之，力戰死。

黄紱。字用章。其先封丘人，曾祖戍平越，遂家焉。紱由正統戊辰進士，歷南京刑部郎中。爲人剛廉，遇事颷發，時人呼爲「硬黄」。成化中，出爲四川參議，歷湖廣布政使、延綏巡撫，所至有建樹。弘治中，拜南京户部尚書，改左都御史。正身率屬，操履潔白，時望甚重。

楊文。平越人。正德中，爲開縣訓導。值藍賊亂，與當事力拒之，城得全，擢東鄉知縣。流寇肆劫，文多方籌畫，擒其首，餘黨悉平，進漢川知府。歷官十八載，囊無餘貲。

李藻。平越人。正德中舉人，爲江油教諭。值藍賊變，調攝縣篆守城，親率勇士決戰，殁於陣。

劉宗臣。甕安人。事父選及繼母趙氏備盡孝道。天啓中，水西兵變，邑人皆避。宗臣祖母冷氏年八十，病不能行，宗臣不忍捨去。賊至，身被數刃，終不離側，賊義而釋之。

楊再亨。餘慶人。六歲失父，事母至孝。十四歲，播賊作亂，再亨負母避山箐，備極艱苦。母疾，刲股和藥以進。事聞旌表。

王昆。湄潭人，里民王良家僮也。良夫婦相繼死，遺子邦雄與女俱幼。值賊逼境，昆負兩孤匿山箐中，身出傭作以養，孤賴以生。後邦雄爲諸生，昆猶拮据給事，執僕禮，至死不渝。

劉之蘭。平越人。崇禎末，以舉人爲臨安通判。流寇入滇執之，駡賊而死。本朝乾隆四十一年，賜謚烈愍。

列女

明

李庸妻徐氏。平越人。正統末，庸與賊戰死。徐年二十五，都指揮欲奪以配軍卒，徐誓死得免。守節四十餘年卒。

徐氏女。平越人。守貞不字。黑苗圍城，女散米養兵，城賴以完。事聞旌表，號沙浄夫人，建貞節坊。

譚氏女。湄潭人，譚叔卿女，字淑英。年十四值賊亂，隨父母避兵，先以利刃密藏衣中。及賊突至，家人散走，女自刎而死。

錢世清妻徐氏。湄潭人。夫卒，徐時年二十，依父母守節。遭賊被執，脅之馬上，徐自投於地者再，賊怒斷其喉而去。

黄渤妻宋氏。甕安人。隨渤避兵黄連山，爲土賊所執。宋知不可脱，紿賊欲飲，賊授以甌水，乃破甌自絶其喉而死。

謝傅堯妻曹氏。湄潭人。傅堯卒，曹年二十九無子，就食於女。女夫楊應第又死，女生子名永年，尚襁褓。曹與女孤嫠相依，崎嶇喪亂，踰二十年，永年及成立。有司欲旌其門，曹曰：「妻以節事夫，母以貞誨女，常事耳，何旌焉？」卒不受。

敖相妻劉氏。湄潭人。年十七夫卒，家人欲奪其志，不可，從其舅姑避亂於十里溪。訛言兵至，氏恐見辱，遂自縊死。

馮樟聘妻冉氏。湄潭人。年十四，未嫁而樟卒，氏聞，自縊死。

本朝

羅朝彦妻劉氏。甕安人，名阿金。夫歿守志，夫弟朝保，狆民也，欲謀爲室。劉知不可以理諭，乘間自縊死。有司置朝保於法，鄉人爲劉立祠。

樊祚顯妻商氏。平越人。夫歿守節，乾隆二年旌。同州樊奕珩妻鄒氏、李國斗妻劉氏、戎鉞妻楊氏、劉元建妻林氏、李公桂妻張氏、唐理成妻張氏、周子隆妻沈氏、金履萃妻楊氏、李溥妻丁氏、胡文輝妻李氏、李文林妻楊氏、劉尚恭妻王氏、李公傑妻鄭氏、羅之倫妻楊氏、羅登聯妻唐氏、劉兆勳妻任氏、王佐伯妻陳氏、劉延魁妻余氏、余朝欽妻熊氏、舒灴妻楊氏，均乾隆年間旌。

按：舊志平越府節婦：於君爵妻洪氏、羅文政妻周氏、羅起浚妻黄氏、劉德寛妻金氏、葛之佩妻戎氏、劉洋妻姚氏、唐深遠妻朱氏、毛鄘妻白氏、毛守廓妻蔣氏、張爲志妻何氏、楊素質妻李氏、丁世昌妻王氏、孝婦王珣妻汪氏，均乾隆年間旌。俱未詳其州縣本籍，謹附記。

商維竹妻楊氏。甕安人。夫歿守節。嗣子家鵬，既授室，病卒，媳宋氏復矢志撫孤。一門雙節，乾隆二十七年同旌。同州朱嘉級妻商氏、王學士妻董氏、商維徵妻張氏、趙秉乾妻彭氏，均乾隆年間旌。

唐衍遠妻朱氏。湄潭人。奉翁姑以孝聞。鄰火及屋，姑老不能避，氏突火負之出。姑病，割股療之。夫歿守節撫孤，紡績佐讀。偶倦學，則慟哭夫靈以相感悟。乾隆三十八年旌。

毛鵬東妻李氏。餘慶人。夫歿守節，乾隆二年旌。同縣張昌妻牟氏、許成龍妻吴氏、牟大霱妻楊氏、楊昌焯妻黄氏、吴道光妻蔡氏，均乾隆年間旌。

汪才萬妻馮氏。平越人。夫歿守節，嘉慶三年旌。同州吴璐妻金氏、徐炅妻王氏、金世祥妻魏氏、金光映妻蕭氏，均嘉慶年間旌。

猶錫祥妻毛氏。甕安人。夫歿守節，嘉慶八年旌。同縣傅勑書妻江氏、傅占熊妻王氏、宋衍仁妻商氏、黄友志妻趙氏、宋輝含妻商氏，均嘉慶年間旌。

陳慶雲妻胡氏。湄潭人。夫歿守節，嘉慶二十二年旌。同縣鄧振峯妻曾氏，二十四年旌。

仙釋

明

張三丰。遼東懿州人。洪武間，在平越衛。蓬頭草履，四時惟一破衲，人呼爲「邋遢仙」。於高真觀後結茅爲亭，晝則閉户静坐，夜則禮斗。永樂中，遣官徵聘，莫知所之。

土産

葛布。州境出。

樱竹。餘慶縣出。有黑色細紋者佳。

橘。州境各屬俱出。

丹桂。州城最多，秋日花香滿城。

黄蘗。州境村落中出。

烏頭。州境及各屬俱出。

何首烏。甕安縣出。重十餘觔者佳。

木香。州境出。

麂。湄潭縣出。土人以其皮爲鞾。

錦雞。出餘慶縣山箐中。其文五色。

校勘記

〔一〕康熙二十二年修　「二十二」，原作「二十」，據乾隆志卷三九三平越府學校（下同卷簡稱乾隆志）及乾隆貴州通志卷九學校補。

〔二〕爲郡鎮山　「山」，原在「爲」上，乾隆志同，據乾隆貴州通志卷五山川乙正。

〔三〕峯頂横開一洞名川巖　「川巖」，乾隆志同，乾隆貴州通志卷五山川作「穿巖」。

〔四〕宋嘉泰初 「嘉泰」，原作「嘉定」，乾隆志同，據讀史方輿紀要卷一二一貴州及乾隆貴州通志卷二三武備改。按，本志本卷建置沿革亦及此，也作「嘉泰」。

〔五〕鎮寧寺 「寧」，原作「安」，據乾隆志及乾隆貴州通志卷一〇寺觀改。按，本志避清宣宗諱改字。

松桃直隸廳圖

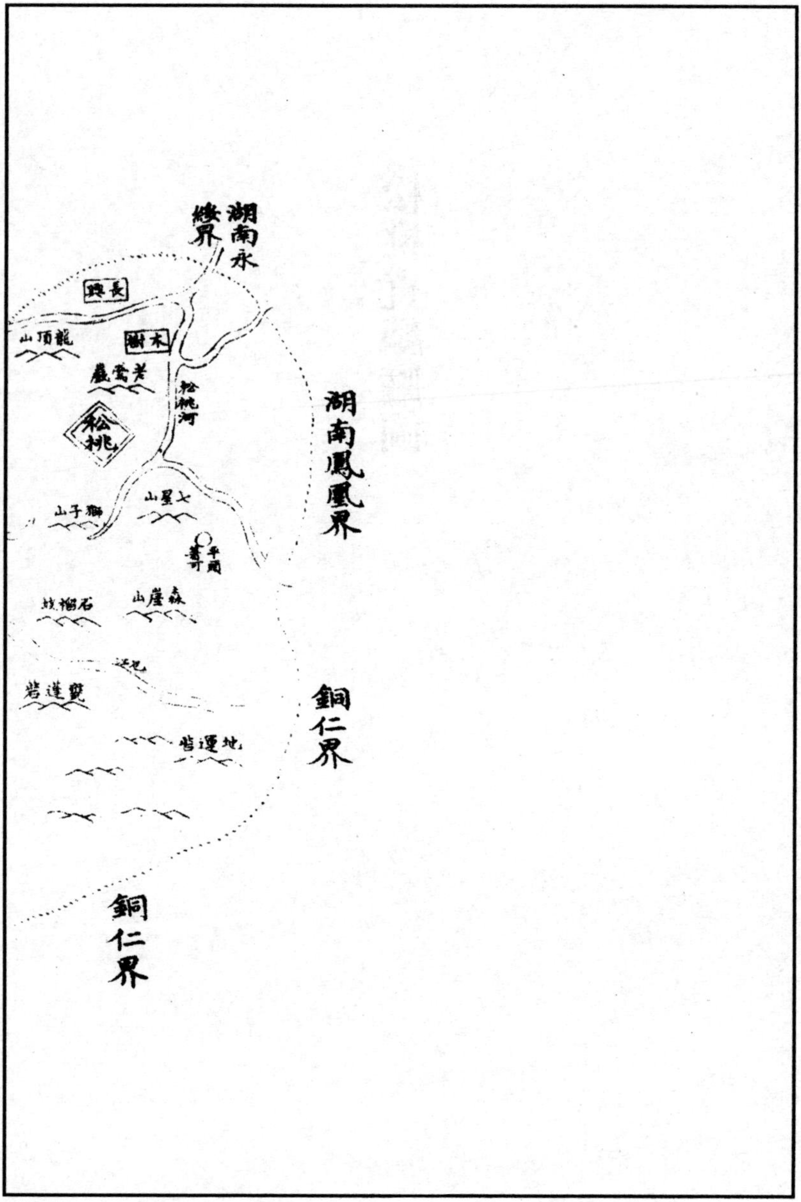
湖南永綏界
長興
木樹
龍頂山
松桃河
松桃
湖南鳳凰界
七星山
獅子山
石榴坡
森崖山
覓蓮岩
地運岩
銅仁界
銅仁界

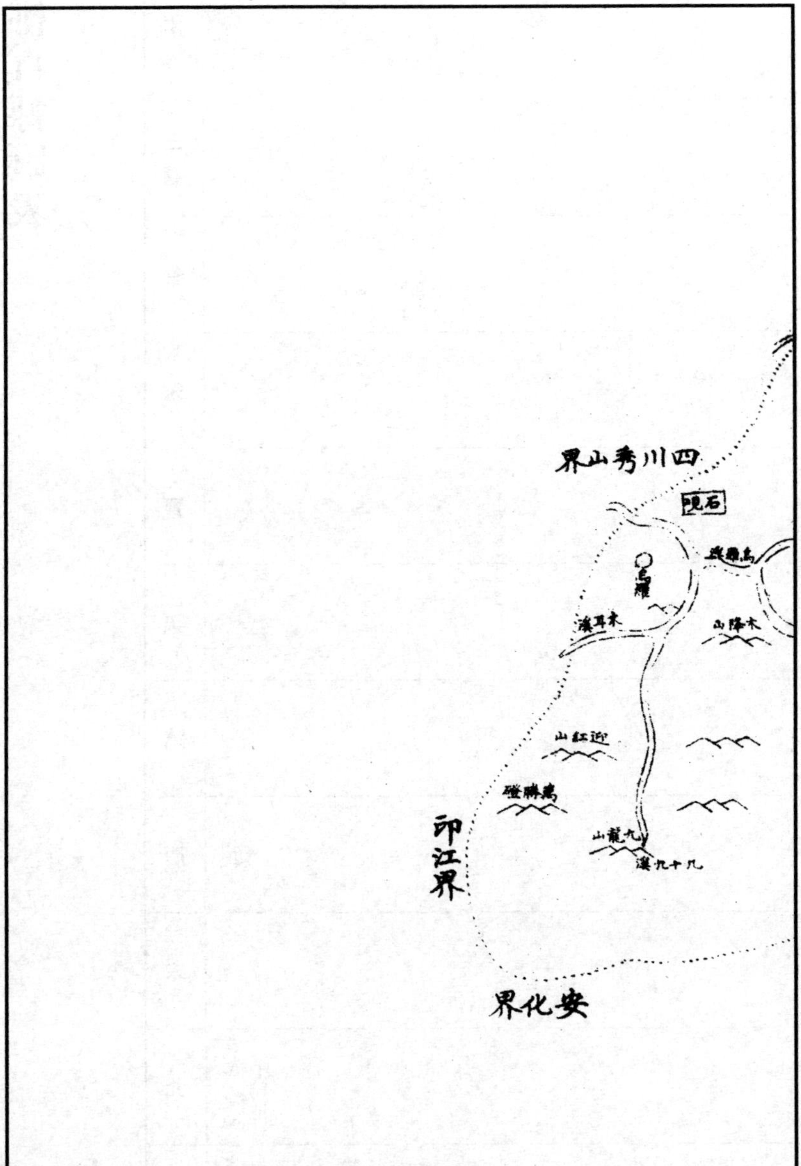
四川秀山界
石硯
烏羅
木耳溪
木降山
迎紅山
萬勝磴
九龍山
九十九溪
印江界
安化界

松桃直隸廳表

	松桃直隸廳
兩漢	武陵郡地。
三國	
晉	
宋	
齊	
梁	
隋	
唐	辰州地。
宋	
元	烏羅、平頭二土司地。
明	永樂十一年置烏羅府。正統初廢爲烏羅、平頭二土司及紅苗地。

大清一統志卷五百十三

松桃直隸廳

在貴州省治東八百四十五里。東西距一百四十里，南北距一百八十里。東至湖南鳳凰廳界八十里，西至四川秀山縣邑梅司界六十里，南至銅仁府銅仁縣界九十里，北至湖南永綏廳界九十里。東南至銅仁縣界九十里，西南至思州府都素司界二百一十里，東北至湖南永綏廳界六十五里，西北至四川秀山縣界一百四十里。自廳治至京師七千二百里。

分野

天文翼、軫分野，鶉尾之次。

建置沿革

漢武陵郡辰陽縣地。唐初屬辰州。五代後没於蠻。元置烏羅、平頭二長官司，屬思州軍民安撫司。明洪武初，改屬思南宣慰司。永樂十一年，置烏羅府，平頭司屬焉。正統三年，廢烏羅府，仍爲長官司，並隸銅仁府。本朝因之。雍正八年，平松桃紅苗，置松桃廳，仍隸銅仁府。嘉慶二年，升爲直隸廳。領土司二。

烏羅長官司。在廳城西南一百二十里。元置烏羅、龍干等處長官司，屬思州軍民安撫司。明洪武初，改屬思南宣慰司。永樂十一年，置烏羅府。正統初廢，仍爲長官司，屬銅仁府。本朝初屬銅仁縣。嘉慶二年，改隸廳轄。正長官楊姓，副長官冉姓。

平頭著可長官司。在廳城南六十里。元置平頭、著可、通達等處長官司，屬思州軍民安撫司。明洪武初，改置今司。永樂十一年，屬烏羅府。府廢，屬銅仁府。本朝初屬銅仁縣，嘉慶二年，改隸廳轄。正長官楊姓，副長官田姓。

城池

松桃廳城。周二里有奇，門四。本朝雍正十三年建，乾隆三年修，嘉慶元年重修。

學校

松桃廳學。在廳城內。本朝嘉慶四年建，入學額數四名。

户口

人丁無原額，今男婦大小共一十一萬三千八百二十三名口，計二萬五千五百一十五户。又石峴衛男婦共一千六百三十名口，計四百八十六户。

田賦

田地、山塘共二萬一千五百九十二畝八分有奇，地丁正、雜等銀額應一千三百三十二兩五錢二分三釐，均改徵米共二千四十一石二斗九升一合七勺。又石峴衛屯田七百一十畝，額徵米三百八石四斗。

山川

七星山。在廳東南三十里。七峯環峙，亭亭矗立，高不可登。

獅子山。在廳南三里。山頂有石突起，大數十圍，形如獅子，故名。

龍頂山。在廳西北四十里。山下有泉湧出，即松桃河之源。

秋螺山。在廳北二里，又名迴瀾山。

石梁山。在烏羅司東五里。白石連亘如橋梁。又東五里有琴閣山。名勝志：曰琴閣，曰石梁，以水石名。

木降山。在烏羅司東十三里。

迎紅山。在烏羅司西南。朝旭初升，山色交暎。又相近有雲朵山，秀麗如雲。

九龍山。在烏羅司西南六十里。一名梵净山，俗名飯甑山，亦曰月鏡山，即古之三山谷。漢書地理志：三山谷，辰水所出。元和志：一名辰山，在麻陽縣西南八百三十里。名勝志：九龍山，以支脈名也。高百餘丈，下分九支，銅仁大小江之水出焉。黔記：貴州山，以梵净山爲第一。九龍山志：羣山聳拔，分爲九支。中湧一峯，周圍僅數丈，突兀陡絶。其高千仞，中如斧劃，麓斷而巔連。劃處隔五六尺許，名金刀峽。峽有飛橋相接，左右皆梵宇，廣闊可容數十人，寺側有石名説法臺。陟者攀鐵絙上下。山傍石出如筍，穹窿峭拔，有拜佛臺、香鑪峯、棉絮崖、鍊丹臺、藏經崖。井曰定心水，山後有池曰九龍池。又有辟支佛遺跡。山下九十九溪，環繞紆折而通楚、蜀。黔中勝概，無踰於此。

森崖山。在平頭司西。峯巒高聳，林木蓊鬱，望之如雲。

老鶯巖。在廳北四里，以形似名。

木耳坡。在烏羅司旁，官道經其上。

石榴坡。在平頭司西南，道出烏羅司。最險仄，有毒霧，行者畏之。名勝志：羅昕詩：「畏途盡説石榴坡，毒霧衝人似網羅。」

觀音屯。在烏羅司西南三里。崖壁峭峻，上有三井，可容五百人，爲昔人避兵之所。

萬勝磴。在烏羅司西南三十里。

乜江。在烏羅司南。名勝志：上納烏羅溪、洋溪二水，下達楚之辰州。

松桃河。在廳東北二里。發源龍頂山，經城西流，又東北匯於湖南辰州府境，入大江。

烏羅溪。在烏羅司東，爲乜江上流。

木耳溪。在烏羅司西南。源出山洞中，達湖南辰州府界。名勝志：其流曲折，東抵平南砦，爲九十九渡。

甘梗泉。在平頭司南。名山勝概記：石巖中一源湧出，清濁分流。通志：取其清者釀酒，味甚美。

古蹟

烏羅廢府。在廳東南，即烏羅司治。元置烏羅、龍干等處長官司，屬思州安撫司。明永樂十一年，改置府，正統三年廢。

關隘

平頭關。在烏羅司南。又相近有野猫關。

地運砦。在平頭司東南。

甕蓬砦。在平頭司西，中有仙人題柱。

天生砦。在廳北三十里，上有天生橋。明正德八年，官軍討叛苗，入天生砦屯，絶苗洞水道，賊遂平。嘉靖二十七年，貴州及湖廣境内苗叛，兵備趙之屏討之，分兵屯河界、龍勢、麥地三營，勦境内龍塘等十四砦。又調湖廣鵶剌、眉亮二營，勦田坪等六砦，調四川地架、平茶二營，勦塘砦等八砦，次第克平。前後凡四十七壘，皆苗砦也。

長興堡。在廳北六十里，界接湖南永綏廳，又西六十里與四川秀山縣分界，爲楚、蜀之襟喉。又廳境有大塘、大坪茶、落塘、霸得、太平、麥地、康金、芭茅、木樹、有泥、盤古達、隴統、捍子坳、牛心、石花、長坪、岱東、八樓、潮水溪、晚森、石峴、大營、綏安、得勝、久安、懷恩、茶園、西溪、大興等堡，皆戍守處。

油蓬堡。在平頭司西。舊志：司孤懸苗界，地最廣饒，賦役出辦最多。與烏羅、朗溪及四川之邑梅司接壤，防禦至切。又相近有地架堡、冠帶河堡，皆置戍處也。

大興場。在廳東九十里，與銅仁府接壤，爲往來要路。

濠口四十八屯。在平頭司東南四十里。明嘉靖中議築堡於此，不果。

津梁

永安橋。在廳東門外。乾隆十三年建。

鎮固橋。在廳南門外。乾隆二十六年建。

寺觀

白雲寺。在烏羅司北。

廣化寺。在平頭司東。

人物

明

楊明楷。烏羅司人。有勇略。天啓中，以參將從王三善解貴陽圍，又從魯欽討長田賊，屢著戰功。移守清浪，擢副總兵。

仙釋

宋

鬻屨道人。不知何許人。宋開寶中，甕蓬寨人楊再從好仙術，一日道人作乞者狀，攜草屨一雙求售，索金五兩。再從將買之，妻不從。道人擲履於地，化雙鶴飛去，旋失道人所在。

苗蠻

紅苗。詳見鎮遠府。

普安直隸廳圖

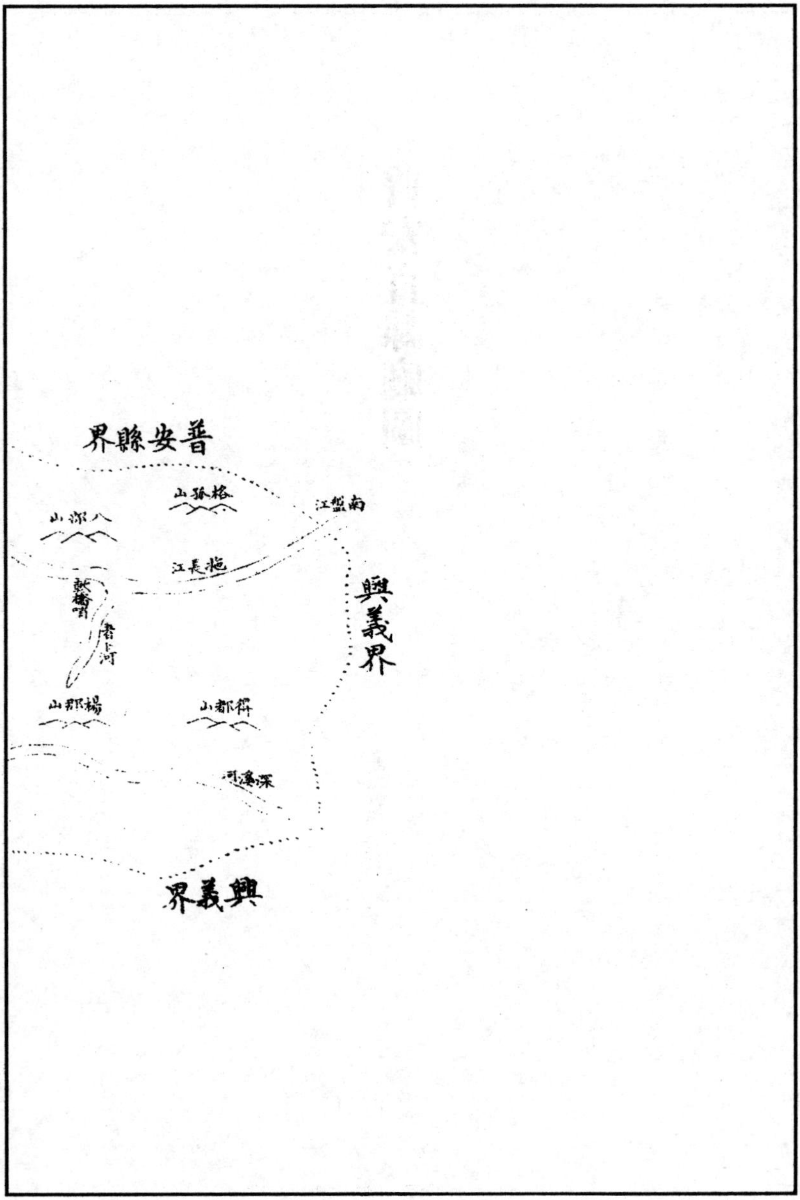
普安縣界
格孫山
南盤江
興義界
者卜河
興義界

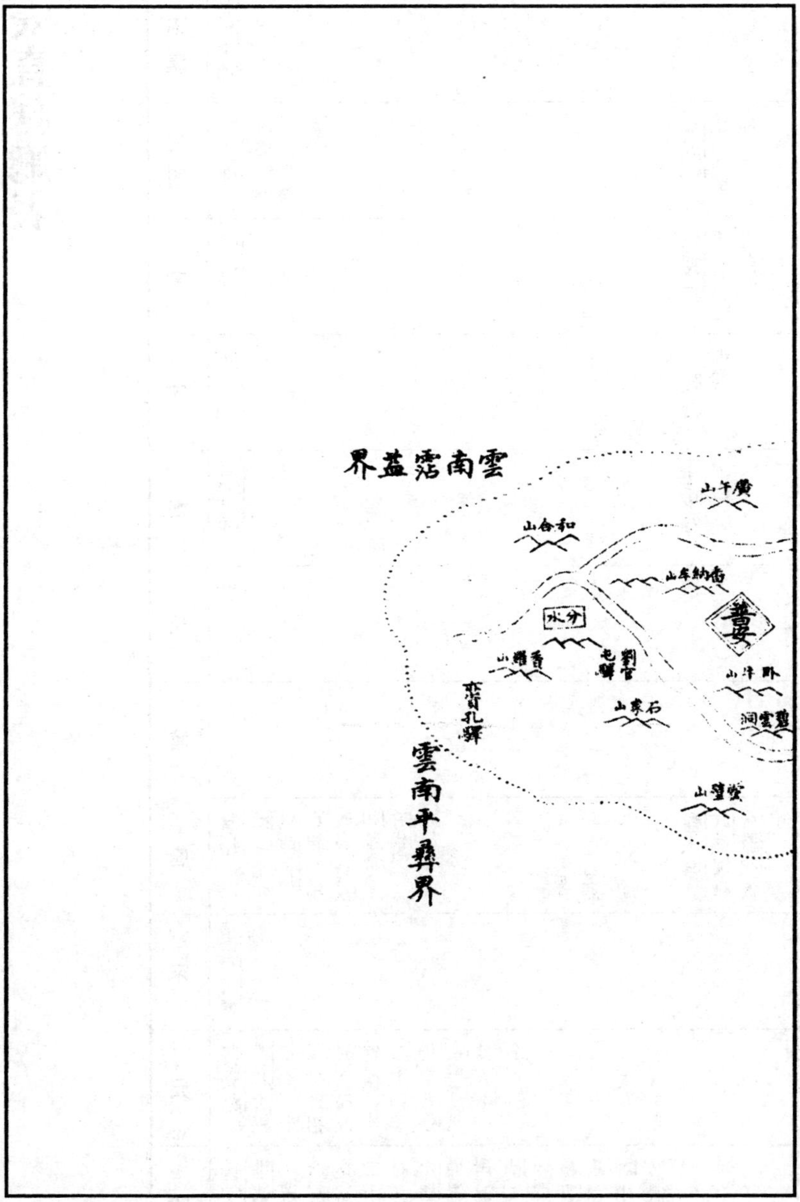
雲南霑益界
和合山
分水
普安
臥牛山
碧雲洞
雲南平彝界

普安直隸廳表

	普安直隸廳	
兩漢	牂牁郡地。	
三國	興古郡 蜀漢建興三年置，屬益州。	宛温縣 建興初置，郡治。
晉	興古郡	宛暖縣 更縣名，仍爲郡治。
宋	興古郡	宛暖縣 郡治。
齊	興古郡	宛暖縣 郡治。
梁	廢。	廢。
隋		
唐	盤州 武德七年置西平州。貞觀八年改名，隸戎州都督府。五代廢。	盤水縣 武德中置，屬盤州，後廢。
宋	東爨烏蠻地。	
元	普安路 至元十三年置。十四年置招討司，尋改宣撫司。二十二年仍爲普安路總管府，隸雲南行省。	
明	普安州 洪武十六年置軍民府，隸雲南布政司。二十年廢府置衞。永樂九年增置安撫司，屬普安衞。十三年改爲州，隸貴州布政司。萬曆中改屬安順府。	

大清一統志卷五百十四

普安直隸廳

在貴州省治西南五百五十里。東西距三百二十九里，南北距一百五十里。東至興義府界二百四十五里，西至雲南曲靖府霑益州界八十四里，南至雲南曲靖府平彝縣界一百里，北至興義府普安縣界五十里。東南至雲南曲靖府羅平州界二百七十里，西南至平彝縣界八十六里，東北至普安縣界五十七里，西北至霑益州界六十里。自廳治至京師八千五百二十五里。

分野

天文井、鬼分野，鶉首之次。

建置沿革

漢初爲西南夷地，後屬牂牁郡。三國蜀漢爲興古郡治。晉書地理志：興古郡，蜀置，領縣十一。梁廢。隋屬牂州。唐武德七年，置西平州。貞觀八年，改盤州，隸戎州都督府。後爲南詔之東鄙，東爨烏蠻居之，號于矢部。其後爨酋阿宋號齊彌部，尋復爲于矢部。元初置于矢萬户所。至元十三年，改普安路總管府，隸雲南行省。十四年，置招討司，尋改宣撫司。二十二年，仍爲普安路。

明洪武十六年，置普安軍民府，隸雲南布政司。二十年府廢，改置普安衛軍民指揮使司，隸雲南都司，尋改隸貴州都司。永樂九年，又增置普安安撫司，隸普安衛。十三年改爲州，隸貴州布政司。萬曆三十年，改屬安順府。本朝康熙二十六年，省衛入州。雍正五年，改隸南籠府。即今興義府。嘉慶十四年，升爲直隸州。十六年，改設直隸同知，轄今廳境。

形勢

地當衝要，險扼盤江，爲滇、黔之門户。省册。

城池

普安廳城。即普安州舊城。周三里，門四。明洪武二十年建，本朝乾隆三十年修。

學校

普安廳學。在廳城北。明永樂十五年建，本朝康熙七年修。舊爲州學，入學原額十二名，嘉慶三年裁二名，定爲十名，十六年改爲廳學。

鳳山書院。在廳城内。本朝嘉慶七年建。

户口

原額人丁一千五百二十七，今滋生男婦大小共七萬四千七百五名口，計一萬六千二百一十四户。

田賦

田地、山塘共三萬九千一百一十一畝九分有奇，額徵地丁正、雜銀一千四百六十一兩七錢二釐，米二千八百二十九石八斗九升四合四勺。

山川

筆架山。在廳東。舊志：三峯中峻旁卑，形如筆架。

得都山。在廳東南四十里。明統志：一名白崖，產雄黄、水銀。

鎮雄山。在廳南一里，普安衞建於下。黔記：一名卧牛山。

丹霞山。在廳南三十五里。孤峯插漢，上多雲氣。

楊那山。在廳南。山勢陡峭，者卜河出於此，與興義府普安縣接界。明統志：在普安州南一百六十里。

石象山。在廳西南六十里。有石如象。

黨壁山。在廳西南一百七十里。名勝志：四山環繞，東南一箐，外狹中曠，可容數百家。明統志：夏月土人遷此以避暑。

營盤山。在廳西。黔記：相傳武侯南征，結營於此，因名。

夾牛山。在廳西一百里。

香羅山。在廳西一百里，盤水舊縣在其上。

番納牟山。在廳西北。峯巒高聳，廳之鎮山也。驛道經此。一名雲南坡。滇行記：由普安向西南，沿山麓行，即上雲南坡，險仄迢遞。將至巔名龍擺尾者，陡絶難行，凡六十丈。又最上爲滄江口，斷崖成徑，峻滑不可支足。陟頂又西上爲避陰坡。凡此三險，總曰雲南坡。故此坡特長，凡十五里。

和合山。在廳西北番納牟山之右。黔記：形如雙髻，郡人望之以卜陰晴。

目前山。在廳北二里。黔記：山有石洞，水出其中，下匯沙河爲三一溪。

廣午山。在廳北九十里。明統志：林木鬱茂，下有小溪流入山穴。

八部山。在廳東北三十里。一名捧詰山，普安舊治在其下。名山勝概記：在州東三十里，諸峯皆石，矗然摩空。

格孤山。在廳東北。明統志：在州東北四百五十里，俗呼故故山。舊志：山勢雄峻，界連滇、蜀。明洪武十四年，傅友德自曲靖帥師循格孤山而南擣烏撒，蓋循格孤山之南而西北出也。

鸚鵡坡。在廳東五十里。滇行記：度板橋乃上鸚鵡坡，長松夾道，盤曲數十折。

大坡。在廳西南三十五里。又西十里有娥娜坡。

碧雲洞。在廳南三里。黔記：舊名水洞。懸崖怪石，外狹内寬。一名玉陽洞。通志：在州城東里許。門有石磬二，以石擲之，鏗然有聲。稍進，壁間有石龍、石蛇，長十餘丈，鱗甲皆具。又有石類仙人者八。再入有水，非筏不可渡。黔書：盤州出郭里許，沿緣曲徑，直造巖陰，有洞憑焉。谽谺忽裂，齒頰皆露，不知鴻濛何年鑿也。一屏當門，灑青抹緑，幽流旁洩，漉漉作擊筑聲。上有片石，叩之清越以長。始入暗甚，必假松炬以行。沙石錯然，戛人踝趾。坐息少定，則劃然開朗，天牕漏日，下射層深，毛髪可數。黄虺下垂如斗，瞿曇大士番僧之象各一，或倚巖舞袖，或踞石跏趺，或蟠崖仰覷，鬚貌如生。絶壁千尺，有龍升之，長與之竟。稍進則駭浪犇雷，奪人氣魄，望之欲止。左方一徑甚微，側仄窞欿，足不可置。前牽後挽，螘附螺旋而後達。丹竈藥鑪，無一不具，巍然一墖，拔地黏天。漸進漸濕亦漸狹，不敢往，乃緣巖而上，可出洞頂，俯視萬山，川原歷歷。

新石洞。在廳南。

天橋洞。在廳西南。其石如橋。

拖長江。在廳東七十里。源出沙陀石崖中，下通盤江。

軟橋河。在廳東三十五里，流入盤江。旅途志：自普安州達新興驛，經軟橋坡，其水爲盤江之委。

南板橋河。在廳東南八十里。東北流入普安縣境。黔記：上接大水塘，延二百餘里，入於盤江。

者卜河。在廳東南一百八十里。源出楊那山，流經安南縣境，下流入盤江。明統志：下流爲磨溪，流入盤江。其地四時常暖，土人冬月遷居其旁。

響水。在廳南五十里。水入石洞，聲聞數里。

三一溪。在廳東。名山勝概記：源有三，一出沙莊，一出雲南坡，一出目前山。三流合一，入於城南水洞。洞外狹内曠，其巔有通明處，其中懸崖怪石，狀若人獸。

深溪。在廳東南，亦曰深溪河。明統志：源出木家砦，西南流經黄草壩，曲折三百里，入烏泥江。

磨溪。在廳南，即者卜河下流。黔記：源出東南亂山中，通烏泥江。

龍潭。在廳西南八十里。明統志：石穴深不可測，禱雨多應。

洗心泉。在廳治東嶽廟左。

普濟泉。在廳城西門内。味甚甘洌。

温泉。有二：一在廳東南八十里，一在廳西南欒民所西。水温可浴。

古蹟

普安府故城。在廳東三十里，即唐盤州地。唐書地理志：盤州，隸戎州都督府，本西平州，武德四年置，貞觀八年更名。元史地理志：普安路，治在盤町山陽巴盤江東。唐爲盤州，蒙氏叛唐，其地爲南詔東鄙，東爨烏蒙七部落居之。其後爨酋阿宋據其地，號于矢部。元憲宗七年内附，命爲于矢萬户。至元十三年，改普安路總管府，明年更立招討司。十六年，改爲宣撫司。二十二年，罷司爲路。名勝志：盤州以州東北有盤江，又有盤江山，故名。通志：明洪武十六年，置普安府於八部山下，以土酋那邦妻適恭爲知府，佐以流官。適恭死，其子普旦繼之。二十一年，普旦與馬乃及越州阿資等叛，襲陷普安府。二十二年，討平之，改置衛於番納牟山之陽，即今治也。永樂初，置安撫司，亦治此，以授土酋慈長。十三年，慈長謀不軌伏辜，革安撫司，降爲土判官。黔記：普安舊治，即今撒麻鋪。旅途志：撒麻亭八部山，地名舊普安，唐盤州遺址在焉。滇行記：自軟橋腰站而西十五里，爲舊普安，又二十三里而至州。

盤水廢縣。在廳西。唐置，屬盤州。寰宇記：盤州領盤水縣，即舊興古郡。黔記：盤水舊縣，在今州治西一百里香羅山。

羅山廢縣。在廳西香羅山。又有永山、石渠二廢縣，俱在廳西，皆元置，屬普安路，明初廢。

天風亭。在廳西北。又萬松軒在廳城外，明楊彝所居。樂矣園在廳治，明沈勗所居。

關隘

倒木關。在廳南四十里。

分水嶺關。在廳西。

何買砦。在廳南。通志：明洪武二十四年，傅友德克普安，别將楊文拔何買砦，唐鐸擊破華山砦，砦亦在境内。

湘滿驛。在廳南。又有湘滿站，在廳北。

劉官屯驛。在廳西十里。本朝雍正九年移本城驛駐於此。

上砦驛。在廳北七十里。本朝乾隆二十年置。

亦資孔驛。在廳西南八十里。通志：遞運所亦在焉。亦曰赤資孔站，今設有驛。

高勵鋪。在廳境。又有水塘鋪、撒麻鋪、蕎子鋪、亦納鋪、大坡鋪、蛾蜖鋪、亦資孔鋪、魯尾鋪，舊皆戍守處。

軟橋哨。在廳東。又有亦納哨、乾溝哨、永清哨，舊皆設兵防禦。

津梁

臨清橋。在廳東。又三一橋，在東陵寺前。

軟橋。在廳東四十五里。

三板橋。在廳東六十里。

南小板橋。在廳東南，跨板橋河，明弘治間建。

善應橋。在廳南。

通濟橋。在廳西北一里，明萬曆間建。

澄源橋。在廳北。

惠政橋。在廳北。

深溪河渡。在廳東南。

陵墓

明

傅天錫墓。在廳南湘滿驛後。通志：明正德間，苗叛，天錫督兵至此，力戰死，民爲立碣。

祠廟

玉陽祠。在廳南玉陽洞崖上，明嘉靖中建。

傅公祠。在廳南湘滿驛後。明萬曆中建，祀傅天錫。

寺觀

興福寺。在廳東八部山下。

東陵寺。在廳東筆架山下。

大威寺。在廳南。又有清隱寺，在亦資孔驛左；西陵菴，在普濟泉左。

水星觀。在廳西營盤山，明嘉靖中建。

名宦

明

王徽。應天人。天順時，以給事中謫普安州判。興學勸教，卻土官隴暢及白千户賄，治甚有聲。

丁璣。丹徒人。成化末，謫普安州判。攜一僕之任，土酋例以黄金爲贄，每勸飲必先自酌以示無他。璣曰：「何事不相信耶？」爲舉爵滿飲而卻其贄。蠻人感悦，悉遵約束。

人物

晋

爨琛。興古郡人。武帝時爲郡太守。永嘉中，李雄遣李驤等寇寧州，琛與將軍姚岳同破之堂狼。咸和七年，雄遣其弟壽及費黑攻朱提郡，太守董炳、寧州刺史尹奉檄建寧太守霍彪及琛援之，壽怒，遂攻寧州，破之。奉、彪、炳皆降，惟琛與謝恕始終不拔。九年，分寧州置交州，以琛爲交州刺史。

明

蔣宗魯。字道父，普安州人。嘉靖中，以進士知濬縣，準田均役，無所私縱。升户部主事。未幾備兵臨沅，累遷雲南巡撫，俱有平賊功。後與嚴嵩忤，引歸。

柳之文。普安衛人。有勇略，爲本衛守備。嘉靖二十七年，銅苗不靖，之文率兵往討。官軍遇賊猝至，皆驚潰，之文獨仗劍直前，手刃數賊，以無援殁於陣。

本朝

沈弼。普安州人。由拔貢歷任部曹。康熙三十八年，出守廣東高州，治尚清淨。禁副倅擅受訟牒，盡革地方供應。後署化州篆，清虛糧，減賦額，以勞卒官。士民懷之，入祀名宦祠。

流寓

明

楊彝。餘姚人。洪武中，爲考功司主事，以子被謫戍普安，彝往就養。居於東屯，四面多松，開軒其中，自號萬松老人。著有鳳臺、貴州、東屯、南游諸集。

沈勗。高郵人。洪武中，從父戍普安。通經史，善詩文，築樂矣園、懷覽堂，與楊彝相倡和。

列女

明

沈尚綸妻汪氏。普安州人。米魯之亂，與其媳陳氏俱被執，不屈而死。同時死節者，柳昇妻范氏、石有才妻岳氏、王鐸妻蔣氏。

蔣橋妻吳氏。普安州人。安邦彥陷城，合家被執。賊擊橋垂死，吳請以身代。賊舉刃脅之，吳紿賊發藏金，引至火焚所，躍入死。

邵以嵩妻吳氏。普安州人，即蔣橋妻妹也。與橋妻同被執，亦赴火死。時人稱爲「火裏雙蓮」云。

本朝

馮汝潮妻楊氏。普安州人。夫故，姑强之嫁，自縊死。乾隆四十九年旌。

胡烈女。普安州人，胡榮女。猝遭强暴，守正被害。嘉慶十二年旌。

蔣尚儒妻薛氏。普安州人。夫歿守節，孝事翁姑，勗子力穡。嘉慶十三年，薛年一百有二歲，有子四人、孫十七人、曾孫二十人、元孫六人，五代同堂。十四年旌，恩賞銀緞。

土産

硃砂。廳境出。通志：硃砂出普安州。州境有濫水橋廠。

柑。廳境出，謂之蜜桶柑。

芭蕉。廳境出。

苗蠻

棘。居深山中，男女皆冠氊片。垢不沐浴，與滇之猓猓同。

仁懷直隸廳圖

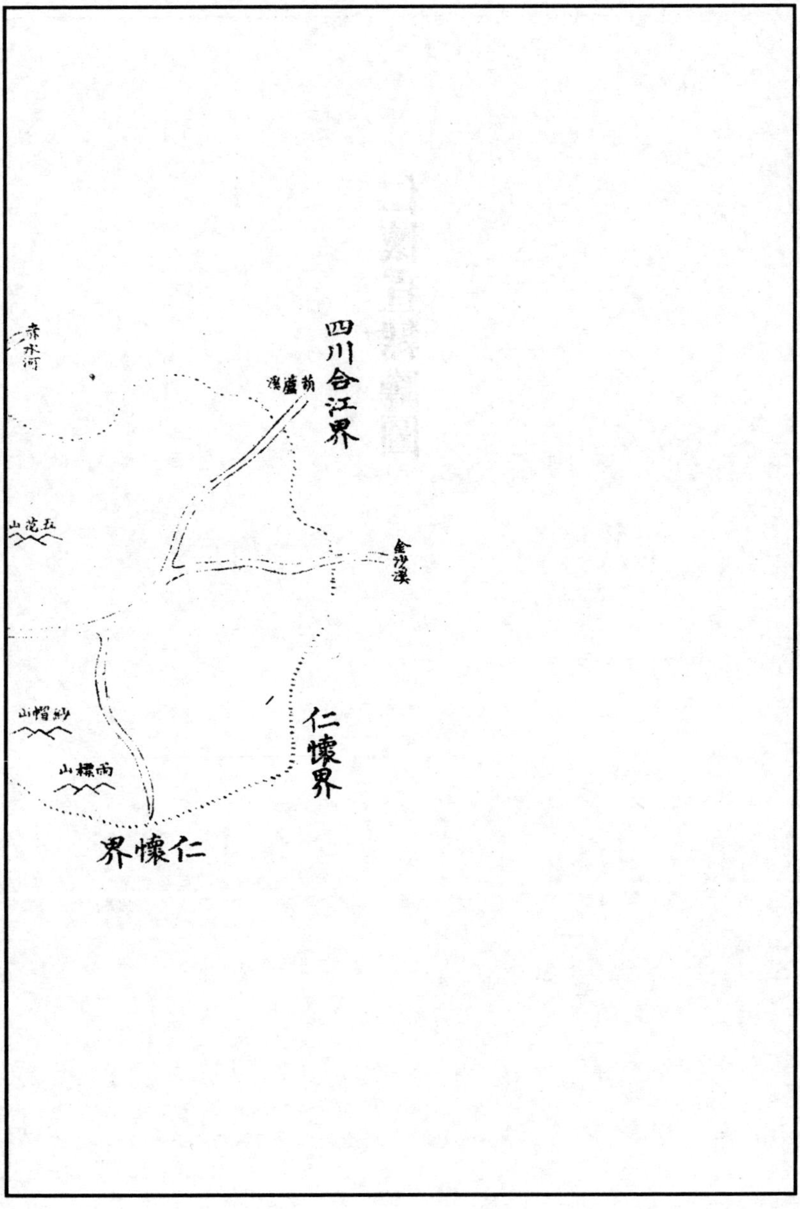
四川合江界
葫蘆灘
赤水河
金沙溪
紗帽山
仁懷界
仁懷界

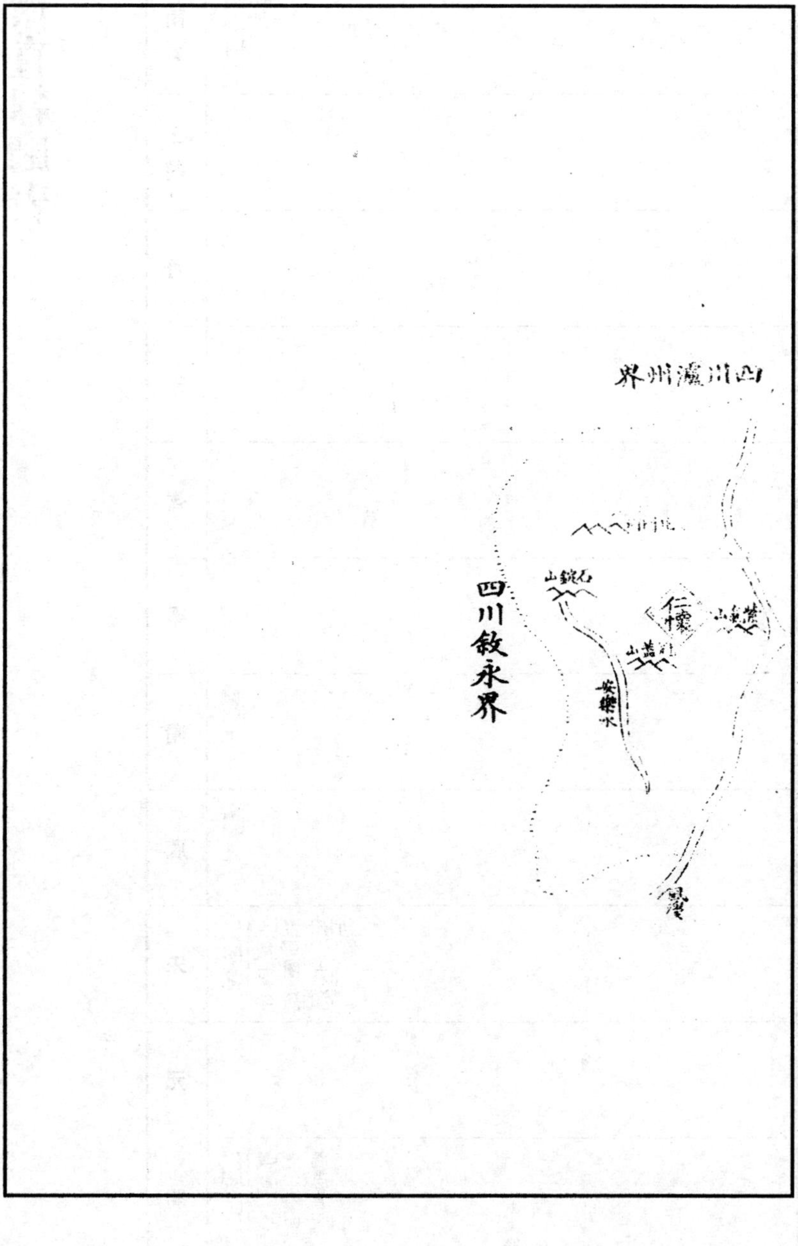
四川瀘州界
四川敘永界
石鏡山
仁懷
安樂水

仁懷直隸廳表

	仁懷直隸廳
兩漢	犍爲郡符縣地。
三國	
晉	
宋	
齊	
梁	
隋	瀘州地。
唐	瀘州地。
宋	仁懷縣大觀三年置，屬播州。宣和初廢。
元	
明	仁懷縣萬曆二十七年復置，屬遵義府。

大清一統志卷五百十五

仁懷直隸廳

在貴州省治西北九百七十里。東西距三百二十里，南北距三百七十里。東至遵義府仁懷縣界二百里，西至四川敘永廳界一百二十里，南至仁懷縣界三百六十里，北至四川瀘州合江縣界十里。東南至仁懷縣界三百六十里，西南至敘永廳界二百七十里，東北至合江縣界十里，西北至合江縣界八里。自廳治至京師八千五百四十里。

分野

天文井、鬼分野，鶉首之次。

建置沿革

漢犍爲郡符縣地。隋、唐爲瀘州地。宋大觀三年，置仁懷縣。宣和三年縣廢，屬播州。明萬曆二十七年，復置仁懷縣，屬遵義府。本朝因之。康熙中，移縣治於廳東。雍正七年，以舊縣治爲遵義通判駐地。乾隆四十一年，改設直隸同知，轄今廳境。

形勢

界連西蜀，地僻而險。省册。

城池

仁懷廳城。即仁懷舊縣城。周五里有奇，門四。明萬曆中建。本朝乾隆二十五年修〔一〕。

學校

仁懷廳學。在廳城西。本朝乾隆四十一年建。入學額數四名。

户口

人丁無原額，今男婦大小共三萬四千二百八十一名口，計八千九百九十九户。

田賦

田地、山塘共二萬三千五百六十六畝一分有奇，額徵地丁正、雜銀五百四十二兩四錢二分一釐，米二百一十一石三斗一升三合。

山川

福德山。在廳城内。

紫氣山。在廳東五里。卓立高昂，如筍如笏。

樓子山。在廳東五里。

五花山。在廳東二十里。又東有天臺、木蓮諸山。

紗帽山。在廳東南二十里。

雨標山。在廳東南二十里。

冠蓋山。在廳西八里，爲廳鎮山。高大雄偉，迥出諸山之上。

石錠山。在廳西十里。

北門河。在廳北半里。水自仁懷縣毛臺村流入，下達四川瀘州，居民藉以溉田。

古蹟

仁懷舊城。即今廳治。明萬曆中建，崇禎中圮。本朝康熙中移建仁懷縣，以同知駐舊城中。

人物

明

袁鑾。仁懷人。副總兵袁鏊弟也。天啓二年，奢寅叛，鑾帥兵與賊相拒，力戰三日，兵敗被執，罵賊而死。

列女

明

李睿妻胡氏。仁懷人。年十七，夫卒，六閲月，生遺腹子涂。值年旱，襁負箐中，採薇療饑。與同里王銘妻鍾氏、王瑞妻方氏俱以苦節稱。

校勘記

〔一〕本朝乾隆二十五年修　「二十五年」，乾隆志卷四〇三仁懷廳城池作「二十四年」。